21世纪高等院校教材

管理思想史

李昌南　主编

科学出版社
北　京

内 容 简 介

本书以管理思想发展的历史进程、关键事件为主要线索，全面系统地介绍了西方管理思想的演变历史、不同时期的代表人物及其管理思想。另外，还阐述了以中国的管理思想为代表的东方管理思想。本书在汲取前人著作精华的基础上，对结构、内容以及观点等进行了适当的补充。本书共分八篇，14章分别论述早期的管理思想、科学管理理论的形成和发展、古典管理行政组织理论的形成、行为科学理论的产生和发展、现代管理理论流派和思潮、当代管理思想的新发展、中国的管理思想、东方的管理思想以及管理思想演变的总趋势。

本书适合作为高等院校管理类专业本科生、研究生教材，也可供各类领导和管理人员参考。

图书在版编目 CIP 数据

管理思想史/李昌南主编．—北京：科学出版社，2010

(21世纪高等院校教材)

ISBN 978-7-03-029257-5

Ⅰ.①管… Ⅱ.①李… Ⅲ.①管理学-思想史-中国-高等学校-教材 Ⅳ.①C93-092

中国版本图书馆CIP数据核字（2010）第202372号

责任编辑：徐　蕊　王京苏／责任校对：陈玉凤

责任印制：徐晓晨／封面设计：耕者设计工作室

科学出版社出版

北京东黄城根北街16号

邮政编码：100717

http://www.sciencep.com

北京虎彩文化传播有限公司印刷

科学出版社发行　各地新华书店经销

*

2010年11月第一版　开本：787×1092　1/16

2019年6月第七次印刷　印张：20 3/4

字数：480 000

定价：62.00元

前　言

翻开历史的长卷，人类管理思想的演进记录了人类社会不断向前发展的脚步。人类社会发展的历史是社会生产力发展的历史。人类管理思想的演进是和人们对自然的认知水平、对生产工具的使用情况以及生产方式紧密结合在一起的。社会的进步，促进管理思想的发展，而管理思想的发展，促使生产力得到极大提高，并推动着人类社会的不断进步。

进入 21 世纪以来，我国社会主义现代化建设的突飞猛进对管理科学的研究提出了更高的要求，要求学术界和企业界要加大对管理理论研究、学习的力度，共同去克服和解决我国管理实践中存在的问题与缺陷，促使管理学科取得更大的发展。这样的形势给高等院校管理学科的教学和研究带来了新的问题和挑战。在国内，虽然不乏优秀管理思想史的著作，但是被大家普遍认可的较为系统而全面的管理思想史教材并不多。

《管理思想史》一书，是较系统地介绍管理思想发展过程的教科书。全书以管理思想发展的历史进程、关键事件为主要线索，全面系统地介绍了西方管理思想的演变历史，不同时期的代表人物及其管理思想。此外，还阐述了以中国的管理思想为代表的东方管理思想。本书在汲取前人著作精华的基础上，对结构、内容以及观点等进行了适当的补充。

本书的结构分为八篇：早期的管理思想、科学管理理论的形成和发展、古典行政组织理论的形成、行为科学理论的产生和发展、现代管理理论的主要学派和思潮、当代管理思想的新发展、东方的管理思想以及管理思想演变的总趋势。

第一篇早期的管理思想。本篇着重阐述了从原始社会状态到资本主义初步发展时期管理思想的发展状况。其主要内容为：上古时期的管理思想、西欧封建时期的管理思想、启蒙运动时期的管理思想、英国工业革命与早期工厂的管理以及美国早期的管理思想。在这个时期，管理是一个人们行其事而不知其内涵的词，而且是一个偏重于政治方面的词。最早出现的思想家一般出身于贵族阶级，他们的思想是为了维护本阶级的统治。到 19 世纪末，管理思想的发展已经到了一个临界点，需要进行系统的整理和综合，使之真正成为一门科学。

第二篇科学管理理论的形成和发展。本篇从科学管理理论形成的历史背景和实践、科学管理理论的产生、科学管理理论的演变与发展三个方面全面系统地阐述了弗雷德里克·温斯洛·泰勒的科学管理理论。弗雷德里克·温斯洛·泰勒的科学管理理论在管理思想发展史上，第一次对管理理论进行了系统的总结，使管理从经验上升到科学的高度。弗雷德里克·温斯洛·泰勒的科学管理理论提出了一系列管理原则，对管理者和研究人员都有理论指导意义。由科学管理形成的一系列管理制度，具有现实指导意义。弗雷德里克·温斯洛·泰勒的科学管理理论得到了广泛运用，其思想和方法被传播到全世界。虽然科学管理理论有着这样或那样的缺陷，但我们不能抹杀科学管理理论对推动社会生产力发展的历史功绩。

第三篇古典行政组织理论的形成。本篇主要是古典行政组织理论和古典管理理论的形成和发展两个方面的内容，着重阐述了亨利·法约尔的组织管理理论和马克斯·韦伯的行政组织理论。行政组织理论提出了管理的重要性和普遍性，提出了一些管理的原则和管理职能，奠定了管理学发展的基础。该理论主张从最大程度上追求管理效率的提高。这一理论在当时劳动仍是人们主要谋生手段的历史条件以及社会化大生产条件下具有一定的进步意义；但对效率的追求，导致了对人性的忽视。

第四篇行为科学理论的产生和发展。本篇着重阐述了行为科学诞生的历史背景、行为科学理论的建立与发展等方面的内容；行为科学强调人的行为；强调从人的本性出发激发行为动力，以提高效率。行为科学理论的产生，弥补了科学管理理论的不足，极大地推动了管理理论的发展，成为管理理论的重要基石。

第五篇现代管理理论的主要学派和思潮。本篇主要阐述了现代管理理论产生的时代背景、理论基础、主要特征及历史地位，阐述了现代管理理论不同流派的代表人物及其思想。尽管各学派彼此之间是相互独立的，但基本目的是趋于一致的。现代管理理论最核心的目标在于实现管理的合理化，从而提高企业的经营业绩。现代管理理论提供了各种管理工具，使企业更清楚地了解所处的环境，更精确地进行控制和管理，以求效率和效益的提高。现代管理理论在管理思想史上占有极其重要的地位。

第六篇当代管理思想的新发展。本篇从当代管理所面临的环境出发，介绍了当代管理思想及其代表人物。纵观当代管理思想的发展，看到其管理思想的发展及其作用具有质的飞跃的特点。管理逐步从过程管理转向战略管理、从产品的市场管理转向价值管理，人本管理的思想更加深入，通过不断地创新追求企业经营业绩的持续改善，从行为管理转向文化管理等。当代管理思想在对环境、社会以及经济等各种因素相结合的研究上更加深入，为企业如何提升发展潜力和预测未来发展趋势提供了新的思路和方法。

第七篇东方的管理思想。本篇从中国的管理思想和东西方管理思想融合的角度，着重阐述了中国古代的管理思想及其代表人物、中国近代的管理思想以及日本的管理思想，并分析了西方和东方管理思想的内在精神。通过比较提出东西方管理思想融合的线索和途径。中国的传统文化是一个博大精深的人类文化宝库，影响着东方乃至整个世界。在多变的历史环境中不断显示出巨大威力的东方管理思想主要来源于中国的传统文化。中国的管理思想对东方管理思想的发展起到了至关重要的作用，也影响着西方管理思想的发展。

第八篇管理思想演变的总趋势。本篇主要阐述了管理思想发展的总体趋势、文化管理趋势、管理创新趋势和管理国际化趋势等内容。进入 21 世纪以来，全球的政治和经济形势发生了较大的变化。在知识经济时代，世界格局正在进行全新的整合，市场竞争异常激烈，企业面临的形势更加严峻。面对这些新的形势，管理理论的研究呈现出一些新的趋势，诸如文化管理趋势、管理创新趋势和管理国际化趋势等。

“读史使人明智”，这是17世纪英国哲学家培根的一句名言。就是说，在历史中找出评价的标准和尺度，对过去的人和事作出客观的评价。这就要求，读史就要读出历史的真实，要读懂历史变化发展的规律，进而理性地参与实践活动。管理思想史是管理发展历史的提炼和归纳，对于企业管理者、学生等群体，特别是对经济学、管理学专业的学生了解管理思想发展的历史进程，了解和掌握管理的规律、方式、方法有着重要的作用。本书的出版，希望能为管理思想史的学习和研究作出微薄的贡献，并为广大学子提供一本较为全面、系统的管理思想史教科书。

本书的编写借鉴了大量国内外管理学者的研究成果和文献资料，除注明出处的部分外，限于体例未能一一说明。在此，谨向管理学界的同仁和师友致谢。参加本教材编写的有洪园园、刘鹏、高军、赵晓虹、彭西伟、李进、陈国喜、马国华、田晓光等企业管理专业的研究生。在此，向他们表示感谢。

由于本人能力所限，书中难免存在疏漏和不足之处，敬请广大读者和同仁批评指正。

李昌南

2010年8月

目录

前言

第一篇　早期的管理思想

第一章　管理思想的萌芽 …… 2
第一节　上古时期的管理思想 …… 2
第二节　西欧封建时期的管理思想 …… 11
第三节　地理大发现、文艺复兴运动和宗教改革 …… 14
第四节　启蒙运动时期的管理思想 …… 16
第五节　英国工业革命与早期工厂的管理 …… 20
第六节　美国早期的管理思想 …… 25
本章小结 …… 30
思考讨论题 …… 30

第二篇　科学管理理论的形成和发展

第二章　科学管理理论形成的历史背景和实践 …… 33
第一节　科学管理理论形成的准备及时代背景 …… 33
第二节　科学管理的实践 …… 40
本章小结 …… 44
思考讨论题 …… 44

第三章 科学管理理论的产生 …… 46
第一节 泰勒对科学管理的探索 …… 46
第二节 科学管理原理 …… 50
本章小结 …… 56
思考讨论题 …… 57

第四章 科学管理理论的演变与发展 …… 58
第一节 泰勒同时代人对科学管理理论的贡献 …… 58
第二节 科学管理的传播 …… 66
第三节 科学管理理论的实践和推广 …… 69
第四节 科学管理的回顾 …… 72
本章小结 …… 75
思考讨论题 …… 75

第三篇 古典行政组织理论的形成

第五章 古典行政组织理论 …… 79
第一节 法约尔的组织管理理论 …… 79
第二节 马克斯·韦伯的行政集权组织理论 …… 89
本章小结 …… 92
思考讨论题 …… 93

第六章 古典管理理论的形成和发展 …… 94
第一节 古典管理理论的系统化 …… 94
第二节 古典管理理论的发展图 …… 97
第三节 古典管理理论的评价 …… 98
本章小结 …… 100
思考讨论题 …… 100

第四篇 行为科学理论的产生和发展

第七章

管理理论发展的新课题 …… 103

第一节 行为科学诞生的历史背景 …… 103

第二节 行为心理研究 …… 104

本章小结 …… 107

思考讨论题 …… 108

第八章

行为科学理论的建立与发展 …… 109

第一节 梅奥和霍桑试验的管理思想 …… 109

第二节 行为科学理论的发展 …… 112

第三节 行为科学理论对管理思想的发展 …… 128

本章小结 …… 130

思考讨论题 …… 132

第五篇 现代管理理论的主要学派和思潮

第九章

现代管理理论概述 …… 135

第一节 现代管理理论产生的背景 …… 135

第二节 现代管理理论产生的理论基础 …… 139

第三节 现代管理理论的主要特征及历史地位 …… 143

本章小结 …… 146

思考讨论题 …… 146

第十章

现代管理理论的主要学派及其管理思想 …… 147

第一节 管理过程学派的管理思想 …… 147

第二节 社会系统学派的管理思想 …… 151

第三节 决策理论学派的管理思想 …… 156

第四节 系统管理学派的管理思想 …… 161

第五节 数量学派的管理思想 …… 171
第六节 权变理论学派的管理思想 …… 175
第七节 经验主义学派的管理思想 …… 181
第八节 企业文化学派的管理思想 …… 188
第九节 经理角色学派的管理思想 …… 194
本章小结 …… 198
思考讨论题 …… 199

第六篇 当代管理思想的新发展

第十一章 当代管理思想及其代表人物 …… 203

第一节 当代管理环境 …… 203
第二节 汤姆·彼得斯的管理思想 …… 208
第三节 迈克尔·波特的竞争战略管理思想 …… 211
第四节 约翰·科特的领导学说 …… 217
第五节 彼得·圣吉的学习型组织的管理思想 …… 221
第六节 戴明和朱兰的质量管理理论 …… 226
第七节 企业战略和核心能力思想 …… 235
第八节 企业再造的管理思想 …… 238
第九节 六西格玛管理思想 …… 240
第十节 知识管理思想 …… 246
本章小结 …… 250
思考讨论题 …… 251

第七篇 东方的管理思想

第十二章 中国的管理思想 …… 255

第一节 中国古代的管理实践及名家的管理思想 …… 255
第二节 中国古代管理思想的基本特征 …… 271
第三节 中国近代管理思想 …… 272
第四节 现代中国管理理论研究综述 …… 280
第五节 日本的管理思想 …… 282
本章小结 …… 296

思考讨论题 297

第十三章 东西方管理思想的融合 298
第一节 西方管理思想的内在精神 298
第二节 东方管理思想的内在精神 300
第三节 东西方管理思想的比较和融合 302
本章小结 308
思考讨论题 309

第八篇 管理思想演变的总趋势

第十四章 管理思想发展的总趋势 313
第一节 文化管理 313
第二节 创新管理 313
第三节 管理的国际化 314
第四节 管理思想发展的总体趋势 315
本章小结 318
思考讨论题 318

参考文献 319

第一篇

早期的管理思想

第一章

管理思想的萌芽

人类社会的历史是一个从分散孤立到紧密统一的历史。在这一历史过程中，人类也挣脱蒙昧走向自我意识的觉醒，从不自知的管理到有意识的计划、组织、协调、控制。可以说，人类社会的历史是管理活动实践的历史。

管理活动并不是在真空状态下产生的，它的发展与当时社会的经济、政治、社会状况密切相关，或者说这些因素决定着管理思想的水平。而且管理思想的发展也是承上启下，继往开来，从星火闪烁到燎原之势。

本篇管理思想的萌芽，以史为纲，记叙了从上古时期到资本主义早期管理思想的发展状况。由于国家众多，史料繁杂，因此特别挑选了有代表性的国家或地区来重点描述。

第一节　上古时期的管理思想

一、史前时期的管理思想

原始社会是人类社会的最初阶段，这一没有文字记载的时期，一般被称为史前时期。我们可以根据考古学、人类学的研究成果等相关资料来了解这一时期的概况，寻觅到管理思想的火花。

（一）社会大分工

在旧石器时代，人类的经济活动主要表现为采集和狩猎，并由此出现了人类历史上第一次按年龄和性别的自然分工。女子主要从事采集，采集对象为自然界存在的可食用的动植物；男子主要从事狩猎，从偶然性的猎取到集体围猎。这一自然分工为后来很长一段历史时期“女主内，男主外”的社会状况打下了基础。

随着物质水平的提高，人类经济生活中爆发了农业革命（或称新石器革命），在采集和狩猎的基础上产生了原始农业和畜牧业，使人类由食物的采集者变为生产者，也将部落划分为定居部落和游牧部落。这是人类历史上第一次社会大分工，不仅促进了生产力的发展，也使人类在一定程度上被束缚于适宜生产的土地上，人类由土地上的游荡者变为土地的附属物。

原始农业和畜牧业的发展使人类从勉强果腹到出现剩余产品，并因此出现了交换，从偶然性的交换发展到经常性的交换。还有一部分人从农业生产中分离出来，从事专门的如金属制造、纺织、酿酒等手工业，这就是第二次社会大分工。随着产品种类和数量的增加，又出现了以交换为目的的商品生产，因此出现了货币，商人阶层产生，这称之为第三次社会大分工。

三次社会大分工，提高了生产效率，将原始经济推进到商品经济时代。生产力的发展在满足了生存需要外，还出现了剩余产品，于是在氏族内部，族长需要处理剩余产品的分配问题，这是管理的最基本问题。由于氏族是最基本的经济单位，也是独立的政治体，所以管理思想最初体现在氏族内部的管理上。氏族首长逐渐掌握了剩余产品的交换权和分配权，主奴、贫贱、贵富开始划分，逐渐出现了管理阶层和被管理阶层，平均分配开始消失，私有制和阶级出现。

三次社会大分工也使人类对自然现象开始进行观察，对科学进行初步探索，从而积累了原始经验，扩展了人类思维，促进了人本身的进化。

（二）管理组织的出现

据考证，血缘家族是人类历史上第一个组织，这是一个以血缘为纽带，人与人完全平等的组织。但是我们通常将氏族公社看成人类文明的第一个系统化的社会组织。这一组织，实行原始民主制，最高权力机构是氏族成员大会，最高首领是氏族长。一切重大事务都由氏族成员大会决定，氏族长的职责主要是领导生产、安排生活、负责对外联络等，氏族长本身没有特权。

许多有亲属关系的氏族则组成部落，在部落中也实行原始民主制，最高权力机构为由各氏族长组成的部落议事会，主要负责协调氏族间的冲突，处理与其他部落的关系，选举或撤换部落最高首领等。为了生存和掠夺财富的需要，部落之间往往会结成军事联盟，实行军事民主制，军事首长、议事会和人民大会组成了军事民主制的管理机关。其中，军事首长不仅负责指挥战争，还兼有宗教祭祀和审判权。这一职位的出现标志着个人权力的加强，并随着军事首长权力的增大，金字塔状的管理体系开始有了雏形。为了进一步调节和处理社会矛盾，部落联盟在社会中的影响也越来越大，强制性的统治工具——国家就产生了。

在史前时期，由于人类生产和生活的需要，管理组织应运而生，规模逐渐扩大，层级开始划分，并出现了个人权力的膨胀，平等的思想开始消失，上级对下级的指挥体系开始确立，管理的职能和职位也在增加。军事首长可以说是人类历史上最早的享有特权的管理者。

（三）祭祀阶层的出现

原始宗教信仰反映了人类对超自然力量的崇拜，也反映出人类在自然面前的无能为力。因此，对原始宗教的管理使管理阶层分化出祭祀阶层，这一阶层成为上层社会的主要组成部分，甚至在一些国家里，祭祀集团在很长一段时期凌驾于管理者之上。

在史前时期，管理思想已经出现，在生产力发展的推动下，人类不仅有了不同的分工，管理组织或者更确切地说是集经济、政治于一体的组织开始运作，管理的层级、职能也逐渐明确和具体。此时虽然还比较粗浅，但反映了人类自我意识的探索和发展，为以后的管理做好了铺垫。

二、古埃及的管理思想

古埃及是人类文明最早的发祥地之一，在其灿烂的文化遗产中，蕴含着很多管理的哲理。

（一）经济生活中，农业占主导地位，工商业有所发展

尼罗河是埃及的母亲河，它每年定期泛滥，带来了丰富的肥料，滋养着河谷，庄稼一年三熟。因此，埃及又被称为“尼罗河的赠礼”。埃及人以耕种为主，他们学会了利用猪踩种，用猿猴摘果实，还发明了犁和汲水器，懂得开挖沟渠，兴修了很多水利灌溉工程，甚至政府还组织挖掘了人工湖——莫伊利斯湖，开凿了与尼罗河相通的运河。在埃及，土地是属于法老的。法老规定，每年按实物征收税款，税率为10%～20%。

农业的发展带来了剩余产品，工商业开始出现。最先发展的是矿业，并在很长时期一直都是由国家垄断的。矿区内工人分工明确，据公元前56年的Diodorus Siculus记载，年轻力壮的负责拿着锄头和火把挖掘矿石，童工负责搬运，年老的负责凿碎和清洗。埃及的手工业也很有名，造砖、制陶、制玻璃、搪瓷、纺织都很在行。史学家Peschel曾说：“在蒸汽引擎发明以前，谈工艺，我们所有的东西，埃及几乎件件都有。同时，就制作而论，他们有些东西较我们所制者为佳。”埃及的工人大部分都是自由人，他们经常组成工团从事某个工程，工团的领袖为工头，工头负责分配工作，进行考勤，还在工人罢工时向上沟通。这种工团很类似于现在的项目团队。

商品交易则比较原始，以物易物为主，大宗交易也出现了以红铜或金子为媒介的交换，甚至海上贸易也相继开展，埃及与叙利亚、巴比伦等都有交易。商业文书也开始出现，随之有了专门负责书写这类文书的人——书记。商人不仅知道了计算和记账的原理，还发明了书面合同和遗嘱。在法律制度方面，民法和刑法已很完备。有关私人财产遗赠等法规，甚至已精密到了复杂的程度。

（二）政教合一的专制主义政体

埃及的社会等级分明，由奴隶主、平民和奴隶组成金字塔状结构。法老自称是太阳神的化身，掌握行政、司法、军事、宗教大权。宰相是最高官吏，辅助法老处理全国政务，并掌管王室、农庄、司法、国家档案，监督公共工程的进度。宰相下又设有大法官、大祭司、灌溉大臣、掌玺大臣以及其他文武大臣。各州州长由法老统一领导，直接任免。平民主要由农民、工匠、小商贩组成，而奴隶大部分来自战俘，还有一些债务奴隶。

金字塔的修建对埃及来说是举国大事，有一个专门的官僚机构负责这项事务，其主

要任务包括筹措资金、征集材料、招募工匠、安排进度，以及管理资金、材料和人员。为保证对各地资源的征收，埃及还定期进行全国财产清查，并由此制定赋税。在金字塔的修建中已充分体现了分工和协作的思想，有较严密的组织制度来保证工程的实施。

（三）管理思想的提出

当时埃及学校教材《普塔-霍特普教诲书》包含着丰富的管理思想。埃及人当时已意识到“管理幅度”这一管理问题。从发掘出来的奴仆雕像中发现了一个令人感兴趣的现象：每个监督者大约管理十名奴仆。还发现管理者与工人的衣着是不同的。监督者穿的是短裙或长袍，而奴仆穿的衣服则需能表明他们干的行当或职业。在管理跨度方面，“以十为限”的规律是埃及的实践做法，这对希伯来人产生了影响。

用来说明“职业”管理角色的最古老的一个词是宰相。据史料记载，这个职务至少在公元前1750年就已经存在。最著名的宰相之一就是希伯来的若瑟。他曾经被他哥哥出卖为奴。由于若瑟有预测的能力，法老立他为宰相。这就是分权，宗教事务由法老掌管，而世俗事务则交给若瑟处理。因此，宰相的职务就是古代的指导者、组织者、协调者和决策者。在宰相下面设立一个复杂的官僚机构，由它来测量尼罗河水位的上涨情况，各经济部门据此进行工作；由它来预测农业收成和国家总收入，将这些收入分配给各政府部门，并管理全国的工商业。这是一些相当复杂的管理方法。

在古埃及已经自上而下建立起一套管理政体，分工明确，层级分明，各项制度已初步具备，保证了政治、经济生活的正常运行。

三、古巴比伦的管理思想

巴比伦最初只是一个依附于别国的小邦，到国王汉谟拉比统治时期，巴比伦逐渐强大起来。汉谟拉比在位时期采取了很多管理措施，最终基本上统一了两河流域。

（一）中央集权的专制统治

汉谟拉比自称“众神之王”，将神权与王权集于一身，他建立了颇有效率的官僚机构，设立了中央政府，拥有官员的直接任免权，任命总督、行政长官管理地方，官员和百姓都可上书国王，同时加强对神庙经济的控制，维护和加强王权。国王拥有对地方的征税权，并统管各项水利工程。

（二）汉谟拉比法典

汉谟拉比即位后，汲取以前立法成果，制定了汉谟拉比法典，法典由前言、正文、结语组成，正文共282条，包括诉讼程序、租佃、商业、高利贷、债务、奴隶等方面，是古代第一步比较完整的法典。这部法典规范了古巴比伦的社会秩序，对责、权、利进行了明确划分，是当时社会的管理全书。

（三）经济发展困难重重

国家的土地集中在少数奴隶主手里，在层层剥削之下，百姓生活困难。国家极力推动商业发展，商业大权掌握在国王手中，手工业者的待遇很低，债务奴隶众多，这使古巴比伦的经济发展缓慢，难以有新的创举。阶级矛盾的尖锐也使国家动荡不安，工商业的自由发展困难重重，步履维艰。

四、古希腊的管理思想

古希腊作为欧洲文明的摇篮，在世界史上写下了浓重的一笔，特别是出现了一批改革家、思想家，如苏格拉底、色诺芬、柏拉图、亚里士多德等，影响深远。

威廉·杜兰特提出了“一个国家诞生时总是讲求节俭的，而衰亡时总是腐败的”论点，从而抓住了许多文明社会兴衰的本质。在这种兴衰周期中的勤俭阶段，逆境培育了团结一致，一无所有促进了积极性，而自我克制、节俭、勤奋工作，以及有秩序的生活会带来繁荣昌盛。但是，随着生活的富裕，自我克制就会变为自我放纵，节俭美德将为罪恶所取代，勤劳和坚忍不拔亦将为投机取巧所取代，而社会的秩序也将遭到破坏。希腊和罗马就经历了这样的周期循环。希腊的规章制度、艺术、语言、戏剧和文学是人类文化的重要组成部分。但希腊的经济哲学是反商业的，贸易和商业被认为是有损于希腊理想尊严的。

（一）城邦制的政体

在爱琴海区域形成了众多希腊城邦，其中最具有代表性和影响力的是雅典城邦。而雅典城邦经历了提修斯改革、梭伦改革、克里斯提尼改革后，在伯里克利执政时期达到顶峰。在伯里克利时代，国家的所有权力属于全体公民，同时强化了公民大会、五百人会议和陪审法庭等民主权力机构，初步实现了立法、司法、行政三权分立。在这一时期形成的投票选举、执政官与元老院的制度、法律观念、民众参政等思想，都为西方国家政治制度的形成留下了难以磨灭的烙印。

（二）城邦经济发展状况

希腊的城邦经济以小农经济和手工业为基础，商品经济的比重较之其他古代社会的比重要大，市场交换原则较为盛行，商业集市和商业中心开始形成，这说明希腊人的商业活动越来越有组织性。但是，后期奴隶制大庄园和大作坊的出现，使大量的小农失去土地、手工业者破产，土地和财产集中到少数奴隶主手中，破产的小所有者或沦为雇工，或成为无业游民，加剧了城邦危机，使希腊逐渐衰落。

（三）出色思想家的管理思想

（1）苏格拉底（Socrates，公元前469～前399），雅典人，是古希腊著名哲学家，被誉为“哲学之父”。在管理方面的思想，苏格拉底认为各行各业都有分工，应该让专业人士去做。他指出：管理者不是那些握有权柄、以势欺人的人，不是那些由民众选举的人，而应该是那些懂得怎样管理的人。比如一条船，应由熟悉航海的人驾驶；纺羊毛时，妇女应管理男子，因为她们精于此道，而男子则不懂。他还说，最优秀的人是能够胜任自己工作的人。精于农耕的便是一个好农夫；精通医术的便是一个良医；精通政治的便是一个优秀的政治家。

(2) 色诺芬 (Xenophon，公元前430～前354)，古希腊历史学家、作家，是苏格拉底的学生。他的主要贡献是在史学著作方面，但是其中闪烁着不少管理思想方面的灼见。他在两部经济专著《经济论》(亦称《家政论》) 和《论税收》中，最早使用了“经济”这个词汇，第一次比较系统地阐述了奴隶主经济理论。在《经济论》一书中，他指出人们应该采用最有效的方法来管理自己的财产，并主张把奴隶主的家庭管理作为一项专门的学问。他认为家庭管理的研究对象是优秀的主人如何管理自己的财产问题，而检验管理水平高低的标准是财富是否增加，并指出管理的中心任务是加强人的管理这一重要思想。《论税收》则讨论了改进雅典的税收制度的问题，主张要在不增加税收的前提下维持雅典的财政平衡。

此外色诺芬还提出了劳动分工的思想，如主持家务是妇女的天职，家政训练应该成为女子教育中的特别项目。他还在一篇文章中写道：在有些地方 (如工厂)，一个人甚至仅仅靠缝鞋谋生，另一个人靠剪鞋样，而另一个人靠缝鞋帮，与此同时还有一个人不干上述任何一样活计，而是把各个部分缝在一起，他们都能谋生。这就是说……一个人专心致志做一种高度专业化的工作，那么他肯定能把工作做得最好。[①]

(3) 柏拉图 (Plato，约公元前427～前347) 出身于雅典贵族家庭，也是苏格拉底的门生。柏拉图在苏格拉底死后游学四方，于公元前387年，开设学院，开始收徒讲学，著作颇丰。

柏拉图在《理想国》中描述国家应当由哲学家来统治。他认为国家起源于分工，因而将公民划分为治国者、武士、劳动者三个等级，分别代表智慧、勇敢和欲望三种品性。治国者依靠自己的哲学智慧和道德力量统治国家，主张以德治国；武士们辅助治国，用忠诚和勇敢保卫国家的安全；劳动者则为全国提供物质生活资料。他的理想国要求每一个人在社会上都有其特殊功能，以满足社会的整体需要，三个等级各司其职，各安其位。

(4) 亚里士多德 (Aristotle，公元前384～前322)，是古希腊博学多才的思想家，是柏拉图的学生，与苏格拉底、柏拉图并称“希腊三贤”。

亚里士多德在管理方面的思想主要表现在《政治学》一书中，他指出人是政治性的动物，城邦是由于人们的需要并且经历家庭—村坊—城邦的进程“自然地生长起来的”，并认为城邦是至高而广涵的一种社会团体，追求最高最广的善业。在国家治理中，亚里士多德充分肯定了法律的权威性，法律至上构成了他的理想国家的标志和应有部分。

《政治学》被公认为是西方传统政治学的开创之作。它所建立的体系和一系列政治观点，对西方政治思想的发展产生了深远影响。

亚里士多德还发展了色诺芬的“家庭管理”思想，更加精确地规定了“家庭管理”的研究对象和任务。他认为“家庭管理”的研究对象是家庭成员之间的关系，即主权、夫权、父子之间的关系，其中奴隶和奴隶主的关系是首要关系；主要任务为增强扩张财产的技术，包括巧妙地经营土地是发财致富的自然方式。

---

① 弗雷德里克·克莱姆.1959.西方技术史.纽约：查尔斯·思克里布纳父子公司.28

五、古罗马的管理思想

古罗马诞生于地中海中部的亚平宁半岛，由罗马城邦逐渐发展为罗马帝国，延续和发展了古希腊文化，也是西方文明的发源地之一。古罗马的管理思想主要体现在以下几个方面。

（一）政治方面

罗马的政体经历了王政时代、共和时代、专制帝国时代三个时期。在王政时代，王实际上是部落联盟的军事首领，拥有军事指挥权、审判权和宗教权，但同时受到贵族元老院的制约。在共和时代，首领是两名出身贵族的执政官，任期一年，掌有行政、司法大权，战时则为军事首领。元老院在形式上只是执政官的咨询机构，没有立法权和行政权，职能涉及财政、外交、官员任免等方面。各级官吏都由公民大会选举产生，但是公民大会的权力经常被元老院破坏。公元前 29 年，屋大维建立元首制，集军政、宗教大权于一身，平民会议、元老院和执政官已名存实亡，这实际上就是共和制掩盖下的帝制。在帝国时期，行省和城市是主要的行政单位，皇帝对行省实行严密的监察，各级官吏主要负责国防、审案、征收赋税，其余政务则由各城市自己处理，所以罗马当时的官僚机构相当精简，据说只相当于当时中国官吏人数的 1/20。

在共和时代和帝国时代，罗马一直致力于法律制度的改革，这也成为罗马政治生活中的独特现象。《十二铜表法》的出现首次以成文法的形式来规范社会秩序。后来经过不断增加形成了完备的法律体系，体现了依法治国的思想，对后世影响很大。

（二）经济方面

罗马人擅长金融业，在当时出现了可以为商人提供信用担保的银行家。税行是一种类似于现代股份制的组织机构，一般人都可入股，由股东承担风险，大股东负责具体运作，另设有广泛的情报网和传递员。税行拥有法人资格，在有利可图的情况下还会去承包公共工程，与现代多元化运作的股份制企业很相似。

（三）思想文化方面

在古罗马时期还出现了一些奴隶主思想家，如克优斯·贾图（公元前 235～前 149）、瓦罗（公元前 116～前 27）、科卢梅拉等，这些思想家对奴隶主的庄园管理问题进行了论述，认为农业是罗马的根本，劝导罗马奴隶主亲自管理自己的农庄。

克优斯·贾图是古罗马的政治家和作家，历任执政官、监察官等职，著有《论农业》一书。他强调奴隶主应对奴隶严加看管，不要放任，力求减少对奴隶的开支，以便加强对奴隶的剥削。例如，奴隶主给管家和牧羊的奴隶的粮食要比干重活的奴隶少；给奴隶冬天的粮食要比夏天少；应该用榨下来的糟为奴隶制造葡萄酒；生病的奴隶应该卖掉；平时应该让奴隶不断工作，这样才会使奴隶不“偷窃”和“犯罪”。此外，他还指出了挑选管家的九条原则：①维护纪律；②尊重别人的权利，拥护奴隶主；③负责调解奴隶的纠纷，对有错一方应予以惩戒；④监工举止应当谦恭有礼；⑤保证使农场奴隶整天忙于工作；⑥重视农场主推荐的奴隶，同时注意同两三个其他的农场保持联系，必要时交换必需物品；⑦认真同农场主核对账目；⑧对爱护牲口的奴隶应当给予奖励；⑨事先要用充分的时间安排各项工作①。另外，克优斯·贾图还提倡发展农庄的商品生产。

瓦罗曾任大法官，受帝命筹建了罗马第一所公立图书馆。他也著有《论农业》一书。在瓦罗时代，罗马的大土地占有者通常住在大城市，而把农庄交给管家去经营。瓦罗则规劝奴隶主们回到乡村，亲自料理自己的农庄。②瓦罗还认为农庄应当保持自给自足的自然经济，减少对市场的依赖。他还劝导奴隶主不要对奴隶太严苛，以免他们反抗，并尽量不要购买同一民族的奴隶，以防他们联合起来搞破坏活动。

瓦罗还讲到农庄人员的选择问题。他说，要选择那些能够从事劳动并有农业习性的农庄工人，可以用几种工作对他们进行测验，并询问他们在以前的主人那里做些什么。对于监工，瓦罗认为，监工应该受到一点教育，性情好，有节约的习惯，最好比工人年纪大些。监工在农业工作方面应该很有经验，以便使工人尊敬他，监工只要能用语言达到目的，就无权用鞭子来强制执行纪律。选择一个结过婚的奴隶做监工是较为明智的，因为，婚姻使人更为稳定并且依附一个地方。如果对监工付给报酬，他就会工作得更愉快等。③

科卢梅拉生活的时代，罗马奴隶制已趋向没落。他提出善待奴隶，并主张用隶农来取代奴隶。隶农是指贫民为了逃避苛捐杂税和官府的欺压，将自己的土地“献给”大地主，求得“庇护”，然后再从地主手中领取土地进行生产。隶农制是在奴隶社会孕育出来的一种新的生产关系的因素，表明奴隶制的衰落。④科卢梅拉的思想在当时具有进步意义。

古罗马是依靠武力征服发展起来的，所以它的管理思想主要体现在政治手段上，即如何建立起有效的政治体制，如何用法律来强制执行。在政治体制建设中，罗马人经历了集权—分权—集权的实践过程，进一步规范了选举制度，明确了责、权、利和管理层级的划分，对后世的政体影响深远。涌现出来的思想家主要来自奴隶主阶层，管理思想维护的是奴隶主的利益，主要在对奴隶的管理问题上提出了一些具体见解。

这一小节主要描写了史前时期和奴隶制时期具有代表性的管理思想，当然在这一时期世界上的其他国家或地区也有精辟的管理思想出现。例如，在《圣经》中记载的希伯来人耶特鲁为其首领摩西提出的建议：

> 从以色列人中拣选了有才能的人，立他们作百姓的首领，作千夫长、百夫长、五十夫长和十夫长，他们随时审断百姓的案件；有难断的案件就呈到摩西那里，各样小事由他们自己审判。（《圣经·出谷记》十八章：25～26）

这一段话不仅体现了“授权”的思想，还运用了管理中的“例外原则”，要求首领摩西建立等级制度，分层管理，择贤任职，不必事必躬亲。

---

① 孙钱章．1990．经济管理思想史简编（试用本）．北京：中共中央党校函授学院．167～168

② 孙钱章．1990．经济管理思想史简编（试用本）．北京：中共中央党校函授学院．168

③ 郭咸刚．2004．西方管理思想史（第三版）．北京：经济管理出版社．20

④ 龚绍方，李宝珍．2004．世界通史·古代史卷．郑州：河南大学出社．184

此外还有罗马天主教会，为了更好地管理教众，罗马天主教会建立了一套森严的等级制度等。这些都体现了上古时期人们的智慧。但是，我们可以发现这一时期的管理思想更多的是体现在政治管理方面，如由原始群体发展到部落、部落联盟再到国家，在国家内部逐渐建立起一套官僚体系，运用军队和法律这些强力措施维持国家运转，一些思想家描绘出理想的国家状态等。这些建立起来的或民主或专制的政治制度，都有相应的管理机构来保证其运作，而且管理层级和责、权、利的划分越来越明确，管理措施也越来越详细具体，与现代的政体相比，它们已颇具雏形。而随着工商业的发展，在一些国家和地区已出现了小作坊和雇用工人，还出现了一些具有现代企业性质的组织，更是涌现出了一批思想家，虽然他们代表的都是奴隶主阶层的利益，但是他们对于管理的认识和对奴隶的管理已经颇为规范和具体，有了不少真知灼见，给人以启迪。

第二节 西欧封建时期的管理思想

公元 476 年，西罗马的灭亡标志着西欧奴隶制时代的结束，在罗马因素和日耳曼因素的相互影响和作用下，西欧的封建社会拉开了帷幕。它持续了约 1000 年的历史，一直到 15 世纪中叶左右才开始分崩瓦解。在这一时期，社会处于封建割据时代，政治体制的建立和管理别具一格，城市兴起，工商业发展，管理实践和管理思想都呈现出新的特点。

一、管理实践及管理思想

（一）西欧封建化的突出特点

西欧封建化的突出特点是土地领地化、自由民农奴化和社会政治的等级君主化。

西欧封建社会的土地制度一般经历了土地赏赐制—采邑制—世袭领地制的发展过程。土地赏赐制是指国王将大片土地无偿分赏给他的亲兵和教会。后来，为了稳固统治，国王又将土地划分为大小不等的采邑分给大小封建贵族，受领者必须为授封者服兵役和尽忠，授封者对受领者有保护的义务，并且采邑不世袭。在采邑制实行后期，由于领主权力的扩大，世袭制开始实行，封地成为领主的私人王国，领主享有行政、司法、军事等特权，国家官吏无权干涉，封地成为国中之国。

土地的领地制建立起了以土地为纽带的人身依附关系，而那些自由农为了逃避层层剥削，投奔各个封建主门下，承担地租和劳役，逐渐成为被束缚于土地上的农奴，失去人身自由和自主权利。封建庄园是社会的基本经济单位，庄园内设有仓库、磨坊、面包房等，自给自足，一般不进行交换。农奴是庄园的主要劳动力，以实物或货币形式缴纳地租，一周有 3～4 天都在服劳役，还要向领主缴纳各种杂税，如结婚税等，向教会缴纳什一税。

在土地制度的基础上形成了森严的社会等级，以国王为首，其下为大贵族、中等贵族、骑士、农奴。各等级之间界限森严，上等级享有特权，不容下等级侵犯。随着领主权力的膨胀，王权日益削弱，而为了加强王权，消灭割据势力，国王联合市民阶层，开始改革，最著名的是法国三级会议和英国国会的出现。

法国国王腓力四世在1302年召开了第一次全国性的三级会议，由高级僧侣、世俗贵族和城市市民三个等级的代表参加，此次会议通过了反对教皇的决议。此后，这一由国王领导、召集，三个等级各有一票表决权的组织，成为了讨论税收等国家重要问题的常设机构，标志着法国等级君主制国家的产生。

1264年，英国大封建主西门·德·孟福尔召开了由大封建主、各郡的两名骑士代表、各城市的两名市民代表组成的会议，成为英国国会的雏形。从1324年起，国会又分为上、下两院，上院（贵族院）由教俗大封建主组成，下院（众议院）由骑士和市民代表组成。[①] 由此英国国会成为国家的最高权力机构，英国的等级君主制成型。

（二）城市兴起与商业复兴

1. 城市兴起

城市的形成有两种：一种是在交通发达、消费者云集的地方由聚集区扩大化称为新兴城市；另一种则是原有旧城的复兴，大都是原来的政治中心发展为经济文化中心。

城市一般由城市手工业行会、商业行会等构成，作坊是其基本的经济单位。手工业行会由同行业手工业主构成，目的是对外保护同行业利益，对内限制竞争，任务是规定生产或业务范围，解决业主困难。[②]行会有自己的管理机构和章程。手工业行会负责征收会费、召开会议、组织城市义勇队和执行警卫役等。商业行会负责：准确地划分行业，提出各个同业公会的产品名目；有关行会匠师“工作地点”的规定，禁止在关闭和不能进入的房间中工作；禁止原料假冒，提出了产品原料同一性的原则；规定了一定的技术标准；限制成品产量；不按规定装置的产品禁止出售等。[③]一个城市往往有数十至数百个行会，它们不仅是经济组织，还是军事、宗教组织。一般一个城市里只有一个商会，负责统一协调和保护商人的利益，但是其势力要远大于手工业行会。作坊由行东、学徒、帮工组成，行东即为手工业主，拥有生产资料，属于封建小生产者。要想成为一个行东，必须先做学徒，满3～7年后升为帮工，可获得一定的工资，数年后经行会考核合格才可独立开业。作坊内一般没有劳动分工，每个手工业者独立完成完整的生产工序。

随着城市的发展壮大，行会逐渐由封建主的附属物转为独立的自治单位。城市一般由城市贵族（大商人、大高利贷者、大房产者、大行东）、市民（中小行东、商人）和平民构成。农奴只要逃入城市，居住时间达到一年零一天即可成为自由人。在城市发展的后期，手工业者为争取更多的政治权利而进行了革命，市民阶层壮大，近代资产阶级的前身开始登上了政治舞台发挥作用。

城市的兴起促进了工商业的发展和农奴制的瓦解，改变了国家的阶级结构，同时为文化和科学的发展提供了交流场所。

---

① 龚绍方，李宝珍．2004．世界通史·古代史卷．郑州：河南大学出社．230
② 龚绍方，李宝珍．2004．世界通史·古代史卷．郑州：河南大学出社．218
③ 孙钱章．1990．经济管理思想史简编（试用本）．北京：中共中央党校函授学院．170～171

2. 商业复兴

由于城市的兴起，工商业发展迅速，用于商品交换的集中市场越来越多，商品的来源也越来越国际化，国与国之间的贸易也很频繁。在生产组织方面还出现了“家庭式”的生产方式，即商人负责买进原料，然后把原料承包给个体工人或家庭去加工，再将成品拿给商人换取工资。后来为了更好地满足生产，商人将几个家庭生产单位集中起来，开始集中生产和销售，导致了工厂的产生。

货币的不统一，导致商人在交易时需要识别和兑换货币，由此出现了以此为业的钱商。钱商收到商人的一笔钱后，就委托其在某地的代理商凭字据（期票）付款给商人，这就是最早的信用。[①]银行业最早产生在西欧，13 世纪末 14 世纪初，还出现了很多家族形式的银行，经营汇兑、借贷、投资业务。

（三）威尼斯造船厂的管理实践

开设于 1436 年的威尼斯造船厂（兵工厂），是为了促进贸易的发展而建立的、由政府和国家议会直接管理的工厂。在工厂的管理实践中，管理者运用了很多先进的管理措施，体现出当时高超的管理水平，提供了许多有用的管理经验。

国家议会授权厂长管理工厂，并委派联络员进行监督，后来又设立了监督员和巡视员，加强了对工厂的控制。

议会下达工作任务，工厂负责完成，属于计划经济，工厂在产量上没有自主权。

工厂在管理方面，设有技术委员会，制定各项工作标准；各装备阶段有条不紊，曾达到一个小时之内可完成一艘船的全部工序的程度；实行严格的会计控制，对成本和存货的控制也十分重视，会计不仅要核算资金、原料和人力消耗，还要定时接受联络员和厂长的审查，建立了成本会计制度，出现了最少量存货的思想；对工人的管理很严格，规定工作时间，设立工长，每年两次对工人进行考核，并据此发放工资。

威尼斯造船厂的管理实践具有一定的代表性，对我们认识当时工厂制度的发展有重要意义。

二、西欧封建专制主义时期的管理思想

在西欧封建专制主义时期，教会控制了意识形态领域，神学和哲学是二位一体的，出现了“经院哲学”这一派别。这一时期的思想家中托马斯·阿奎那、尼古拉·马基雅维利、托马斯·莫尔等人对管理思想的发展很有影响。

（一）托马斯·阿奎那的管理思想

托马斯·阿奎那（Thomas Aquinas，1227～1274）出生于意大利罗卡塞卡一个贵族家庭，是中世纪神学家和经院哲学家，曾先后担任过亚历山大四世、乌尔班四世、克雷其四世三位罗马教皇教廷的神学教师和法王路易九世的神学顾问。他成功地将基督教

---

① 郭咸刚．2004．西方管理思想史（第三版）．北京：经济管理出版社．24

的神学思想和亚里士多德的哲学融合在一起。其中最著名的著作是《神学大全》一书，被誉为中世纪经院哲学的百科全书。他本人亦被奉为“神学之父”。

托马斯·阿奎那认为上帝是世界万物的主宰，教会的权利至高无上，国家必须服从教会，国家的最好政体是君主制。他还创立了“宇宙秩序论”，认为上帝设定了等级秩序，分别为无生命界——植物界——动物界——人——圣徒——天使——上帝，下级必须服从上级，任何想要改变秩序的行为都是错误的、有罪的。他的这一等级思想是对封建专制统治和教会权威的有利维护。

托马斯·阿奎那指出财富和交换分配的基本原则应该是公正，个人不应该过分追求财富，以获利为目的的商人是可耻的，并且反对高利贷行为，但认为那些为了生存或是做福利而进行的经商则是可以的。

（二）尼古拉·马基雅维利的管理思想

尼古拉·马基雅维利（Niccolo Machiavelli，1469～1527）是意大利的政治思想家和历史学家，出生于佛罗伦萨没落贵族家庭，曾担任过 14 年佛罗伦萨共和国十人议会的秘书。他的著作很多，其中著名的著作有《君主论》、《罗马史论》、《战争的艺术》、《佛罗伦萨史》等。他在这些著作中最早提出了关于领导效能应注意提高领导者的素质，论述了管理四原则：①群众认可。所有的政府，其持续存在都依赖于群众的支持，即权力是自下而上的，而不是自上而下的。②内聚力。要使国家能持续存在，必须要有内聚力。组织内聚力的一个关键因素是使人民确信他们可以信赖自己的君主，知道君主期望于他们的是什么——责任明确性原则。③领导方法。领导者（或管理者）的类型有两种：一种是自然或天生型；另一种是后天获得领导技术的类型。④生存意志。任何组织的主要目标之一是使自己存在下去。

尼古拉·马基雅维利提出的管理原则旨在使君主能成功地管理国家，但他的这一思想同样适用于管理其他组织，对管理思想的发展产生了重要的影响。

（三）托马斯·莫尔的管理思想

托马斯·莫尔（Thomas More，1478～1535），欧洲早期空想社会主义学说创始人，才华横溢的人文主义者和阅历丰富的政治家。他以其用拉丁文写成的《乌托邦》而名垂史册。书中的管理思想主要通过他对英国现实的批判和对未来社会的设想而体现。他的管理思想主要有：①私有制是一切罪恶的根源；②乌托邦岛已十分注意生产的布局和生产的组织；③在国家管理方式上，他主张用民主的方式选举政府官员，按民主的方式治理国家；④在经济管理方式上，他设想整个社会经济是按照一定的统一原则管理的。

第三节　地理大发现、文艺复兴运动和宗教改革

地理大发现、文艺复兴、宗教改革这三个事件具有历史性的意义，它们的发生导致了资本主义在经济、政治、思想文化、宗教领域的一系列改革，带来了资本主义的曙光。

一、地理大发现

15世纪末的西欧，资本主义生产关系已经萌芽，各国专制君主积极奉行发展工商业的重商主义政策，对外扩张的欲望非常强烈。

葡萄牙贵族达·伽马首先起航，完成了从西欧绕过非洲到达东方的航行，满载而归，收入所得是成本的60倍，开创了海路交通时代。西班牙不甘落后，哥伦布发现了美洲新大陆，麦哲伦完成了环球航行。此后，对海洋的探索和新航路的开辟蔚然成风。

地理大发现打破了以往闭塞隔绝的世界状态，加强了各地的交流和贸易往来，导致了欧洲乃至世界经济领域的一系列重大变革。

地理大发现和新航路的开辟促进了国际贸易，导致了世界市场逐渐形成，各地的商品云集西欧，还形成了很多国际贸易圈，如中国至欧洲的丝绸、茶叶、瓷器贸易，伊朗至欧洲的生丝贸易等，使世界越来越成为联系密切的统一体。同时，商路和商业中心也发生了转移，欧洲的主要商路由地中海转移到了大西洋沿岸，商业中心由意大利转移到了大西洋沿岸。出现了很多新的经营方式，如信贷金融业、股份公司和交易所。由此引发的价格革命更是加速了封建阶级的没落和新兴资产阶级的壮大。同时，地理大发现和新航路的开辟导致了欧洲殖民体系的建立，成就了资本主义的原始积累，促使资本主义经济快速发展。

二、文艺复兴运动

文艺复兴运动起源于意大利，从14世纪初持续到17世纪中叶，席卷了欧洲的大部分地区，是人类社会发展历史上的一个重大转折点，涉及文学、科学、人文等各个领域，人才辈出，点燃了思想解放的圣火，也是先进生产力与落后的封建生产关系之间的大较量，影响深远。

在当时的欧洲，资本主义的生产关系已得到一定程度的发展，新兴的资产阶级迫切地需要在意识形态领域向旧制度开展斗争，建立符合本阶级精神的信仰。他们借助“复兴古典文化”的旗帜，进行了反封建反神学的文化运动。

文艺复兴运动首先从人性的解放开始，将人从神学的禁锢中解放出来，肯定了人的价值和理性，不再将人视作神灵的奴仆，不再宣言沉迷于来世，而是注重现世，反对禁欲，鼓励个人追求自己的自由和幸福，追求财富也应受到尊重，这非常符合资产阶级的渴望。同时号召人们追求真理，注重实践，认为真理存在于科学之中，鼓励科学的发展，也进一步将人从神学的蒙昧中解放出来。

文艺复兴运动不仅在文学、科学等领域取得了巨大成就，出现了很多代表资产阶级利益的政治、经济学说，更重要的是对封建专制统治和神学控制的冲击，宣扬了符合资产阶级意识的思想，在科学上也取得了革命性的成就，促进了资产阶级的进程，引导人类社会的发展进步。

三、宗教改革

宗教改革发生于文艺复兴运动期间，是一场资产阶级反封建的社会政治运动，打出的旗帜是复兴《圣经》和原旨教义，对当时处于统治地位的罗马天主教会进行了批判，出现了一些符合资产阶级精神的新教，并引发了一系列资产阶级性质的革命，是一场革命运动。其中，最著名的就是马丁·路德和让·卡尔文领导的宗教改革运动。

马丁·路德（1483～1546）出身于德国一个资产阶级家庭，先后获得法律硕士学位和神学博士学位。当教皇特使在德国推销赦罪券时，对于这种欺诈勒索，路德公开发表《关于赦罪券效能的辩论》一文，激起了人们反抗的浪潮。此后，路德又先后发表了《致德意志民族的基督教贵族书》、《教会的巴比伦之囚》、《论基督教徒的自由》三篇著作，系统地阐述了自己的纲领。他否认了教会存在的合法性，认为人可以和上帝直接交流，教众在上帝面前一律平等，要求建立没有教阶制度、圣礼制度和教会法规的廉价教会，认为君权至上，反对教皇。他的这些思想符合当时资产阶级的利益和要求，得到了广泛传播和认同，并由此形成了第一个新教教派——路德教。

地理大发现为资本主义的发展开辟了更为广阔的空间，促进了资本主义生产方式的扩展，使世界的联系更为紧密；文艺复兴运动打造了资产阶级的新思想和新文化，提升了人的地位，大大解放了人的思想，在意识形态领域打破了神学的禁锢；宗教改革成为资产阶级反抗封建压迫的精神武器，资产阶级开始积极地登上政治舞台，开启了他们的时代。

第四节　启蒙运动时期的管理思想

启蒙运动是继文艺复兴之后第二次思想解放的狂潮，在 18 世纪迅速席卷欧洲。它不再披着“复兴古典文化”的外衣，而是直接对封建制度进行批判，对资产阶级进行颂扬。启蒙运动宣扬的是理性，追求自由平等，思想家们提出了很多建设性的意见，对后世的政治体制和经济制度影响很大。

启蒙运动起源于英国，代表人物是托马斯·霍布斯和约翰·洛克，在法国达到高潮，代表人物是孟德斯鸠和卢梭。经济方面则有重农主义学派的代表人物弗朗斯瓦·魁奈和经济学的鼻祖亚当·斯密，他们提出的管理思想令人耳目一新。

一、托马斯·霍布斯与约翰·洛克

托马斯·霍布斯（1588～1679）出生于英国南部的维斯堡，非常聪慧，15 岁就进入牛津大学读书，并多次畅游欧洲，眼界非常开阔。他的主要贡献是君民契约论，代表作是《利维坦》一书。

托马斯·霍布斯认为，人在自然状态下是自由的，但是自然状态下人们要面临残酷的斗争，为了逃避这一情况，人们放弃自由，进入社会状态，通过缔结契约，将权利交托给君主，以祈求安全，这就形成了国家。在国家中，君主拥有绝对的权力，而且任何人不能擅自收回给予君主的权力。

他还认为人的本性是趋利避害的，他写道："我认为人类的共同欲望就是无休止地追求权力，至死为止。"这反映了资产阶级极端个人主义的思想，对后来的人性假设产生了很大影响。

但是，托马斯·霍布斯是反对分权的，认为君主的权力不可分割，分权会导致国家的分裂和混乱，他主张主权必须全盘控制军事、司法和教会的权力，教会必须服从国家的统治，希望借助君主专制来维护资产阶级的利益。

约翰·洛克（1632～1704）出生于英国灵顿，26岁获得牛津大学硕士学位，36岁被选入英国皇家学会。他担任过莎夫茨伯里伯爵的秘书，莎夫茨伯里伯爵是一位自由政治思想的代言人，对洛克影响很大。

约翰·洛克认为，人人皆有与生俱来的权利，包括个人自由和拥有财产的权利，政治的主要目的是保护个人的财产，这种观点有时被称为"更夫政治"。约翰·洛克反驳了王权神授的观念，认为政府是建立在被统治者之上的。他认为人们订立契约组成社会的目的不是为了安全，而是为了获得公共福利。政府作为契约的接受者，有义务为人们谋福利。人们有权利废黜滥用职权的统治者。

他还认为人人都享有生命权、自由权和私人财产权，政府存在的目的之一就是要保护私人财产的合法权益。在分权这一问题上，约翰·洛克是主张分权的，他提出要设立上院和下院，与首脑的权力相互制约。立法机关应高于行政机关，而司法机关是行政机关的一部分。这是在历史上首次提出国家的分权学说，奠定了近代资产阶级国家观的基础。

他还清楚地认识到政府不能拥有无限的权力，政府只能根据被统治者的意志来合法地没收财产。在美国，这种思想最终用一个口号来表达："不许选代表，就不许征税。"洛克的思想对美国革命和法国大革命影响巨大，《独立宣言》和《人权宣言》在很多方面贯彻了洛克的主张。

二、查理·路易·孟德斯鸠与让·雅各·卢梭

查理·路易·孟德斯鸠（1689～1755），出生于法国的贵族世家，是法国启蒙运动时期伟大的思想家和法学家。他受过良好的教育，19岁即获得法学学士学位，曾出任波尔多法院院长，并获男爵封号，后将官职卖出后专心写作。他的学说为资产阶级国家学说和法学理论奠定了基础，影响极其广泛，特别是《论法的精神》一书，奠定了近代西方政治与法律理论发展的基础。

查理·路易·孟德斯鸠认为，政体分为共和制、君主制和专制，他对专制主义进行了无情的批判，认为在专制主义政体下，一个人拥有绝对的权力，恐怖成为政权得以维系的基础，臣民的心智降低，只知服从君主，最终会使得人不成为人。他还崇尚自由，认为一个人人能够得享自由的社会才是美好的社会。他认识到自由并不是没有限制的，任何人包括统治者都不能享有完全的自由，只能在法律的范围内享受自由。

查理·路易·孟德斯鸠明确谈到："一切有权力的人都容易滥用权力，这是万古不易的一条经验。"所以他提出用一切法律和政治的手段来防止权力的滥用，方案是三权分立，即国家的立法、司法、行政权力必须由三个机构来掌控，由一个机构把握两种或

两种以上的权力是危险的，必将导致公民权利的丧失和国家的混乱。三权分立思想对英国、法国和美国的政治制度都产生了巨大的影响。

让·雅各·卢梭（1712～1778）是法国著名思想家、哲学家、教育家和文学家，著作有《论人类不平等的起源和基础》、《社会契约论》等。他的主要观点包括人民主权学说、社会契约论和暴力革命学说。

让·雅各·卢梭指出，国家的所有权力属于人民，人民是国家的主体，是权力的执行者。国家主权是不可分割的，行使要靠直接选举和全民公决。官员只是人民的仆从，人民有权利收回赋出的权利，立法权也掌握在人民手中。他还指出人类不平等的根源是私有财产，而解决这一问题的办法则是订立社会契约。个人利益要服从社会利益，只有这样，才能实现平等。而暴力革命学说则指人民要用暴力革命的手段来推翻压迫和不平等。让·雅各·卢梭的观点在当时是相当激进的，深刻地影响了法国大革命，也极大地鼓舞了人民的革命热情。

三、弗朗斯瓦·魁奈

重农学派是法国18世纪50～70年代的研究资产阶级古典政治经济学的一个派别。重农学派崇尚自然秩序，视农业为国家的基础，学派刊物为《农业、商业、财政杂志》和《公民日志》。弗朗斯瓦·魁奈是重农主义学派的创始人和主要代表。

弗朗斯瓦·魁奈（1694～1774）是法王路易十四的宫廷医师。他于1744年获得了法学博士学位。他的著作有《经济表》、《经济表的说明》、《经济表的分析》、《关于工商业利益和所谓不生产阶级生产性的纪录》、《关于货币利息的考察》等，其中最著名的是《经济表》一书。马克思曾指出，概括在魁奈《经济表》中的重农学派体系“是第一个对资本主义生产进行分析，并把资本在其中被生产出来又在其中进行生产的那些条件当做生产的永恒自然规律来表述的体系”。

弗朗斯瓦·魁奈认为，当时法国财富减少的原因是农业的衰退，所以振兴农业是国家的根本。他在《谷物论》中说：“一切利益的本源实际是农业。正是农业供给着原材料，给君主和土地所有者以收入，给僧侣以什一税，给耕作者以利润。正是这种不断再生产的财富，维持着王国其他一切的阶级，给其他职工以活动力，发展商业，增强人口，活跃工业，因而维持国家的繁荣。”

弗朗斯瓦·魁奈还提出了“纯产品”理论。他认为，农业中投入和产出的使用价值的差额构成了“纯产品”，即剩余价值。只有农业能够产生“纯产品”，因为农业创造物质财富，工业只是变更或组合物质财富的形态，商业只是物质财富的交换。据此可以将国民划分为三个阶级，即耕种土地的生产阶级，出租土地获得地租的土地所有者阶级和从事工商业的不生产阶级。

（1）土地单一税理论。由于弗朗斯瓦·魁奈认为只有农业能生产出“纯产品”，因而主张只对土地的收入课税。他在《赋税论》中说：“关于赋税落在哪些对象身上的问题，是没有任何意义的，它总是落在同一个原本上，因为总是靠土地收入来支付。”“把赋税的分配重新调整，采取负担较小的征税形式，绝对不向农业本身征税，而只是向农业提供的收入以及靠农业收入维持的各种工作征税，这是非常重要的。”“因为一切税结果都是由土地收入负担的。”他在《农业国经济统治的一般准则》还说：“租税应该对土地的纯产品征课，为了避免使征课税费用增加，妨碍商业，和不至于使每年有一部分财富被破坏，租税就不应对人们的工资和商品征课。同时也不应对租地农场主的财富征收，因为一个国家在农业上的预付，应当看做是不可动用的基金。”

(2) 自由贸易思想。弗朗斯瓦·魁奈在《农业国经济统治的一般准则》第二十五条中指出：“必须维持商业的完全自由。因为最安全、最确实，对于国民和国家最有利的国内商业和对外贸易的政策，在于保持竞争的完全自由。”马克思认为，这种自由放任的经济思想“把资产阶级社会从建立在封建社会废墟上的君主专制中解放出来”。

(3) 关于财富的概念。弗朗斯瓦·魁奈认为，财富要具有使用价值和出卖价值两种特性，财富又分为消费性财富和生产性财富两类。财富不等同于货币，货币只是交易的工具，而不是目的。这与重商主义对货币的重视截然不同，说明魁奈对经济关系的认识不再流于表面，而是看到了本质。魁奈还认为，财富要用于生产，而不是搁置。

弗朗斯瓦·魁奈提出了“企业家”这一概念，但他的企业家概念很狭窄，认为只有那些从事农业栽培的人才是企业家。

弗朗斯瓦·魁奈是较早提出企业家概念的学者，并将企业家与产业联系起来，这应该说是创举。

四、亚当·斯密

亚当·斯密（Adam Smith，1723～1790）出生于苏格兰。他是英国古典经济学体系的建立者，于1776年出版代表作《国民财富的性质和原因的研究》（简称《国富论》），全书以资本主义财富为中心，对资本主义的商品经济做了全面而系统的分析。该书迅速风行欧美，他也被人尊称为“现代经济学之父”和“自由企业的守护神”。他的经济思想的中心是自由市场经济，在其著作中涉及很多现代管理的核心问题。

(1) 分工理论。亚当·斯密认为，人的能力的差异导致了分工的存在，分工能够使生产效率大大提高。他列举了制造针这一事例来说明：“一个劳动者，如果对于这职业（分工的结果，使扣针的制造成为一种专门的职业）没有受过相当的训练，又不知怎样使用这个职业的机械（使这种机械有发明的可能，恐怕也是分工的结果），那么纵使竭力地工作，也许一天也制不出一枚扣针……我见过一个这样的小工厂，只雇用了十个工人。在这个工厂中，有几个工人担任两三道工序。像这样小工厂的工人虽然很穷，他们的必要机械也很简陋，但如果他们勤劳工作，一日也能成针12英镑。以每镑中有4000枚针计算，这十个工人每日可成针48 000枚，即每人可成针4800枚。”[①]

从上面这段话可以看出，分工不仅表现为部门分工，还有行业分工，而且趋向于越来越细化。分工要成功，不仅需要对员工进行培训，专业的工具（机械）也是必不可少的。这也说明分工需要资本的扶持，而由分工导致的生产效率的提高，又会增加国民财富，获得更多资本。关于资本这一问题，亚当·斯密指出用资本购买机器时，要保证收

① Adam S. 1937. An Inquiry into the Nature and Causes of the Wealth of Nations. New York：Modern Library：(6)

回本金之外，再获得普通利润。可见，当时亚当·斯密就认识到投资的回收问题。此外，分工还会导致劳工技能的熟练度大大上升，缩小了工作之间的转换成本，促进了更多机械的发明。

（2）赋税问题。亚当·斯密指出国家在确定赋税时要遵循四大原则，即公平、确定、便利、经济。也就是说，赋税应根据公民的实际情况来交付，要在相当长的时间内固定不变更，要在公民方便的时间和地点收取，不会对公民的财产产生很大影响。

（3）人性问题。亚当·斯密认为人的本性是利己的，在人这一本质的支配下产生了各种经济现象。“请给我我所要的东西吧，同时，你也可以获得你所要的东西。”这一观点成为很长一段时期管理学家构建理论的人性假设思想。

在《国富论》中亚当·斯密还强调市场内部有着自行调节机制，会自动满足社会最迫切的需要，即“被一只无形的手牵着去实现一种他根本无意要实现的目的……他们促进社会的利益，其效果往往比他们真正想要实现的还要好”。由此他主张自由贸易，坚决反对人为干预市场的运行，反对高关税和垄断。他的这一主张对立法和政府政策产生了直接影响，在很长一段时期内是经济运行的指导方针。

启蒙运动让欧洲精彩起来，既有思想家为国家的构建提出了诸多有益设想，又有经济学家为增加国家财富劳心劳力，天赋人权、自由、平等的观念深入人心，自由放任的经济政策受到瞩目，这次思潮更加完善了资产阶级国家建设的各个方面，引领了时代的潮流。

第五节　英国工业革命与早期工厂的管理

早在封建时期，英国的商品经济已深入农村，资本原始积累运动不仅扩大了资本的规模，还造成了农民与生产资料的分离，为手工工厂和大农场的发展提供了充足的条件。工业革命预示着文明新纪元的来临。文化的新生已为科学技术的发展创造了新的社会、经济和政治条件。工业革命以后，自由放任的经济政策得到贯彻执行，促进了市场的发展和发明的盛行。英国交通运输的发达通畅更是为经济发展营造了良好的环境。

一、英国工业革命的进程

工业革命的物质要素是煤、铁、运输、动力和工厂，而这个革命的人的要素则是热心于创新和利润的企业家以及一支主要从事农业和手工业生产的劳动大军。

英国的工业革命首先发生于棉纺织部门。这是一个新兴行业，没有传统的行会章程的束缚，市场需求巨大，使得技术创新的要求十分迫切。

1733 年，约翰·凯伊首先发明了飞梭，用机械装置取代了手工，使生产效率大大提高。虽然有害怕竞争的人捣毁装置和凯伊的家，但是这一发明被迅速广泛地应用于生产，使织布的速度提高了一倍。1765 年詹姆斯·哈格里夫斯制成了第一批珍妮纺纱机。此后为了提高纺纱速度，很多人不懈追求创新，后来纺纱速度竟被提高了 100 倍。

在采煤业和冶铁业中，技术变革也在产生，大规模的工厂建立起来，为了弥补人力的不足，一开始采用水利作为动力，直到 1788 年詹姆斯·瓦特获得“飞锤式离心调节器”的专利权，蒸汽机在全国范围内得到了广泛应用，解除了工厂设置的水力限制，将各大工业部门联结起来，人类从此跨入蒸汽时代。

在英国工业革命的影响下，世界上其他地区也开始了工业化的进程，工业革命产生了划时代的影响力。首先，它让世界范围内的生产力显著提高，创造了巨大的社会财富，为资本主义的发展打下了坚实的基础。据统计，1701～1710 年的十年和 1781～1790 年的十年相比，世界工业指数提高了 2.3 倍，而在 1802～1870 年提高了 5.1 倍。[①]其次，工业革命不仅带来了生产工具和生产动力的革命，最重要的是带来了生产组织方式的革命，即工厂制度的建立。它构成了资本主义发展的微观基础，导致社会面貌发生了巨大变化，引发了管理上的创举和问题。

历史学家阿诺德·托因比说过，对摧毁旧英国、建立新英国并促使全世界走向工业化起过最大作用的两个人是亚当·斯密和詹姆斯·瓦特。斯密促使了经济思想上的革命，瓦特促进了使用蒸汽动力上的革命。

二、早期工厂的管理问题

工业革命使工厂制度兴起，带来了很多管理上的问题和挑战。

（1）工厂规模的扩大对管理人才提出了迫切需求。在手工作坊时期，一个作坊往往是由家长带领子女构成，后来大作坊的工人规模也限制在业主所能监督的人数以内。但是工厂内往往有成百上千个工人，这就需要更多的管理人员。在早期工厂内，管理人员大都是从工人中提拔而来，一般没有受过什么教育，他们或者是掌握了较高的技术，或者在维持工人纪律上特别出色，如身强体壮。在管理工人方面全凭他们自己的想法，甚至直接暴力解决。由于当时还没有形成管理思想的体系，没有共同的准则，更没有相关学校的出现，管理方式简单粗糙，或者说粗暴，这只能恶化劳资关系，对生产造成不利影响。

（2）员工的激励问题。工人进入工厂后，必须严格按照工厂主规定的纪律行事，不能稍有懈怠，否则监工的鞭子就抽到了身上。而且工厂主大量雇用童工和妇女，压榨他们的劳动力，工作时间长，工资低，再加上管理粗暴，使工厂主和工人之间的对立很严重，捣毁机器的事件时常发生。这时候激励问题就被重视。一般激励的方式有三种：积极劝诱、消极制裁和所谓的建立“工厂精神风气”。前两种就是我们所常说的胡萝卜加大棒。积极劝诱的主要方式为实行计件工资制，激发工人的劳动热情；消极制裁有体罚和罚款；最后一种方式建立“工厂精神风气”则是用宗教道德来约束工人，通过念圣经，定期做礼拜等方式，让工人认识到偷懒、怠工、贪婪等都是不可取的，从而为工厂努力工作。最后一点与现代企业提倡企业文化建设有些相似之处。

（3）企业家被认为是生产的第四要素。在工业革命之前，土地、劳动力和资本被认为是生产的三大要素，但是随着工厂制度的发展，工厂主的作用逐渐被人们认识到，法

① 郭咸刚．2004．西方管理思想史（第三版）．北京：经济管理出版社．51

国经济学家让·巴蒂斯特·萨伊（Jean Baptiste Say，1767～1832）是第一个明确承认生产有第四要素的学者。让·巴蒂斯特·萨伊指出，一些“冒险家”（企业家）拥有企业，但是他们经常只拥有其中的一部分，他们是向别人借钱或者同别人合伙经营企业的，因此这些“冒险家”成为管理他人的管理人员，而在把土地、劳动力、资本这三个要素结合在一起时他又承担了另一种风险。① 早期的企业家是生产的第四要素，因为他既是“创新者”，又是管理人员。随着他的组织的发展，企业家发现他一个人无法指挥和管理所有的活动，于是开始把有些活动交给准管理人员去指挥。这些准管理人员是第一批不占有资产的领薪水的管理人员，他们的责任是在企业家已经确定的较为重大的政策范围内制定决策。

早期工厂的管理同过去所碰到的问题完全不同。天主教会能够按照教义和信徒的虔诚来组织和管理它的财产；军队能够通过严格的等级纪律和权力结构管理大批的官兵；政府机构可以不必为对付竞争或获取利润而展开工作。可是，在早期工厂的管理中不能使用上述任何办法。在工厂里优秀的管理人员是很少见的，管理能力全凭个人的品质，管理被认为是一项个人的艺术，而不是普遍性的，是需要科学指导的学科。但是随着管理实践的发展，局部性的计划、控制行为，以及单独负责管理协调的部门出现等，也表明人们的认识是逐渐深入的。

三、早期工厂制度的实践者

1. 理查德·阿克赖特

理查德·阿克赖特（1732～1792）出生于普雷斯顿，家境贫寒，很小的时候就去做一个剃须匠兼假发师的学徒。后来他依靠获得的专利证明（后来因被指控剽窃而被撤销）于1771年建立起一个棉纱场，此后又建立了好几家工厂。他于1786年被授予爵士称号，还担任过名誉郡长。

理查德·阿克赖特对厂址的选择和规划都颇有研究，在他的工厂中棉纺织持续生产的各个工序都集中在一起，工人的工作时间是每天12小时，这要好于其他大都实行每天工作14小时的工厂。此外阿克赖特在制定规章制度、组织、协调和计划方面等，都表现出了出色的才能。保罗·曼多在他的《18世纪的工业革命》一书中，认为阿克赖特“体现出了一个新型的大制造业者，既不是一个工程师，又不只是一个商人，而是把两者的主要特点加在一起，即有他自己特有的风格：一个大企业的创造者、生产的组织者和人群的领导者的风格”。

2. 罗伯特·欧文

罗伯特·欧文（1771～1758）不仅是一个实业家，还是一名著名的空想社会主义者。他早年做过学徒，还尝试过很多职业，包括做职业经理人，积累了很多管理经验。

罗伯特·欧文认同“人是环境的产物”这一法国唯物主义学者的观点，主张提供良好的环境来影响人、改造人，他在此后的管理实践中也一直是这样做的。在工厂里，欧

① 丹尼尔·A. 雷恩著. 1986. 管理思想的演变. 孙耀君，李柱流，王永逊译. 北京：中国社会科学出版社. 45

文尽力为工人创造良好的工作环境，里面绿树成荫，花草成行，有整齐的工人宿舍，还修建了晚间文娱中心，为工人提供了娱乐的场所，以免出现酗酒斗殴等现象。这一创举直到现在也只能在一些大企业里找到。

罗伯特·欧文主张人性化的管理，反对粗暴的惩罚。他建立了一套独特的考核体系，由黑、蓝、黄、白四色来表示工人行为的恶劣、怠惰、良好和优质，并在工厂的显眼处公示，分别由主管考核工人，厂长考核主管，并允许工人在对考核不满时越级申诉。这种管理方式是很先进的，缓和了劳资双方的对立情绪，激发了工人的工作热情。此外他还将工人的工作时间减少到 10.5 个小时，反对雇用十岁以下的童工。在厂区内建立了第一所名为“性格陶冶馆”的学校，不仅为 2～14 岁的少年儿童提供良好的教育，还有成人教育班。此外他还创办了诸如劳工食堂、工人消费合作社、工人医疗和养老金制度等。

罗伯特·欧文重视人事管理，认为这是主管人员的一项重要工作。他对主管们说：“你们中有许多人从长期的生产经营中体验到了结构坚固而且设计精致、制造完美的机器的好处。如果说，对无生命的机器给予细心照顾尚能产生有利的效果，那么如果你们以同样的精力去关心其构造奇妙得多的有生命的机器，还会有什么事办不成呢?”他因对人事管理的重视和所做的工作而被尊称为“现代人事管理之父”。

3. 索霍工厂的管理实践

索霍工厂是由詹姆斯·瓦特和马修·博尔顿建立的。索霍工厂在他们两人的儿子詹姆斯·小瓦特和马修·鲁宾逊·博尔顿手里，取得了更大的成功。小瓦特主管企业内部运转，博尔顿则负责外部事务，二人配合默契，采取了很多先进的管理措施。

在厂址选择方面，他们充分考虑了交通和扩建的因素，机器按照工艺流程布置，工人都训练有素，甚至通过倾听齿轮和铁锤的和声是否调和就可得知要发生停顿还是事故。制定了作业标准，分工更加细化和明确，实行标准化生产。他们建立了一套完整严密的会计成本核算制度，能够计算出每一机器、每一部门的成本和利润。他们已经敏锐地意识到市场的作用，不再只是埋头生产再找销路，而是通过各地的代理人员收集市场信息，在分析预测的基础上进行生产和销售，这在当时是非常具有前瞻性的。工人可以根据劳动成果领取工资，有时候还有加班工资可领，工厂不仅向工人提供娱乐设施、住房、疾病补助，还成立了职工管理委员会和互助会，可以看出当时工厂的管理已经相当人性化。

由此可见，索霍工厂里出现的一些管理措施，在现代的大企业中都可以找到它们的影子，堪称是时代的典范。

四、工业革命时期以及工业革命后的管理思想

1. 大卫·李嘉图

大卫·李嘉图（1772～1823）是英国工业革命高潮时期的一位资产阶级经济学家，他发扬了亚当·斯密的理论，在他手中古典政治经济学达到了顶峰。他的代表作是 1817 年发表的《政治经济学及赋税原理》。

大卫·李嘉图指出，政治经济学的研究任务是分析财富在各阶级中的分配规律，劳

动是价值的源泉，而决定价值的劳动是社会必要劳动。他还指出利润是随着工资水平而变动的，从而揭露了资本主义的剥削方式。

大卫·李嘉图坚持自由贸易，认为只有“在一个具有充分商业自由的体制下，每个国家把它的资本和劳动置于对自己最有利的用途”。他还提出了一个“群氓假设”：社会由一群群无组织的个人组成，每个人以一种计算利弊的方式为个人的利益而行动，每个人为达到这个目的，尽可能合乎逻辑地思考和行动。[①]也就是说人性的本质是自私的，这与亚当·斯密的观点是一脉相承的。

2. 安德鲁·尤尔

安德鲁·尤尔（1778～1857）在1804～1839年担任安德逊学院的教授，为工厂输送了大批管理人员。他在《制造业哲学：大不列颠工厂制度的科学、道德和商业经济的说明》一书中，指出工厂制度的基本原则就是用“机械科学”代替“手工技术”。他要求工厂内必须制订“自动的计划”，以免生产发生混乱。工厂内存在着三个有机系统，即机械系统（生产的技术和过程）、道德系统（人员的安排）、商业系统（销售和筹资）。尤尔希望这三个系统协调运作，成为一个能够“自治的机构”。他的这些系统的思想对后世有很大影响。

3. 查尔斯·巴贝奇

查尔斯·巴贝奇（1792～1871）是英国数学家，对科学研究类的问题非常有兴趣。他曾设计出世界上第一台实用机械计算器——差分机，计算机就是运用他的基本原理制成的。但他最著名的还是对管理理论的贡献。

查尔斯·巴贝奇赞同亚当·斯密的分工理论，他基于以下六点原因认为分工会导致生产更有效率：

（1）学习所需要的时间……将是很少的，而其余大部分时间都将给他的主人带来好处；

（2）在学习时原料的消耗。每一个人在学习掌握一种技术时将……白白浪费或损耗一定数量的原料……如果每一个工人在接连学习掌握每一道工序时都消耗一批原料，那么他消耗的原料将比一个人只注意一种工序所消耗的原料要多得多；

（3）劳动分工的另一个好处是可以把在工作时经常损失的时间节省下来；

（4）在连续生产的各道工序中，需要使用不同的工具，因而改换操作就是另一个造成时间浪费的原因……在许多情况下，调整工具所需要的时间将占去整个使用工具时间中的很大一部分；

（5）经常重复同样的操作动作，必然会使工人在他工作的具体部门中能又快又好地进行生产；

（6）劳动分工将促进发明完成各工序的工具和机器。[②]

查尔斯·巴贝奇认为，不仅在体力劳动者中存在分工，在脑力劳动者中进行分工同样能够提高工作效率。他举了一个叫做普罗尼的校长绘制数学表的例子，普罗尼将工作

---

① 郭咸刚．2004．西方管理思想史（第三版）．北京：经济管理出版社．52

② 查尔斯·巴贝奇．1832．论机器和制造业的节约．伦敦：查尔斯·奈特公司．170～174

人员分为熟练、半熟练和不熟练的三类，分别负责数学表的不同部分，从而提高了数学表的绘制效率。

查尔斯·巴贝奇还发明过一种“计数机器”来研究工人的工作效率，制定出一种“观察制造业的方法”，以调查问卷的方式来了解工厂中存在的问题从而解决问题。对于工人的薪酬问题，他还提出了建设性的意见，如工人的薪酬应由固定工资＋利润分红＋奖金组成，利润分红来自工人对于生产率的贡献，而奖金则来自工人对工厂提出建议所得。查尔斯·巴贝奇意识到让工人参与工厂建设的好处，而且他提出的关于员工薪酬的计算方式也能够大大调动员工的工作热情。

工业革命开启了一个新的时代，工厂成为生产的主要组织形式，管理问题日益受到思想界的重视。纵观那些实践家和思想家的管理措施和管理思想，我们可以发现工厂已经成为他们主要的实践场所和研究对象，而且他们还提出了一些超越时代的措施和思想，直到现在我们依然在沿用。

第六节　美国早期的管理思想

独立战争使美国摆脱了英国的殖民束缚，走上了独立发展的道路。但真正让美国强盛起来，赋予其资本主义活力的则是工业革命的开展。工业革命使美国转变为重工业主导的国家，经济生活的各个方面也发生了很大变化，特别是在交通运输方面，铁路业的开展是一个巨大复杂的工程，由此带来了一系列管理上的问题。在这一时期，美国也涌现了不少在管理上有独特见解的实践者和思想家，为管理学的突破营造了良好的氛围。

一、美国的工业革命

美国地域辽阔，经济发展也很不平衡。美国的工业革命最先开始于经济较为发达的北部地区。在工业革命开展之前，北部地区已经有了充分的组织、资本和劳动力的准备。

首先，向机器大生产转化的过渡形式的工场手工业得到了一定程度的发展。在一些工业部门还出现了一些集中的手工工场，分工和协作已经很细化和复杂。例如，新泽西西部的一座冶铁厂，在前三年的投资已达到 25 万美元，其中三个熔炉的产量就达到了每周 60～70 吨生铁。在别的部门，如造船、纺织、玻璃、木业等都出现了这种集中的手工工场。这不仅仅是将分散的手工工场集合在一个空间内生产，还要求分工更加具体细化，更多种类繁杂的机械工具被采用，并且培养了熟练的工人和技师，为向机器大生产转化准备了充分的条件。

其次，更多的商业资本投入到工业中。据统计，工业革命期间国内的投资数字大致是：1820 年为 5000 万美元，1840 年为 2.5 亿美元，1850 年为 5 亿美元，1860 年为 10 亿美元。[①]还有一些来自国外的投资，如 1839 年以前为 1.5 亿美元，1854 年达到 2.22

① 维克多·S. 克拉克. 1929. 美国制造业史（第一卷）. 纽约：麦格劳—希尔图书公司. 369

亿美元，1860 年为 4 亿美元。[1]而且英国工业革命的巨大影响力也使一些敏锐的商人开始热衷于兴办工厂。政府的鼓励支持和成功案例让商业资本涌入越来越多的工业部门。

美国被称为移民的国家。据统计，1775～1815 年大约有 25 万人移居美国[2]，1820～1860 年移居数量更是达到四五百万人，其中工人有 822 000 人，手工业者 407 000 人，矿工 34 000 人，纺织工人 11 500 人[3]，移民带来了大量熟练工人。这不仅为工业输入了大量劳动力，节省了培训和磨合时间，更重要的是带来了管理技术和经验，推动了工业革命的进一步开展。

美国工业革命也是以发明为开端的，不过一开始是对英国发明的复制和模仿。例如，被称为“美国制造业之父”的塞缪尔·施莱特，是英国人，曾经在纺纱厂当过学徒，做过一段时间的管理人员，当他在报纸上看到美国对技术发明的迫切需求时，他乔装成农民去了美国（当时英国不允许技术工人移民美国，也不允许向美国出售生产设备），凭借记忆制造出了纺纱设备，并与摩西·布朗一起开办了位于帕特基特的纺织厂，开启了美国机器生产时代。后来有不少美国人去英国偷师，回来开办工厂。

当然，美国人也发明了不少先进的设备，促进了工业革命的进程。例如，伊莱·惠特尼在 1793 年发明了轧棉机，后来又发明了水力轧棉机。1804 年奥利弗·埃文斯还发明了美国式蒸汽机，为美国工业化的进程提供了动力支持。技术创新在各个工业部门都很踊跃。

交通运输业得到了政府的支持，发展也很迅速，尤其是铁路的兴建。铁路的兴建得益于蒸汽机车的投入使用，虽然一开始蒸汽机车购自英国，但很快美国开始仿制，并相继成立了制造厂，产品在满足国内需求的同时还出口欧洲，生产技术也在不断改进。铁路建设也同时发展起来，到 1850 年，美国的铁路线长已居世界第一。电报的发明和使用更是为铁路线道的调度提供了工具。

铁路业的发展就给经济带来了新气象，扩大了市场范围，冲击了区域限制。但是铁路业的复杂性对管理提出了挑战。当时美国的铁路业发展迅速，英国被甩到了后面，所以没有现成的经验，一切都在摸索中进行，更不要说这本身就很复杂艰巨：前期巨额固定资产的投入、分散的人员分配和管理体系、车辆的调度问题、旅客的人身和货物安全问题、信息传递问题等。在铁路业的管理中出现的很多问题都是原来没遇到过的，缺乏有力的领导和严密的组织控制体系，计划和协调的难度很大，管理起来也就特别麻烦。但是最初的实践者仍然进行了不懈的努力和探索，给后人留下了宝贵的管理经验。

二、丹尼尔·麦卡勒姆

丹尼尔·麦卡勒姆（Daniel C. McCallum，1815～1878）出生于苏格兰，他七岁时就来到美国，由一名木匠学徒成就为建筑师，后来在纽约伊利铁路公司任职，凭借自己的管理才能，担任过总监、公司负责人，为公司制度化管理作出了杰出贡献。

---

① 罗伯特·W. 邓恩 . 1926. 美国国外投资体制 . 纽约：韦布斯奇和维京出版社 . 1

② 亨利·S. 康马杰 . 1961. 移民和美国历史 . 明尼阿波利斯：明尼苏达大学出版社 . 102

③ 查尔斯·比尔德，玛丽·比尔德，1944. 美国史纲 . 纽约：布莱基斯顿公司 . 162

丹尼尔·麦卡勒姆就职的铁路公司遇到了很多当时常见的问题：铁路线纵贯各地，职员和铁路轨道也分散各地，协调和控制的难度很大；前期固定资产的投资很大，需要制订严密的计划；管理混乱带来了事故频发、效率低下等问题。而当时各大公司并没有出台相应的管理制度，只是出了事针对问题解决，没有一套相应的管理体系来预防问题的出现和保证公司的正常运行。丹尼尔·麦克勒姆针对这些问题，将管理措施制度化，提出了一系列有效的原则和措施，成为制度化的管理先驱。

丹尼尔·麦卡勒姆指出，良好的管理是要以严格的纪律、具体及详细的职务说明、经常准确地报告任务完成情况、根据成绩确定工资和提升、明确规定上下级的权力层次以及在整个组织机构中贯彻个人责任和下级对上级报告的责任等为基础。[①]他主张用严密而明确的规章制度来进行管理。

在这一观念的指导下，他提出了管理的原则：①适当的职责划分，进行明确的分工；②授予充分的权力以便能够切实承担责任；③要有能够了解是否切实承担起责任的手段；④极其迅速地报告一切玩忽职守的情况，以便立即纠正这些错误行为；⑤通过每日报告和检查制度所了解到的这些情报既不会使主要负责人为难，也不会削弱他们对下属的影响；⑥总的来说，采用一项制度不仅能使总监立即发现错误，而且还能指出失职者。[②]

由此可见，丹尼尔·麦卡勒姆已经认识到权责分明、充分授权、有效的监督控制的重要性，为保证这些管理原则的贯彻执行，他还提出了一套十分详细的组织原则：①根据任务将工人划分为各个等级，规定必须穿着相应的制服，以便区分和确认；②制定职务说明书，要求员工按说明执行工作，以便各行其是，互相配合；③制定树状组织结构图，树根代表董事会、董事长，树枝为五个业务部门和参谋服务部门，树叶指代各基层人员，保证各个部门、人员都处于控制监督之下；④明确了不得越层指挥的思想。他说，所有的下级只应对他们的顶头上司负责，并接受他们的指导，如果负责基层班组的领班受到上级官员直接向下属公布命令的干扰，那么这种命令是得不到遵从的。这一思想被法约尔归纳为统一指挥原则，是他提出的 14 条管理原则中的重要一条，保证秩序不混乱。

丹尼尔·麦卡勒姆充分利用电报的功能，建立了一套控制系统，即根据每一时刻火车的进度制成“时报表”，处于不同岗位的职工提供“日报表”，到部门汇总成“月报表”。这些报表为进行时时监控提供了有效数据，同时各个报表相互应对，也防止了弄虚作假的可能。这可以说是信息化管理的较早应用，对推动企业管理有着重要作用。

虽然丹尼尔·麦卡勒姆的管理措施是非常有效的，但是推行过程中的强硬化使得管理措施遭到了工人的反抗，工人以罢工相威胁，丹尼尔·麦卡勒姆被迫辞职。但是，他的管理思想在亨利·普尔通过《美国铁路杂志》的宣传下得到了广泛传播，在很多铁路大公司得到了应用，特别是宾夕法尼亚铁路公司，后来安德鲁·卡内基将其推广到钢铁

---

① 丹尼尔·A. 雷恩. 1986. 管理思想的演变. 孙耀君、李柱流、王永逊译. 北京：中国社会科学出版社. 94

② 丹尼尔·麦卡勒姆. 1956. 总监工的报告. 纽约：伊利铁路公司 1955 年度报告. 102

产业，丹尼尔·麦卡勒姆的管理思想促进了公司制度化的形成。

三、亨利·普尔

亨利·普尔（Henry Varnum Poor，1812～1905）生活在美国铁路业迅猛发展的时代，他意识到了铁路各方面的信息对经济生活的影响，担任过《美国铁路杂志》的编辑，后来还创办了《美国铁路手册》，撰写了很多关于铁路改革发展的社论。此外他十分关注管理问题的解决，提出了很多管理主张，并对管理思想的传播作出了杰出贡献。丹尼尔·麦卡勒姆制度化管理思想的传播就得益于普尔的宣传。

亨利·普尔根据铁路公司的管理实践提出了管理的三项原则：组织原则、沟通原则和信息原则。组织原则是指各管理层级的分工要明确，每个人都知道自己要承担的责任和具体的职责；沟通原则是指建立一种汇报制度，使上级及时了解工作状况；信息原则是指收集分析各种数据信息，形成数据库，提供行使控制职能的依据。普尔还创立了标准普尔工业指数，以便评价和衡量企业。这一指数体系现在依然被我们采用。

亨利·普尔在看到丹尼尔·麦卡勒姆有效的管理措施却因为工人的不配合而得不到实施后受到启发，指出“对任务不能总是作出硬性规定，最宝贵的东西常常是自愿自觉的”[①]。他建议在组织内弘扬团结协作的精神，保证指挥的一致性，不再把人看成单纯的机器。他还指出，为实现领导的成功，首先要根据能力和教育情况选择人才，其次要建立完善的情报系统。他对职业管理人员的出现持积极态度，认为必须培养这一类的人才。

此外，亨利·普尔还是自由竞争的支持者，反对政府在价格和企业管理方面进行干预。他认为，美国铁路业的发展就证明了自由竞争给公众带来了最大的好处。

四、亨利·汤与弗雷德里克·哈尔西

亨利·汤（Henry Tom，1844～1924）是美国的工程师和管理学家，毕业于宾夕法尼亚大学，后与小耶尔合伙成立了耶尔-汤制造公司，一直担任公司的总经理。1882年，亨利·汤加入了机械工程师协会，1889年担任主席。由于亨利·汤对于管理的宣扬和支持，美国机械工程师协会成为研究管理的前沿阵地。

亨利·汤首先明确指出管理的重要性，认为管理是一门独立的学科，号召更多的人，特别是在经验上和训练上对企业经营有造诣、能够掌握重要问题的人来研究管理问题。他认为工程师能承担这一重任。

亨利·汤最著名的贡献在于他在《利益分享》的论文中提出的激励职工的收益分配制度。他指出，为了防止公司内部其他部门对本部门利润的抵消，应该根据每部门的生产状况制定生产定额，工人享有最低工资，每部门超过定额的收益由职工和管理阶层各得一半。同时定额要在一定时期内固定不变，一般为三到五年。这样能够大大激发工人的工作积极性，促进生产。他的这一分配制度对后来弗雷德里克·温斯洛·泰勒的相关

---

① 小阿尔弗雷德·钱德勒，亨利·瓦·普尔．1956．商业主编、分析者和改革者．剑桥：哈佛大学出版社

研究产生了深刻影响。

弗雷德里克·哈尔西（Frederick Halsey，1856～1935）的主要贡献也在收益分配方面。他认为，在研究生产产量时还要考虑工作时间，勤劳的工人和懒惰的工人要在收益上有差别，定额在很长一段时期内固定会影响雇主的收益，还会降低工人的积极性，同时工人必须对亏损负一定责任。据此他提出收益分配方案：以工人目前的产量和时间为标准产量和标准时间，工人提前或超额完成工作，那么将在节省时间内获得收益的一定比率作为奖金发给工人，奖金的额度一般为工资率的1/3或1/2。这个方法简单易行，而且克服了前面的缺点，得到了广泛的应用。雷德里克·温斯洛·泰勒都承认这是一项伟大的发明。

五、奥柏林·史密斯与亨利·梅特卡夫

奥柏林·史密斯（1840～1926）是科学管理的先驱。他在亨利·汤之后担任过美国机械工程师协会的主席。他的主要贡献在于创立了一套工厂机械零件的术语和记忆符号系统及其有关的原则。他在《机械零件术语》一文中指出术语命名的三条原则：①区别性。使同一工厂中的各种机器零件能相互区别；②记忆性。术语和符号应使人便于想起所表示的机器中的那个零件，并使其用途和习惯用法相一致；③简明性。简单明确。他还绘制出详细的工序流程图，建立了相应的符号体系。史密斯简化了生产技术中的语言，促进了标准化的管理。

亨利·梅特卡夫（1847～1917）毕业于西点军校，在很多兵工厂担任过厂长。他在管理中实行了一套新的控制系统，通过累积观察来研究生产状况。他建立了一套卡片制度，用材料卡和工时卡记载工作的详细情况，工人完成工作后将卡片交给工长。这样不仅工作的详细情况得到了记录和积累，也方便了工长的评价和衡量。这一创举不仅影响了雷德里克·温斯洛·泰勒，使他在管理中提出了一些具体原则，也有着与现代看板管理相同的作用。

此外，亨利·梅特卡夫还肯定了管理科学的重要性，他说："管理技巧追求的是产生一定的效果，而管理科学主要关心的是产生这些效果的原因。因此，选来作为说明的管理技巧固然非常重要，但始终存在着一种相应的管理科学。这种管理科学搜集过去的记录并加以分类，以便将来的管理技巧能更有效地发挥作用。对兵工厂和其他工厂的管理在很大程度上是一种技巧，并以某些原则在各种不同情况下的应用为依据。把这些原则归并起来，就形成为所谓管理科学。"

当然在这一时代还有很多管理者，他们为推动管理思想的发展作出了杰出的贡献。如安德鲁·卡内基、沃顿等。我们可以看出这一时期，对企业的研究已经很深入、详细和具体，出现了很多总结性的原则和主张，不再只是一些针对性的解决措施。这些原则和主张大都可以推而广之，不仅在当时有着重要意义，还给后人留下了启发性的宝贵经验。这说明管理思想的发展已经到了建立完整体系的时候了。这一任务最终由弗雷德里克·温斯洛·泰勒来完成。

本章小结

本章介绍了从原始社会直到资本主义初步发展这一时期内管理思想的发展状况。在早期管理思想中占统治地位的是反对商业、反对获取成就，尤其是反人道的文化价值准则。当人们还被命运所约束时，工业化是不可能出现的。工业革命前，经济和社会基本上是静止不前的，政治准则就是由某一个中央权力机构做出片面的决策。虽然有一些初步的管理思想，但它们主要是局部性的。组织可以靠神赐君权、教义对虔诚教徒的号召力以及军队的严格纪律来进行管理。为此，在这种环境下很少或者没有创立正式的管理思想体系的需要。

这一时期的管理思想的特点主要表现为以下几点。

首先，在社会发展的早期，特别是在上古时期和封建社会时期，管理是个人们行其事而不知其内涵的词，而且是一个偏重于政治方面的词。很多管理思想的最先应用是在国家的行政体系内，很多思想家也是因为他的政治学说而扬名。直到资本主义曙光来临，商业受到重视，工业革命带来的翻天覆地的变化让工业成为国家的主导，这时管理的研究对象转移到经济方面来，针对手工工场、工厂、公司的研究也越来越深入和具体。

其次，最早出现的思想家一般出身于贵族阶级，他们的思想也是为了维护本阶级的统治。后来思想解放的浪潮让越来越多的人更清醒地认识到人的作用，也让越来越多的其他阶级参与到管理思想的讨论中来。在商业兴起和工业发展的时期，对管理思想作出贡献的往往是那些实践者，他们用亲身体验推动了管理思想的发展。

当然还有一些一般性的特点，如管理思想在文明越发达的地方发展得越好。我们一开始对管理思想的个别研究就是挑选文明古国，在资本主义发展中，英国和美国最为瞩目。

19 世纪末，管理思想的发展已经到了第一个临界点，需要进行系统的整理和综合，到了建立起独立体系的时刻。

➢思考讨论题

1. 简述史前时期管理思想的特点及其影响。
2. 比较分析古希腊时期思想家们的管理思想。
3. 分析文艺复兴和启蒙运动对管理思想的推动作用。
4. 早期工厂制度的出现带来了哪些管理问题？
5. 简述丹尼尔·麦卡勒姆的管理思想。

第二篇

科学管理理论的形成和发展

第二章

科学管理理论形成的历史背景和实践

第一节　科学管理理论形成的准备及时代背景

一、科学管理理论形成的思想准备

1. 资产阶级精神的确立

15～16 世纪的地理大发现为欧洲的对外贸易开辟了新的航线，极大地促进了欧洲的商业发展。而欧洲的商业发展使得资产阶级逐步形成、发展并使其实力得到增强，资产阶级与封建势力之间展开了角逐。在这种情况下，向封建势力进攻的武器——资本主义精神便应运而生。

资本主义精神主要包括三大伦理：①新教徒伦理。它规定，上帝渴望人们获得利润，这是神的恩典的表示。而浪费和减少利润，或者放弃一项有利可图的事业都是违背上帝意志的。只要人们不追求奢侈的生活，就会在劳动中创造出剩余即利润。创造的财富除了满足人们的基本需要外还会有所剩余，这样，剩余的部分即可投资到其他新的事业，或者用来改善现有的企业。新教徒伦理为创立资本主义精神带来具体的指导方针；②自由意志伦理——主张政治制度必须有助于实现个人自由，法律要以理智而不能以专横的决定为基础，政府的权力来自被统治者，实现个人目标的自由是天赋的权利，个人自由和财产应受到自然法则和民法的保护；③市场伦理——只有市场和竞争才是经济活动的调节者。市场这只“看不见的手”能确保资源得到最佳配置，并发挥最大的效能。每一个人和每一个国家在经济上的自身利益，在竞争激烈的市场上将给所有的人带来最大的繁荣。

这三种伦理便构成了资本主义精神的主要内涵。工业化的新时代是由三种力量的相互作用、相互结合而产生的。这三种伦理被称为指导人们行动的标准。它说明在文化新生期间，经济、社会和政治的情态是如何变化的。新教徒伦理是对教会中央集权的挑战，是对人们今生要争取获得成就的需求作出的反应；自由伦理反映了铁板一块的政府形式和代表制政府以及试图保护个人权利之间的一场持久的斗争；市场伦理是对支持重商主义的地主贵族的挑战。

在三种伦理的综合作用下，科技取得的不断突破最终引发了工业革命，迎来了资本主义工业文明的新时代。新教徒伦理对教会的中央集权挑战要求获得精神解放；自由伦理在反对专制政府的斗争中获得政治解放；市场伦理在反对重商主义思潮中获得了经济解放，再加上科技这个助跑器，四种力量相互作用、相互配合，促进了生产力的极大发展和生产关系的重大进步。可以说如果没有人的精神的解放、政治的宽松、经济的自由和科技的进步，就不会有工业文明新时代的到来，也就不会有现代管理思想的出现。

2. 资产阶级革命

当日益壮大的资产阶级与封建势力之间的矛盾不可调和的时候，不可避免地要爆发革命。1640 年，酝酿已久的资产阶级革命在英国爆发，经过反复较量，反对革命的国王查理一世被送上断头台。1688 年，被英国人津津乐道的“光荣革命”结束了英国近半个世纪的资产阶级革命历程，资产阶级取得了最终的胜利。英国资产阶级革命是人类历史上资本主义制度对封建制度的一次重大胜利。它不仅是英国而且是世界进入资本主义时代的标志。继英国资产阶级革命取得胜利之后，1775～1783 年，北美独立战争使北美 13 个殖民地脱离英国，美利坚合众国诞生并建立资产阶级共和国；1789 年 7 月 14 日，法国革命群众攻占象征封建专制统治的巴士底狱，法国大革命爆发，随后也建立了资产阶级政权。在英国资产阶级革命成功后的一百多年时间里，西方资产阶级革命相继发生并取得成功。从此，人类进入资本主义时代。

资本主义制度的建立不仅为生产力的发展开辟了道路，而且促使人类社会由封建专制向民主制度过渡。在资产阶级革命过程中，出现了一大批著名人物，他们对推动历史前进作出了巨大贡献。例如，孟德斯鸠在他的著作《论法的精神》一书中提出了资本主义社会最佳的管理思想，即立法权、司法权、行政权三权分立的原则，第一次提出了权力制衡的问题，较好地解决了封建社会权力集中的通弊，为以后资本主义长期稳定发展奠定了基础。他的思想对管理学的贡献很大，特别是对公司中股东大会、董事会、监事会和总经理之间权力制衡问题的思想影响深远；卢梭的《社会契约论》认为人人都应该遵守社会契约。这一对当时资产阶级革命有巨大推动作用的思想，也成为以后管理思想发展的一个重要渊源。

二、科学管理理论形成的产业准备

由于重商主义的作用，进入 18 世纪后，商业贸易活动成为当时英国政府和民众的主要收入来源。但当时英国国内恶劣的交通环境严重限制了商品的流通和国内市场的扩大，英国政府便利用其便利的航运和丰富的水利资源建立起许多集镇，之后又在 18 世纪末开通了大批运河。这使得英国的国内、国际贸易联系更加紧密，出现了一大批城市，如伯明翰、曼彻斯特等。这些都为即将到来的工业革命提供了先决条件。商业的发展促进了英国城市的建立，并最终引发了影响深远的工业革命。

商业贸易快速发展带来了市场的快速扩张，给英国国内工业生产带来了巨大动力。在巨额利润的吸引下，作为当时英国支柱产业之一的纺织业首先开始了旨在提高产量的技术变革。珍妮多轴纺纱机、阿克赖特的水力纺纱机等技术革新不断。最后，历史选择了让詹姆斯·瓦特（James Watt，1736～1819）发明的蒸汽机点燃工业革命的导火索。瓦特发明的蒸汽机使生产摆脱了人力和自然条件的限制，是生产力的一次大解放，成为决定工厂制度确立的基础，它带领人们进入了“蒸汽时代”，揭开了工业革命的序幕。

工业革命促进了生产力的极大发展，引起了社会的巨大变革，使资本主义最终战胜封建主义并在全世界范围内占据了统治地位。

管理理论的发展是和当时人们对自然界的认识程度、生产工具的发展水平、生产的组织方式及当时的文化背景紧密相连的。18世纪后半叶，资产阶级革命的胜利、商业的极大发展、工业革命的爆发，无论从社会发展的外部环境还是从人们自身认识水平的内在因素，都为资本主义的高度发展提供了物质的、精神的、理论的条件。人们开始关注如何在市场竞争中通过努力获得高效率和取得最大利润，管理理论的萌芽开始出现。

三、科学管理理论形成的实践准备

1. 工厂制度的产生

工业革命在西方彻底摧毁了封建社会的生产关系，使生产力获得了解放，创造了巨大的社会财富。“资产阶级争得自己的阶级统治还不到一百年，它所创造的生产力却比世世代代总共造成的生产力还要大，还要多，自然力的征服、机器的采用、化学在工农业中的应用、轮船的行驶、铁路的运行、电报的往返、大陆一洲一洲的垦殖、河川的通航，仿佛用法术从地下呼唤出来的大量人口——试问在过去哪一个世纪能够料想到竟有这么大的生产力潜伏在社会劳动里呢?”（《共产党宣言》）

工业革命另一个重要成果是促成了工厂制度的建立。这是资本主义发展的微观基础。工业技术的进步和广泛应用使工厂进行社会化大生产。在亚当·斯密分工理论指导下，为提高生产效率，企业实行了高度的专业化分工。高速的经济发展使人口快速聚集并很快形成工业化城市，产生了资本家阶级和无产阶级，劳资关系成为资本主义的一种基本关系。

2. 工厂制度对管理提出的要求

英国著名历史学家阿若德·汤因比曾说过，对于摧毁旧英国，建立一个新英国，并促使全世界走向工业化起过最大作用的是两个人，一个是亚当·斯密，另一个是詹姆斯·瓦特。亚当·斯密促进了经济思想的革命，詹姆斯·瓦特促使了蒸汽机的革命。可以说，科学技术和管理是推动当今世界经济发展的两个车轮。詹姆斯·瓦特技术革命的成功是和当时的科学发展紧密相关的。正是由于牛顿力学的建立和热力学第一定律和第二定律的发现，才使工业革命具有了坚实的科技基础。而对于推动经济发展的管理这个车轮来说，快速变革的社会现实对其提出了许多新的要求，为促进管理理论的发展提供了土壤。迫切需要用管理理论和实践来解决社会发展中所遇到的诸多新难题。

（1）随着大工业企业的建立，企业主与工人之间形成了严重对立。早期工厂制度下，企业的管理采用军队式的严密组织，且大量使用童工。工业革命为资本家解决了设备和资金问题后，劳动力便成为重要的问题。因为工厂人员最初是由农民、无业人员等各种各样背景不一的人组成，要想让他们适应高速运行的工业大生产，必须要对其进行教育和训练，使之遵守纪律。所以，资本家就派监工用各种暴力手段强制工人服从。而工人则用破坏机器、货物甚至攻击资本家个人的方式进行反抗。尽管英国在1769年制定了相关法律，但这并不能消除骚乱。劳资双方的严重对立给工业的发展和生产力造成极大的破坏。当时资本家的主要着眼点是出售产品以获取利润，而不是对管理体制的关注。在工人的反抗压力下，资本家不得不开始反思企业中存在的管理方面的问题。

(2) 管理人才十分缺乏。在当时企业主要面临以下三个问题：一是产品销路问题，这是市场和竞争者的问题；二是产品质量和成本问题；三是工人的管理问题。这些问题对管理者的素质提出了更高的要求。而当时的工厂管理人员基本上都是从工人中提拔起来的。一个农业国在很短的时间内变成一个工业国，社会无法提供大量符合要求的管理人员。当时也没有关于如何进行企业管理的知识体系。在培训管理人员时，偏重技术方面的传授，讲授的主要是生产技术、原料的来源和特性、生产操作的程序、贸易实践等方面的知识。一方面管理人员所获得的管理知识是本企业的工作实践经验，只能在本行业使用，不具有通用性；另一方面，没有共同的管理原则。一位管理人员应如何进行管理工作，没有普遍的统一的要求。另外，也没有管理理论对管理实践的指导。这些因素造成了基层的管理人员只能用简单强制的方法管理工人，使劳资关系进一步恶化。管理人才问题成为工业革命中最跟不上时代发展要求的一大难题。因此，解决实践中对管理提出的一系列难题，历史地摆在了工厂主面前。

(3) 经济的发展和技术的进步，对工人技能的要求也相应提高。但当时工人主要来源于农民和手工业者，受教育程度很低，很难快速掌握较高级的技术，所以熟练工人奇缺。一方面大量的农业人口涌向城市，产生大批失业者；另一方面，熟练技工缺乏，使有些工厂因为失去某个关键技工而停产。工人如果有技术或者愿意在工厂中学习技术，则不一定会失业。那么剩下的便是如何进行培训和激励工人的问题了，即如何改变人的行为习惯的问题。人有一种天生的抵制改变自己行为习惯的心理。在对付工人的问题上，工厂主根据以往经验采取了三种方法：积极劝诱（“胡萝卜”）方法、消极制裁（“大棒”）方法及力图建立一种“工厂精神风气”的方法，以使工人就范。[①]

可以看出，在工业革命过程中，生产实践已经向管理提出了很多问题，人们隐约地发现了管理在工业生产和经济发展中的重要作用。

3. 对企业家问题的审视

随着工业革命的推进，工厂管理问题逐渐被提到议事日程。法国资产阶级庸俗政治经济学的创始人之一，让·巴蒂斯特·萨伊（Jean Baptiste Say，1767～1832）出生于法国里昂一个大商人家庭。他很早就从事商业活动，后去英国。他在英国亲自感受到英国产业革命发展的情况。1803年他发表了代表作《政治经济学概论》。让·巴蒂斯特·萨伊的政治经济学著作中含有丰富的管理学思想。

(1) 关于分工的思想。让·巴蒂斯特·萨伊提出了制约分工的因素及分工的利弊。他认为制约分工的因素有三点：一是产品的消费量；二是资本的实力；三是行业本身的性质。他认为，产品的消费只有超过一定数量才能享受分工的利益。同时，如果产品是在工厂制造而且同一厂商经营一切制造阶段，那么该厂商非拥有雄厚资本便不能对工人

① 郭咸纲．2006．西方管理思想史（第三版）．北京：经济管理出版社．3

实行很精密的分工，因为这种分工需要对工资、原料、工具、器具等垫付更大的款项。他又认为，农业的性质最不允许分工，因为不可能把许多人集中在一处，全体都来种植同一种农作物，也不可能一个人长年累月一直犁田或挖土或整年都从事割稻工作。让·巴蒂斯特·萨伊分析分工的利弊后指出，如果只讲分工的利益而看不到其弊端，则对分工的看法不全面。他认为，一生专门从事一种工作的人对这项工作一定比别人干得更快更好，但他也会不适应其他工作，他的别的才干将逐渐减退，或完全消失。这一定会使他们陷入更困苦、更不利的境地。他们将没有能力要求公平分享产品价值的权利。

(2) 关于共同劳动的思想。让·巴蒂斯特·萨伊认为，任何取得产品的人类劳动都是由三个步骤组成：一是研究该产品的规律和自然趋势；二是应用知识实现有用的目的；三是进行实际工作或操作。他指出这三个步骤通常是由三种人分别执行。一是哲学家或科学家；二是企业主；三是工人。他认为，生产产品是科学家、企业主、工人共同劳动的结果。任何产品都是这三种劳动的综合。

(3) 关于企业家的思想。他第一个明确地把企业家的管理同土地、劳动力和资本相并列作为生产的第四要素。他认为，一些“冒险家”（工厂主或企业家）经常只拥有企业的一部分，他们向别人借钱或同别人合伙经营企业，在把土地、劳动力和资本这三个要素结合起来时，他必须又要承担另一种风险，“他必须掌握监督与管理的艺术……尽管这种冒险总是有一定风险的，冒险家可能因此……要倾家荡产，而且在一定程度上，可能失去他的声望”。“早期的企业家是生产力的第四要素。”企业家的产生和发展以及培训教育等都成为当时要解决的问题。让·巴蒂斯特·萨伊的论述还涉及企业管理者必须具备的条件，如筹集资本的能力、组织产销活动的管理知识和敢于承担风险等精神品质。

另外，还涉及工业企业的管理、效率、控制、指挥、人员管理和劳动报酬等一系列伴随工业革命而产生的问题。这些管理思想闪烁的火花在管理思想的发展历程中起着承上启下的作用，为科学管理时代的到来做了前期的准备。

四、科学管理理论形成的理论准备

1. 复式记账法的产生

1494 年卢卡·巴舒里出版了《算术、几何、对称和相似概要》一书，对 13 世纪由意大利银行家们使用的复式记账法进行了理论说明和概括。该书认为，复式记账系统是一个管理信息系统，并能核算其现金流量，它告诉企业家们现金与库存的状况，而现金流量表则是现代企业管理中最重要的报表之一。该书强调企业的内部管理。18 世纪初，伦敦的一位会计教师托马斯·瓦茨，曾这样评价复式记账法的优越性：“在复式记账中，各种账户之间存在相互联系和相互依存的关系，而且所有的账户必须保持平衡，以致不可能出现不公正或不正当的意图；或者事后把任何东西塞进账簿中去，而在记账的过程中，所发生的任何错误也必然会核查出来予以更正。”17 世纪末和 18 世纪初，复式记账法在英国得到广泛应用以进行财务控制，这是系统控制思想的雏形。

2. 詹姆斯·斯图亚特

詹姆斯·斯图亚特（1712～1780）是最早研究分工的经济学家，是英国重商主义后期的重要代表人物，他于1767年出版的《政治经济学原理研究》比亚当·斯密的《国富论》早了九年。在这部书中，詹姆斯·斯图亚特阐述了货币流通的一般规律，主张国家全面干预经济生活，并先于亚当·斯密提出了劳动分工的概念，他比泰勒早一百多年就指出了工作研究方法和刺激工资的实质。同时，他还指出了管理人员和工人之间的分工问题，并指出机器代替工人的劳动不会使工人失业，反而会有更多就业机会。

3. 亚当·斯密

亚当·斯密（Adam Smith，1723～1790）苏格兰科尔卡第人，是英国古典经济学体系的建立者。他在1776年发表了代表作《国民财富的性质和原因的研究》（《国富论》）。这部著作的出版标志着资本主义商品经济理论体系构筑的完成。在这部著作中他系统地论述了古典政治经济学的主要内容，对资本主义商品经济做了全面而系统的分析。他经济思想的中心是自由市场经济，在著作中涉及许多管理思想。其管理思想对现代企业管理具有重要的影响。

（1）劳动分工理论。《国民财富的性质和原因的研究》第一章就是论分工。亚当·斯密特别强调分工带来的经济利益，明确指出，劳动生产力的提高和国家富有均是分工的结果。他分析了国家的财富和分工的关系，也就是提高生产效率的原因。他认为一个国家财富的多少，取决于这个国家的国民所提供的劳动的数量，而劳动的数量又取决于两个因素：一是参加劳动人数的多少；二是劳动生产率的高低。而劳动生产率的高低又取决于个人能力和技巧，技巧又取决于在生产上的分工。他认为分工在管理上对于提高劳动生产率有很大好处：一是分工可以迅速提高劳动者的技术熟练程度；二是分工可以使工人专门从事某种作业，可以减少工时浪费；三是分工可以使一大部分工人分离出来进行劳动工具和技术的革新。亚当·斯密所说的分工有两种：一种是专业分工即按产品分工；另一种是职业分工即按工种分工。他还提出了生产合理化这一重要的管理概念，并指出劳动是国民财富的源泉，提高劳动者的素质是国民财富增长的根本。

（2）控制职能。亚当·斯密认为，若要对一个组织进行控制，就必须要为自己的成绩对控制者负责。如果不能对控制者施加重大影响，就无法对企业进行控制。

（3）投资还本。亚当·斯密提出了应用于购买和装置机器的方法，认为“购置高价的机器，必然期望这种机器在磨损前所成就的特殊作业可以收回投资，并至少获得普通的利润”，即是当时的利息的两倍。

4. 大卫·李嘉图

大卫·李嘉图（David Ricardo，1772～1823）出生于伦敦的一个犹太移民家庭，是19世纪初英国资产阶级经济学家的杰出人物，其代表作是1817年出版的《政治经济学及赋税原理》。

大卫·李嘉图以边沁的功利主义为出发点，建立了以劳动价值论为基础，以分配论为中心的理论体系。他继承了亚当·斯密理论中的科学因素，坚持商品价值由生产中所耗费的劳动决定的原理。他提出决定价值的劳动是社会必要劳动，决定商品价值的不仅有活劳动，还有投在生产资料中的劳动。他认为，全部价值由劳动产生，并在三个阶级间分配：工资由工人的必要生活资料的价值决定，利润是工资以上的余额，地租是工资和利润以上的余额。由此说明了工资和利润、利润和地租的对立，从而揭示了无产阶级和资产阶级、资产阶级和地主阶级之间的对立。他还论述了货币流通量的规律、对外贸易中的比较成本学说等。但他把资本主义制度看做是永恒的，只注意经济范畴的数量关系，在方法论上又有形而上学的缺陷，因而不能在价值规律基础上说明资本和劳动的交换、等量资本获等量利润等，这两大难题最终导致大卫·李嘉图理论体系的解体。他的理论达到资产阶级界限内的高峰，对后来的经济思想有重大影响。

大卫·李嘉图对管理思想的贡献主要有：一是提出了资本和管理技术关系上的“工资规律”。他认为工人劳动创造的价值是工资、利润和地租的源泉，这是经营管理中的核心问题。因此他得出“工人工资越低，利润越高，反之工人工资越高，利润就越低”的结论；二是提出了关于经济人方面的“群氓假设”。该假设认为，社会是由一群无组织的个人组成。每个人以一种计算利弊得失的方法为了个人利益而行动。每个人为达到自己的目的尽可能合乎逻辑地思考和行动。从他的这个假设出发就必然得出如下结论：对这些群氓只能用绝对的、集中强制的权力来统治和管理。

五、科学管理理论形成的时代背景

19 世纪末 20 世纪初，在以电气化为标志的第二次科技革命的推动下，继英国之后，意大利、荷兰、德国等西方资本主义国家在产业革命中相继实现了工业化。这一时期，一方面资本家通过延长工时、提高劳动强度等方法加深对工人的剥削；另一方面又通过垄断市场和限制竞争等方法剥削消费者，使得无产阶级与资产阶级之间的矛盾加剧。两大阶级之间的矛盾与对抗使得资本主义国家社会动荡不安，工人罢工高潮迭起。1889 年英国伦敦码头工人坚持了四个星期之久的大罢工。无产阶级的反抗斗争由局部发展到全国，由经济斗争转向政治斗争，社会劳动生产率大幅下降。在这种情况下，工厂主越来越认识到传统的依靠饥饿政策迫使工人上班、凭个人经验进行工厂管理越来越不适应当时社会化大生产的情况，以前零散的、不系统的管理方式已不能满足当时社会生产的需要。工厂主们急需一套系统的管理理论和科学的管理方法来解决当时的问题。另一方面，第二次科技革命使资本主义由自由资本主义阶段过渡到垄断资本主义阶段，科技的巨大进步促进生产力的极大发展，也使得生产组织方式发生变化。企业规模不断扩大，开始出现垄断组织，并不断扩大，从国家到国际，出现了跨国公司。经营规模的扩大、信用制度、股份公司的建立和发展，导致了所有权和经营权的分离，越来越需要管理职能的专门化。这就需要建立有效的管理体制，以维护资本主义的生产关系。为适应这种需要，便出现了许多致力于这方面管理研究的人员。

科学管理理论最早出现在美国而非欧洲是有原因的。19 世纪末 20 世纪初，在大西洋西岸的美国成功地完成了由农业国向工业国的过渡。由于自身地理条件的特点，美国的铁路运输业的发展尤为迅速。铁路系统的快速发展为铁路经营管理的实施提供了条件，为后来科学管理理论的产生提供了大量经验和教训。同时，由于美国是个移民国家，美国经济高速发展吸引来的大量移民中大部分是只会干体力活而没有技术的农民，不能直接进行机器大工业生产。熟练工人的不足比别的国家更明显。因此，当时美国能够将这些劳动力短期内培训成熟练工人的科学管理方法的需求比别的资本主义国家更为迫切。而英国有近百年的工业发展史，为管理学的产生提供了良好的实践基础。于是，美国的一些管理者“站在前人的肩膀上”创立了科学管理理论。

在整个资本主义社会为“用怎样的一种科学的管理方式来维护和推动生产发展”寻找答案的时候，美国早期的科学管理理论的先行者们已作出了明确回答。

第二节　科学管理的实践

一、理查德·阿克赖特

理查德·阿克赖特（Richard Arkwright，1732～1792）是英国18世纪著名的实业家。他发明的水力纺纱机极大地促进了英国工业革命的爆发。1771年，他在克福特创办了第一个棉纱厂。这是一家雇用5000多名工人的规模相当大的企业。由于理查德·阿克赖特出色的组织和领导才能，这家棉纱厂在当时堪称巨型的企业运行得非常好。英国著名历史学家保罗·芒图（Paul Mantoux，1877～1956）在《十八世纪的工业革命》一书中称，理查德·阿克赖特是一位新型的大制造业者，他不仅是一个工程师，也不仅是一个商人，而且是把两者的主要特征融合在一起的具有独特风格的大企业的创建者、生产组织者和领导者。可以说，理查德·阿克赖特几乎具备了现代企业领导人所必备的品质。

理查德·阿克赖特在他的工厂中，进行了企业组织与协调的实践。他把纺织业持续生产的各个工序集中在一个工厂里，虽然各种生产活动的协调、组织、控制等问题纷繁复杂，只有具备一定的管理思想和方法才可以使工厂良性运转。对此，理查德·阿克赖特做到了。另外，他在工厂选址和规划方面也颇有建树。他还在工厂中实行12小时工作制，工人工作时间少于当时大多数企业实行的14小时。更为难得的是，理查德·阿克赖特在工厂中实行严格的规章制度，却能使工人感到公平合理并接受这种管理。

理查德·阿克赖特是一个在企业中运用高效管理原则的先驱，是当时科学管理实践的杰出代表人物，向英国纺织业提供了大量的管理专业知识，为大工业的加速到来作出了贡献。虽然理查德·阿克赖特在企业持续生产、选址规划、企业协调、组织及劳动分工等方面作出了巨大贡献，但他没能将自己的管理思想写成著作流传后人。否则，享有“科学管理之父”美誉的可能就是理查德·阿克赖特而不是弗雷德里克·温斯洛·泰勒。

二、詹姆斯·小瓦特和马修·鲁宾逊·博尔顿

为工业革命作出巨大贡献的是詹姆斯·瓦特（James Watt，1796～1848）和工程师马修·鲁宾逊·博尔顿（Matthew Robinson Boulton，1770～1842）。他们于1796年在英国伯明翰附近建立了生产蒸汽机的索霍工厂。这两个人的儿子在这家工厂里进行了科学管理的最初实践。小瓦特少时学习化学、矿物学及自然哲学，曾留学于法国。小博尔顿年轻时也在法国就读。小瓦特天生性格严肃，继承了父亲发明家的思维方法，较为强调组织纪律，因而负责企业的生产和运转。小博尔顿是一个优秀的演讲家，社交面广，

是个很好的外交人才，所以主管企业的对外事务。两个人的性格特点使他们成为天生的一对好搭档。在两人的内外配合下，当时的索霍工厂取得了很大的成功。他们在企业运作中应用的一些有效的管理思想和方法，在系统性上丝毫不亚于现代社会大企业的管理。他们的管理思想和方法主要有：

(1) 注重研究市场。他们将产品的生产和销售建立在市场调查和预测的基础上。他们不断派人到欧洲大陆调查市场，了解客户对其产品的需求状况并进行分析预测。他们具有强烈的扩充和占领市场的意识，这在当时条件下是极难能可贵的。

(2) 有计划地选址建厂。他们选择在水陆交通便捷和有扩建余地的地方建厂。

(3) 科学合理地布置机器设备，使之符合生产工艺要求。他们对机器的动力来源、购置成本和运转成本也作了认真的核算。

(4) 制定生产工艺的程序和机器作业的标准。他们计算出每部机器的运行速度，并根据要完成的工艺流程安排详细的规划，把每种产品的生产过程分解为许多小的作业单位，每个人都有固定的标准职务，将工种分成钳工、车工、一般工人等，在企业内部实行了相当高的劳动分工。

(5) 实行产品部件的标准化。

(6) 建立企业内部控制制度。与当时企业流行的做法不同，他们的工厂不再实行由工厂负责购买、维修工人所用工具的政策，而是由工厂负责采购新的生产工具，由工人负责生产工具的日常维护和修理。这项制度对于保证机器的正常运转和降低维修费用起到很大的作用。

(7) 企业中的各项工作有先进的控制制度和统计记录并以之作为管理决策的依据。

(8) 详尽的会计记录。他们采取了一套非常详尽的会计制度，包括原材料成本、制成品等 22 种定额费用都分别入账记录。这使得工厂不仅能对制造的每一个机器零部件计算出成本和利润，也能针对每一个部门计算出盈亏。从现代企业管理的角度看，这都可以称得上是一种几乎完美的会计控制和监督系统。

(9) 进行工作研究。例如，以机器和工人的组合为基础组织生产、测定机器的运行速度等。

(10) 实行按工作成绩支付酬劳的工资制度。在工厂中实行计件工资制，并分别采用三种计件工资的方法：一种是每件产品的工资率都实行统一的计件工资方法，如装配工人安装喷油嘴是以件数来计酬的，以一个标准数作为基本工资对应的数量；第二种是随产品的大小或直径而变化的计件工资，因为有些工种加工工件的大小、复杂程度高低与所耗费的时间多少有密切关系；第三种是根据所用机器的发动机马力的变化来计算工资，对加班工作支付加班费用。

(11) 实行职工福利制度。工厂为企业职工提供住房和娱乐设施，每逢节日给工人送礼物，并为工人提供疾病补助，还选举成立职工管理委员会，建立与工作相联系的互助会，以提高工人的工作热情和士气。

从上述的管理思想和方法中不难看出，现代企业中的一系列问题在当时的工厂中已经存在，并在着手解决过程中。我们甚至能够在小瓦特和小博尔顿的工厂中发现大概只有现代先进企业才会实行的很多管理措施。他们在一百多年以前就已经运用并获得了成功。索霍工厂的成本核算体系甚至比许多现代成功企业所采用的制度更为优越。所以，尽管这个早期的工厂在制造技术上已经十分优秀，但其管理组织方面的成就要远大于其制造技术方面的成就。索霍工厂的管理可以说是现代管理思想的初步尝试，小瓦特和小博尔顿已经远远地走在他们那个时代的前面，堪称是现代管理实践的先驱。

三、罗伯特·欧文

罗伯特·欧文（Robert Owen，1771～1858）是一位英国的空想社会主义者，也是一位企业家、慈善家。罗伯特·欧文出身贫寒，当过学徒、店长，后来成为了一家工厂老板。他在自己的工厂中主动缩短工人的劳动时间，改善福利条件，提高工资。1824年，罗伯特·欧文在美国印第安纳州买下1214公顷土地，开始新和谐移民区试验，但试验以失败告终。

罗伯特·欧文在历史上第一次揭示了无产阶级贫困的原因，并从生产力的角度提出公有制与大生产的紧密联系。他晚年还提出过共产主义主张，最著名的著作为《新社会观》、《新道德世界书》。欧文于1771年出生于一个贫苦的马具匠家庭，七岁开始参加劳动，九岁时就当了学徒，在伦敦的一个小店里做事，20岁起在纱厂里当职员。他从小目睹了资本家对广大工人进行残酷剥削和压迫，并亲身经受了资本主义带来的苦难。所以，他对被压迫者非常同情。他曾说，世界充满财富，但到处笼罩着贫困。因此，他试图建立一个没有剥削，没有压迫，人人劳动，财产公有的社会。

罗伯特·欧文是19世纪初最有成就的实业家之一，是一位杰出的管理先驱。他于1800～1828年在苏格兰自己的几个纺织厂内进行了空前的试验。人们称他为"现代人事管理之父"。

罗伯特·欧文的哲学是：良好的人从事管理会给雇主带来收益，因而这是每个主管人员的一项重要工作。欧文在给其属下的一个指示中宣称："你们中有许多人从长期的生产经营中体验到了机构坚固而且设计精致，制造完美的机器的好处。如果说，对无生命的机器给予细心照顾尚能产生有利的效果，那么如果你们以同样的精力去关心其构造奇妙得多的有生命的机器，那么还会有什么事办不成呢？"

罗伯特·欧文是一位靠个人奋斗成功的企业家。他具有早期资本主义企业家所特有的自信精神，他待人随和，平易近人，有绅士风度，而且有坚强的信念，坚持自己的理想。

罗伯特·欧文有一句代表其管理思想的名言："人是环境的产物。"他认为，人的塑造与周围环境息息相关。他把这种思想运用到企业中进行了企业管理的试验。他在新拉纳克所进行的一切试验都是为了证明："用优良的环境代替不良的环境，是否可以使人由此洗心革面，清除邪恶，变成明智的、有理性的、善良的人；从出生到死亡，始终苦难重重，是否能够使其一生仅为善良和优良的环境所包围，从而把苦难变成幸福的优越生活。"正是基于这样一个充满希望和想象的伟大理念，才形成了他超越当时现实生活的管理思想。

罗伯特·欧文的实验总体上可以分为两个阶段。

第一个阶段，他致力于改变工人的生活和工作的环境。

首先，罗伯特·欧文在工厂内推行了一种新的管理制度，其核心是废除惩罚，强调人性化管理。欧文根据工人在工厂的表现，将工人的品行分为恶劣、怠惰、良好和优质四个等级，用一个木块的四面涂上黑、蓝、黄、白四色分别表示。每个工人的前面都有一块，部门主管根据工人的表现进行考核，厂长再根据部门主管的表现对部门主管进行考核。考核结果摆放在工厂里的显眼位置上，所属的员工一眼就可以看到各人木块的不同颜色。这样，每人目光一扫，就可以知道对应的员工表现如何。刚开始实行这项制度的时候，工人表现恶劣的很多，而表现良好的却很少。但是，在众人目光的注视中和自尊心理的驱动下，表现恶劣的次数和人数逐渐减少，而表现良好的工人却不断增多。为了保证这种考核的公正，罗伯特·欧文还规定，无论谁认为考核不公，都可以直接向他进行申诉。这种无惩罚的人性化管理，在当时几乎是一个奇迹。部门主管考核员工，经理考核部门主管，同时辅之以越级申诉制度，开了层级管理的先河，也有利于劳资双方的平等沟通和矛盾化解。

其次，罗伯特·欧文认为，好的环境可以使人形成良好的品行，坏的环境则使人形成不好的品行。他对当时很多资本家过分注重机器而轻视人的做法提出了强烈批评，并采用多种办法致力于改善工人的工作环境和生活环境。在工厂里，欧文通过改善工厂设备的摆设和搞好清洁卫生等方法，为工人创造出一个在当时看来尽可能舒适的工作场所。他改变工作环境，在工人操作台旁立有小木桩，四个桩面上涂有白、黄、蓝、黑四种颜色，由浅入深代表工人表现的好坏程度。每天劳动结束后，记下评分，然后以相应的颜色代表评分，并把木桩涂上这种颜色的一面对着走廊。任何走过的人，只要了解这种标志，马上就能对工人昨天的劳动成绩作出评价。这有助于促使落后的工人克服他们的缺点，使工人始终处在表现好的工人的鼓励之中，而且能促进获得白色标识的“好工人”保持他们的成就和荣誉感。可以说，这就是现代企业管理中把生产和销售的情况公之于众，以便树立部门和个人自豪感并鼓励竞争的雏形。此外，他还规定工厂经理要敞开大门，虚心听取任何人对于工厂规章制度的意见和建议，且每个员工都可以查看有关自己的行为方面的表现记录，如有不服可提出申诉。当时欧文的工厂停止雇用十岁以下的童工，原有的童工则送入学校接受教育。他把工作时间定为10小时45分钟，并禁止体罚工人。这些管理办法的实际执行需要大量艰苦而又细致的工作，但罗伯特·欧文凭着坚定的信念切实做到了，并取得了很好的效果。

第二个阶段，他集中精力进行以工厂为中心的社区社会改革。

罗伯特·欧文的管理思想中，教育制度占有很大比重。为了普及教育，他主张建立教育制度，实行教育立法。罗伯特·欧文认为，“教育下一代是最最重大的课题”，“是每一个国家的最高利益所在”，“是世界各国政府的一项压倒一切的紧要任务”。他的教育理念是：“人们在幼儿时期和儿童时期被培养成什么样的人，成年后也就是什么样的人。现在如此，将来也是如此。”他先是对新拉那克的学校进行改革，要求老师以身作则，为学生树立榜样，而不能对学生进行体罚。接着，他又在社区中建立晚间娱乐中心，以应对工人闲暇时间增加可能带来的问题。罗伯特·欧文建立的这种文化色彩的“合作村社”引起了西方许多人的仿效，产生了深远的历史影响。在当时的工厂中，一般企业所有者同时也是管理者，但罗伯特·欧文认为，不是业主的管理者也能将工厂管理好，所以在工厂开始赢利的时候，他把工厂卖给了一个叫德林克沃特的人，自己则做了一个领薪的管理者。德林克沃特让欧文独自管理工厂。罗伯特·欧文让这家工厂取得了很大成功。这是一个影响深远的举动，它在实践中使得企业的经营权与所有权相分离。从现代意义上讲，罗伯特·欧文是19世纪最早的专职企业家。

罗伯特·欧文本人并不是一个慈善家。他认为，“人事管理必须要有所偿报”，“人事政治必须被认为是经济机构管理的不可分割的部分”，单纯的福利和管理不会得到业主的全力支持，也不能获得工人的忠诚。罗伯特·欧文本人也同样获取了应有的利润报酬。他在一次对一些工厂主的谈话中说：“你们对活机械可以容易地加以训练和指挥，使你们的金钱收入大大的增加，用在工人身上的钱可以使你们获得50%～100%的报酬，而用在机器上的钱只能得到15%的报酬，对待活机器的经济学是：使它干净清洁、用和善的态度对待它，使它的精神不至于受到太多的挫折和刺激。”罗伯特·欧文的工厂获得了56%的利润，后来达到了100%。可以说，罗伯特·欧文不仅是现代职业企业家的先驱者，也是“现代人事管理之父”。

罗伯特·欧文对管理学的贡献是，摒弃了过去那种把工人当做工具的做法，着力改善工人劳动条件，诸如提高童工参加劳动的最低年龄；缩短雇员的劳动时间；为雇员提供厂内膳食；设立按成本向雇员出售生活必需品的模式，从而改善当地整个社会状况。

从工业革命的爆发到工厂制度的建立，管理思想仍处于早期的探索阶段，而管理思想的实践活动却走在了理论发展的前面。从理查德·阿克赖特、小瓦特、小博尔顿、罗伯特·欧文的管理实践中我们能发现：他们管理的工厂正是三种现代企业形态的企业制度。理查德·阿克赖特不仅是工厂主，也是企业管理者，是一个传统式的企业管理的形态；小瓦特和小博尔顿管理的是典型的合伙制企业，而且管理得很成功；而欧文则是职业的管理者，具有现代企业职业经理人的意味。正是他们这些时代先驱者的管理实践活动，为早期的管理理论和管理思想的形成作出了历史性的贡献，为后来科学管理理论的出现打下了很好的基础。

本章小结

一种理论的产生总是有其特定的历史背景的，科学管理也不例外。正是当时的生产力和社会的发展——资本主义精神的确立、产业革命、工厂制度及古典管理理论的形成为科学管理的产生做了早期的准备。而人类历史上的第二次科技革命则在促进技术进步和生产发展的同时，向当时的主要资本主义国家特别是熟练劳动力严重缺乏的美国发出新的挑战，走在时代前列的一些人如阿克赖特、罗伯特·欧文等开始了科学管理的早期尝试和探索。

➢思考讨论题

1. 科学管理理论形成的准备条件有哪些？

2. 科学管理理论产生于什么样的时代背景下？
3. 为什么科学管理理论产生于美国而不是英国等欧洲资本主义国家？
4. 小瓦特和小博尔顿对科学管理的贡献主要有哪些？
5. 从罗伯特·欧文的经历中你能得到哪些管理启示？
6. 如何看待“科学管理理论是生产力发展的必然结果？”
7. 罗伯特·欧文对管理学的贡献是什么？

第三章

科学管理理论的产生

第一节　泰勒对科学管理的探索

一、弗雷德里克·温斯洛·泰勒

弗雷德里克·温斯洛·泰勒（Frederick Winslow Taylor，1856～1915），于1856年3月20日出生于美国宾夕法尼亚州的杰曼顿。他的父亲是一个出身于贵格教徒世系的相当富裕的律师，母亲出身于清教徒世系。这个贵格教-清教徒的世家对泰勒的教育，使他具备了寻求真理的不屈精神、观察核对事实的强烈欲望以及清教徒式的根除浪费和懒散弊病的热忱，这为泰勒后来对管理思想的探索做了个人素质上的准备。在早期教育中，泰勒大量学习欧洲古典著作、法语和德语，在18岁前他就用三年时间游历了整个欧洲，开阔了他的视野。作为一个年轻人，他酷爱科学调查研究和实验，强烈地希望按事实改进事物，早年他就对缺乏良好方法的事物充满了不满。他仔细地研究和分析了槌球游戏，发现了越野慢跑中最不疲劳的方法，他还发明了其他一些精巧的器具，这些都是他后期能够取得成功的极为细心的性格的早期见证。

1878年，他进入费城的米德维尔钢铁厂当机械工人。由于工作努力，表现突出，他很快从普通工人晋升为总技师，1884年被提为总工程师。泰勒参加了新泽西州斯蒂芬斯技术学院业余学习班，并获得该学院的机械工程学位。他在米德维尔工作的12年也是从事试验的12年。通过试验，他系统地研究和分析了工人的操作方法和劳动所花费的时间，给他的工厂管理制度和金属试验奠定了基础。1890～1893年，泰勒到一家制造纸板纤维的投资公司担任总经理职务。1893～1898年期间他从事工厂管理咨询工作。1898年，他进入宾西法尼亚的伯利恒钢铁厂做咨询工作，并继续进行试验。1901年以后，他开始无偿地从事咨询工作、演讲和撰写管理文章，宣传他的管理主张，扩大科学管理的影响。1902年，他获得了“埃利奥特·克雷森奖章”。1906年，泰勒担任声誉颇高的美国机械工程师协会主席，并获得了宾夕法尼亚大学和霍巴特学院的荣誉博士学位。1909～1914年，每年冬天他都去哈佛大学讲课。1915年3月21日，在他刚刚度过59岁生日后的第二天，泰勒病逝在费拉德尔菲的医院里。为了纪念他对管理学所作出的巨大历史贡献，人们在他的墓碑上镌刻着："科学管理之父：弗雷德里克·温斯洛·泰勒。"

弗雷德里克·温斯洛·泰勒一生留给后人大量的著作，其中包括：1895年，他第一次以论文的形式在美国机械工程师协会的学报上发表的《计件工资制》以及1903年在此基础上扩充出版的《工厂管理》；1906年发表的《大学和工厂中纪律和方法的比较》；1909年发表的《制造业者为什么不喜欢大学毕业生》；1911年发表的《效率的福音》以及在管理学中具有划时代意义的里程碑式著作《科学管理原理》。

弗雷德里克·温斯洛·泰勒是科学管理理论的核心人物。但是，"科学管理"这个名称却不是他发明的，而是由泰勒学派的支持者路易斯·布兰代斯于1910年10月的一次讨论会中提出的。泰勒对此命名并不满意，他担心这个名称听上去学术味道太浓。但当时的媒体习惯用这个词来概括他的主张，而且他自己也想不出更好的词来概括他的理论，所以后来还是接受了这个称呼。

弗雷德里克·温斯洛·泰勒个性坚强，思维活跃。他虽然为人严肃，却充满了同情心和幽默感。在实际工作中，他的正直和热忱赢得了工人们的尊敬。他的同事曾这样评价他："死人若能听到他的话，也会充满热情。在弗雷德里克·温斯洛·泰勒的晚年和他去世后的岁月中，他的为人与工作曾遭到世人的误解，有人认为他提出的管理方法是用来压迫工人的。这对于为工人服务的泰勒来说实在是不公平的。不管后人如何评价弗雷德里克·温斯洛·泰勒，他对管理学和人类社会进步作出的巨大贡献将永远记在历史的扉页中，闪耀着灿烂的光辉，激励着后人不断探索前进。

二、弗雷德里克·温斯洛·泰勒对管理问题的思考

1878年，弗雷德里克·温斯洛·泰勒刚到米德维尔钢铁厂的时候，他便发现了工厂中的许多问题。许多工人在干活时磨洋工，工作效率低下。

弗雷德里克·温斯洛·泰勒认为，工人不尽最大努力地工作是道德败坏的表现，这种"罪恶"比机器或工人闲置不用更为可恨。当时很多工厂已经采用计件工资制，目的是鼓励个人的创造性和生产主动性。但这种制度在当时却并未取得预期效果：生产标准制定得很乱，当工人们提高生产率而得到较多工资时，雇主们便降低单位产品工资率，工人们的努力劳动并未获得更高的收入。因此，工人们为了保护自身利益就不再努力劳动，并设法不让管理部门知道他们所使用的简便方法和改进措施。后来工厂又采用了利润分配制度，以弥补计件工资制的缺陷，但工人们仍不愿意多干活，生产仍得不到提高。

正常讲，工人不可能不愿意提高收入，那为什么不提高产量呢？弗雷德里克·温斯洛·泰勒对这一问题进行了深入思考。他认为：产量不提高的原因分为无意的"磨洋工"和有意的"磨洋工"两种。无意的"磨洋工"是"人的懒散的天性和脾性"导致的，而有意的"磨洋工"却是"由于工人同别人的关系所引起的更为复杂的思维和推理而导致的"。如果管理人员能够鼓励或迫使工人达到生产指标，无意"磨洋工"现象就能消除。而有意"磨洋工"的问题却不同。弗雷德里克·温斯洛·泰勒对此的回答是：

一是由于管理者方面的不明智造成的。当工人们使产量增加而获得较多工资时，管理者却降低单位产品工资率，使得工人多付出劳动却未增加收入。这样一来，工人们便把工作量定在不被解雇的程度，不再继续提高产量，而磨洋工也就成了必然；二是当时袭用的不完善的管理制度迫使工人磨洋工；三是工人们受当时流传的一种“劳动总额”理论的误导。这种理论设想世界上的工作量是有限的，今天干得多一点，明天的工作量就少一点。也就是说，一个工人如果提高劳动速度，就可能使他本人或同伴失去工作。从自己和帮助同伴的角度讲，增加产量的必要性已经不存在了；四是因为工厂袭用了代代相传的单凭经验的工作方法。弗雷德里克·温斯洛·泰勒并不责怪工人，事实上他是同情他们的。他认为，问题出在管理部门，而不在工人身上。

如果说弗雷德里克·温斯洛·泰勒当工人时不得不遵守同事们的“规矩”而不尽力干活的话，那么在他当上管理者后，内心的责任感则驱使他下决心解决这个问题。他开始向传统挑战。他要设法使产量提高，而工人们坚决不答应，于是在泰勒科学管理理论诞生之初，便在他和工人之间开始了一场旷日持久而艰苦的斗争。

弗雷德里克·温斯洛·泰勒对工人们说，他知道他们能够干得更好，而且他也正在让他们做到这一点。他首先向工人们示范他的工作方法，教他们如何在车床上花较少力气而生产更多的产品。但工人们拒绝改进。泰勒又找来一批过去没有学习过操作机器的普通工人，耐心地教他们如何按他的方法操作机器。但这些人在学会了弗雷德里克·温斯洛·泰勒的方法之后纷纷加入了其他工人的行列，和他们的产量保持一致。泰勒责备他们不守信用，扣掉了这批人一半的工资。这些人向经理告状，但泰勒获得了经理的支持，弗雷德里克·温斯洛·泰勒取得了暂时的胜利。弗雷德里克·温斯洛·泰勒承认，“我要对付的是一座石墙，我内心并不责怪这些工人，我一直是同情他们的……”工人们在接受了泰勒安排的产量后，又用捣毁机器和造成机器故障的方法来进行报复，借此说明泰勒采用专制措施增加产量是愚蠢的选择。弗雷德里克·温斯洛·泰勒根据这种情况制定了针对损坏机器的罚款制度，并将这笔罚金用于工人的福利计划中。这种做法得到了管理层的支持。工人的反对最终失败，同意接受合理的工作量。这场持续三年的斗争以泰勒的胜利告终。因此，弗雷德里克·温斯洛·泰勒也背上了暴君的恶名。后来弗雷德里克·温斯洛·泰勒回忆时说：“为了提高产量我已经全力以赴了，可是工人们的决心也很坚定，我如果那时年龄再大一些熟悉人情世故的话，可能也不会干那种强迫别人做他不愿做的事之类的傻事了。”

弗雷德里克·温斯洛·泰勒赢得了同工人的斗争后，取得了一条宝贵的经验教训：从那之后他不再使用罚款制和降低工资的方法，而是建立了严格的管理制度，即如何在实际工作中避免管理部门和工人之间的剧烈冲突。年轻的弗雷德里克·温斯洛·泰勒认识到：制订新的工业计划对防止类似的劳资对抗是多么重要。也许是英国的巴贝奇的观察制造业的方法和每天公平的工作量的理念给了弗雷德里克·温斯洛·泰勒启示，他认识到有必要做出一种新的计划，确定一个工人们都能接受的客观标准，即合理的工作量。弗雷德里克·温斯洛·泰勒这时便开始了他对科学管理思想的探索。而这就拉开了泰勒通过试验寻找这个具有科学意义的标准的序幕。

三、弗雷德里克·温斯洛·泰勒的科学管理试验

历史上很多科学发现是从实验开始的，弗雷德里克·温斯洛·泰勒的研究也不例外。他结合自己多年在机械生产行业取得的经验进行了艰苦探索。他进行的最著名的实验如下。

1. 铁块搬运研究

1898年，弗雷德里克·温斯洛·泰勒到伯利恒钢铁厂工作。他请来了一些忠诚的助手如卡尔·乔治·巴思、亨利·甘特等帮忙，使实验取得了成功。

当时在伯利恒工厂里是由一组计日工搬运铁块的，这些工人的工作是将每块重达92磅的铁块搬起，走过一块斜坡的跳板，到达车皮后将铁块放下。工人的每天平均产量是12.5吨，每人每天挣得1.15美元的标准工资。弗雷德里克·温斯洛·泰勒认为，这项工作可以大幅度提高产量，很有研究价值。他们首先科学地挑选工人。经过仔细地观察，他最终挑选了一个身强体壮、爱钱如命的荷兰移民施密特。他要求施密特按他们所规定的方法劳动，就可以挣到1.85美元。研究内容包括：把生铁搬起来所需时间；搬着铁块行走每英尺[①]所需时间；带着铁块走向车厢每步需要多长时间；放下铁块所需时间；空手返回时每英尺所需时间。经过长期的测试，他发现，采用科学的方法劳动，每个工人平均每天可以搬运47吨铁块，且负载时间只有原来的42%，工人也不感到很疲劳。

由于施密特持续挣得高工资，之后不久其他工人也纷纷要求泰勒帮助他们掌握得到1.85美元的新的工作方法。不过，弗雷德里克·温斯洛·泰勒在该实验中只使用了全组人数的1/8，其余由于体力不够，不适合做这个繁重体力劳动的人则由公司重新安排，做别的工作去了。

从这项实验中，弗雷德里克·温斯洛·泰勒归结出以下几点：一是工人要经过精心选拔和科学训练；二是管理人员要和工人进行及时充分的沟通，使之了解这些改变对他们有利无害；三是管理者的职责不应只是告诉工人们“应该做什么”，还应包括“怎样做”；四是科学的工作方法可以节省体力。

2. 铲掘铁砂和煤块实验

以前工人是自带工具到工厂干活的。铲铁砂时，因为每铲铁砂过重工人容易疲劳；铲煤炭时，则因每铲重量小，浪费时间和体力。泰勒研究发现：一个工人工作中的平均负荷量是每铲21磅时，能达到最大的工作量。因此，他建了一个大型工具房，里面摆放着各种精心设计的劳动工具，每种工具的载物重量都是21磅，供工人们进行不同种类的工作使用；同时，他还设计出有标号的两种纸卡。一种指示工人所应领工具及合适的工作地点，另一种用以说明他前一天的工作情况及前一天的收入。白色纸卡说明一切正常，黄色纸卡则表明要加油了，否则可能要调离工作。

这个实验需要大量的计划工作，并需要增加管理人员，但除去这些费用，工厂的收

---

① 1英尺=0.3048米

益仍然很多。这项实验为弗雷德里克·温斯洛·泰勒提供了很多管理思路：一是实验的方法也可以应用于管理领域；二是计划职能要与执行职能分离；三是企业要实行标准化管理；四是物尽其用，人尽其才，这是提高效率的好方法。

3. 金属切削实验

弗雷德里克·温斯洛·泰勒之前在米德维尔工厂进行的金属切削活动为他后来的实验提供了经验和知识准备。对车床的效率问题，他预定进行6个月的金属切削实验。在使用车床、刨床等机床切削金属时，无论何时都要对使用什么样的刀具、用多大的切削速度等进行研究，以便取得最大的金属加工效率。但这些要素多达12种，如工件的直径、切削的深度、进刀量等。这项实验在卡尔·乔治·巴思等多名专家的帮助下取得了重大进展，形成了生产中金属加工方面的工作规范。这个实验还有一个重要的意外收获——发明了高速钢并取得了专利，这为人类钢铁制造业的进步作出了巨大贡献。

弗雷德里克·温斯洛·泰勒进行的这几项实验都取得了成功，但也付出了巨大的代价。弗雷德里克·温斯洛·泰勒的科学管理理论正是在这些实验研究的基础上逐渐形成了一门真正的科学。

第二节 科学管理原理

一、科学管理原理的基本框架

弗雷德里克·温斯洛·泰勒科学管理原理的基本框架由假设前提、基本原理、基本出发点和基本原则构成。

弗雷德里克·温斯洛·泰勒科学管理原理有三个假设前提：一是当时社会的劳资矛盾尖锐的主要原因是社会资源未得到充分利用，如果能够对资源充分利用，劳资矛盾就可以消除；二是对工人的“经济人”的假设。该假设认为人最关心的是自己的经济利益，人只有在自身利益最大化动机的刺激下才会愿意劳动；三是个体行为可以比集体行为获得更大效率，科学管理可以使个体效率提高。

弗雷德里克·温斯洛·泰勒科学管理原理有两个基本原理，即作业研究原理和时间研究原理。作业研究原理是指把生产行为分解成很多动作，并把动作再细分为动素，研究每项动作的必要性和合理性，保留必要的动作并去除不合理的动作，以形成标准的作业方法；时间研究原理是指在动作分解和作业分析的基础上，进一步分析研究工人完成每项动作所需时间，除去一些满足生理需要的时间和无法避免的情况而花费的时间，为标准的作业方法制定标准的作业时间，来确定工人的工作定额。

弗雷德里克·温斯洛·泰勒的科学管理原理有三个基本出发点：其一是追求最高的工作效率。科学管理的核心问题就是要提高劳动生产率；其二是探寻获得最高效率的方法。在工作中，要挑选“第一流的工人”，使工人掌握标准化的操作方法，使用标准化的工具、机器和材料，作业环境也应标准化；其三是要求管理人员和工人双方在工作中相互协作。

在三个出发点的基础上，弗雷德里克·温斯洛·泰勒提出了科学管理的四条基本原则：第一，对工人操作的每个动作进行科学研究，用以代替老的单凭经验的方法；第二，科学地选拔工人并对其进行培训，使之能更好地工作；第三，和工人们亲密合作，以保证工作按已形成的科学原则去做；第四，管理人员和工人进行工作和职责上的分工，管理人员做比工人更胜任的那部分工作，改变过去那种几乎将所有职责都推给工人的管理方法。

二、科学管理的内容

弗雷德里克·温斯洛·泰勒的科学管理可以分为作业管理、组织管理和管理哲学三个方面。在作业管理方面，弗雷德里克·温斯洛·泰勒制定了三项管理方法。

1. 制定科学的工作方法

弗雷德里克·温斯洛·泰勒科学管理的中心问题是提高劳动生产率。弗雷德里克·温斯洛·泰勒认为，科学管理的根本就在于提高每一单位劳动力的产量。他认为，当时工人提高劳动生产率的潜力非常大。他把工人多年积累起来的经验和传统技艺收集起来，进行分析比较，从中找出规律性的东西，以科学的作业方法代替过去工人的经验方法，使工人掌握标准化的操作方法，使用标准化的工具、材料，并使作业环境标准化。他认为，必须用科学的方法对工人的操作方法、使用的工具、作息时间及作业环境的布置等进行分析，消除不合理因素，把各种好的因素结合起来形成一种最佳的操作方法。

他认为，管理人员的第一职责是把过去工人积累的知识、技巧和诀窍收集、记录，将它们概括为规律，在全厂推广实行。通过管理人员和工人的密切协作，可以大大提高工人的产量，公司获得更多利润，同时工人也可得到更高工资，并可使工人建立一种用科学方法代替过去工作方式的习惯。

2. 制定科学的培训工人的方法

弗雷德里克·温斯洛·泰勒认为，每个工人有不同的才能，只要他做合适的工作，就能成为一流的工人。而管理人员的责任就是了解每个工人的性格特长，为工作挑选“第一流的工人”。身强力壮的工人干重活可能是一流的，但做精细活就不一定在行；心灵手巧的女工做体力活费劲，但干精细活可能就是一流的。所以，弗雷德里克·温斯洛·泰勒认为管理人员要为每一种类型的工人找到适合的工作，使他成为第一流的工人，然后对这些第一流的工人用作业原理和时间原理进行动作优化，便可使其获得最高效率。

3. 实行刺激性的报酬制度

弗雷德里克·温斯洛·泰勒对以前的工资体制很不满意。他认为它不能满足提高生产效率的需要。他在1885年提出了具有刺激性的报酬制度：差别工资制。其要点有：一是通过工时研究和分析，由管理部门以科学研究为基础制定出定额作为标准，改变过去那种以估计和经验为依据的办法；二是采用“差别计件制”，即按照工人完成定额的情况支付不同的工资。如果工人达到或超过了定额，就按高工资率付酬，全部工作量都按正常工资率的125％支付。如果工人没有达到定额，就按低工资率付薪，为正常工资率的80％，同时还要发给一张黄色工票，以示警告，如不改进就要撤换或解雇；三是工资的支付对象是工人而不是职位。也就是根据工人的实际工作表现而不是工作类别支付工资，这样可以克服工人“磨洋工”现象，又可以调动工人的工作积极性。这样做看起来工人干得多挣得也多，但工人劳动生产率的提高要远大于工资提高的幅度，总的来看还是对企业有利。[①]

在组织管理方面，弗雷德里克·温斯洛·泰勒制定了三项管理方法。

1）计划职能和执行职能分开

在以往的生产管理中，工人凭经验和习惯进行生产，工作效率取决于工人的熟练程度和经验的多少。弗雷德里克·温斯洛·泰勒主张用科学的方法代替工人的经验，在试验和研究的基础上制定出标准操作方法，采用标准化的工具进行劳动，而工人是不能找到科学的方法的。所以，就需要把计划职能和执行职能分开，计划职能由企业专门设立的管理部门承担，计划部门从事全部的计划工作并对工人发布命令。计划部门的主要任务有：一是进行调查研究，以便为确定定额和操作方法提供科学的依据；二是根据调查研究的结果制定出有科学依据的定额和操作方法；三是拟定计划，发布指示和命令；四是对标准和实际情况进行比较，以便进行有效的控制。而现场的工人和工头则从事执行的职能，按计划部门制定的操作方法，使用规定的工具进行生产，不得擅自改变操作方法。弗雷德里克·温斯洛·泰勒把这种管理方法作为科学管理的基本原则，将分工理论进一步拓展到管理领域，使管理思想向前迈进了一大步。而正是由于管理职能和执行职能的分开，才奠定了“经营管理科学化”的基础。

2）实行职能工长制

弗雷德里克·温斯洛·泰勒认为，过去管理人员对工人实行放任管理，让工人凭自己的经验工作。弗雷德里克·温斯洛·泰勒主张实行职能工长制，工人必须按管理部门的规定去做。这就需要有一部分人事先做好计划，使得计划职能从工长与工人中分离出来，让有关生产、采购等部门的专门人员去做。这样既可以让工人有更多时间从事生产，提高劳动效率，又可以使管理职能专业化。泰勒认为职能工长应具备九种素质：脑力、教育、专业知识、机智、充沛的精力、毅力、诚实、判断力和良好的健康状况。但一个人不可能同时具备这九种素质。为了使工长有效地履行其职责，就必须对工作进行细分，使每个工长只承担一种职责。由此泰勒设计出八种职能工长来替代以前的一个工长。这八个工长四个在车间、四个在计划室，每个工长根据自己的职能范围向工人发布命令，如图 3-1 所示。

其中，车间是监督部门，计划室是计划部门。在监督部门里，生产分配工长负责把一件材料放在机器上之前的全部工作；速度工长负责材料放在机器上之后的工具、切削和机器的速度问题；维修工长负责照看维修机器；检验工长负责检查工作结果；在计划部门里，工作命令工长负责提供有关工具、材料、计件工资和奖金及其他操作指示；生产成本工长的主要任务是发送记录工作所费时间及所耗成本的表单，并保证收回这些资料；生产程序工长决定每一类工人和机器的工作流程与顺序；纪律工长记录每个工人的优缺点，并履行挑选和解雇工人的职能。

虽然弗雷德里克·温斯洛·泰勒的职能工长制是依据机械工业提出的，但他认为它

---

① 池丽华，伊铭．2006．现代管理学．上海：上海财经大学出版社．1

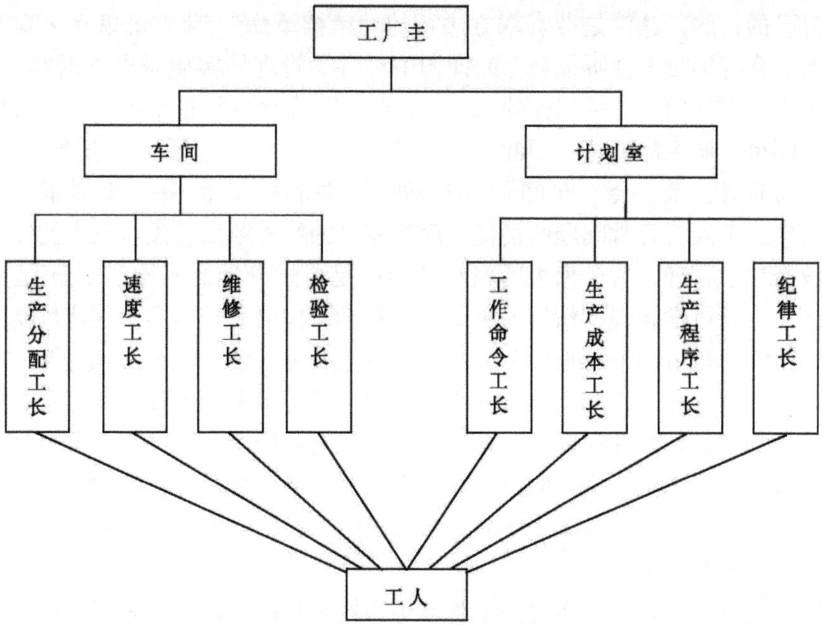

图 3-1　泰勒的职能工长制

同样适用于其他行业。这种职能工长制有三个优点：一是由于每个职能工长只承担某一项职能，职责明确，对其培训可在短期内完成；二是管理人员的职责明确，容易提高工作效率；三是由计划部门制订计划、工具和作业方法已标准化，车间现场工长只负责现场指挥与监督，便于降低成本。

尽管弗雷德里克·温斯洛·泰勒认为职能工长制有上述优点，但由于一个工人要受到多头领导而容易引起混乱，所以这一制度在实际中并未得到推广。职能工长制未得到真正推广的原因是由于当时缺少真正意义上的管理人员，这也是早期工厂中普遍存在的一大难题。如果我们把职能工长改成职能科室，把直接指挥改成参谋建议，那么就成了现在我们所熟知的职能参谋制的组织结构方式。可以说，实际上弗雷德里克·温斯洛·泰勒的职能组织管理的思想为后来职能部门的建立和管理职能专业化提供了启示。

3）例外原则

例外原则，就是企业的高层管理人员把一般的日常事务授权给下属管理人员处理，自己保留对例外事项如企业重大战略问题和人事更替等重要事情的决策权和控制权。这个原则至今仍是企业管理中极其重要的原则之一。①

弗雷德里克·温斯洛·泰勒不仅是管理学的集大成者，而且是一位管理哲学大师。在管理哲学方面，他作出了巨大的贡献。

弗雷德里克·温斯洛·泰勒认为，工人和雇主必须认识到提高劳动生产率对双方都有好处。为此，管理部门和工人要保持良好的协作关系，共同为提高劳动生产率互相合作。雇主关心的是降低成本，工人关心的是提高工资。只有劳动生产率提高了，他们才

① 魏文斌．2004．现代西方管理学理论．上海：上海人民出版社．1

能都达到自己的目的。这就是劳资双方进行的“精神革命”。弗雷德里克·温斯洛·泰勒曾在美国国会特别委员会听证会上的证词中对科学管理的实质做出过阐释：“科学管理实质上包含了在任何企业中工作的工人方面的一种完全的精神革命——一种他们对自己的工作、同事、雇主的责任方面的完全的精神革命。它还包括企业管理当局（工头、监工、企业所有者、董事会）方面同样的一种完全的精神革命——一种他们对企业管理当局中的同事、工人、日常问题的责任方面的完全的精神革命。没有双方的完全的精神革命，就没有科学管理。这个伟大的精神革命就是科学管理的实质。”这正是弗雷德里克·温斯洛·泰勒科学管理的精神内涵，也是泰勒时代的管理哲学。在这场精神革命的影响下，“（劳资）双方都不再把盈余的分配看成是头等大事，而把注意力转向增加盈余上，直到盈余大到这样的程度，以致不必再为如何分配盈余而争吵。他们会看到，只要他们停止互相争夺，转而并肩朝同一方向努力，他们共同努力所创造的盈余是令人震惊的。他们双方都会认识到，当他们以友好合作和互相帮助来代替对抗和斗争时，他们就能共同使盈余猛增，以致工人工资能大大增加，制造商的利润也会大量增加。这就是伟大的心理革命的开始……”

为实现提高效率的目标，当时科学管理主张用极其严酷的方法来促成这场生产上的革命，结果确实极大地促进了生产的发展。弗雷德里克·温斯洛·泰勒看到：“作为一个阶级，工人们通过世世代代痛苦的经验使他们习惯于把所有的变革都看做是违背其最大利益的，他们不问变革的目的，凡是改革他们都反对。因此，首先要进行的变革应该是消除工人的怀疑，通过实践使他们相信，改革归根结底是无害而且有利的。这样的改革应首先从对工人的直接影响最小的方面着手进行，并注意整个行动必须要循序渐进，以使新制度在尽可能多的地方开始试行，并要尽力坚持下去。”

弗雷德里克·温斯洛·泰勒科学管理思想对管理哲学的突破具有划时代的意义。管理学以管理哲学为指导，管理哲学是管理学中的世界观、认识论和方法论，是从思维存在的角度对管理本质和规律做出的哲学概括。而科学管理思想正是从管理学的世界观、认识论和方法论上对管理学进行了归纳和突破。弗雷德里克·温斯洛·泰勒用自己的管理实践冲破了工业革命以来一直延续的传统的经验管理方法，将科学引进了管理领域，并形成了一套具体的管理方法，为管理理论的系统化打下了基础。可以说，弗雷德里克·温斯洛·泰勒的科学管理思想是一种转变人性的管理思路，是把人们从传统的小农思想意识转变为现代的社会化大生产的思想意识的一场革命。没有这场革命，人类就不可能进入真正意义上的现代文明社会。①

弗雷德里克·温斯洛·泰勒的将管理职能从生产职能中分离出来的主张，使得企业中管理职能的专业化，开始出现一批专门从事管理职能的管理人员。这进一步促进了后人对管理实践的思考，为管理理论的形成和发展开辟了道路。同时，弗雷德里克·温斯洛·泰勒的现场作业管理方法在实际生产中取得了显著效果，极大地推动了生产的发展，使企业生产率大大提高。因此，科学管理在当时的美国和欧洲受到欢迎。即便到今天，科学管理思想仍然在企业中发挥着巨大的作用。

---

① 丹尼尔·A. 雷恩．1997. 管理思想的演变．北京：中国社会科学出版社．1

三、对科学管理理论的评价

1. 弗雷德里克·温斯洛·泰勒科学管理的贡献

(1) 科学管理理论在弗雷德里克·温斯洛·泰勒所在企业和行业得到了广泛应用，并推广到其他行业，后来其思想和方法被传播到全世界。弗雷德里克·温斯洛·泰勒的科学管理理论让美国企业在短期内迅速提高了劳动生产率和竞争力，为提高美国的工业化水平作出了巨大贡献，为美国在19世纪末的崛起提供了工业实力基础（1894年之后直至今天，美国的工业实力一直居世界首位），而美国的崛起则改变了后来整个世界的格局。例如，根据弗雷德里克·温斯洛·泰勒科学管理理论中的标准化原则，1914年美国的福特发明了流水线生产，这极大地提高了劳动生产率。1912年，福特汽车公司6800名员工生产了78 400辆汽车。1913年，公司员工增加了一倍，汽车生产也增加了一倍，而到1914年，由于采用流水线生产，员工减少了1500人，但公司汽车产量却增加了近一倍。这使得福特汽车公司在之后很长时期内保持世界领先地位，也让美国汽车工业长期称霸世界汽车界。根据弗雷德里克·温斯洛·泰勒科学管理的例外原则，1920年，小斯隆对美国通用汽车公司进行改组，采用了集中政策控制下的分权制—事业部制，成为今天大型企业普遍采用的典型的组织结构模式。

(2) 弗雷德里克·温斯洛·泰勒的科学管理理论在管理发展史上第一次对管理知识进行了系统的总结，使管理从经验上升到科学的高度。弗雷德里克·温斯洛·泰勒的科学管理理论提出了一系列管理原则，对管理者和研究人员都有理论指导意义，由科学管理形成的一系列管理制度，具有现实指导意义。

弗雷德里克·温斯洛·泰勒科学管理理论的最大贡献在于，他所提倡的在管理中运用科学方法和他本人的科学实践精神。弗雷德里克·温斯洛·泰勒科学管理的精髓是用精确的调查研究和科学知识来代替个人的判断、意见和经验。他本人曾明确说过：“科学管理不是什么效率设计，不是计算成本的制度，不是一种计件工资制，不是时间动作研究，不是职能工长制，不是一般人在谈到科学管理时所想到的任何设计。”他认为，管理部门和劳动者之间都必须采用一种观点，“双方都必须承认，在一切关于在组织中所进行的工作方面，用精确的调查研究和科学知识来代替个人的判断和意见（不论是工人还是上司）乃是必不可少的”。由此可见，弗雷德里克·温斯洛·泰勒所强调的是一种与传统的经验方法相区别的科学方法。弗雷德里克·温斯洛·泰勒在进行科学管理的研究时，以及在推行他的科学管理的过程中遇到了巨大的阻力，有来自工人阶层的，也有来自雇主们的，但泰勒没有屈服，坚忍不拔，百折不挠，为科学管理献出了自己的毕生精力。

(3) 讲求效率的优化思想和调查研究的科学方法。弗雷德里克·温斯洛·泰勒理论的核心是寻求最佳工作方法，追求最高生产效率。他和他的同事创造和发展了一系列有助于提高生产效率的技术和方法，如时间和动作研究技术与差别计件工资制等，这些技术和方法不仅是过去，而且也是近代合理组织生产的基础。

(4) 科学管理运动加强了社会公众对消除浪费和提高效率的关心，促进了对经营管理的科学研究，其后的运筹学、成本核算、准时生产制等都是在科学管理理论的启发下产生的。

2. 弗雷德里克·温斯洛·泰勒科学管理理论的局限性

(1) 弗雷德里克·温斯洛·泰勒理论把人看成是一切从经济利益出发的“经济人”假设是片面的。弗雷德里克·温斯洛·泰勒认为，工人的主要动机是经济的，工人最关心的是提高自己的金钱收入，即坚持“经济人”假设。他认为，工人只有单独劳动才能好好干，集体的鼓励通常是无效的。弗雷德里克·温斯洛·泰勒规定在伯利恒钢厂中不准四人以上在一起工作，经过工长的特别允许除外，但不得超过一周。他认为，工人是很笨拙的，对作业的科学化完全是无知的。工人的一举一动只能严格按照管理者的指示去做，只能服从命令和接受工资。他曾说：“现在我们需要最佳的搬运铁块的工人，最好他愚蠢和冷漠得像公牛一样，这样他才会受到有智慧人的训练。”

(2) 弗雷德里克·温斯洛·泰勒的科学管理仅重视技术的因素，不重视人群社会的因素。弗雷德里克·温斯洛·泰勒的科学管理以物为中心，忽视人的精神力量作用，尤其是忽视了人的心理因素，即内在主观能动性的发挥的研究。他所主张的专业分工、管理与执行分离、作业科学化和严格的监督等，加剧了对工人的剥削。当时的工人将差别计件工资制愤怒地称为“血汗工资制”。“泰勒制”加剧了劳资之间及管理人员和工人之间的矛盾。过去的管理仅是一般的规定任务，强调的是结果，而现在还要规定一套操作方法。控制越来越严密，管理越来越专横、越来越强调服从。由于采用科学的合理的最快的方法，工人的分工越来越细，操作越来越简单，越来越成为机器的附属品。弗雷德里克·温斯洛·泰勒科学管理中所谓“合理的工作量”，理论上是一个工人在不损害健康的情况下，按照整个劳动期间能够维持的速度所能做出的全部工作。但实际上这个工作量只有经过挑选的具有不寻常体力的少数人才能完成。例如在弗雷德里克·温斯洛·泰勒所做的搬运铁块的实验中，他只使用了 1/8 的人数，其余均因体力不够，改做其他工作。

(3) 由于弗雷德里克·温斯洛·泰勒本人是由一名普通的学徒工一步一步走上管理岗位的，所以受其个人经历的限制，其管理理论具有一定的狭隘性和片面性，缺乏对管理通用原则的归纳。

(4) 弗雷德里克·温斯洛·泰勒的科学管理理论仅解决了企业管理中个别具体工作的作业效率问题，而没有解决企业作为一个整体如何经营运作的问题，容易让企业陷入一种僵化的机械模式。

(5) 受当时时代的局限，弗雷德里克·温斯洛·泰勒所处的时代是“卖方市场”时期，所以当时泰勒的科学管理理论是基于生产者如何提高产品的产量而提出的。他的理论侧重的是企业的生产管理过程，忽视了对企业管理中的流通领域的管理。随着生产力的不断发展，这种只注重企业的产品生产制造而不注重消费者个性需求的管理思路逐渐暴露出其不适应市场变化的弊端。

本章小结

在时代的召唤下，科学管理“千呼万唤始出来”。时代造就英雄，时代选择了弗雷德里克·温斯洛·泰勒。自幼勤奋上进且有着勤俭节约美德的泰勒开始了他的时代征程。一步步从基层学徒升至高层领导的他用试验进行着探索，用理论进行着概括。1911年，弗雷德里克·温斯洛·泰勒出版的《科学管理原理》，让他登上了人类历史上管理学发展的第一个高峰，并引领了人类发展史上科学管理的时代潮流。虽然现在看来泰勒的思想有着这样或那样的缺陷，但我们永远无法抹杀科学管理推动当时社会生产力极大发展的历史功绩。不管后人如何评价弗雷德里克·温斯洛·泰勒及科学管理理论，他所创立的科学管理理论为人类生产发展与社会进步作出的巨大贡献将永载史册。一言以敝之，科学管理不是万能的，但没有科学管理却是万万不能的。

➢思考讨论题

1. 简述科学管理理论的基本原理。
2. 简述科学管理理论的主要内容。
3. 如何评价弗雷德里克·温斯洛·泰勒的科学管理理论?
4. 如何看待弗雷德里克·温斯洛·泰勒的例外原则?
5. 弗雷德里克·温斯洛·泰勒的职能工长制有什么优缺点?
6. 从弗雷德里克·温斯洛·泰勒的个人经历中你能学到些什么?

第四章

科学管理理论的演变与发展

第一节　泰勒同时代人对科学管理理论的贡献

一、卡尔·乔治·巴思

卡尔·乔治·巴思（Carl George Barth，1860～1939）于1860年2月28日出生于挪威的克里斯蒂尼亚（挪威现在首都奥斯陆1624～1925年的曾用名），自幼学习刻苦，1881年4月全家移居美国。1889年，他在宾夕法尼亚贝瑟利恩钢铁厂任机械车间工程师、弗雷德里克·温斯洛·泰勒的特别助理。1903年起自己开业从事企业咨询工作，1911～1916年和1919～1922年他在哈佛大学任科学管理讲师。

他是弗雷德里克·温斯洛·泰勒最早、最能干、最亲密的助手。由于数学方面较深的造诣，他在协助泰勒进行金属切削实验过程中提供了大量数学计算方面的帮助，并帮助甘特解决了进刀和切削的速度问题。当时泰勒积累了机器运转方面大量的试验材料，但没人能进行成功的分析。卡尔·乔治·巴思研究出弗雷德里克·温斯洛·泰勒在《工厂管理》一书中提出的12个变数的公式，后来又在这个公式基础上研究出“巴思计算尺”，并发明一套公式表。切削工人只要知道了机器的马力和所用的切削工具就可以利用巴思计算尺和公式迅速地算出某种操作的走刀和切削的速度。巴思计算尺帮助泰勒解决了大部分金属切削和工具标准化问题。

卡尔·乔治·巴思一生同弗雷德里克·温斯洛·泰勒亲密合作，帮助弗雷德里克·温斯洛·泰勒进行工时研究、疲劳研究并在工厂中推广泰勒制，把弗雷德里克·温斯洛·泰勒制作为现代管理的标准。因此，他被认为是弗雷德里克·温斯洛·泰勒科学管理思想最正统的追随者。弗雷德里克·温斯洛·泰勒经常把他说成是“能解决那些不可能解决的问题的人”，美国的珀森博士在《先进管理》中曾这样评价卡尔·乔治·巴思：“巴思是美国所曾产生过的两个最伟大的管理工程师中的一个（另一个是泰勒）……泰勒具有远见……但他不愿过问细节，他在这方面需要一些能干的助手，巴思是这些助手中最能干的……这两种类型天才的组合使得每个人都能发挥出更多的创造性。”

卡尔·乔治·巴思对弗雷德里克·温斯洛·泰勒科学管理思想作出了最大贡献，忠实地执行了弗雷德里克·温斯洛·泰勒的管理方法并用他所发明的“巴思计算尺”推动了科学管理的发展。

二、亨利·劳伦斯·甘特

亨利·劳伦斯·甘特（Henry Laurence Gantt，1861～1919）出生于美国马里兰州一个农民家庭。他从小就懂得一个人如果想成功就要艰苦地工作、俭朴地生活和自我约束。他于1880年毕业于约翰·霍布金斯学院，后又到史蒂文斯工学院学习并获得机械工程师学位。1881～1893年在美国费拉德尔菲亚的米德维尔钢铁厂工作，开始在工程部任助理工程师，后同泰勒一起工作，成为泰勒的助理。他们对于探索科学管理有着共同的兴趣，对各自的工作相互钦佩。1902年，亨利·劳伦斯·甘特独立开业进行咨询，并在哥伦比亚大学、哈佛大学、史蒂文斯工学院、耶鲁大学任教，成为第一批有成就的管理顾问之一。

亨利·劳伦斯·甘特是创建和推广弗雷德里克·温斯洛·泰勒科学管理制度的亲密合作者，是美国科学管理运动的先驱者之一。他很重视工业中人的因素，因而也是人际关系理论的先驱者之一。他对科学管理的贡献主要有以下几方面。

1. 发明甘特图

甘特图是以亨利·劳伦斯·甘特的名字命名的图表，是一种表示生产活动计划和进度的图示方法。它具有简单、醒目和便于编制等特点。在甘特图中，一般是在平面图的横轴上按比例划分为小时数、天数、月数，先把工作任务的计划完成时间用横线或横条画出，再把工作任务的实际进展情况用横线或横条画在计划完成情况线下面，一对比便知工作进展情况。有的按机器划分，有的按工序划分，有的还用来比较费用预算和实际支出。图表内用线条、数字、文字、代号等表示计划所需的时间、实际产量、计划开工或完工时间。按照反映的内容不同，甘特图常分成不同种类的图表，如计划表、负荷表、机器闲置表、进度表等。从一张事先准备好的图表上，管理部门可以看到计划执行的进展情况，并可以采取一切必要行动使计划能按时或在许可范围内完成。可以说，甘特的这种用图表进行计划和控制的方法是当时管理思想上的一次革命，为管理学的发展提供了另一种参考思路。图4 1所示为甘特图。

在第一次世界大战中，美国民用工业转为军用，发生了交货拖期、后勤供应混乱等现象，正是用甘特图才扭转了这种局面，亨利·劳伦斯·甘特因此获得了美国政府颁发的“特殊功绩勋章”。甘特图被翻译成很多国家文字，至今仍被许多国家使用，并在此基础上进一步发展为“计划评审法”（PERT）、关键路线法等管理方法。

2. 提出“任务和奖金制度”

所谓任务和奖金制度，指的是：首先确定每项任务的工作时间，并把该工作任务的各项作业时间详细规定出来。工人如果感觉某项作业在规定时间内无法完成就向工头反映，工头应在规定时间内示范完成该作业，若工头无法完成则可报告给工程师，若工程师也无法在规定时间内完成作业，则修改工时定额。工人如果由于技术等原因而未能完成当日工作定额，仍可得到有保证的日工资。而不像泰勒工资制那样急剧地减少收入；

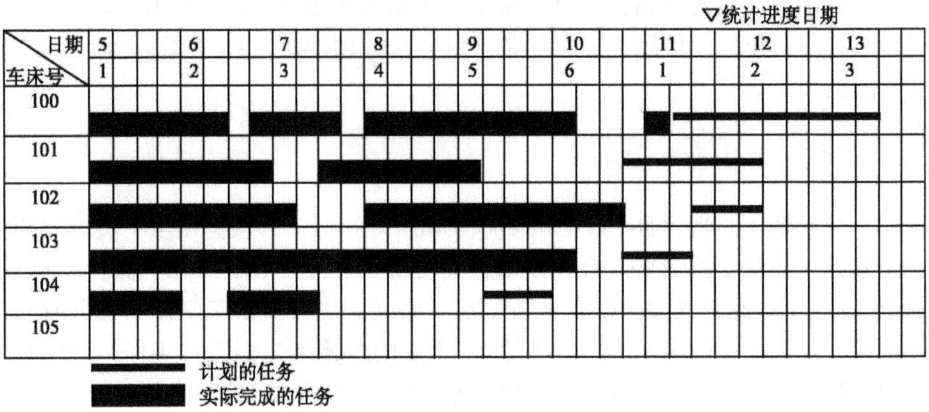

图 4-1 甘特图

如果工人达到或超过了定额，则按当日工资 20%～50% 比例发给奖金，而产量的增加一般可达 200%～300%。这种工资制度优于泰勒的不按日支付有保证的工资制度，能更好地激励工人工作。①

3. 激励工人的因素

亨利·劳伦斯·甘特认为，除金钱外，工作安全感、管理部门与工人之间和谐的合作关系也是激励工人“士气”的重要因素。因此，他提倡对工人实施“工业传统教育”，激励工人的“士气”，这样可以降低成本，提高劳动生产率，增加工人收入。

4. 培训工作是管理部门的职责

亨利·劳伦斯·甘特认为，做好培训工作可以培养工人的勤奋习惯和协作精神，有利于提高劳动生产率。这对劳资双方都有利。

5. 强调民主和重视人的领导方式

亨利·劳伦斯·甘特提出工业中机会均等的建议，强调在科学管理的基础上，雇主和工人利益的一致性。企业想要成功，关键要采取工人愿意接受的领导方式。他号召人们在管理中重视人的因素。甘特是人际关系理论的先驱者。

三、吉尔布雷思夫妇

在管理思想发展史的足迹中，吉尔布雷思夫妇这两颗星星显得光彩夺目。他们的结合被认为是管理思想发展史上的一段佳话。弗兰克·邦克·吉尔布雷思和莉莲·莫勒·吉尔布雷思对管理思想的发展作出了多方面的巨大贡献。

弗兰克·邦克·吉尔布雷思（Frank Bunker Gilbreth，1868～1924）于 1868 年出生于美国缅因州的费尔菲尔德城，从小学习刻苦，成绩优异。中学毕业后考入麻省理工学院，因家庭生活困难未入大学深造，于是进入建筑行业，以砌砖学徒工开始了他的职业生涯。他后来成为建筑工程师，不久又被提为承包公司总管。他苦心钻研技术，设计

① 张文昌，于维英. 2007. 东西方管理思想史. 北京：清华大学出版社. 1

出一种新的脚手架和一种建造防水地窖的新方法，在混凝土建造方面也有几项技术革新。1895 年，他独自承包建筑公司，从事技术和管理的研究，获得许多技术发明的专利权，也改进了很多业务管理的方法。1912 年，他放弃建筑业务转入“管理工程”研究，专门从事体力劳动的动作、操作方法的研究。通过试验研究，他得到了“管理专家”的美誉。这位泥瓦工出身的工程师和管理学家曾是弗雷德里克·温斯洛·泰勒的合作者之一，也是弗雷德里克·温斯洛·泰勒科学管理运动的创始人之一，在动作研究方面颇有造诣，被公认为“动作研究之父”。

莉莲·莫勒·吉尔布雷思（Lillian Moller Gilbreth，1878～1972）是弗兰克·邦克·吉尔布雷思的夫人。她于 1878 年出生于美国加利福尼亚州的奥克兰，毕业于加利福尼亚大学英语系，1904 年同弗兰克·邦克·吉尔布雷思结婚后改学心理学，同丈夫合作研究，并于 1915 年获得布朗大学博士学位，是美国第一个获得心理学博士学位的妇女，被称为“管理学的第一夫人”。莉莲·莫勒·吉尔布雷思潜心研究管理心理学，并著有《管理心理学》。她在书中阐述了人类历史上三种管理方式——传统型、过渡型和科学型，并将这三种方式对个人、职能化、激励和福利等一系列问题产生的影响进行比较分析，用以证明科学管理是要培养工人而非限制工人，有力地支持了科学管理运动的发展。莉莲·莫勒·吉尔布雷思是管理心理学的先驱者，她扩大了管理学研究的范围，对人的心理变化与管理效率的关系进行了深入探讨，对管理思想的发展作出了突出贡献。

吉尔布雷思夫妇对管理思想作出的贡献主要有以下几个方面。

1. *动作研究*

动作研究是吉尔布雷思夫妇研究的主要内容，同时也是他们作出最大贡献的领域。弗兰克·邦克·吉尔布雷思认为，“世界上最大的浪费，莫过于不必要的、错误的、无效的动作所造成的浪费”。为了进行有关工人操作的动作研究，他们首先把工人的动作分解为各种基本元素，用 Therblig（姓氏 Gilbreth 的倒写，只不过 th 这两个字母次序不变）来代表各种动作基本元素，每种动作基本元素都有确定的含义。常用的 18 种动作基本元素都用不同的符号和颜色来表示。由于动作基本单元分的很细，靠肉眼观察不精确，于是弗兰克·邦克·吉尔布雷思发明和应用了许多工具和技术。他发明了一种瞬时计的仪器，可以记录 1/2000 秒钟的时间，这样拍下的资料不仅可以确定工人动作的基本元素，还可以确定每一个动作基本元素用了多少时间。这是他们“分解动作研究”的开始。之后，他们把工人的操作拍成“灯光示迹影片”和“瓜子仁状点线灯光示迹影片”，对动作的模式、速度、方向和时间做出了精确分析。

他们利用这些工具和技术对工人的操作进行研究，消除不必要的动作，把各种最有效的动作基本元素归纳为一种最经济的动作。这就是所谓的“动作经济原则”。他们把动作经济原则推广到工人中去，使工作效率大大提高。

2. *疲劳研究*

疲劳研究是对动作研究的继续和发展。剔除不必要的动作可以减少疲劳，但任何动作都会产生疲劳。他们研究出一种合理搭配工作和休息时间、恰当布置环境的方法，能减少工人的疲劳，从而增加产量。例如，他们提出过弱或过强的光线、温度和通风等都是引起疲劳的因素，并指出在工作中播放音乐能减轻疲劳。

3. 制度化管理

弗兰克·邦克·吉尔布雷思认为，做任何工作都有一种最好的方法，应当将这种方法加以制度化，让每个人都遵守。如果制度有不合理的地方可以向主管部门提出要求修改，但在没修改之前必须遵守，不得自行其是。弗兰克还提出了针对建筑业的“现场制度”、“混凝土制度”和“砌砖制度”，极大地促进了管理效率的提高。

4. 工作、工人和环境之间的相互影响

吉尔布雷思夫妇认为，工人本身和环境条件都会影响工作的进展。他们指出：工人方面可能对工作成绩产生影响的15项主要因素：骨骼、肌肉、满足程度、信仰、赚钱能力、经验、疲劳、习惯、健康状况、生活方式、营养状况、体格大小、技术水平、脾气、训练程度；环境方面影响工作成绩的因素主要有14项：器械、衣服、颜色、娱乐、供热、照明、材料质量、赏罚、所移物件的大小、所移物件的轻重、减轻疲劳的特别措施、周围条件、工具、工会规则。

5. 管理人员发展计划

吉尔布雷思夫妇很重视管理人员的培训和发展。他们曾发表过一篇题为《提升管理人员的三点计划》的论文。他们认为，既要关心整个组织的利益，又要关心组织成员的利益。他们还拟定了具体的计划来实现员工的培训和提升，并拟定了“个人提升图表”、“提升机会表”及定期讨论会等。这些想法和措施到20世纪50年代发展成为管理人员培训提升的整套措施。

6. 重视企业中人的因素

吉尔布雷思夫妇很重视企业中人的因素，把经济学、管理学、社会学等学科的有关知识用来改进和扩大工人的能力，以便为提高劳动生产率服务。英国管理学家厄威克认为，吉尔布雷思夫妇的突出贡献之一便是把管理学发展成为一门以人为中心的社会科学。他们的研究对后来的行为科学也产生了重大而深远的影响。

四、哈林顿·埃默森

哈林顿·埃默森（Harrington Emerson，1853～1931）是科学管理理论的奠基人之一，出生于美国新泽西州的特伦顿，曾在英国、德国、法国、意大利和希腊接受教育。哈林顿·埃默森是一位牧师的儿子，他信奉新教的简朴和节约使用资源的美德，被管理学家雷恩称为“为发展中的美国找到节省时间和开支方法的新型‘效率工程师’的代表人物”。1876年，他在内布拉斯加大学任现代语言系主任，1882年离校在当地从事银行和房地产活动。之后他在铁路部门从事专门的经济和工程研究，并曾作为一个英国大商业集团的在美国的代表参与调查墨西哥、美国和加拿大许多工矿企业的财务和业务。1899～1901年，埃默森在一家玻璃制造公司任总经理。1901～1907年，他任专业的管理咨询工程师；从1903年起，他就和泰勒有紧密的联系，并独立发表了一些有关科学管理的文章；1904～1907年，他对阿其逊、托皮卡、圣泰菲铁路公司进行改组，引进奖金制、标准成本等方法；1921年他参加了旨在消除工业中的浪费的胡佛委员会，并于1929年参加了巴黎的国际管理会议。哈林顿·埃默森是美国泰勒科学管理理论的早期研究者之一，独立地发展了科学管理的许多原理。

哈林顿·埃默森对管理思想的贡献主要有以下几个方面。

1. 提出提高效率的 12 项原则

效率问题是哈林顿·埃默森一生最有成效的研究。因此，至今还被称为是“效率的大祭司”。哈林顿·埃默森主张应用效率原则来提高劳动生产率。他在 1912 年出版的《效率的 12 项原则》中提出了提高效率的 12 项原则：

（1）有明确的思想，即要有明确规定的目标。哈林顿·埃默森认为，组织成员理解其所承担的共同目标，可以减少组织内部的冲突，避免模糊不清、变化无常和失去目的等问题。

（2）常识。要经常使管理人员考察各种问题和它们之间相互的关系，丰富专业知识，主动征求各种建议。

（3）进行充分的商议，向有能力的人（参谋或顾问）请教。选择优秀的参谋和顾问，每次协商都采取集体决策的方式，以产生有效的影响。

（4）有纪律，这是达到其他 11 项原则的基础。这使组织成为一个整体，而不是无政府状态。

（5）公平处理各项事务。做到这一点要求管理人员必须具有同情心、思考力和公正廉明的精神。

（6）有可靠、及时、准确而持久的记录。

（7）对生产实行统一调度，使部门工作服从整体要求，力求在最短时间内完成任务。

（8）规定标准的工作时间、工作方法、工作日程和工作程序。

（9）工作环境标准化，减少人力和财力的浪费。

（10）作业标准化，以提高生产效率。

（11）用书面形式进行作业指导，以快速有效地达到企业的目标。

（12）对提高效率的行为进行奖励。对降低成本、改进质量、增加产量、节约时间的行为要给予适当奖励。

这 12 项原则都是哈林顿·埃默森根据他当顾问时的经验来充分加以说明的，是对他的制度所做的详细的说明。在这些原则中，前五项是关于人的关系方面的，后七项是涉及管理的方法、机构、制度等。这些原则不是孤立的，而是相辅相成的，它们之间的相互配合形成了管理体系的基础。而这 12 项原则又是以直线-参谋形式的组织为基础的。

2. 提出直线-参谋组织结构模式

哈林顿·埃默森认为，许多企业效率不高是由于其组织机构设置不合理。他同意泰勒的要重视职能人员专业知识的观点，但不同意泰勒的职能工长制。由于他早年在德国读过书，对于 19 世纪末普鲁士军队中设立总参谋长制度而使军队的效率惊人深表赞赏。鉴于直线管理体制中的操作级领导处于孤立寡助地位的缺陷，哈林顿·埃默森主张采用直线组织和参谋组织相结合的制度，把参谋制度运用到工业管理的实践中去，使各级领导随时能从参谋人员的专业知识中获得帮助，所以他提出了直线-参谋管理制组织结构模式。

哈林顿·埃默森主张在企业中建立并行的直线组织于参谋组织，每个企业设立一位“参谋总长”和几个参谋小组。例如，第一组负责研究有关员工人事与福利问题；第二组负责研究有关组织结构、机器、设备等问题；第三组研究材料的采购、储存、分发和搬运等问题；第四组研究有关标准、会计及方法问题。参谋组织的人员在对各项问题详细研究的基础上，向直线管理人员提供意见，但不承担执行和完成具体作业的任务，直线组织的管理人员统一指挥和发布指示。这样既能发挥专业知识的长处，又不致破坏统一指挥的原则。

3. 奖励工资制度

与12项效率原则相配合，哈林顿·埃默森创造了一种按工人的工作效率的高低确定是否给予奖金和奖金高低的工资制度。这种工资制度的主要内容是：对生产的各个方面，用科学的方法来确定是否给予奖金和给予奖金的数额。

工人所得的具体计算方法是：工作效率在66.7%以下者，工人所得=实际工作时间×标准工资率；工作效率为66.7%～100%，工人所得=实际工作时间×标准工资率×(1+20%)；工作效率若超过100%，工人除了得到20%的奖金外，还会获得他所节约的那部分时间的报酬。例如，效率达到100%时，每1美元的工资可得20美分的奖金；效率达到120%时，每1美元的工资的奖金为40美分；效率为140%时，每1美元的奖金则为60美分，即等于20美分的奖金加上由于工作效率提高40%后又获得的40美分。

这一制度的特点是：保障能力较差、工作效率较低的工人获得基本工资；奖金率随工作效率的提高而逐渐提高，因而工人将不断努力以提高效率。但由于这种方法比较复杂，工人不易理解，需要增加管理费用，所以后来应用并不很广泛。

4. 宣传和推广科学管理

哈林顿·埃默森和泰勒的很多管理思想是不谋而合的（他们到1903年才开始联系）。1910～1911年，他在美国州际商业委员会的听证会上就东部铁路公司运费率案作证时指出：铁路修理厂的平均效率只发挥了50%，如果全美国的铁路公司都推行科学管理，一年可以节省3亿美元，每天可节省100万美元，根本不用增加运费。听证会上哈林顿·埃默森的“科学管理”成了报纸上的头条新闻，对科学管理的宣传和推广起了积极作用。此外，他还用科学管理的方法整顿了一些企业，获得了良好效果。①

五、莫里斯·库克

莫里斯·库克（Morris Cooke，1872～1960）是科学管理的早期研究者，泰勒的亲密合作者之一。1895年从美国赖海大学毕业后成为了一名电力咨询工程师。1911年，新当选的费城市长要求泰勒派人协助改革，弗雷德里克·温斯洛·泰勒派去了库克担任公共工程局长，时间长达四年（1912～1916年）。在罗斯福担任纽约市长时期，莫里

① 丹尼尔·A.雷恩.1997.管理思想的演变.北京：中国社会科学出版社.1

斯·库克曾被任命为纽约州动力局局长。1935 年 3 月，他又被时任总统的罗斯福任命为农村电气化管理局局长。在杜鲁门任总统时期，他也被总统派去处理一些疑难问题。他对管理思想的主要贡献如下：

(1) 把科学管理原理应用于高校管理。莫里斯·库克主张把科学管理原理与方法应用于高校管理，建议教授应把更多时间用在教学和科研上；学校管理工作应由专家承担；应该由高级人员承担复杂的工作，而一般助手负责次要的辅助性工作；教工的工资应按照成绩和效率来增长；教学和科研的成本应由校方严格控制。他的这些主张不可避免地遭到一些人的反对，但仍然起到了很大的积极作用，在相当程度上改变了学校中的不良状况。

(2) 把科学管理应用于市政管理。在担任费城公共工程局长的四年时间里，莫里斯·库克采用一些新方法如申诉处理、财务计划、装备更新、工程转包、作业标准化等，建立"职能管理"组织，启用有能力的人担任重要职位，设立退休和福利基金，主张由专业的"城市经理"来管理城市，由有职权的个人代替空谈的委员会。由于他的革新，费城仅在清除垃圾方面，四年就节省了 100 多万美元。

(3) 重视人的因素。莫里斯·库克主张管理要"人情化"，对于工资、职工福利等问题，可以同工会进行集体谈判，这样有利于在企业中恰当处理劳资关系。他认为，使科学管理行之有效的不是制度本身，而是制度中的人们对制度的信任。他一直注意争取与工人的合作，同很多工会领袖关系非常好，受到工会领袖们的欢迎；他还和美国产业工会联合会主席默里合著了《有组织的劳工和生产》一书。因此，库克在处理劳资关系上取得了较好的成效。

六、路易·布兰代斯

路易·布兰代斯（Louis Brandeis，1856～1941）出生于美国肯塔基州的路易斯维尔，毕业于哈佛大学法学院。毕业后他先后在波士顿的沃伦、布兰代斯律师事务所从事律师工作。期间，他于 1910～1911 年在东部铁路运费率案中为商业组织作顾问，也为工人的工时、工资等作过顾问。1916～1939 年任美国最高法院法官。路易·布兰代斯对管理思想的贡献主要有：

(1) 宣传科学管理制度。他对科学管理思想的最大贡献是在 1910 年美国东部铁路运费率案中宣传了科学管理制度。东部铁路公司向州际商业委员会提出增加运费的要求。路易·布兰代斯在这一案件中代表货物托运人反对任意增加运费，他认为，铁路管理措施落后，效率低下，如果采取有效管理措施提高效率，所能节约的费用将远远超过他们从增加运费所能得到的收入。他把一些采用科学管理方法的公司经理和企业主请到州际商业委员会作证，这些作证使科学管理的优点得到了广泛宣传，极大地促进了科学管理思想的传播。

(2) 提出"科学管理"这一名称。这是他对科学管理思想所作的又一贡献。为了做好参加东部铁路运费率案的准备，他于 1910 年 10 月在纽约甘特家中召集一部分工程师，商量用什么名字称呼泰勒的管理理论和方法，他们当时提出了很多名称，如泰勒制、工场管理、职能管理等，路易·布兰代斯则提出用"科学管理"这一名称，得到了大家的一致同意。

科学管理理论是一个庞大的理论体系，弗雷德里克·温斯洛·泰勒是这一体系的核心人物，但为建立这一体系作出贡献的不只是弗雷德里克·温斯洛·泰勒一个人，而是一群时代的杰出人物。正是这些历史杰出人物的共同努力，才使得科学管理的大厦在经历了各种艰辛后最终较为完整地建立起来，并极大地推动了社会的发展。他们和弗雷德里克·温斯洛·泰勒为管理学所作的贡献在历史的天空中闪烁着永久的光芒。①

第二节 科学管理的传播

一、管理教育的发展

早期的管理教育主要是工业工程教育，其主要课程是合理的组织结构设计、工厂和设备的政策、动作和工时研究、激励性工资和支付计划、采购及劳资关系等。随着管理学发展步伐的不断推进，学校教育中对科学管理的重视程度越来越高，美国开设这些课程的院校由 1922 年的 10 所增加到 1930 年的 35 所，随之诞生了一大批管理教育家，这些管理教育先驱者们为科学管理思想的推广普及作出了巨大贡献。

德克斯特·金布尔（Dexter Kimble）是美国的管理教育家。他曾在美国担任很多重要职务，如 1926～1928 年任美国工程技术委员会主席；1929 年任工程教育促进会主席。他在职期间为普及科学管理做了大量工作。在弗雷德里克·温斯洛·泰勒的《工厂管理》出版后的第一年，德克斯特·金布尔就决定在大学里开设一门泰勒的科学管理课程，这比哈佛大学工商管理学院开设此类课程还早四年。在长期的教学实践中，他写了很多著作，其《工业组织原理》一书堪称是管理教育领域开创性的著作，长期以来一直被认为是一本标准的管理学教科书。德克斯特·金布尔把科学管理研究和实际经验结合起来进行教学，对科学管理思想的传播起了很大作用。

哈洛·珀森（Harlow Posen）曾担任泰勒协会的主席。他认为，教育者应该强调科学管理的基本原理，并集中精力对工业中的领导问题进行分析研究。他认为，行政管理处理的是企业经营中的道义、社会和政治方面的问题，而科学管理则是为了解决技术方面的问题。在弗雷德里克·温斯洛·泰勒的科学管理得到普及之前，哈洛·珀森就已经在大学里为研究生开设管理学课程，并主持了美国第一次科学管理会议，对科学管理运动产生了巨大影响。

克拉伦斯·伯特兰·汤普森（Clarence Bertrand Thompson）是“一位教育工作者，是福音、传道师”。他于 1908～1917 年在哈佛大学执教。弗雷德里克·温斯洛·泰勒到哈佛大学讲学就是经他推荐的。克拉伦斯·伯特兰·汤普森曾编纂了那一时期科学管理方面非常庞大的参考书目，成了一位专家。他还为在学术和工业方面进一步推行科学管理的行动作出了很大的贡献。正如后人所说，克拉伦斯·伯特兰·汤普森使得反对进行商业教育并认为这种教育太专业的人认识到学习科学管理是正确的。

---

① 孙钱章．1990．经济管理思想史简编．北京：中共中央党校出版社

雨果·迪默（Hugo Dimmer）是美国管理教材的编写者和管理教育家。他把自己对科学管理的理解和在亲身管理实践中的经验结合起来，较好地阐述了各项管理原则之间的相互关系。他还在管理教育方面（包括函授管理教育）取得了很大成就。在长期的管理教育工作中，他是宾夕法尼亚州立学院教授中最早主张把工业管理作为教学大纲的核心人物之一。在他人生的最后19年中，他在芝加哥拉萨勒函授学院工作，对众多不脱产的管理人员进行函授教育，使他们成为管理实践中的精英。他写了许多影响很大的管理教科书，如《工厂组织和经营管理》等。雨果·迪默的管理实践、著作和教学活动等促进了科学管理思想的传播，对美国管理思想和管理教育的发展起了很大作用。①

二、亚历山大·哈密尔顿·丘奇

亚历山大·哈密尔顿·丘奇（Alexander Hamilton Church，1866～1936）是美国和英国现代成本和工程会计的先驱者。他对现代成本计算方法的直接和间接的贡献比任何人都大。亚历山大·哈密尔顿·丘奇最早提出成本核算的真正目标，强调了正常成本和非正常成本的概念，并提出现在还在普遍使用的作为成本会计基础的确定标准成本的方法。

亚历山大·哈密尔顿·丘奇设计了管理的两种基本工具：分析与综合。分析包括成本会计、动作研究、工时研究、生产日程安排、计划、机器布置；综合就是把经营管理的各项职能结合起来。

亚历山大·哈密尔顿·丘奇认为经营管理有五种有机职能：

（1）设计。事先定好产品大小、特征、形状和标准。

（2）设备。为生产提供物质基础。

（3）控制。为生产提供保证。

（4）比较。包括建立标准、衡量和记录。

（5）作业。改变材料使之成为符合设计的新形式。

亚历山大·哈密尔顿·丘奇还认为对工人工作努力程度的管理是有规律可循的。这些规律是：

（1）要系统地积累经验，使之标准化后应用之。

（2）要用经济的观点管理努力。包括对其分工、协调、保存、报酬。

（3）要提高个人效率。这包括提供良好的物质条件和工作环境，分析职业、任务来决定人的特殊才能，对候补劳动者的特殊才能程度进行确定，在新或旧标准的基础上培养习惯，培养集体主义精神，激励要和预期的努力成比例。

亚历山大·哈密尔顿·丘奇为管理学的发展作出了极其突出的贡献，在美国和英国被认为是管理学的先驱者，但其生平和贡献却并不广为人知，他理应得到后人更多的尊敬和怀念。

---

① 方振邦.2007.管理思想百年脉络.北京：中国人民大学出版社.1

三、奥利佛·谢尔顿

奥利佛·谢尔顿（Oliver Sheldon，1894～1951）毕业于英国牛津大学，之后从军，退伍后定居于英国的约克郡，在此之后一直在朗特里股份有限公司工作。之前的管理大多数是把注意力集中在企业内部，而奥利佛·谢尔顿则提出了一个新的管理方向，把管理重点从生产方面转向伦理和负责生产的人的因素上。他认为，工业是一个由人组成的复合体，这在当时是一种新颖的管理思想。

奥利佛·谢尔顿管理哲学的基本原则如下：

(1) 工业的存在是为了向社会提供美好生活所必需的商品和服务。

(2) 工业管理要用一些原则来制约，这些原则以服务社会为理念。

(3) 管理是独立于资本和人工劳力之外的，它分为三部分：一是经营职能，即制定公司的财务协调、组织方向和生产分配等政策的功能，由经理掌控；二是管理职能，即在规定的范围内执行政策并实现目标；三是组织职能，即组织把个人或集团的工作结合起来，以便能相互协调完成任务。可以说，组织是一部机器，管理是高效的执行，经营是有力的指挥。经营决定组织，管理依靠组织。经营确定目标，管理则是设法尽力实现目标，组织机构是管理在实现目标过程中的中继器。

(4) 管理既可以维持工业的经济基础，又可以通过提高工厂中人与物两种因素的效率达到社会目标。管理正是为实现这些目标而存在。

(5) 管理运用科学理论和方法开发企业中的人力资源，以此来提高效率。

(6) 组织的结构决定效率，而组织结构是根据所要做的工作和所用的设备制定的。

(7) 管理有四种活动范围：一是有关产品生产开始时的职能，如设计和装配；二是产品生产的实际活动；三是为生产提供方便的一些职能，如运输计划；四是产品分配所需的一些职能，如销售计划。

(8) 使企业中的人和物有效利用的科学方法有：管理所从事的工作中应该进行研究和衡量的方法；二是对每项工作进行准备并作出规定；三是制定工作的标准；四是制定生产方法和管理的标准。

(9) 生产中的人要遵守以下的规则：一是所有人都要参与工作条件的决定；二是工人的生活条件应该和文明社会程度对称；三是工人应当有适当的休闲时间以利于自我发展；四是工人应该有失业保障；五是工人应当按照其贡献大小共享工业发展的成果；六是应该在企业中严格贯彻平等的精神。

(10) 通过对工厂中各种标准的分析，建立一种不同于生产技术的“管理的科学”，以利于最终形成一种制约工业行为的法规。

奥利佛·谢尔顿于1923年出版了《管理的哲学》一书，在当时引起巨大反响。他的这本著作直到现在还被美英两国的管理学家认为是管理学的权威教科书，也奠定了谢尔顿在管理思想发展史上的重要地位。

四、玛丽·派克·福莱特

玛丽·派克·福莱特（Mary Parker Follett，1868～1933）出生于美国的波士顿，

毕业于哈佛大学。从1891年直到去世，她一直从事社会教育工作。她认为，任何一个有生产性的持久存在的社会都必须建立在对个人和集体进行激励的基础上。在管理思想的发展过程中，她的工作起着由对物与物、物与人之间关系的研究到对人的行为的研究的桥梁作用。玛丽·派克·福莱特是行为科学的创始人之一，同时她又是一位优秀的政治哲学家和社会学家，也是一位管理理论家。她将心理学和社会科学的知识应用到企业管理中，对管理学的发展作出了巨大的贡献。

玛丽·派克·福莱特生活的年代正是在管理思想史上科学管理正盛和社会人思想开始萌芽的时代。她把泰勒科学的许多思想加以概括，又预言到了后来霍桑实验的许多结论。这使得她成为科学管理与行为科学时代之间的一个过渡性人物。

玛丽·派克·福莱特相信这样的哲学信念：每个人都有自己的潜能，人们只有在团体中才能发掘出自己的潜能，得到真正的自由。

玛丽·派克·福莱特认为，社会中的人群应采取协商一致的原则。人群中的冲突是不可避免的，但人们可以利用其为群体服务。解决冲突最有效的方法不是强制压制，也不是妥协，而是双方利益的结合。只要冲突的双方愿意，他们就一定能找到这一利益结合点。

玛丽·派克·福莱特认为，管理的核心问题是协调合作。协作时要注意几点：一是协作由相关人员直接接触形成；二是协作涉及一种形式中全部要素之间相互关系的持续的过程；三是协作从工作一开始就存在着。对于控制职能，她认为经理所控制的是一个复杂的相互关系，是一个由生产性结构的情景。这个结构由事实而不是人来控制，由互相关联的控制而不是上级强加的控制。正是情景的实施以及情景中许多团体的交织决定着控制，所以每一种情景都能产生自己的控制。

玛丽·派克·福莱特要人们严肃地对待经理这种职业，她建议道，人们必须要认识到经理承担着重大的责任，承担着一种创造性的职能。想成为经理的人们必须要经过训练并有纪律性才能胜任这一角色。

玛丽·派克·福莱特对利益相关、形势规律的论述同泰勒的精神革命、职能管理的思想是一致的，而对协作、相互影响等的论述则和行为科学学派的梅奥的观点是相通的。她是两种思想的桥梁，为管理思想的发展作出了不可磨灭的贡献。

科学管理理论是由弗雷德里克·温斯洛·泰勒创立的。但是，他的这些同时代人也为科学管理的传播作出了巨大贡献，正是在这些杰出人物的努力下，科学管理得到了广泛传播并广为接受，走出美国，走向世界，成为影响世界经济发展的一支重要思想力量。

第三节 科学管理理论的实践和推广

在弗雷德里克·温斯洛·泰勒科学管理思想广泛传播的过程中，也伴随着科学管理实践的步伐。20世纪初，弗雷德里克·温斯洛·泰勒的科学管理思想开始在美国国内得到认可并被应用到工厂的管理中，之后又传播到欧洲、苏联和亚洲的日本等国，成为推动人类社会进步的一股巨大的力量。

一、科学管理在美国的实践

在美国，一批在当时称得上具有相当实力的公司较早地推广应用了弗雷德里克·温斯洛·泰勒的科学管理方法。其中，普林斯顿出版公司是印刷业中较早推广科学管理的企业。

总经理亨利·肯德尔认为，工厂实行系统化可以提高效益。但只有在科学管理的指导原则完全被各方接受的情况下才能产生最佳的效果。他在企业中设立了一个比较先进的劳资科，专门负责雇用、辞退和执行纪律的工作。该科的设置使公司工人的流动率从1912年的16.8%降低为1916年的13%。

费城生产机床的泰伯制造公司总经理霍勒斯·金·哈撒韦协助弗雷德里克·温斯洛·泰勒建立了泰勒制，并主张在建立泰勒制前细致地制订计划，包括制订如何给工人和管理人员讲解泰勒制的原则和宗旨的详细计划。由于运用了泰勒科学管理生产方法，公司产量增加了2.5倍。

应用科学管理最成功的美国企业要属杜邦和通用公司。1902年，科尔曼、皮埃尔·杜邦和艾尔弗雷德·杜邦以1200万美元的30年无现金票据买下了杜邦公司的控股权。后来这家企业发展成为一个大公司。杜邦家族特别是总裁皮埃尔发展了泰勒关于成本的思想，将企业效益的范围由单指生产效益扩展到公司总的经营效益的范围。1903年，杜邦公司就开始将“投资收益”作为组织效益的一种措施。这是最早对这种管理工具的应用。正是因为皮埃尔采取了一切使杜邦公司成为一个高效组织所需的财务、经营和管理的方法，才使杜邦公司的产品质量和管理水平遥遥领先，取得了极大的成功，并发展成为世界性大公司。

通过科学管理走向成功的另一个典范是通用汽车公司。1920年，杜邦公司投入一笔资金扭转了财政上极端困难的通用汽车公司的不利局面。业已半退休的皮埃尔出任通用汽车公司总裁。他做出了对后来影响深远的两个决定：一是把唐纳森·布朗调来通用汽车公司；另一个是1923年他提拔艾尔弗雷德·小斯隆任总裁，让小斯隆作为他的继承人。小斯隆提出分散管理和经营、集中监督和检查的想法。通过分散经营和集中监督的方法，通用公司各个部门都能为共同的目标工作。而这种分散管理的想法落实到产品部门，则是利用了布朗在杜邦工作时提出的投资收益率的公式。各部门有了一定资金就可以根据投资收益率来计算和监督业绩。结果是所做的工作同获得的成果之间形成了一种相互依存的关系，使集中管理者可以判断和对比各部门的业绩。利用这些措施，通用公司生产率大大提高，很快赶上了福特汽车公司。皮埃尔正是依据他从泰勒那里学到的科学管理思想，在杜邦和通用公司进行应用，取得了巨大成功。可以说，皮埃尔·杜邦、唐纳森·布朗和艾尔弗雷德·小斯隆都是首创现代企业观念并将其应用到现实的杰出人物。

1915年，美国劳资关系委员会进行了一次调查，调查的目的是“探明劳工的一般情况”，其中一部分就是要调查工厂中的各种管理制度，包括泰勒、甘特和埃默森的制度。调查人员调查了运用科学管理方法的35家工厂，还征询了150位产业领袖、劳工负责人和包括泰勒在内的科学管理权威人士。报告指出：被调查的各工厂情况有明显差异。首先，工厂在实践中违背了“在执行任何一种提高工效制度前都应事先进行认真研究和分析”的规定，没有“依照泰勒的方案和思想实施科学管理的能力和意愿”；第二是实践中很少有企业实行职能工长制；第三是在科学挑选工人方面进展不大或没什么进展；第四是企业的各种标准和奖励的比率常常是在匆忙调查后确定的，因而各种标准和奖励比率常不准确且有失公允。最后报告得出结论：1915 年工厂主在不透彻理解和未运用科学管理精神和原则的情况下参差不齐地实践了科学管理的方法。总的来看，实行科学管理的工厂比实行传统管理方式的企业的经营状况要好。在美国，虽然企业对运用科学管理有各种不同的理解，甚至有着误解和曲解，但科学管理的确大大促进了美国企业的发展。

二、科学管理在国际上的推广

国际上，弗雷德里克·温斯洛·泰勒的科学管理也被广泛传播并得到了应用。早在 1907 年，弗雷德里克·温斯洛·泰勒就为了了解法国的金属切削、操作时间的研究和科学管理方法的运用等问题同法国科学家亨利·勒沙特利耶有过接触。但泰勒的科学管理在法国的推广却并不成功：法国的管理人员只抓住了科学管理的方法，却不注重科学管理的“心理革命”。他们雇用未经培训的人员进行操作时间的研究，同工人产生很大的矛盾，并拒绝工人派代表。后来弗雷德里克·温斯洛·泰勒在写给勒沙特利耶的信中说到：“如果一个人蓄意违反那些完全了解他们自己所谈问题的人的经验，并拒不听取恳切的劝告的话，那么我看这个人就理应陷入困境。”

法国另外一个主张科学管理的人是夏尔·德福雷曼维尔，他是从勒沙特利耶翻译的弗雷德里克·温斯洛·泰勒的著作中学到科学管理的。他想在庞阿尔（Panhard）与勒瓦索尔（Levassor）汽车制造厂内推行科学管理，该汽车厂与标志工厂（Peugeot）都是汽车行业的首创企业。但是，法国的管理人员不是拒绝运用科学管理方法，就是认为即使不用科学管理的方法，花很少的代价也能迅速地得到利润。庞阿尔与勒瓦索尔成为法国一家日益不景气的企业。然而，德福雷曼维尔并未放弃，他和勒沙特利耶四处奔走，于 1920 年筹备和召开了法国组织机构大会，推动法国改进企业管理的方法。

在英国，科学管理的推广遇到了一些困难。弗雷德里克·温斯洛·泰勒在高速钢的专利权方面同英国制造商之间有一些纠缠，且英国有组织的劳资情绪对立严重，使科学管理几乎得不到重视。

可以说，科学管理在欧洲的推广经历了若干不同的阶段：第一个阶段是由勒沙特利耶等进行宣传和翻译；第二阶段是由个别国家对科学管理进行修改，以适应它们本国具体国情的需要；最后是通过各个委员会、大会和国际组织进行修改调整。由于各个国家有不同的政治和经济结构，因此，很难一点不变地照搬泰勒的科学管理。所以，各国的很多管理人员往往是只抓住了对操作时间的研究和奖励方案等制度，而不去运用指导原则。另外，欧洲在较长时间内有一支具有激进思想的有组织的劳工队伍，使得科学管理在欧洲传播起来比在美国遇到的阻力大得多。第一次世界大战结束之前，由于人们的反美情绪，科学管理的思想在欧洲很少被人接受。然而到了 20 世纪 20 年代，人们普遍认识到了改进管理方法的必要性。一位研究人员曾比较了美国、英国、法国、德国和意大利的管理制度，发现后来欧洲各国普遍都接受了科学管理的管理方法。

随着科学管理的深入传播，各国对科学管理的兴趣不断增长并扩大到诸多领域。1924年，一些欧洲国家在布拉格举行了第一届国际科学管理大会，后来又在布鲁塞尔(1925)、巴黎（1926）举行了会议。为继续进行这种会议，国际上成立了国际科学管理委员会（CIO C)。1927年，日内瓦成立了国际管理研究所，作为国际管理学的交流中心。

苏联1917年“十月革命”之后，列宁主张运用科学管理使工业系统化。但因苏联社会主义对西方资本主义的不信任，科学管理的引进和应用进展不大。斯大林执政后，为了达到实现国民经济增长的目标，苏联聘请了甘特的弟子沃尔特·波拉科夫作为顾问。1929年斯大林聘请他教会苏联人民如何计划和掌握效率来实现国家五年计划目标。苏联的人们非常称赞波拉科夫所做的工作，甘特图表的思想是被前苏联所接受的唯一有效的科学管理方法。

日本在1868年“明治维新”后进入了工业时期。但是日本的工业化进程却发展缓慢。1911年，日本的可岛银行行长行则星野访问美国见到了弗雷德里克·温斯洛·泰勒的著作，并翻译了弗雷德里克·温斯洛·泰勒的《科学管理原理》一书，之后弗雷德里克·温斯洛·泰勒的著作开始在日本出现。代市上野是日本一位知名教师兼作家，他翻译了泰勒的全部著作，出席了多次国际管理会议，而且是日本最能把科学管理问题讲透彻的发言人。日本运用科学管理方法最成功的是Kanebo棉纺公司的兵工厂，担任经理的三治武士曾在美国上学。他认为高工资和高利润之间没有矛盾，他支付高工资以吸引好的工人，培训工人并改进工厂的管理和组织机构，使得Kanebo成为日本最著名的纺织企业之一。[①]

总而言之，弗雷德里克·温斯洛·泰勒的科学管理在当时的世界范围内得到了推广应用，虽然在各国推广中发生了很多变化，并且实践效果大不一样，但科学管理的确为推进很多国家的工业化进程作出了巨大贡献，同时也推动了人类社会的进步。

第四节　科学管理的回顾

科学管理理论是管理思想史上的一个高峰，它使管理成为一门真正的科学并引起一次质的飞跃，成为人类社会发展历程中的一个里程碑。科学管理的产生、发展是和当时美国的经济、社会环境紧密相连的。

一、经济环境方面

1900年，美国从事农业的人口比例由1800年的90%降为33%，1929年降为20%。随着工业化的推进，美国在产品质量、服务业水平、居民生活水平等方面都处于世界领先地位。亨利·福特利用批量生产让汽车走进普通居民的家庭。批量生产的新经济学要求更多地注重改进管理的方法。随着大企业的发展，一批新型的领取薪酬的管理

① 张文昌，于维英．2007. 东西方管理思想史．北京：清华大学出版社．1

人员逐渐代替创建企业的企业家走上了领导岗位，家族企业那种非正式的结构变成了合理规模的工业管理部门。由于生产技术要求具有专门的知识，所以企业又增设了参谋部门来处理人事、工程、生产及其他职能方面的事务。职能专家和各层级其他管理人员的增加反映出20世纪出现的大型企业管理的复杂化。批量生产和销售的经济形势呼唤一大批熟悉最新管理方法和具有现代组织机构管理思想的管理人才。

第一次世界大战开始时，美国工业发展的第一阶段——资源积累阶段已完成。资源积累阶段的完成意味着20世纪初期那些典型的公司基本上面临两个问题：一是有必要改进生产技术和过程以降低成本；二是需要推动计划工作和协调工作并对经营效益进行评价。这就为工业发展的第二阶段——资源利用合理化准备了条件。

弗雷德里克·温斯洛·泰勒等人有关科学管理问题的著述强调的是资源利用的合理化要符合企业对经济环境的需求。合理的、科学的解决问题的方法是科学管理的基础，操作时间和动作研究可制定出各项标准并减少疲劳。这是以合理的方式对工作的设计而不是单凭经验行事。他提出“头等工人”的概念和科学地选拔人员是为了使人的能力更符合工作要求。泰勒实行的计件工资制是企图在支付较高工资的情况下增加产量并降低成本。实行职能工长制是为了让更专业的、内行的管理人员进行工作指导。把工作的计划和执行分开的思想旨在加强工作的计划性。提出例外原则是为了使管理人员着重注意重要的效率问题。甚至弗雷德里克·温斯洛·泰勒的“心理革命”的指导原则也是试图减少摩擦和同时考虑劳资双方的利益，使之成为一个互惠的整体。这种劳资双方互利的思想是符合当时美国的经济趋势的。①

追随弗雷德里克·温斯洛·泰勒之后的人们也注意到了资源利用合理化这个问题：吉尔布雷思夫妇极力节省动作和减少浪费，他们的著作是关于如何操作详尽工序手册；甘特为计划、安排、分配和监督工作等提供了直观的方法；哈林顿·埃默森等人在著作中提到要通过组织工作以提高效率，这是对那时的实业家有重要意义的一个问题……总而言之，当时的经济环境有实行弗雷德里克·温斯洛·泰勒科学管理主张的需求。科学管理是当时环境的产物。

从经济方面看，美国在那时已走向成熟。为适应批量生产和销售的经济学问题，需要建立综合而有层次的管理结构，资源的利用要合理化。而科学管理恰恰能解决这些问题。于是当美国工业发展迫切需要这样一种方法时，科学管理便出现了。

二、社会环境方面

19世纪的美国社会流行的社会价值观是：人做了工作要有回报，人要考虑自身利益。当时很热门的实用主义经济学主张：人们应本着争取享乐不受苦的原则去考虑如何使自己的利益最大化。在古典经济学时期，这种自身利益主要是工作的货币酬劳。正是在这种背景条件下产生了“经济人”这一概念。

在泰勒之前，用奖励的方法进行管理之所以失败主要是因为：在资方的思想认识

---

① 张兆响，司千字．2004．管理学．北京：清华大学出版社．1

里，他们始终认为资方与劳方的利益是对立的，资方总是最关注能从工人那里得到什么好处；而且在工人收入过高后就一味地降低报酬标准。而弗雷德里克·温斯洛·泰勒认识到：降低酬劳标准对资方并不利，那样只能使工人恢复以前“磨洋工”的工作习惯。弗雷德里克·温斯洛·泰勒科学管理的方法可以让工人更努力地工作，让工人为了多挣工资而发挥其工作主动性。弗雷德里克·温斯洛·泰勒的“心理革命”是要让劳资双方认识到：他们的利益其实可以是一致的。从资方看，建立合理的劳动制度、采用适当的奖励方法而不是一味逼着工人拼命干活将会带来低成本和高利润；从劳方看，他们会承认经过科学研究所制定的标准是合适的，并认识到按照领导的指示和工序办事会得到最大化的个人利益。总之，科学管理的思想是符合当时人们的需求和愿望的。

20 世纪初，美国正处于城市化和工业化的进程中。著名历史学家弗雷德里克·杰克逊·特纳认为，有四种力量正在改变着美国的经济、社会和政治观念：一是美国西部停止提供可自由占用的土地，关闭了去美国西部的通道；二是财富和权力集中在少数几个主要的工业部门；三是美国在政治上向境外地区扩张；四是民主运动的兴起。美国的西部是个人主义、经济平等、可主动采取行动的自由和民主等思想的典型。每当社会环境难以承受，资方压迫劳方或政治压力太大时，西部就提供了一条外逃的通道。通往西部地区的通道被关闭以后，为实现美国西部早已具有的民主思想，美国国内的制度不得不做出一些让步。当时泰勒提出了“要协调和谐，不要争执”，“要合作不要搞个人主义”及劳资双方都要进行“心理革命”等主张。在这个基础上，威廉·斯科特进行研究并提出观点：在扩张时期，“个人主义伦理”的衰落正逐渐被那种把人与人之间的竞争变成人们相互合作的“社会伦理道德”所代替。根据斯科特的分析，社会伦理道德首先考虑的是“群体是价值的源泉”；而个人主义伦理首先考虑的是“人是主要的价值来源”。弗雷德里克·温斯洛·泰勒主张“要合作不要搞个人主义”间接地表明他是接受社会伦理道德的。他在强调照顾共同利益和在工作基础上进行合作（社会伦理道德）的同时，又强调以个人利益为基础的经济刺激和每个人都应有被选拔和得到发展的机会（个人主义伦理）。这样，弗雷德里克·温斯洛·泰勒的指导原则就弥合了两种伦理之间的差异。弗雷德里克·温斯洛·泰勒显然对那个时期工业化社会的各方面问题都很熟悉，而且他确实看出工业已陷入了困境。因此，他提出方法来减少因城市化与工业化不协调而产生的不利影响。

19 世纪末提出的社会准则确定了人事部门的管理范围，形成了工业社会学的前身。企业改善员工条件和提高员工福利的运动促进了旨在缓和劳资矛盾的劳资科及全国公民联合会等团体的建立。对于信守社会准则的人来说，可以利用工会进行社会和经济改革。罗伯特·瓦伦丁等人预料：在工业民主进程中，工会将被消费者协会代替。这一过渡的标志是科学管理与有组织的劳动工人之间的和谐协调。这一时期，企业制定出了工人参与计划，这些计划要经过工会同意并与之合作才可实施。企业福利计划的目的在于通过提供医疗、娱乐等条件争取工人忠于企业，并最终提高企业效益。这些看重提高效率的人特别是泰勒，对这些计划又补充了对道德的要求。弗雷德里克·温斯洛·泰勒认为，一个人努力工作说明他有美德，并且是幸福的；主张改善企业条件的人认为：有美德和幸福的人就会努力工作。这种工作—幸福互为交叉的公式是这种革新主义者同科学管理之间奇妙关系的核心。

弗雷德里克·温斯洛·泰勒时代，那时各种社会力量正在掀起并认可一种讲究效率的风尚。在家庭中、教学中，在保护自然环境方面、教会及企业中，如何提高效率的书籍充斥于市。但到了 20 世纪 20 年代，风气开始有了明显转变。怀廷·威廉斯、埃尔顿·梅奥和玛丽·派克·福莱特等人开始降低企业内个人的作用，强调集体的重要性。人事部门强调给工人福利以提高士气对企业和社会都有利。企业中逐渐有了与人联合的需求，人们逐渐地认识到社会关系的重要性，而不那么渴望个人获得最大限度的收入了。新的社会价值观正在代替个人主义思想，这就播下了造就社会人的种子。

对于究竟是“时势造英雄”还是“英雄造时势”这一问题，我们不能以假定的说法作为依据。这无疑是一种彼此往复、相互促进的力量，在整个历史上是作用—反作用的关系。弗雷德里克·温斯洛·泰勒及其伙伴们是这样一个时代的产物：在经济上力求资源利用合理化；在社会上认可个人应有报酬和应该做出努力；在精神上鼓励通过高效率提高人们的道德和文化水平。另外，人们力求物质繁荣和劳资和谐以抑制冲突的举动，以及美国成为全世界政治经济领袖方面的举动又影响了时势。科学管理思想的出现与发展是人类社会发展史上的一次巨大发展，推动着人类社会的不断发展，在世界发展的舞台上扮演着重要的角色。

本章小结

科学管理为人类作出了巨大贡献，但科学管理并非是弗雷德里克·温斯洛·泰勒一人创立，而是以弗雷德里克·温斯洛·泰勒为核心的一群时代精英们共同努力的杰作。这些杰出人物如卡尔·乔治·巴思、亨利·劳伦斯·甘特、吉尔布雷思夫妇及亚历山大·哈密尔顿·丘奇、奥利佛·谢尔顿、玛丽·派克·福莱特等为科学管理的形成发展和传播作出了必不可少的贡献。正是他们的努力才使得科学管理真正成为一门科学展现在世人面前。

科学管理理论在以后的实践中不断发展，虽然在世界各国的推广应用情况各不一样，但都取得了很大的成就。科学管理反映了当时的时代精神，为后来管理学的发展铺垫了光明之路。

➢思考讨论题

1. 如何看待吉尔布雷思夫妇对科学管理所作的贡献？
2. 在科学管理理论体系形成的过程中，你认为玛丽·派克·福莱特起到了怎样的作用？
3. 如何评价亨利·劳伦斯·甘特对科学管理作出的贡献？
4. 如何看待科学管理在国际上的推广运动？
5. 弗雷德里克·温斯洛·泰勒科学管理的产生与当时美国国内发展情况有什么联系？
6. 结合我国国情谈谈对我国推广科学管理的一些看法。

第三篇

古典行政组织理论的形成

古典行政组织理论

随着工业革命的不断深入，资本主义的先进生产力同落后的管理技术之间的矛盾逐渐显露出来。在这样的社会背景之下，科学管理产生于美国，后传到欧洲。20 世纪初，弗雷德里克·温斯洛·泰勒的科学管理理论迅速传遍了欧洲的每个角落，当然也包括法国，与此同时，法国也产生了法约尔的组织管理理论。科学管理理论的主要贡献在于作业管理方面，但同时对组织管理也有重要的贡献。例如，推行职能工长制，把计划职能同执行职能相分离。可以说，弗雷德里克·温斯洛·泰勒对组织理论的贡献主要体现在车间的生产设计方面，而亨利·法约尔和马克斯·韦伯却分别在整个企业和社会的行政组织方面产生了重要影响，作出了卓越贡献。

第一节　法约尔的组织管理理论

一、亨利·法约尔

亨利·法约尔（Henri Fayol，1841～1925）是法国科学管理专家、管理学先驱之一。是管理过程学派的创始人，他提出的一般管理理论对西方管理理论的发展有重大的影响。

亨利·法约尔 1841 年生于土耳其伊斯坦布尔，1925 年卒于巴黎。早年曾为采矿师，是一位在理论上有特殊发现的地质学者。1860 年从圣艾蒂安国立矿业学院毕业后进入康门塔里福尔香堡（Comentry-Fourchambault）采矿冶金公司，成为一名采矿工程师，在担任工程师期间，作为一个煤矿的技术负责人，他发表了许多和地质学和矿井安全方面有关的文章。并在此度过了整个职业生涯。1888 年，该公司濒临破产，此时已经 47 岁的法约尔临危受命，被任命为总经理，并成功地解决了公司的各种问题，在这之后，法约尔的管理才能开始显示出来。[1]他在担任总经理期间，一直致力于管理上的改革，特别注意从组织的上层入手进行研究。1893 年，约法尔因技术上的成就而获得

① 丹尼尔·A. 雷恩 . 1997. 管理思想的演变 . 李柱流，赵睿等译 . 北京：中国社会科学出版社 . 236

德拉斯奖金和工业促进会金质奖章，并成为法国荣誉勋章的获得者[①]。在亨利·法约尔担任总经理的30多年里，该公司发展得非常好。在实践和大量调查研究的基础上，他提出了管理功能理论，将管理作为一个学科进行传授。1916年，法约尔在他75岁时发表了他的划时代名著《工业管理和一般管理》。这是他一生管理经验与管理思想的总结。他认为，他的管理理论虽然是以大企业为研究对象，但除了可应用于工商业之外，还适用于政府、教会、慈善团体、军事组织以及其他各种事业。所以，人们一般认为亨利·法约尔是第一个概括并阐述一般管理理论的管理学家。他对管理学的形成和发展作出了重大贡献。

亨利·法约尔的一生可以分为五个阶段。[②]

第一阶段：1860年之前，成长学习阶段，主学矿业。

第二阶段：1860～1872年，此时，他已担任了管理职务，他的才智主要发挥在采矿工程问题上，特别是在征服矿井的火灾事故方面。

第三阶段：1872～1888年，这时他已是一个有较大职权的一批矿井的总管，他的精力主要集中在煤田的质量问题上。在这一阶段，他写出了大量关于地质理论的专著。

第四阶段：1888～1918年，此时期初期芒特里公司财务状况极为困难，濒临破产。亨利·法约尔在这时被任命为总经理，在他的领导下，公司改组为名为“科芒博”的媒体联营公司。在这一阶段，亨利·法约尔取得了巨大的成功，他运用其杰出的才干和科技管理方面的管理才能，出色地领导他所培养的全体干练的管理人员，使一个濒临破产的公司走出困境，并取得成功。当他77岁退休时，公司财力已达到不可动摇的地位。

第五阶段：1918～1925年，从他退休到逝世。在这期间，法约尔虽已年逾古稀，但精力不衰，仍致力于普及自己的管理理论的工作，这是对他30年事业上的惊人成就的总结。在法约尔临终那年的钢笔肖像画旁，有这样一段文字：“他还是那么年轻——昂然微笑，目光直率而炯炯有神。他待人常常一见如故，他那不加修饰的权威和气度，他的仁慈，他那不甘心于寂寞的充满青春活力的心灵，使他成为受人尊敬的实业界元老。”[③]

亨利·法约尔与泰勒一样同属于管理学派，对西方管理理论的建立作出了重大的贡献。但是由于两人的经历和背景不同，他们各自提出的管理思想的侧重点也不同。泰勒的理论侧重于在工厂中提高劳动生产率，而亨利·法约尔则侧重于高层管理理论，但他们的理论互为补充。

虽然他们都出生在比较富有的家庭，并且都受过良好的教育，但亨利·法约尔是在一个强调以传统为基础的法国文化环境中出生并被培养成才的，而泰勒则是在新教徒伦理和美国开放式文化环境中，以一个普通工人的身份进入工厂的，其后主要从事与工程有关的工作。所以，他的研究是从“车床前的工人”开始逐步向上发展的。亨利·法约

① 亓名杰．2008. 管理思想史．北京：机械工业出版社．107

② 苏勇．2007. 当代管理学流派．上海：复旦大学出版社．48～49

③ 法约尔 H．1982. 工业管理与一般管理．周安华，林宗锦等译．北京：中国科学社会出版社．4～5

尔虽也是工程师出身，却从早期就参加了企业的领导工作，并担任企业最高领导达30年之久，所以，他的研究是从“办公桌前的经理”出发而向下发展的。

弗雷德里克·温斯洛·泰勒提出的“职能工长制”与法约尔提出的管理工作的14条原则中的第四条——统一指挥明显对立，使一些人认为，亨利·法约尔与弗雷德里克·温斯洛·泰勒的理论是相互竞争和有明显差别。亨利·法约尔早期也对弗雷德里克·温斯洛·泰勒的科学管理不以为然，但后来他认识到他们两个人的著作是相互补充的，因为他们都想努力通过不同的分析方法来改进管理。亨利·法约尔的理论本来打算写四个部分，他把一、二部分写成《工业管理与一般管理》，而三、四部分没有写成，这是管理思想史上的一大遗憾。①

以推广法约尔主义为宗旨，亨利·法约尔于1918年创办了一个管理研究中心。在这个中心里，每周都要举行一次由各界著名人士参加的会议，会议通常都由法约尔主持。他的著作都是在这里逐步形成的。这个团体在他逝世后不久就和同在法国推广泰勒主义的组织合并为“法国全国组织委员会”。

二、亨利·法约尔的组织管理理论

（一）亨利·法约尔对“经营”和“管理”的区别

在《工业管理与一般管理》一书中，亨利·法约尔强调了管理的普遍性。克服管理只局限于工厂的狭隘的观念。

亨利·法约尔认为，企业无论大小，简单还是复杂，其全部活动都可以概括为六种②：①技术活动（生产、制造、加工）；②商业活动（购买、销售、交换）；③财务活动（资金的筹措和运用）；④安全活动（设备维护和职工安全）；⑤会计活动（货物盘存、成本统计、核算）；⑥管理活动（计划、组织、指挥、协调和控制）。

在这些职能中，亨利·法约尔认为，“前五种活动都负责制定企业的总经营计划，不负责建立社会组织，协调和调和各方面的力量和行动，这些活动都不属于技术职能的权限，也不属于商业、财务、安全以及会计职能的权限。它们组成了另一种职能，人们习惯叫它‘管理’，而管理的职权和范围没有很好地确定。”③

亨利·法约尔第一次明确区分了“经营”和“管理”的概念。亨利·法约尔认为，“经营”是指导或引导一个组织趋向某一个既定目标。他通过对企业全部活动的分析，认为经营应当包括技术活动、商业活动、财务活动、安全活动、会计活动和管理活动六项活动。换句话说，经营的内涵中包括了管理。法约尔在所有活动的基础上，将管理活动提炼出来，提出了普遍意义上的管理定义，即“管理是普遍的一种单独活动，有自己的一套知识体系，由各种职能构成，管理者通过完成各种职能来实现目标的一个过

① 郭咸刚．2004．西方管理思想史．北京：经济管理出版社．118

② 克劳德·小乔治．1985．管理思想史．北京：商务印书馆．131～132

③ 克劳德·小乔治．1985．管理思想史．北京：商务印书馆．132

程”[①]。

亨利·法约尔还指出，企业经营的六种活动，适应于企业里的所有的职能人员，包括各级管理人员和普通员工。但是由于企业中每个人的职能地位和工作范围不同，所以活动的侧重点也不同。一般工人侧重于技术活动，越到高层，管理活动所占的比例越大。另外，对于不同规模的企业来说，其领导人对能力的构成也各有侧重，大企业的高层管理比较小企业的高层领导有更多的管理活动，技术活动则偏少。

亨利·法约尔明确指出，在企业的六种基本活动中，管理活动处于核心地位，即企业本身需要管理，同样的，其他五项属于企业的活动也需要管理。法约尔把管理活动与其他职能分开，对以后管理思想的发展起到了重要的作用，这一思想成为管理过程学派和组织理论的重要基础。为了突出管理的实质，亨利·法约尔又进一步将管理的职能划分为计划、组织、指挥、协调和控制。

1. 计划

计划就是探索未来，制订行动计划。计划是管理的首要因素，具有普遍适用性，是一切组织活动的基础。亨利·法约尔认为，“制订行动计划是每个企业最重要的工作之一，它牵扯到所有的部门和所有的职能，特别是管理职能”[②]。计划是以企业的资源、所经营业务的性质和未来的趋势为依据的。具体包括：①企业的资源，即厂房、工具、原材料、资本、人员、生产能力、销售渠道、公共关系等；②企业目前所经营业务的性质及其重要程度；③企业所有的各种活动无法预料的未来发展趋势。

亨利·法约尔还进一步指出，一个好的计划应该具备以下特征：①统一性。每个计划不仅包括总计划，还要包括各个部门的具体计划，彼此之间相互联系、相互结合。②连续性。连续性是指不仅有长期的计划还要有短期的计划。③灵活性。计划能够根据情况适当的调整，能应付意外事件的发生。④精确性。应尽量使计划具有客观性，不带主观的臆测。要制定具有以上特点的计划，就要对每天、每周、每月、每年、今后五年甚至十年的情况进行预测，并且随着时间的推移和情况的变化不断地进行调整或修改。[③]

2. 组织

组织就是建立企业的物质和社会的双重结构。亨利·法约尔认为，组织一个企业就是为企业“提供一切有助于实现其职能的东西：原料、工具、资金、人员”，管理部门的职责就是设法使人员和物资的组织符合公司的目标、资源条件和有关的要求。组织者应履行以下 16 种管理职责：①保证审慎的编制和严格地执行计划；②注意使人的组织和物的组织同公司的目标、资源和要求相匹配；③建立一个统一的、有能力的、有效的权力机构；④使各种活动和谐、各种工作协调；⑤做出清楚、明确、简洁的决策；⑥有效地配置和安排工作人员；⑦明确责任；⑧鼓励员工的积极性、首创精神以及责任感；⑨建立合理的报酬方式；⑩建立奖惩制度；⑪注意维持纪律；⑫保证个人利益服从集体

---

① 方振邦 . 2007. 管理思想百年脉络——影响世界管理进程的百名大师 . 北京：中国人民大学出版社 . 32

② 法约尔 . 1998. 工业管理与一般管理 . 北京：中国社会科学出版社 . 2

③ 郭咸刚 . 2004. 西方管理思想史 . 北京：经济管理出版社 . 120

利益；⑬特别注意统一指挥；⑭维护物品和社会秩序；⑮全面控制；⑯与规章过多、官僚主义、形式主义、文牍主义做斗争。[1]

在亨利·法约尔的组织理论中，组织机构的金字塔结构是职能增加的结果。亨利·法约尔提出的等级原则是以一个工头管理15名工人和往上各级均为4∶1的比数为基础的。例如，15名工人需要一名管理人员，60名工人就需要四名监工，而这四名监工又需要一名共同的管理人员。组织就是按这个几何级数发展的，而对组织的管理就是设法把管理层次的数目保持在最低的限度内。

关于参谋人员的问题，亨利·法约尔认为："参谋是由一组有精力、有知识、有实践的人组成的，而这些正是总经理所缺少的。"[2]参谋人员只听命于总经理，是"管理人员个人能力的延伸"，其主要任务是探索更好的工作方法，发现企业条件的变化，以及关心长期发展问题。

对于组织中的管理人员，法约尔有自己独特的看法，他根据自己多年的管理经验认为，挑选人员是一个发现人员的品质和知识，以便填补组织中各级职位的职能的过程。挑选人应以人的品质为基础，其中包括[3]：

（1）健康和强壮的体质。这对于所有的人来说都是必不可少的。

（2）智力和旺盛的精力。在等级链上地位的上升越来越重要。

（3）有道德，有毅力、坚强、勇于负责，有创新精神，主动、忠诚以及遵守纪律等。

（4）全面的教育。

（5）具有管理知识。

（6）其他相关知识。随着管理人员所承担责任的扩大，对其他职能的知识的了解是必不可少的。

3. 指挥

指挥，即对下属的活动给以指导，使企业的各项活动互相协调配合。简而言之，就是使其人员发挥作用。亨利·法约尔指出："对每个领导来讲，指挥的目的是根据企业的利益，使其他单位里的所有人作出最好的贡献。"指挥是一种以某些个人品质和对管理的一般原则的了解为基础的艺术。为了取得最好的效果，担任指挥工作的领导应该做到：①对自己手下的人员有彻底的了解；②淘汰不能胜任的人；③深入了解企业与职工之间的协定；④树立一个好的榜样；⑤对组织进行定期检查；⑥通过会议把主要助手召集在一起，以便达到指挥的统一和工作的集中；⑦不要在琐碎事务上浪费精力；⑧力争使成员团结、主动、积极和忠诚。

4. 协调

亨利·法约尔认为："协调就是指企业的一切工作都要和谐地配合，以便于经营的

---

① 克劳德·小乔治．1985．管理思想史．北京：商务印书馆．132～133

② 亨利·法约尔．1949．工业管理与一般管理．斯托尔斯译本．伦敦：皮特曼公司．70

③ 郭咸刚．2004．西方管理思想史．北京：经济管理出版社．121

顺利进行，并且有利于企业取得成功。”[1]它包括：在各职能社会组织机构和物资设备之间保持一定比例；财政收入和财政支出成一定的比例；生产规模与生产需要成比例；材料供给与消费成比例；销售与生产成比例。总之，协调就是让事情和行动都有合适的比例，也就是方法适应于目的。

亨利·法约尔认为，领导部门的每周例会是协调工作的最好的方法，而在每次会议间隔期间里，为了促进沟通和协调，以及照顾远离中心领导机构的单位，可以使用联络人员。每周召开的例会，可以根据企业工作进展的状况，明确各部门之间应有的协作，针对出现的问题，及时沟通解决，并且可以利用领导们出席会议的机会来解决共同关心的各种问题。

5. 控制

控制就是检验实际工作与规定的计划、标准是否相符合，是否发现缺点和错误，以便加以纠正并避免重犯。从管理的角度，应确保企业有计划并且确实执行，还要及时加以修正。控制可以确保企业社会组织的完整、人员一览表得到应用、指挥工作符合原则和协调会议定期举行等。控制涉及企业的各个方面，因其涉及面广，避免对各部门的领导和工作进行干预，以免造成双重领导和越权指挥，应将其作为一项独立的工作来做，设立专门的检查员和监督员。检查人员应具备必要的条件，包括相应的工作能力、责任感、独立于被检查人员、判断力和机敏。

（二）亨利·法约尔的 14 项管理原则

亨利·法约尔根据自己多年的工作经验，在他的《工业管理与一般管理》一书中首先提出了一般管理的 14 项原则。

1. 劳动分工原则（division of work）

亨利·法约尔认为，劳动分工属于自然规律。劳动分工不只适用于技术工作，而且也适用于管理工作。应该通过分工来提高管理工作的效率。

亨利·法约尔还认为：“劳动分工有一定的限度，经验与尺度感告诉我们不应超越这些限度。”劳动分工是各个机构和组织前进和发展的必要手段，属于自然规律的范畴，不仅可以提高生产效率，还可使工人的培训费用大为减少。但是劳动分工也是有限度的，我们应注意不能超过这些限度。

2. 权力与责任原则（authority and responsibilities）

有权力的地方，就有责任。责任是权力的孪生物，是权力的必然结果和必要补充。这就是著名的权力与责任相符的原则。

亨利·法约尔认为，要贯彻权力与责任相符的原则，就应该建立有效的奖励和惩罚制度，即“应该鼓励有益的行动而制止与其相反行动”。实际上，这就是现在我们讲的权、责、利相结合的原则。亨利·法约尔认为，权力即“下达命令的权利和强迫别人服从的力量”[2]。权力可区分为管理人员的职务权力和个人权力。个人权力是指由担任职务

---

① 亨利·法约尔．1949．工业管理与一般管理．斯托尔斯译．伦敦：皮特曼公司．87

② 亨利·法约尔．1949．工业管理与一般管理．斯托尔斯译．伦敦：皮特曼公司．10～20

者的个性、经验、道德品质以及能使下属努力工作的其他个人特性而产生的权力。个人权力是职务权力不可缺少的条件。出色的管理者要用个人的权力来补充职务权力的不足，责任和权力是相互的。凡是有权力的地方就有责任，为了保证权力的正确行使必须规定责任的范围，制定奖惩的标准。

3. 纪律原则（discipline）

任何组织要进行有效的工作，必须用统一的纪律来规范人的行为。要保证企业的顺利发展，纪律是必不可少的。如果没有纪律，任何组织都不能兴旺发达。亨利·法约尔认为，纪律应包括两个方面，即企业与下属人员之间的协定和人们对这个协定的态度及其对协定遵守的情况。亨利·法约尔认为，纪律是一个企业兴旺发达的关键，没有纪律，任何一个企业都不能兴旺繁荣。纪律的实质是遵守公司各方达成的协议。制定和维持纪律最有效的方法是：①对协议进行详细说明，使协议明确而公正；②各级领导要称职；③合理执行惩罚。在纪律遭到破坏时，要采取惩罚措施，但制裁要公正。无论哪个社会组织，其纪律状况都主要取决于领导人的道德状况。

4. 统一指挥原则（unity of command）

一个员工在任何活动中只应接受一位上级的命令。如果两个领导人同时对同一个人或同一件事行使他们的权力，就会出现混乱，就会使权力和纪律遭到严重的破坏。但是在实际企业管理中破坏这一原则的双重领导现象是非常普遍的，其主要原因有四点：①为了争取时间或立即中止某项错误的行为，高层领导不通过中层领导就进行直接的指挥；②为避免给两个以上的工作人员分配小职权而造成的矛盾；③部门的界限不清，两个部门的主管都认为有指挥统一工作的权力；④部门之间在联系上、职权上固有的复杂关系。所以，为了保证统一指挥，必须克服这些现象。在任何情况下，都不应有适应双重指挥的社会组织。

5. 统一领导原则（unity of direction）

统一领导原则是指："对于力求达到同一目的的全部活动，只能有一个领导人和一项计划……人类社会和动物界一样，一个身体有两个脑袋，就是个怪物，就难以生存。"为达到同一目的而进行的各种活动，应由一位首脑根据一项计划开展，这是统一行动、协调配合、集中力量的重要条件。法约尔指出，"统一领导"和"统一指挥"是两个不同的概念。其区别在于：人们通过统一领导来完善组织，而通过统一指挥来发挥人员的作用，统一指挥的存在离不开统一领导，但并不来源于它。也就是说，没有统一的领导，就不可能有统一的指挥，但是有统一的领导，也不足以保证有统一的指挥。[①]统一领导原则讲的是组织机构设置的问题，即在设置组织机构时，一个下级不能有两个直接上级。在运转的过程中，一个下级不能同时接受两个上级的指令。

6. 个人利益要服从整体利益原则（subordination of individual interest to the general interest）

亨利·法约尔认为，往往"无知、贪婪、自私、懒惰以及人类的一切冲动总是使人为了个人利益而忘掉整体利益"。为了坚持个人利益要服从整体利益这个原则，法约尔

---

① 亓名杰．2008．管理思想史．北京：机械工业出版社．114

认为，成功的办法是：①领导人的坚定性和好的榜样；②尽可能签订公平的协定；③认真的监督。

7. 人员的报酬原则（remuneration）

亨利·法约尔认为，报酬是人们服务的价格，报酬必须公平合理，尽可能使职工和公司双方都满意。法约尔认为，人员报酬首先“取决于不受雇主的意愿和所属人员的才能影响的一些情况，如生活费用的高低、可雇人员的多少、业务的一般状况、企业的经济地位等，然后再看人员的才能，最后看采用的报酬方式”。人员的报酬首先要考虑的是维持职工的最低生活消费和企业的基本经营状况，这是确定人员报酬的一个基本出发点。在此基础上，再考虑根据职工的劳动贡献来决定采用适当的报酬方式。报酬率的高低不仅取决于工作人员的工作能力，还取决于生活费用的高低。无论企业采取何种报酬方式，都必须做到：保证报酬公平；能够奖励努力工作的人以激发其工作激情；报酬不应超过合理的限度。总而言之，对贡献大和活动方向正确的职工要给予奖赏。

8. 集中的原则（centralization or decentralization）

亨利·法约尔指的是组织权力的集权与分权的问题。分权是提高部下作用的重要性的做法，而集权就是降低下级的作用。按照法约尔的观点，影响一个企业是集权还是分权的因素有两个：一个是领导者的权力；另一个是领导者对发挥下级人员的积极性态度。“如果领导人的才能、精力、智慧、经验、理解速度……允许他扩大活动范围，那么他可以大大加强集中，把其助手作用降低为普通执行人的作用。相反，如果他愿意一方面保留全面领导的特权，一方面更多地采用协作者的经验、意见和建议，那么可以实行广泛的权力分散……所有提高部下重要性的做法就是分权，降低这种重要性的做法则是集中。”集权的程度应视管理人员的个性、道德品质、下级人员的可靠性以及企业的规模、条件等情况而定。

9. 等级制度原则（scalar chain/line of authority）

等级制度又称“等级链”，是从企业的最高层到最基层之间各级领导人所组成的等级系列，它是一条权力线，用以贯彻执行统一的命令和保证信息传递的秩序。这个等级链说明两个方面的问题：一是它表明组织中各个环节之间的权力关系，通过这个等级链，组织中的成员就可以明确谁可以对谁下指令，谁应该对谁负责；二是这个等级链表明组织中信息传递的路线，即在一个正式组织中，信息是按照组织的等级系列来传递的。贯彻等级制度原则，有利于组织加强统一指挥原则，保证组织内信息联系的畅通。为了克服由于指挥的统一性原则而产生的信息传递的延误，亨利·法约尔设计了一种跳板（图 5-1）。利用这种跳板可以进行横向的信息交流，但只有在各方面都同意而上级又始终知情的情况下才能这样做。等级制度是法约尔管理理论的核心。

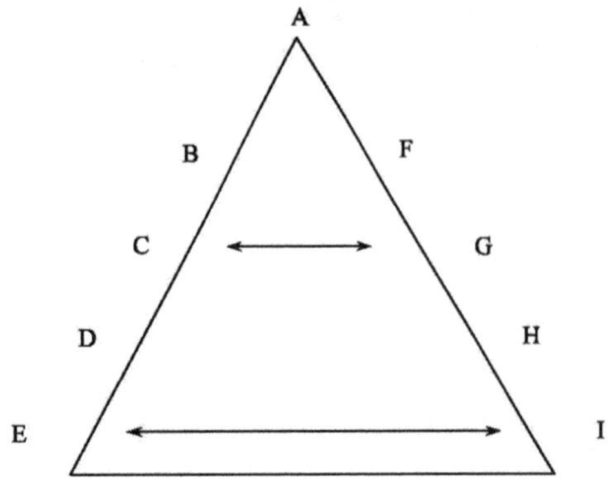

图 5-1 法约尔的“跳板”

如图 5-1 所示，如果 E 想同 I 联系，他可以直接进行联系，而不用向上级报告（E 通过 D 到 A）以及顺序从 A 向下传递到 I。[①] “跳板”原则使得侧向联系可以迅速有效地进行，而且既不使线路负担过重，又维护了统一指挥的原则。

10. 秩序原则（order）

亨利·法约尔所指的秩序原则包括物品的秩序原则和人的社会秩序原则。他认为，坚持物品的秩序原则就是要使每一件物品都在它应该放的地方。他认为，每个人都有他的长处和短处，贯彻社会秩序原则就是要确定最适合每个人的能力发挥的工作岗位，然后使每个人都在最能使自己的能力得到发挥的岗位上工作。为了能贯彻社会的秩序原则，亨利·法约尔认为，首先要对企业的社会需要与资源有确切地了解，并保持两者之间经常的平衡；同时，要注意消除任人唯亲、偏爱徇私、野心奢望和无知等弊病。管理人员首先要了解每一个工作岗位的性质和内容，使每个工作岗位都有称职的职工，每个职工都有适合的岗位；同时还要有条不紊地精心安排物资、设备的合适位置。

11. 公平原则（equity）

亨利·法约尔把公平和公道区分开来。他说：“公道是实现已订立的协定。但这些协定不能什么都预测到，要经常地说明它，补充其不足之处。为了鼓励其所属人员能全心全意和无限忠诚地履行其职责，应该以善意来对待他。公平是由善意和公道产生的。公平就是以亲切、友好、公正的态度严格执行规章制度。所谓公平原则就是公道原则加上善意地对待职工。”也就是说在贯彻公道原则的基础上，还要根据实际情况对职工的劳动表现进行善意地评价。当然，在贯彻公平原则时，还要求管理者不能“忽视任何原则，忘掉总体利益”。企业领导在对待员工时，应特别注意满足员工的公平需求，而同时又不忽视任何原则，不损害集体的利益，努力使公平感深入到各级员工的内心。而雇员们受到公平的对待后，会以忠诚和献身的精神去完成他们的任务。

12. 人员的稳定原则（stability of tenure of personnel）

亨利·法约尔认为，一个人要适应他的新职位，并做到能很好地完成他的工作，这需要时间。这就是“人员的稳定原则”。按照人员的稳定原则，要使一个人的能力得到充分的发挥，就要使他在一个工作岗位上相对稳定地工作一段时间，使他能有一段时间来熟悉自己的工作，了解自己的工作环境，并取得别人的信任。人员的稳定对于工作的正常进行、活动效率的提高是非常重要的。一个人要适应新的工作，不仅要求具备相应的能力，还需要一定的时间来熟悉这项工作，因为工作经验的积累和时间是分不开的，工作人员的不稳定，人事过于频繁的流动，往往是一个企业不景气的原因和结果，所以，要努力保持企业领导人和工作人员的相对稳定性，合理地补充人力资源，掌握好一定的尺度。

13. 首创精神（initiative）

亨利·法约尔认为：“想出一个计划并保证其成功是一个聪明人最大的快乐之一，这也是人类活动最有力的刺激物之一。这种发明与执行的可能性就是人们所说的首创精神。建议与执行的自主性也都属于首创精神。”首创精神是指人们在工作中的主动性和

① 丹尼尔·A. 雷恩 . 1997. 管理思想的演变 . 李柱流，赵睿等译 . 北京：中国社会科学出版社 . 244

创新的精神，同时也应使员工的主动性受到等级链和纪律的限制。

14. 人员的团结原则（集体精神）

团结就是力量。[①]员工的融洽、团结可以使企业产生巨大的力量。实现集体精神最有效的手段是统一命令。在安排工作、实行奖励时不要引起嫉妒，以避免破坏融洽的关系。此外，亨利·法约尔还认识到，人员间的思想交流特别是面对面的口头交流，有助于增强团结。因此，他认为应该鼓励进行口头交流，反对滥用书面的联系方式。他认为在处理一个业务问题时，用当面口述要比书面快，并且简单得多。另外，一些冲突、误会可以在交谈中得到解决。“由此得出，每当可能时，应直接联系，这样更迅速、更清楚，并且更融洽”。

正如亨利·法约尔所说的：“没有规则，我们就会在黑暗和混乱中工作；没有经验和判断，即便有最好的规则，我们仍会在极大的困难下工作。规则就像是灯塔，它可以使我们把握自己的方向，但它也仅仅只能帮助那些知道进港路线的人。”但亨利·法约尔还指出，原则的应用“是一门很难掌握的艺术，他要求指挥、经验、判断和注意尺度。由经验和机智合成的掌握尺度的能力是管理者的主要才能之一”。在管理方面，原则绝不是一种僵化不变、死板和绝对的东西，只是尺度问题。

（三）亨利·法约尔组织管理理论的意义

亨利·法约尔的组织管理理论是管理理论发展史上的一个里程碑，第一次系统、全面地概括和阐述了管理的一般原理，第一次明确、系统地划分了管理的职能、原则。他的《工业管理和一般管理》一书对管理思想的发展作出了卓越而重要的贡献。这主要表现在以下三个方面：

（1）亨利·法约尔对管理“普遍性”的论述是管理思想发展上的一个重大贡献。法约尔提出：①管理是可以应用于一切事业的一种独立活动；②随着一个人在职务上的提升，越来越需要管理活动；③管理知识是可以传授的。

（2）亨利·法约尔的管理思想具有很强的系统性和理论性。虽然亨利·法约尔的管理思想与弗雷德里克·温斯洛·泰勒的管理思想都是古典管理思想的代表，但亨利·法约尔管理思想的系统性和理论性更强，后人根据他建立的构架，建立了管理学并将其引入了课堂。亨利·法约尔的贡献是在管理的范畴、管理的组织理论、管理的原则方面提出了崭新的观点，为以后管理理论的发展奠定了基础。

（3）亨利·法约尔的一般管理理论被誉为管理史上的第二座丰碑。这一理论作为西方古典管理思想的重要代表，后来成为管理过程学派的理论基础，也是以后各种管理理论和管理实践的重要依据，对管理理论的发展和企业管理的进程均有着深刻的影响。对管理五大职能的分析为管理科学提供了一套科学的理论构架。其理论经过多年的研究和实践证明是正确的，现在仍然为许多人所推崇。因此，继弗雷德里克·温斯洛·泰勒的科学管理之后，亨利·法约尔的一般管理被誉为管理史上的第二座丰碑。

时至今日，亨利·法约尔的一般管理思想仍然闪耀着光芒，其管理原则仍然可以作

---

① 法约尔 . 1949. 工业管理和一般管理 . 伦敦：皮特曼公司：19～20

实践证明是正确的，现在仍然为许多人所推崇。因此，继弗雷德里克·温斯洛·泰勒的科学管理之后，亨利·法约尔的一般管理被誉为管理史上的第二座丰碑。

时至今日，亨利·法约尔的一般管理思想仍然闪耀着光芒，其管理原则仍然可以作为我们管理实践的指南。

第二节　马克斯·韦伯的行政集权组织理论

一、马克斯·韦伯

马克斯·韦伯（Max Weber，1864～1920）是德国著名的政治经济学家、社会学家、哲学家，被公认为现代社会学和公共行政学最重要的创始人之一。他出生于德国埃尔福特的一个富裕家庭，于1882年进入海德堡大学攻读经济学和法律，随后就读于柏林大学、哥廷根大学。他还曾入军服役，因而对德国的军事生活和组织制度有相当的了解，这对他日后建立组织理论有很大的影响。1891年，他以《中世纪贸易公司理论》这篇论文获得博士学位。自1891年起，它先后在柏林大学、弗赖堡大学、海德堡大学、维也纳大学和慕尼黑大学执教，讲授过法律、政治经济学、社会学课程。1897～1903年，因精神崩溃，马克斯·韦伯被迫停止一切教学、研究和政治活动。1903年重返学术界，开始新教伦理方面的研究，同年与W. 桑巴特等人共同发起创办《社会科学与社会政治文献》杂志。马克斯·韦伯与卡尔·马克思和爱米尔·杜尔凯姆被并列为现代社会学的三大奠基人。他1905年出版了其名著《新教伦理和资本主义精神》，1909年出任《社会经济学大系》主编。1910年，韦伯与F. 滕尼斯、G. 齐美尔等人发起成立德国社会学会，1919年曾参与魏玛宪法制定工作。1920年6月，马克斯·韦伯因肺炎病逝。1921年，他未完成的遗稿《经济、诸社会领域及权力》由遗孀玛丽安娜整理以后以《经济与社会》书名出版。[①]

马克斯·韦伯在很多方面都很有天赋，对社会学、宗教、经济学和政治学等领域有着广泛的兴趣和独到的见解。对于韦伯的学术渊源和成就，美国社会学家科塞赞誉说："韦伯的头脑容量大得惊人，影响他思想的因素多种多样。他不是哲学家，但在大学读书时就熟悉大多数古典哲学体系。他不是神学家，但他的著作表明他广泛阅读过神学书籍。作为经济史学家，他几乎读遍了这个领域以及经济理论的一切著作。他具有第一流的法律头脑，对法律的历史和原理了如指掌。他对古代史、近代史以及东方社会的历史具有百科全书式的知识。当然，他专心研读过当时所有重要的社会学论著，就连那时还鲜为人知的弗洛伊德的著作也为他所熟悉。韦伯是最后一批博学者中的一个。"

马克斯·韦伯在管理理论上的研究主要集中在组织理论方面，主要的代表作是《社会组织与经济组织》，书中首次提出了官僚集权理论，也被称为行政组织理论，对后世产生了最为深远的影响，被后世尊称为"组织理论之父"。

---

① 亓名杰．2008．管理思想史．北京：机械工业出版社．116

二、马克斯·韦伯的行政组织理论

马克斯·韦伯的行政组织理论可以分为三个部分：理想的行政组织、权力的分类和理想的行政组织的管理制度。

（一）理想的行政组织

马克斯·韦伯认为，理想的行政组织体系不是凭家族世袭地位、认识关系、个人情感等来进行组织，而是按照严密的行政组织、严格的规章制度来组织管理机构。

马克斯·韦伯理想的行政组织有如下主要特点：

（1）建立明确的职能分工，每个职位都有明确的职权区域。对组织的全部活动进行专业化的职能分工，并根据这种职能分工确定管理职位，详细规定各个职位的权利和责任范围。

（2）建立自上而下的等级系统。组织内的每个职位，按照等级原则进行法定安排，形成自上而下的等级系统。组织内的每个成员都要为自己的决定和行动对上级负责，受上级的监控和监督；同时，为了使每个人都能完成其所承担的责任，必须给予相应的权力，使其有权对他的下级发号施令。这样，就能维持组织的稳定，并保证其强有力。

（3）人员的任用。组织中人员的任用完全根据职务的要求，通过正式考评和教育训练来进行。

（4）职业管理人员。管理者有固定的薪金和明文规定的升迁制度，是一种“职业的”管理人员。

（5）遵守规则和纪律。管理者必须严格遵守组织中规定的规则和纪律以及办事程序，使之不受任何人的感情因素的影响，保证在一切情况下都能贯彻执行。

（6）组织中人员之间的关系。在人员的关系上，完全以理性准则为指导，不受个人情感的影响。

马克斯·韦伯这种建立在他的科层制理论体系上的行政集权组织理论认为，这种高度结构化、正式化、非人格化的理想行政组织体系是人们进行强制控制的合理手段，它依靠单纯的责任感和无个性的工作原则，客观合理地处理各种事物，是达到目标、提高效率的最有效形式，也按照规章制度办事，抛弃一切人事关系的感情色彩，公事公办，企业才有可能生存下去。

（二）权力的分类

马克斯·韦伯认为，任何社会组织都必须以某种形式的权力为其存在的基础。在他看来，“社会与组成部分，更多的不是通过契约关系或者道德一致，而是通过权力的行使而被聚在一起，在那些和谐与秩序占上风的地方，权力的威慑性运用从未彻底消失过”。

马克斯·韦伯把个人自愿服从的体系视为合理性或合法性体系，从而他对一个体系的认识排除了理论价值判断。正式合法性，才使下级产生出一种对组织系统中的指挥者服从和尊重的稳定模式。

马克斯·韦伯认为，人类社会存在以下三种形式的合法权利[①]：

(1) 传统权力。这种权力是以古老的、传统的、不可侵犯的和执行这种权力的人的地位的正统性为依据的。

(2) 超凡权力。超凡权力也可称之为神授权力，这种权力是建立在对个人崇拜和领袖人物人格的基础上的。

(3) 法定权力。法定权力指的是依法任命并赋予行政命令的权力。它以官僚组织的形式出现，其基础是正规形式的法律以及对处于掌权地位的人依靠法律所发布的命令的信任。它不是归于个人，而是归于法律。对这种权力的服从，是对依法建立起来的等级制度所规定的职位的服从。法定权力最根本的特征在于它提供了慎重的公正。原因在于：①管理的连续性使管理活动必须有秩序地进行；②为以“能”为本的择人方式提供了理论基础；③领导者的权力并非是无限的，应该受到约束。因此，只有这种法定权力才能保持管理的连续性和稳定性，能够保证管理的高效率，从而决定了它必然成为行政集权组织的基础。

（三）理想的行政组织的管理制度

在马克斯·韦伯看来，行使合法权利的最纯粹的形式是雇用官僚制的行政人员，只有组织的最高首脑是依靠占有、选举或指派委任而占据权力职位的，才能真正发挥其领导作用。每一个官员都应按下列准则被任命和行使职能，这些准则包括：

(1) 他们有人身自由。只是在与人身无关的官职方面从属于上级的权力。

(2) 他们都按照明确规定的职务等级系列组织起来。

(3) 每一个职务都有明确规定的法律意义上的职责权限。

(4) 根据契约受命，即原则上建立在自由选择之上[②]。

(5) 候选人是以技术条件为依据来挑选的，他们是被任命而不是被选举的。

(6) 他们有固定的薪金作为报酬。工资等级基本上是按等级系列中的级别来确定的。

(7) 这个职务是任职者唯一的或至少是主要的工作。

(8) 它成为一种职业，存在着一种按年资或成就或两者兼而有之的升迁制度。

(9) 工作中官员完全同“行政管理物资分开”，并且不能滥用其职权。

(10) 他在形式职务时受到严格而系统的纪律的约束和控制。

马克斯·韦伯认为，在官僚体制中，为实现其目标所要进行的全部活动都被划分为各种基本的专业，组织规定每一个成员的职权范围和协作形式，使得各成员能够正确行使职权，减少冲突，从而使它在精确性、稳定性、纪律性和可靠性方面优于其他组织形式，所以是最好的一种组织形式。官僚体制化的行政管理优越性的强大手段是专业知识，这是它所固有的特别合理的基本性质。

马克斯·韦伯的理想官僚组织模式具有以下特征：

---

① 魏文斌．2004．现代西方管理学理论．上海：上海人民出版社．31～32

② 张文昌，于维英．2007．东西方管理思想史．北京：清华大学出版社．249～251

（1）组织中的人员应有固定和正式的职责并依法行使职权。组织是根据合法程序制定的，应有其明确目标，并靠着这一套完整的法规制度，组织与规范成员的行为，以期有效地追求与达到组织的目标。

（2）组织的结构是一层层控制的体系。在组织内，按照地位的高低规定成员间命令与服从的关系。

（3）人与工作的关系。成员间的关系只有对事的关系而无对人的关系。

（4）成员的选用与保障。每一职位根据其资格限制（资历或学历），按自由契约原则，经公开考试合格予以使用，务求人尽其才。

（5）专业分工与技术训练。对成员进行合理分工并明确每人的工作范围及权责，然后通过技术培训来提高工作效率。

（6）成员的工资及升迁。按职位支付薪金，并建立奖惩与升迁制度，使成员安心工作，培养其事业心。

马克斯・韦伯对理想的官僚组织模式的描绘，为行政组织指明了一条制度化的组织准则，这是他在管理思想上的最大贡献。

三、马克斯・韦伯行政组织的理论意义

作为马克斯・韦伯组织理论的基础，官僚制在19世纪盛行于欧洲。马克斯・韦伯从事实出发，把人类行为规律性地服从于一套规则作为社会学分析的基础。他认为，一套支配行为的特殊规则的存在，是组织概念的本质所在。没有它们，将无从判断组织性行为。这些规则对行政人员的作用是双重的：一方面他们自己的行为受其制约，另一方面他们有责任监督其他成员服从于这些规则。

马克斯・韦伯理论的主要创新之处来源于他对有关官僚制效率争论的忽略，而把目光投向其准确性、连续性、纪律性、严整性与可靠性。马克斯・韦伯这种强调规则、强调能力、强调知识的行政组织理论为社会发展提供了一种高效率、合乎理性的管理体制。现在管理理论中普遍采用的高、中、低三层次管理就是源于他的理论。行政组织化是人类社会不可避免的进程，马克斯・韦伯的理想行政组织体系自出现以来得到了广泛的应用，它已经成为各类社会组织的主要形式。

马克斯・韦伯的行政组织理论虽然不是管理思想的全新开创，只是社会实践的理论总结，但认同其思想对现代组织行为有现实指导意义。

本章小结

亨利・法约尔和马克斯・韦伯的管理思想理论的提出，对古典行政组织理论的形成和发展产生了极大的影响。他们分别在整个企业和社会的行政组织方面作出了巨大的贡献。

亨利・法约尔和马克斯・韦伯的管理思想理论使组织管理理论的出现采取了两种形式：①亨利・法约尔提出的管理原则和要素；②马克斯・韦伯为了保证技术效能而探索理想的组织安排的蓝图。

亨利·法约尔和马克斯·韦伯从不同的背景和不同的角度试图提出行政管理的方案来管理大规模的组织。

亨利·法约尔强调的是管理的教育而不是技术的训练，不是计划和组织的重要性以及指挥、协调和控制等中的各个阶段。马克斯·韦伯试图摆脱传统的和神授的领导和组织，他试图为权力建立一个合理合法的基础，以及为挑选人员和进行各种活动作出有秩序的安排。

马克斯·韦伯和亨利·法约尔在历史上都是不幸的，因为他们不得不有待于别人来对他们在管理思想演变中的功绩作出适当的评价。

➢思考讨论题

1. 比较分析弗雷德里克·温斯洛·泰勒与亨利·法约尔的管理思想的差异。
2. 简述亨利·法约尔对管理要素的理解。
3. 简述亨利·法约尔的14项管理原则。
4. 简述马克斯·韦伯的行政组织理论。
5. 简述马克斯·韦伯的行政组织理论在管理思想发展史上的地位和影响。

古典管理理论的形成和发展

第一节　古典管理理论的系统化

20世纪初，由弗雷德里克·温斯洛·泰勒发起的科学管理革命导致了古典管理理论的创立。弗雷德里克·温斯洛·泰勒、亨利·法约尔、马克斯·韦伯分别从三个不同的方面将古典管理理论的大厦建立起来。

他们的理论为许多西方管理学家所研究和宣扬。林德尔·福恩斯·厄威克和卢瑟·哈尔西·古利克系统地整理了以弗雷德里克·温斯洛·泰罗、亨利·法约尔、马克斯·韦伯法等人为代表的古典管理理论，在管理文献中竖立起一个十分重要的里程碑，所以在管理学界颇有地位。

林德尔·福恩斯·厄威克是英国管理学家，出生于1891年，早年在英国牛津大学攻读历史，两次世界大战期间都在英国军队和政府中服务，取得优异成绩。他在1920～1928年是朗特里公司的组织甘特图表的秘书，1928～1933年担任设在日内瓦的国际管理协会的首任会长，并且是伦敦的厄威克和奥尔管理咨询合伙有限公司的董事长，直到退休。他提出了适合一切组织的八项原则：①目标原则，所有的组织都应当规定出一个目标；②相符原则，权利和责任必须相符；③职责原则，上级对直属下级工作的职责是绝对的；④组织阶层原则；⑤控制幅度原则，每一个上级所管辖的互相之间有工作关系的下级人员不应超过五或六人；⑥专业化原则；⑦协调原则；⑧明确原则，对于每项职务都要有明确的规定。

林德尔·福恩斯·厄威克是组织设计论的主要代表之一。他指出，组织设计有两个作用：①决定从事经营各个成员的职务；②决定这些职务之间的相互关系，其目的在于有效地解决经营技术的问题。

林德尔·福恩斯·厄威克最大的贡献是对古典的管理理论进行了综合。他在1944年出版的《行政管理原理》一书中，把各种管理理论加以综合，创造出一个新的体系，他把弗雷德里克·温斯洛·泰勒的科学管理和科学分析方法作为指导一切管理职能的基本原则，把亨利·法约尔的计划、组织、控制三个管理要素作为管理过程的三个主要职能，将亨利·法约尔的管理原则放在管理的职能之下，如在控制职能之下的职能有配备人员、挑选和安排教育人员等，通过一系列归结，形成了泰勒—法约尔—厄威克等的古典管理学派，他们围绕着管理人员的职能来探讨、研究、论证管理职能，他们是系统研究管理的先行者。

卢瑟·哈尔西·古利克（Luther Halsey Gulick，1892～1993）是美国管理学家，曾任美国哥伦比亚大学公共关系学院院长，任过罗斯福总统的行政管理委员会的成员。该委员会试图改进和重组美国的联邦行政机关，但未能取得成功。他的主要著作有《组织理论评论》、《科学、价值观和公共管理》等。他同厄威克合编的《管理科学论文集》包含了当时管理学上的一些重要论文，被西方管理学者认为在管理学文献中带有路标性质。

卢瑟·哈尔西·古利克把关于管理职能的理论系统化，提出了有名的管理七职能论。他通过对七种职能的分析，实现了古典管理理论的系统化。这七种职能是：

1. 计划（planning）

计划职能是为了实现企业所规定的目标，制订出所要做的事情的纲要和做这些事情的方法。有的管理学者把计划进一步划分为以下几种：①目的，即指导企业经营活动的目标；②确定经营方针，保证企业目标的实现；③为使方针具体化而制定严密而科学的活动程序；④为某种特定的项目而制定具体规划；⑤对资金、劳动时间、产品单位和机械时间等进行预算；⑥制定企业长远规划，即战略性决策等。

2. 组织（organizing）

为了实现企业规定的目标，企业必须建立正式的权力机构和组织体系，并规定各级机构的职责和协作关系，为组织机构配备好合适的人员。在建立组织机构时，要把按照高层领导的职能自上而下地建立机构，同时把下面实际完成的工作加以分析归类自下而上地建立机构结合起来。此外，还要考虑到直线人员和参谋人员、专业参谋和一般参谋等问题。

3. 人事（staffing）

人事包括有关职工的选择、训练培养和恰当地安排等方面的职能。这是企业长期发展和企业持续前进的关键。有的管理学家进一步发展了这方面的思想，认为必须按照企业长期发展的需要来选择和培训人才，强调这是使企业持续前进的关键。

4. 指挥（directing）

这就是做出决定并使之具体化为特别的或一般的命令和指示，以及作为企业的领导者来行事。这项职能包括对下属的领导、监督和激励。他认为古典管理学派除了泰勒以外，都强调统一指挥的原则，认为一个工人接受几个上级的命令会导致混乱、效率低下和无人负责；一个工人只接受一个上级的命令则会有条不紊、效率良好和责任明确。他们强调所谓“一个最高领导者原则”或“一个管理原则”，不大同意委员会式的管理方式，认为那样会影响效率。

5. 协调（coordinating）

所谓的协调，就是为了使企业各部门之间工作和谐、步调一致，共同实现企业目标的职能。按照这项职能，为了避免摩擦和提高效率，要把企业的活动进行分类，把类似的活动划归同一个领导人管辖。他提出四种分类方法：①按目标或所要完成的任务来划分，如供水、职工培训等；②按作业的不同性质来划分，如工程、医务、速记、统计、会计等；③按所涉及或所服务的人来划分，如侨民、印第安人、老工人等；④按服务的场所来划分。卢瑟·哈尔西·古利克认为，在对企业活动进行分类时，要注意使企业目标能最有效地实现。所以，设置主要一级的部门时，可能考虑地区原则；在设置第二级部门时，可以按照目标、作业的原则，也可以仍按地区原则；而在设置第三级部门以及以下各级时，则应根据具体情况选择设置的标准，以便取得最大的效率。卢瑟·哈尔西·古利克的这些思想在当时是有独创性的。协调有两种实现路径，一个是通过组织来协调，即建立起各个部门相互联系的一种组织系统来发布和接受命令；另一个是通过思想来协调，即在一个团体的所有成员中，在思想上对目标统一起来。

6. 报告（reporting）

报告包括下级对上级的报告和上级对下级的考绩、调查和审核，为了使上级能及时有效地了解和考核下级，就要实行有效的控制制度。同时，要实行授权，即上级把处理日常工作的职权授给下级，自己只保留对重大问题的处置权，并注意保持恰当的控制幅度。

7. 预算（budgeting）

预算包括所有的财务计划、会计和控制形式出现的预算。企业的控制活动可以通过以下过程来实现：经济测定；实际成果和预算的比较；对共同和差异进行分析并找出原因；消除差异或改变计划。以后，这一项职能所包含的预算控制、成本管理、质量管理等，都进一步得到发展。

卢瑟·哈尔西·古利克还根据古典的管理理论提出了十项管理的原则：①劳动分工和专业化；②按目标、程序、顾客或地区把工作加以部门化；③通过等级制度协作；④通过思想协作；⑤通过委员会协作；⑥分权化或控股公司概念；⑦统一指挥；⑧直线参谋；⑨授权；⑩控制制度。

卢瑟·哈尔西·古利克的管理七职能论基本代表了古典管理理论中职能理论研究的范畴，可作为古典管理理论的职能理论。把厄威尔的管理原则和卢瑟·哈尔西·古利克的管理原则进行归结，即可作为古典管理理论的管理原则。

（1）为组织机构配备合适的人员。决定某种目的需要一些什么活动，并把这些活动分成小组，必须用一种冷静的、超然的态度来看待组织，如同绘制一份工程图纸那样，应考虑到目前在组织中的每一个人，必须没有任何倾向性地确定相应的组织机构，然后再采取步骤为组织配备合适的人员。

（2）一个最高的主管或一个人管理的原则。即由一个人承担管理职责，不能用委员会来管理。他们认为不宜用委员会来进行管理。因为就管理来说，委员会的形式被证明为一种失败。委员会机构不可避免地行动迟缓、笨重累赘、铺张浪费和效率低下，而且不易同其他机构合作。

（3）统一指挥原则。一个仆人不能同时侍候两个主人。卢瑟·哈尔西·古利克意识到过于机械地奉行这条原则可能会导致某些不合理现象。他认为，这“同违背这条原则所必然会引起的混乱、效率低下和无人负责比起来，是不足为奇的”。

（4）专业参谋和一般参谋并用的原则。一方面要坚持一人管理的原则，另一方面由于组织规模的扩大，高级主管人员需要越来越多的专家和专业的工作者来协助他们工作，而参谋人员的增加又会涉及协调的问题，在专业问题上专家职能主要是作为高层管理当局的咨询人员，而不应拥有行政指挥的实权。除专业参谋以外，还需增加一般参谋，以便帮助最高主管人员承担指挥、控制和协调这些中心职责，他们不以自己的身份，而只是作为上级的代表来指挥，而且只限于上级决定的范围之内。

（5）工作部门化原则。在组织中划分部门，主要依据以下四种划分方法：①依据组织目标来实行部门化；②依据作业来实行部门化；③依据所涉及的机构所服务的人和事来划分；④依据地区来划分。

（6）授权原则。领导者要能够把某些职责授予下级人员，缺乏恰当的授权勇气和如何进行授权的知识，是组织失败最常见的原因之一。授权是高级主管人员进行有效工作的最重要的条件。

（7）职权相符原则。只把责任加到管理人员的身上是不对的，必须是组织中的各级管理人员都有一种责任感，并要赋予他相应的权力。被授予权力的人，必须对下级的所有工作承担个人责任。在各级管理人员中责和权必须相称和明确。

（8）控制幅度原则。这项原则的精神实质是，一个主管人员直属的下级人员的数量是有一定限度的。每一个上级领导人员所管辖的相互之间有工作联系的下级人员不应超过5～6人。卢瑟·哈尔西·古利克没有硬性规定直属下级的人数，而强调了一些影响最佳控制幅度的因素，如上下级人员的个人特质、上下级之间在地理上的接近程度、下级所执行任务的性质、组织的稳定程度等。

由以上可以看出，卢瑟·哈尔西·古利克在他的管理七职能论中把管理看成是普遍适用的，他特别强调了管理职能在政府管理中的作用。

卢瑟·哈尔西·古利克对管理学的贡献，不在于他对管理过程的描述，而主要在于他有关部门划分的理论。卢瑟·哈尔西·古利克从这一论述，即组织的主要目的是协调开始，进而提出了所谓“一致性原则”，并按照这个原则对各种活动进行归并。按照卢瑟·古利克的方案，这些是大的类或主要一级的部门划分，其中任何一个都可以被随机地采用，具体选用的标准则取决于哪个能最好地为组织的目标服务。任何有关如何对各项活动进行归类的决定，都必须遵循其一致性、协调性和当组织发展或其目标改变时能维持灵活性。正是在这一方面，卢瑟·哈尔西·古利克为管理和组织理论作出了重要贡献。

第二节　古典管理理论的发展图

自从文艺复兴运动以来，资本主义从萌芽到18世纪的建立，再到20世纪初在世界范围内占据统治地位，历时500余年。而以市场经济为主体的古典管理思想，也经历了近500年。这期间在思想、理论和实践上进行了大量的准备，终于在以泰勒为代表的一代管理学家们手中古典管理理论得以创立。弗雷德里克·温斯洛·泰勒、亨利·法约尔、马克斯·韦伯试图从三个不同角度，即个人、组织和社会来解答整个资本主义社会宏观和微观的管理问题，为资本主义解决劳资关系、生产效率、社会组织等方面的问题，提供了管理思想的指导和科学理论方法，为现代管理理论的进一步发展开启了思想之门、智慧之窗（如图 6-1 所示）。

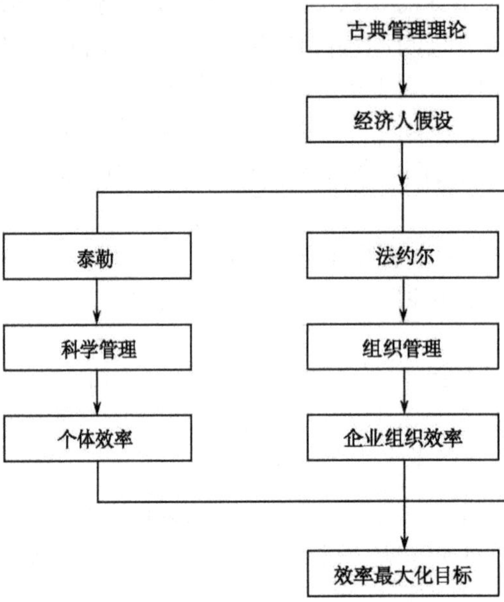

图 6-1　古典管理理论的发展图

第三节　古典管理理论的评价

古典管理理论代表人物弗雷德里克·温斯洛·泰勒、亨利·法约尔、马克斯·韦伯从三个不同角度，即车间工人、办公室总经理和组织来解决企业和社会组织的管理问题，为当时的社会解决企业组织中的劳资关系、管理原理和原则、生产效率等方面的问题，提供了管理思想的指导和科学的理论方法。

古典管理理论奠定了管理学发展的基础。

（1）古典管理理论确立了管理学是一门科学。通过科学研究的方法能发现管理学的普遍规律，古典管理理论建立的管理理论使得管理者开始摆脱了传统的经验和凭感觉来进行管理。

（2）古典的管理理论建立了一套有关管理理论的原理、原则、方法等理论。其管理方法对今天的企业管理仍然是十分重要的。古典管理理论提出了一些管理的原则、管理职能和管理方法，并且主张这些原则和职能是管理工作的基础，对企业管理有着很大的指导意义，也为总结管理思想史提供了极为重要的参考价值。古典管理理论的一些观点对今天的企业提高产量、提高工作效率等方面仍然有着重要的指导作用。

（3）古典管理学家建立了有关的组织理论。马克斯·韦伯提出的管理组织理论是组织理论的基石。因此，他被人们称为“组织理论之父”。马克斯·韦伯提出了一种管理体制的设想，而且，就建立组织的结构，以及维护这种组织结构的正常运行，提出了一系列的原则。今天企业管理的组织结构虽然变得更加复杂，但是，古典组织理论设计的基本框架仍未失去其存在的意义。

（4）古典管理理论对现代管理理论的研究具有很强的指导和借鉴作用。古典管理理论为后来的行为科学和现代管理学派奠定了管理学理论的基础。当代许多管理技术与管理方法皆来源于古典管理理论。古典管理理论所要解决的问题也是现代管理理论要解决的问题，现代管理思想中的部分观点都是对古典的管理思想的继承和发展。

（5）古典管理理论促进了当时生产力的发展。古典的管理理论在人类历史上首次用科学的方法来探讨管理问题，实质上反映了当时社会生产力发展到一定阶段对管理的要求，要求管理适应生产力的发展。反过来管理思想的发展，管理技术和方法的进步，又进一步促进了生产力的发展。

任何一个企业系统都是在一定的环境下生存发展，而环境是在不断变化的动态过程。古典管理理论虽然对当时的企业管理实践和理论总结有重要意义，但和现代管理理论相比具有一些时代的局限性。

（1）首先是古典管理理论基于当时的社会环境，对人性的研究没有深入进行，对人性的探索仅仅停留在“经济人”的范畴之内。泰勒对工人的假设是“磨洋工”，而韦伯把职员比作“机器上的一个齿牙”。古典管理理论没有把人作为管理的中心，没有把对人的管理和对其他事物的管理完全区别开来；而在现代管理理论中，人是管理研究的中心课题，正是因为对人性的深入探索，才使得现代管理理论丰富多彩。

（2）古典管理理论对组织的理解是静态的，还停留在对组织的表象和功能的表述上，并没有抓住组织的本质进行深入的研究。马克斯·韦伯认为纯粹的管理体制应当是精确的、稳定的、具有严格纪律的组织。当代的组织理论家们普遍认为，马克斯·韦伯所倡导的管理组织体制只适合于以生产率为主要目标的常规的组织活动，而不适合于从事以创造和革新为重点的非常规的非常灵活的组织活动。其中，巴纳德不是从组织结构的角度，而是从行为的角度对组织下了定义。他反对把组织看成是人的集团。他说：“组织不是集团，而是相互协作的关系，是人相互作用的系统。”

（3）古典管理理论的着重点是组织系统的内部，而对企业发展环境考虑得非常少。古典管理理论研究的着重点是企业的内部，把如何提高企业的生产率作为管理的目标，这对企业提高生产率是有相当大的指导意义的。然而现代管理理论主要研究的是人和市场。根据现代系统理论，任何一个组织系统都是在一定的环境下生存发展的。社会环境在不断变化，企业的生存发展也是在不断地与环境变化交互作用下进行的。企业的经营管理必须研究外部环境的因素和企业之间相互适应关系，使管理行为和手段随着社会环境的变化而变化。这些都是古典管理理论所没有进行研究的，由于古典管理理论对组织环境以及环境的变化考虑较少，因此对管理的动态性未予以充分地认识和关注。

（4）古典管理理论仅仅把管理的对象看作是一个客观存在，这个客观存在没有一定的抽象性，就事论事，尽管也对这种客观存在进行了一些概括，并提出了一些规律性的认识和原则，但是没有把管理对象上升到系统加以认识。而现代管理理论的基础却是把管理的对象看成一个系统，以系统理论的方法对管理对象进行深入研究。

本章小结

以弗雷德里克·温斯洛·泰勒、亨利·法约尔、马克斯·韦伯为代表的古典管理思想家们用几十年的时间，在思想、理论和实践上进行了大量的准备，创立了古典管理理论。由林德尔·福恩斯·厄威克和卢瑟·哈尔西·古利克等学者对古典管理理论进行了系统化。古典管理理论是人类历史上第一次以科学方法来探讨管理问题取得的成果，奠定了管理学发展的基础。古典管理理论提出了管理的重要性和普遍性，提出了一些管理原则和管理职能，并且极力主张这些原则和职能是管理工作的基础，对经济管理有很大的指导意义。古典管理理论认为，管理原则和管理职能存在于社会之中，通过科学方法能够发现这些原则。时间研究和动作研究的开展，使得管理摆脱传统的经验式和凭感觉进行的方法。这对总结管理思想史具有极为重要的参考价值，对管理思想的发展有着极其重要的作用。

➢思考讨论题

1. 简述卢瑟·哈尔西·古利克提出的管理七职能论。
2. 简述古典管理理论的基本原则。
3. 简述古典管理理论的历史贡献及局限性。

第四篇

行为科学理论的产生和发展

第七章

管理理论发展的新课题

第一节　行为科学诞生的历史背景

一、行为科学的基本含义

对行为科学的不同解释，有广义和狭义两种。广义的行为科学是指包括类似运用自然科学的实验和观察方法，研究在自然和社会环境中人的行为以及低级动物行为的科学。狭义的行为科学是指应用心理学、社会学、人类学及其他相关学科的成果，研究工作环境中个人和群体的行为的一门科学。

行为科学的应用范围几乎涉及人类活动的一切领域，形成了众多的分支学科。研究人类行为产生原因及人的行为动机的发展变化规律，目的在于有效地调动人们的积极性，实现组织目标。研究个人和个人、个人和群体及群体和群体的关系，目的在于创造一个好的工作环境，使人的主观能动性得到充分的发挥。

二、行为科学产生的历史背景

行为科学产生于20世纪二三十年代。1917年的“俄国十月”革命，使得世界经济体系出现了全新的格局。1918年第一次世界大战结束以后，由于资本主义各国的战略调整使得资本主义国家的政治局势激烈振荡，政治矛盾激化，阶级斗争和革命运动一度出现高潮。由于企业在工资和利润分配上的矛盾，劳资双方经常发生冲突。企业主采用各种手段压制工人，在劳动生产率提高时压低工资率。工人则采取“有组织的怠工”即“磨洋工”，或罢工的办法来对抗，劳资关系非常紧张，矛盾一触即发。依靠严格的科学方法和规章制度来进行管理的古典管理理论引起了工人的不满和社会的责难。这样，古典管理理论虽然在提高劳动生产率方面取得了相当大的成绩，却激起了工人的反抗。20世纪20年代前后，工人日益觉醒，工会组织蓬勃发展，工人组织起来同雇主进行斗争。

20世纪20年代的中期，世界的工业就已经恢复和超过第一次世界大战前的水平。美国不但没有受到第一次世界大战的影响，反而在大战中攫取巨额利润，这使得20年代美国的工业发展迅速，同时又使得美国垄断资本大力推动产业结构的合理化，尽可能地采用各种新的机械设备，通过实行标准化规模生产来赚取超额利润，导致劳资矛盾进一步恶化。

美国等资本主义国家开始爆发经济危机，物价急剧下跌，破产企业增多，失业人数激增。这次经济危机造成的后果特别严重，它延续的时间虽然不到半年，但却以其猛烈、全面和深刻性显示出了第一次世界大战后资本主义经济危机的不可克服性。经济危机过后，资本主义进入了相对稳定的发展时期。各国劳动者由于垄断资本的加紧剥削，生活停留或低于战前的生活水平。劳动强度显著增大，劳动生产率进一步提高，而工资增长则慢得多。经济和科学技术的发展以及周期性经济危机的加剧，使得企业主感到单纯用传统管理理论已不能有效地控制工人、提高劳动生产率和增加利润。有些管理学家和心理学家意识到社会化大生产的发展需要有一种与之相适应的新的管理理论。

在这种历史背景下，资本家为了摆脱危机，充分利用泰勒的科学管理原理加紧对工人的剥削，使得工人的生活水平急剧下降，工人反抗资本家的斗争也就越演越烈。随着资本主义社会的发展，无产阶级的觉悟不断提高，不仅要求经济状况的改善，而且也越来越要求政治上的民主权利。工人不由自主地对资本家进行怠工，进而发展成为有组织地向资本家进行罢工斗争。

为了改善劳资关系、调和阶级矛盾、维护资本主义社会的发展，资产阶级的学者纷纷开始寻找答案，并且对传统的经济学理论进行了思考。亚当·斯密的自由放任的经济理论是否还能在资本主义高速发展的时期管用？泰勒的科学管理理论在管理工人方面的效能是否还能够持续下去？反思的结果是，在经济学方面，凯恩斯主义的兴起为资本主义持续发展开出了药方。在管理学方面，对人的研究，尤其是梅奥对人进行的研究，开辟了行为研究的方向。行为科学就是在大萧条中的霍桑实验后开始发展起来的。

第二节　行为心理研究

在行为科学产生之前，已经有许多管理学者开始关心管理中人的因素。他们把人的因素同科学管理方法和提高工效结合起来，对人的心理和人的行为做了一些研究，注意把心理学的原理和方法应用于工业，建立起工业心理学，对管理学的发展起着相当大的推动作用，但没有成为古典管理理论的主流。

在这方面的研究工作者有玛丽·福莱特、奥利弗·谢尔顿、亨利·丹尼森、巴布科克、莉莲、吉尔布雷思等一大批管理思想家。他们为管理思想的新发展做了开创性的工作，可以说他们是行为科学的先驱者和奠基人。

一、玛丽·福莱特

玛丽·福莱特（Mary P·Follett，1868～1933），是美国的管理学家和政治哲学家，出生于波士顿城，曾先后就读于波士顿塞耶学院、哈佛大学拉德克力夫学院及英国剑桥大学纽罕姆学院，并在巴黎做过研究工作。她学过哲学、政治学、历史和法学，对成人教育、企业管理和职业指导、社会心理学都很感兴趣。她于 1891 年回到美国后，在波士顿积极从事社会工作。

玛丽·福莱特出版的书籍有《众议院里的发言人》、《新国家》、《创造性的经验》、《作为一种职业的管理》等。

玛丽·福莱特提出一种所谓的“群体原则”，追求一个以群体为原则而不是以个人主义为基础的新社会。她认为社会组织内部总是有冲突存在的，她认为解决冲突的三种办法是：①压服的办法。这意味着一方对另一方取得胜利，但被压服的一方一定要伺机反抗。②妥协的办法。冲突的双方各自做出让步，被打断的活动可以继续进行。③利益结合的办法。冲突的双方的利益结合起来，使得双方的利益得到满足，谁都不需要做出任何的牺牲。当然采取这种办法需要智慧、识别力和创造力。

玛丽·福莱特认为，要实现“利益结合”，人们必须重新考虑他们对权威和权力的看法，要用“共同行动”来代替赞同和压制。这种共同行动是以协作为基础的。关于协作她又提出所谓的组织的四条基本原则：①协作是涉及一种形式中全部要素的相互作用的因素；②协作要在早期阶段进行；③协作是由全部有关负责人的直接接触形成；④协作是一个连续的过程。从这四条中可以得出一个结论：组织就是控制。组织和协调的目的是保证达到可以控制的结果。协调达到团结，而团结就是控制，通过协作和控制达到目标。[①]

玛丽·福莱特的有关利益结合、形势规律的论述同泰勒的精神革命、职能管理的精神是一致的。她关于协作、相互影响等论述还同人际关系学说创始人梅奥等人的论点相似。

二、奥利弗·谢尔顿

奥利弗·谢尔顿（Oliver Sheldon，1894～1951）是英国的管理学家。他于1894年出生于英国，曾就读于英国牛津大学莫顿学院，并获得文科学士学位；1914～1918年服兵役；自1919年开始一直在朗特里公司工作，担任过朗特里的个人助理，联合公司经理、董事。

奥利弗·谢尔顿发表了《管理的哲学》、《作为一种职业的管理》、《经营和组织的职能》、《工厂组织》等著作。

奥利弗·谢尔顿在管理思想上的贡献表现为：

第一，在管理中强调人的因素和对社会的责任，把人的因素同科学管理相结合。强调了管理的整体性及管理作为一种独立的职业在社会上的地位。

第二，提出了管理哲学的十条基本原则。

（1）工业的存在是为社会生活提供所必需的足够数量的商品和服务。

（2）工业管理必须由一些原则来制约，这些原则的依据是为社会服务。

（3）工业的一部分管理可分为三个主要部分：其一是经营；其二是管理；其三是组织。

---

① 孙钱章．1995．经济管理思想史简编．北京：中共中央党校出版社．217，218

(4) 管理一方面维持工业的经济基础，另一方面是为了达到社会的目标。

(5) 提高管理效率，要注意开发人力资源和进行科学管理。

(6) 提高管理效率取决于组织结构。

(7) 管理活动分为四种职能：一是制造开始的职能；二是制造的实际作业的职能；三是使制造进行的职能；四是产品分配所必要的一些职能。

(8) 工厂中科学利用人和物的四种方法：其一，应用研究和衡量的方法；其二，准备并规定每项工作的组成；其三，制定工作标准；其四，制定工作准则。

(9) 在政策上注意对人的因素采取某些措施。对于工人应遵循以下规则：其一，所有工人都应参与决定工作条件；其二，工人的生活条件应与文明社会相称；其三，工人应有适当的空闲时间用于自我发展和自我提高；其四，为工人提供不失业的保障；其五，工人应按贡献大小共享工业的繁荣；其六，工人与企业管理当局的关系应该贯彻平等的精神。

(10) 研究和制定各种标准，以便形成一种制约工业行为的法典。①

三、亨利·丹尼森

亨利·丹尼森（Henry Denison，1877～1952）出生于美国的马萨诸塞州，曾在哈佛大学读书并获得文科学士学位。1899 年他进入丹尼森制造公司工作；1906 年在公司中担任经理；1917～1952 年任该公司的总经理。同时他还在 1917～1918 年出任战时工业委员会主席和顾问、中央计划和统计局的助理局长，1921 年任哈定总统失业会议的成员；1934 年任美国商务部工业咨询委员会主席；1935～1943 年任美国全国资源计划局顾问；1935～1939 年任国际劳工局美国雇主首席代表；1937～1945 年任波士顿联邦储备银行董事及副董事长，他还担任过泰勒协会主席和美国管理协会理事。②

亨利·丹尼森有许多专著：1926 年出版的《职工的利润分享和股权所有》、1931 年出版的《组织工程学》、1938 年出版的《现代竞争和企业政策》及《走向充分就业》等。③

亨利·丹尼森在注重人的因素和推行科学管理方面作出了较大的贡献。

第一，重视管理中人的因素，通过调动职工的积极性来提高生产效率。丹尼森认为能够激励一个组织成员的因素有四类：一是对职工及其家属福利和地位的关心；二是对工作本身的爱好；三是对组织中成员及其良好评价的关心，乐于同他们在一起工作；四是对组织主要目标的尊重和关心，只有把这四种因素结合起来才能使一个人的力量持久而稳定地发挥出来。就是在这种思想的指导下，亨利·丹尼森在其工厂中实行了一系列的管理措施来调动职工的积极性。他认为企业不但应该为股东服务而且应该为社会服务，并要使得工人在工作中得到满足的思想。同时，亨利·丹尼森已经认识到在工人中存在着一种非正式的组织，这种非正式的组织对生产效率有着极其重要的影响，这种现

① 孙钱章. 1995. 经济管理思想史简编. 北京：中共中央党校出版社. 219，220

② 郭咸纲. 2004. 西方管理思想史. 北京：经济管理出版社. 153

③ 孙钱章. 1995. 经济管理思想史简编. 北京：中共中央党校出版社. 221

象的处理应该采用把非经济的激励手段同经济的激励手段结合起来，这样就能调动职工的积极性，使其忠实于企业。

第二，自下而上组织设计的结构。亨利·丹尼森认为，组织就是使集体生活成功，并自下而上地把人们组织起来，通过能干的领导解决他们之间的矛盾，并把他们的动机统一成为一致的方向。他主张先把一些志同道合的人组成小组，慢慢地再发展成为整个组织结构。这样有利于提高效率。

第三，设计并创办交换管理信息的组织。亨利·丹尼森在1924年创办了一个总部设在波士顿的“制造业者研究协会”，为各企业之间以坦率和协作的精神交流经验提供了方便。

第四，积极参加美国和国际的管理学会工作。

本章小结

一、行为科学的基本含义

对行为科学的不同解释，有广义和狭义两种。广义的行为科学是指包括类似运用自然科学的实验和观察方法，研究在自然和社会环境中人的行为以及低级动物行为的科学。狭义的行为科学是指应用心理学、社会学、人类学及其他相关学科的成果，研究工作环境中个人和群体的行为的一门科学。

二、行为科学产生的历史背景

行为科学产生于20世纪二三十年代。第一次世界大战结束以后，资本主义各国的战略调整使得资本主义国家的政治局势激烈振荡，政治矛盾激化，阶级斗争和革命运动一度出现高潮。由于企业在工资和利润分配上的矛盾，劳资双方经常发生冲突。企业主采用各种手段压制工人，在劳动生产率提高时压低工资率。工人则采取“有组织的怠工”，即“磨洋工”，或罢工的办法来对抗，劳资关系非常紧张，矛盾一触即发。依靠严格的科学方法和规章制度来进行管理的古典管理理论引起了工人的不满和社会的责难。

20世纪20年代的中期，美国等资本主义国家开始爆发经济危机。经济危机过后，资本主义进入了相对稳定的发展时期。各国劳动者由于垄断资本的加紧剥削，生活水平停留或低于战前。劳动强度显著增大，劳动生产率进一步提高，而工资增长则慢得多。经济和科学技术的发展以及周期性经济危机的加剧，使得企业主感到单纯用传统管理理论已不能有效地控制工人、提高劳动生产率和增加利润。有些管理学家和心理学家意识到社会化大生产的发展需要有一种与之相适应的新的管理理论。

在这种历史背景下，为了改善劳资关系，调和阶级矛盾，维护资本主义社会的发展，资产阶级的学者纷纷对传统的经济学理论进行思考。在经济学方面，凯恩斯主义的兴起为资本主义持续发展开出了药方。在管理学方面，梅奥对人进行的研究，开辟了行为研究的方向。行为科学就是在大萧条中的霍桑实验后开始发展起来的。

三、玛丽·福莱特提出解决冲突的三种办法和组织的四条基本原则

四、奥利弗·谢尔顿在管理思想上的贡献

在管理思想上的贡献强调人的因素和对社会的责任，提出了十条管理原则。

五、亨利·丹尼森在管理思想方面作出了重要的贡献

➢思考讨论题

1. 行为科学的基本含义。
2. 试述行为科学产生的历史背景。
3. 简述玛丽·福莱特提出的解决冲突的三种办法。
4. 简述玛丽·福莱特提出的组织的四条基本原则。
5. 试述奥利弗·谢尔顿在管理思想上提出的十条管理原则。
6. 试述亨利·丹尼森在管理思想方面的重要贡献。

第八章

行为科学理论的建立与发展

第一节　梅奥和霍桑试验的管理思想

一、梅奥及人际关系理论的主要内容

乔治·埃尔顿·梅奥（George Elton W. Mayo，1880～1949）是原籍澳大利亚的美国行为科学家，人际关系理论的创始人，美国艺术与科学院院士。他早年时在澳大利亚求学并讲学，曾获得逻辑学和哲学硕士学位，后赴苏格兰爱丁堡研究精神病理学，这一经历为他以后从事工业研究打下了良好的基础。后来在洛克菲勒基金会的资助下，乔治·埃尔顿·梅奥移居美国，在宾夕法尼亚大学沃顿管理学院从事教学工作。1926年，他进入哈佛大学工商管理学院专门从事工业研究工作。在哈佛大学，他应邀参加了霍桑试验。在霍桑试验的基础上，乔治·埃尔顿·梅奥先后撰写并分别于1933年和1945年出版了《工业文明的人类问题》和《工业文明的社会问题》著作。在著作中他阐述了“人际关系理论”的主要思想，为提高劳动生产率提供了新的途径。

乔治·埃尔顿·梅奥的人际关系理论的主要内容有以下几点：

(1) 企业职工是复杂的社会系统的成员，是“社会人”。乔治·埃尔顿·梅奥认为，企业职工不仅仅是单纯追求经济收入的“经济人”，他们还有社会、心理、精神的需要，即追求人与人之间的友情、安全感、归属感等。因此，必须从社会和心理两方面寻找提高工人劳动生产率的办法。

(2) 满足工人的社会欲望，提高工人的士气即工作态度，是提高生产率的关键。乔治·埃尔顿·梅奥等人通过霍桑试验了解到生产效率与作业方法、工作条件之间并不存在直接的关系。生产效率的高低主要决定于工人的工作态度即士气，士气越高生产效率就越高。

(3) 在企业里，除了正式组织外，还存在着非正式组织。乔治·埃尔顿·梅奥认为，正式组织是以效率逻辑为主要标准，同时又要遵守成本费用原则。非正式组织是以感情逻辑为标准，要求遵守人群关系中不成文的非正式的行为准则。并强调非正式组织与正式组织是相互依存、不可分离的。管理工作就是要在正式组织的经济需求和非正式组织的社会需求之间保持平衡，以解决劳资之间以及整个“工业文明社会”的矛盾和冲突，提高生产效率。

乔治·埃尔顿·梅奥提出的人际关系理论尽管受到了不少批评，但是它毕竟是第一次通过长期的实验得出的科学理论。这一理论主要强调人的行为，为经济管理理论开辟了新的道路，大大地推动了行为科学的研究。

二、霍桑试验

霍桑是指20世纪20年代美国芝加哥西部电器公司所属的霍桑工厂的名字。它是一个制造电话交换机的工厂，具有较完善的娱乐设施、医疗制度和养老金制度，但工人们仍愤愤不平，生产成绩很不理想。

西方的许多管理学者认为，在工人工作的物质环境、工人自身的健康与劳动生产率之间，存在着一种明确的正相关因果关系。如果有正常的通风条件、温度、照明及其他物质工作条件，工人就处在最理想的状态中从事经过科学测定的作业，这时再采用刺激性工资制度进行激励，就能产生很好的提高劳动生产率的效果。当时人们普遍认为激励生产积极性的动因来自外部环境条件。

为了证实这一认识的正确性，1924年，美国国家科学院的全国科学研究委员会决定在西方电气公司的霍桑工厂进行研究，探讨工作环境对劳动生产率的影响，寻求提高职工生产率的途径。

霍桑试验共分为四个阶段。

1. 照明实验

时间为1924年11月至1927年4月。

当时关于生产效率的理论占统治地位的是劳动医学的观点。该观点认为，影响工人生产效率的是疲劳和单调感等。于是，当时的实验假设便是“提高照明度有助于减少疲劳，使生产效率提高”。经过两年多的实验发现，照明度的改变对生产效率并无影响。具体结果是：当实验组照明度增大时，实验组和控制组都增产；当实验组照明度减弱时，两组依然都增产，甚至实验组的照明度减至0.06烛光时，其产量亦无明显下降；直至照明减至如月光一般、实在看不清时，产量才急剧降下来。研究人员面对此结果感到茫然，失去了信心。于是，在哈佛大学从事工业研究的乔治·埃尔顿·梅奥教授了解到霍桑试验的情况后，从1927年起，将实验工作接管下来，继续进行试验。

2. 福利实验

时间为1927年4月至1929年6月。

实验的目的是查明福利待遇的变换与生产效率的关系。经过两年多的实验发现，不管福利待遇如何改变（包括工资支付办法的改变、优惠措施的增减、休息时间的增减等），都不影响产量的持续上升，甚至工人自己对生产效率提高的原因也说不清楚。后经进一步的分析发现，导致生产效率上升的主要原因是：①参加实验的光荣感。实验开始时六名参加实验的女工曾被招进部长办公室谈话，她们认为这是莫大的荣誉。这说明被重视的自豪感对人的积极性有明显的促进作用。②成员间良好的相互关系。

3. 大规模的访谈实验

研究者在工厂中开始了访谈计划。此计划的最初想法是要工人就管理当局的规划和政策、工头的态度和工作条件等问题作出回答，但这种规定好的访谈计划在进行过程中却大出意料之外，得到意想不到的效果。工人想就工作提纲以外的事情进行交谈。工人认为，重要的事情并不是公司或调查者认为意义重大的那些事。访谈者了解到这一点，及时把访谈计划改为事先不规定内容，每次访谈的平均时间从 30 分钟延长到 1～1.5 个小时，多听少说，详细记录工人的不满和意见。访谈计划持续了两年多。工人的产量大幅提高。

通过交谈，他们对每个工人的处境、矛盾以及工人本身都得到更深的了解。工人们长期以来对工厂的各项管理制度和方法存在许多不满，无处发泄。访谈计划的实行使工人们积在内心的情绪得以发泄，说出了自己的心里话，发泄过后心情舒畅、士气提高，使产量也得到了提高。

4. 群体实验

乔治·埃尔顿·梅奥等人在这个实验中选择 14 名男工人在单独的房间里从事绕线、焊接和检验工作，对这个班组实行特殊的工人计件工资制度。实验者原来设想，实行这套奖励办法会使工人更加努力工作，以便得到更多的报酬。但观察的结果发现，产量只保持在中等水平上，每个工人的日产量平均都差不多，而且工人并不如实地报告产量。通过深入地调查，他们发现，这个班组为了维护群体的利益，自发地形成了一些规范。他们约定，谁也不能干得太多，突出自己；谁也不能干得太少，影响全组的产量，并且约法三章，不准向管理当局告密，若有人违反这些规定，轻则受到挖苦谩骂，重则受到拳打脚踢。他们进一步调查发现，工人们之所以维持中等水平的产量，是担心产量提高，管理当局会改变现行奖励制度，或裁减人员，使部分工人失业，或者会使干得慢的伙伴受到惩罚。这一试验表明，为了维护班组内部的团结，可以放弃物质利益的引诱。实验者由此提出"非正式群体"的概念，认为在正式的组织中存在着自发形成的非正式群体，这种群体有自己特殊的行为规范，对人的行为起着调节和控制作用。

霍桑试验先后持续了八年之久。通过霍桑试验，研究者得出以下结论：

（1）工人是社会人，不是经济人。工人除了物质需要外，还有社会心理方面的需求。因此，不能忽视社会和心理因素对工人工作积极性的影响。这就否定了当时科学管理学派的金钱是刺激工人积极性的唯一动力的说法。

（2）企业中存在非正式的组织。企业成员在共同工作的过程中，相互间必然产生共同的感情、态度和倾向，形成共同的行为准则和惯例，非正式组织独特的感情、规范和倾向，左右着成员的行为。非正式组织不仅存在而且与正式组织相互依存，对生产率有重大影响。

（3）改变工作条件与生产率没有直接关系。提高生产率的决定因素是员工情绪，而不是工作条件。生产率主要取决于工人的工作态度以及他和周围人的关系。梅奥认为，提高生产率的主要途径是提高工人的满足度，即工人对社会因素、人际关系的满足程度。如果满足度高，工作的积极性、主动性和协作精神就高，生产率就高。

霍桑试验对管理理论作出了很大的贡献。霍桑试验是管理史上具有划时代意义的事件。它的意义在于，它推翻了从泰勒以来人们把人看成"经济人"的假设，弥补了古典管理理论的不足，开辟了管理和管理理论的新领域，即开始重视人、研究人的行为，使人际关系的研究逐步闻名于世，使之成为行为科学的先驱，管理理论进入了行为科学的新时代。

第二节 行为科学理论的发展

行为科学广泛应用于企业管理，旨在研究如何激发人的工作积极性，提高劳动生产率，改善并协调人与人之间的关系，缓和劳资矛盾。人的行为都是发生在一定的组织和群体中，在一定的组织主管的领导和控制下表现出来的。因此，它不仅与个体的行为基础有关，还与群体环境和管理人员的领导方式有关。人的行为研究就是关于上述各方面的研究。在西方，对于人的行为不同侧重点的研究也形成了各种各样的观点和流派，归纳起来可分为个体行为研究、群体行为研究、领导行为研究等。

一、个体行为研究

个体行为研究包括有关人的需要、动机和激励的研究及人的特性的研究。

（一）亚伯拉罕·马斯洛

亚伯拉罕·马斯洛（A. H. Maslow，1908～1970）出生于纽约市布鲁克林区。美国社会心理学家、人格理论家和比较心理学家，人本主义心理学的主要发起者和理论家，第三代心理学的开创者。他于1926年入康乃尔大学，三年后转至威斯康星大学攻读心理学，在著名心理学家哈洛的指导下，1934年获得博士学位之后，留校任教。1935年他在哥伦比亚大学任桑代克学习心理研究工作助理；1937年任纽约布鲁克林学院副教授；1951年被聘为布兰戴斯大学心理学教授兼系主任；1969年离任，成为加利福尼亚劳格林慈善基金会第一任常驻评议员。第二次世界大战后，他转到布兰代斯大学任心理学教授兼系主任，开始对健康人格或自我实现者的心理特征进行研究。马斯洛曾任美国人格与社会心理学会主席和美国心理学会主席（1967年），是《人本主义心理学》和《超个人心理学》两个杂志的首任编辑。

（二）亚伯拉罕·马斯洛需求层次理论

1. 内容

他提出了人类五种基本需要层次理论，如图8-1所示。

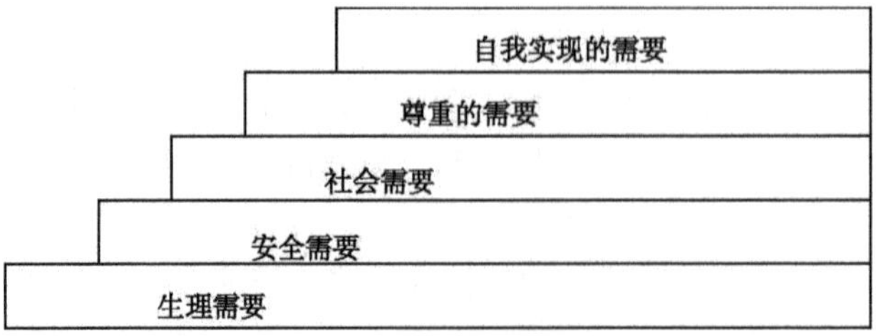

图8-1 马斯洛五种需要层次理论图

第一级是生理需要。生理需要是指人的衣食住行、呼吸、水、食物、睡眠、生理平衡、分泌等。这是人类维持自身生存的最基本的需要，如果这些需要得不到满足，人类个人的生理机能就无法正常运转。因而在这一级需要没有得到满足前，其他更高的需要就不会发挥作用。

亚伯拉罕·马斯洛认为，只有这些最基本的需要满足到维持生存所必需的程度后，其他的需要才能成为新的激励因素。以生理需求来激励下属时，假设人为报酬而工作。激励措施：增加工资、改善劳动条件、给予更多的业余时间和工间休息、提高福利待遇。

第二级是安全需要。这是人类对以下事物的需求，指心理上和物质上的安全保证。它包括人身安全、健康保障、资源所有性、财产所有性、道德保障、职业上有保证、生病或养老、家庭安全等。缺乏安全感的特征：感到自己受到身边事物的威胁，觉得这世界是不公平或是危险的。认为一切事物都是危险的，而变得紧张、彷徨不安，认为一切事物都是“恶”的。

亚伯拉罕·马斯洛认为，整个有机体是一个追求安全的机制，人的感受器官、效应器官、智能和其他能量主要是寻求安全的工具，甚至可以把科学和人生观都看成是满足安全需要的一部分。激励措施包括：强调规章制度、职业保障、福利待遇，并保护员工不致失业，提供医疗保险、失业保险和退休福利、避免员工收到双重的指令而混乱。

第三级是社会需要。人需要友情、爱情和群体上的归属感，这类需要比上两类需要更精致。人人都希望得到相互的关系和照顾。感情上的需要比生理上的需要来得细致，它和一个人的生理特性、经历、教育、宗教信仰都有关系。对大多数人来讲社会需要是很强烈的。缺乏社交需求的特点：因为没有感受到身边人的关怀，而认为自己没有价值活在这世界上。社会需要如果得不到满足，就会影响员工的精神，导致高缺勤率、低生产率、对工作不满及情绪低落。激励措施包括：提供同事间社交往来的机会，支持与赞许员工寻找并建立和谐温馨的人际关系，开展有组织的体育比赛和集体聚会。

第四级是尊重的需要。每个人都有自尊的需求，包括自尊心、自信心、能力、知识、对他人尊重、被他人尊重、成就和名誉地位的需要等。尊重的需要又可分为内部尊重和外部尊重。内部尊重是指一个人希望在各种不同情境中有实力、能胜任、充满信心、能独立自主。内部尊重就是人的自尊。外部尊重是指一个人希望有地位、有威信，受到别人的尊重、信赖和高度评价。缺乏尊重需求的特征包括：变得很爱面子，或是很积极地用行动来让别人认同自己，也很容易被虚荣所吸引。激励措施包括：公开奖励和表扬、强调工作任务的艰巨性以及成功所需要的高超技巧、颁发荣誉奖章、在公司刊物发表文章表扬、设优秀员工光荣榜。

亚伯拉罕·马斯洛认为，尊重需要得到满足，能使人对自己充满信心，对社会满腔热情，体验到自己活着的用处和价值。这类需要很少能得到充分满足，因为它是无止境的。

第五级是自我实现的需要。这是最高一级的需要，包括道德、创造力、问题解决能力、公正度、接受现实能力等。这是最高层次的需要，它是指实现个人理想、抱负，发挥个人的能力到最大程度，达到自我实现境界的人，接受自己也接受他人，解决问题能力增强、自觉性提高、善于独立处事，完成与自己的能力相称的一切事情的需要。人必须干称职的工作，这样才会使他们感到最大的快乐。缺乏自我实现需求的特征：觉得自己的生活被空虚感所占据着，如果要自己去做一些在这世上应该做的事，急需要有让他能更充实自己的事物，尤其是需要让一个人深刻地体验到自己没有白活在这世界上的事物，认为价值观、道德观胜过金钱、爱人、尊重和社会的偏见。激励措施包括：设计工作时运用复杂情况的适应策略，给有特长的人委派特别任务，在设计工作和执行计划时给下级留有余地。

亚伯拉罕·马斯洛提出，为满足自我实现需要而采取的途径是因人而异的。自我实现的需要是在努力实现自己的潜力，使自己不断成为自己所期望的人物。

亚伯拉罕·马斯洛认为，人的需要是依次要求、依次满足的。一般来说，等级越低越容易得到满足，等级越高得到满足的比率就越小。马斯洛曾估计：在现代社会中，第一级需要得到满足的概率为85%，第二级需要得到满足的概率为70%，第三级需要得到满足的概率为50%，第四级需要得到满足的概率约为40%，第五级（最高一级）得到满足的概率只有10%左右。[①]

2. 基本观点

(1) 五种需要像阶梯一样从低到高，按层次逐级递升，但这样的次序不是完全固定的，可以变化，也有一些例外情况。

(2) 一般来说，某一层次的需要相对满足了，就会向高一层次发展，追求更高一层次的需要就成为驱使行为的动力。相应地，获得基本满足的需要就不再是一股激励力量。

(3) 亚伯拉罕·马斯洛认为，人类价值体系存在两类不同的需要：一类是沿生物谱系上升方向逐渐变弱的本能或冲动，称为低级需要；另一类是随生物进化而逐渐显现的潜能或需要，称为高级需要。其中生理上的需要、安全上的需要和社会需要都属于低级需要，这些需要通过外部条件就可以满足；而尊重的需要和自我实现的需要是高级需要，他们只有通过内部因素才能得到满足，而且一个人对尊重和自我实现的需要是无止境的。同一时期，一个人可能有几种需要，但每一时期总有一种需要占支配地位，对行为起决定作用。任何一种需要都不会因为更高层次需要的发展而消失。各层次的需要相互依赖和重叠，高层次的需要发展后，低层次的需要仍然存在，只是对行为影响的程度大大减小。

(4) 亚伯拉罕·马斯洛认为，一个国家多数人的需要层次结构，是同这个国家的经济发展水平、科技发展水平、文化和人民受教育的程度直接相关的。在不发达国家，生理需要和安全需要占主导的人数比例较大，而高级需要占主导的人数比例较小；在发达国家，则刚好相反。在同一国家不同时期，人们的需要层次会随着生产水平的变化而变化

3. 评价

亚伯拉罕·马斯洛的需求层次理论，反映了人类行为和心理活动的共同规律。需求

① 郭咸纲. 2004. 西方管理思想史. 北京：经济管理出版社. 170

层次理论从人的需要出发探索人的激励和研究人的行为，抓住了问题的关键。亚伯拉罕·马斯洛指出了人的需要是由低级向高级不断发展的，这一趋势基本上符合需要的发展规律。因此，需要层次理论对企业管理者如何有效地调动人的积极性很有启发作用。

传统管理理论的出发点往往是把人看做是工具，认为人与动物并没有本质的区别，否认人的感情、价值以及尊严等特性。需要层次理论突出了人的因素，促使了资本主义企业管理重点由物到人的转变。

亚伯拉罕·马斯洛的需要层次理论，揭示了人类复杂需要的普遍规律性，且具有直观、易于理解、相对较合理等特点，成为国内外许多管理理论的重要基础。

亚伯拉罕·马斯洛的需要层次理论的理论基础是存在主义的人本主义学说，即人的本质是超越社会历史的，是抽象的“自然人”。因此，依据这一理论得出的一些观点就难以适合其他国家的情况。

亚伯拉罕·马斯洛的需要层次理论带有一定的机械主义色彩。一方面，他提出了人类需要发展的一般趋势；另一方面，他把这种需要层次看成是固定的程序，看成是一种机械上升运动，忽视了人的主观能动性，忽视了通过思想教育可以改变需要层次的主次关系。

亚伯拉罕·马斯洛的需要层次理论过分强调了人的生理属性，只注意了一个人各种需要之间存在的纵向联系，忽视了横向联系。

（三）克莱顿·奥尔德弗的生存关系及成长理论

克莱顿·奥尔德弗在1969年在《人类需要新理论的经验测试》一文中修正了亚伯拉罕·马斯洛的论点。克莱顿·奥尔德弗认为，人类共存在三种核心的需要，即生存的需要、相互关系和谐的需要和成长的需要，称这一理论为ERG理论。

(1) 生存的需要（existence）。这是最基本的，包括生理与安全的需要，这与马斯洛的第一级和第二级的需要相对应。

(2) 相互关系和谐的需要（relatedness）。这一需要包括有意义的社会人际关系，强调人们和社会环境的联系，与亚伯拉罕·马斯洛的第三级的需要相对应。

(3) 成长的需要（growth）。这一需要包括人类潜能的发展、自尊和自我实现，与马斯洛的第四级和第五级的需要相对应。

亚伯拉罕·马斯洛认为，需要是人的内在的和天生的。克莱顿·奥尔德弗的ERG理论与马斯洛的需要层次理论不同，它表明：①人在同一时间可能有不止一种需要；②如果较高层次需要的满足受到抑制的话，那么人们对较低层次需要的渴求会变得更加强烈。

克莱顿·奥尔德弗认为，需要并不都是天生的，有的需要是通过后天学习才形成的，而且人的需要层次不一定非常严格，是可以越级的。

（四）弗雷德里克·赫茨伯格的双因素理论

弗雷德里克·赫茨伯格（Frederick Herzberg，1923～2000）是美国心理学家、管理理论家、行为科学家、双因素理论的创始人。弗雷德里克·赫茨伯格曾获得纽约市立学院的学士学位和匹兹堡大学的博士学位，是犹他大学的特级管理教授。弗雷德里克·赫茨伯格还在各种学术刊物上发表了《再论如何激励员工》等100多篇论文。在美国和其他30多个国家，他多次被聘为高级咨询人员和管理教育专家。弗雷德里克·赫茨伯格在管理学界的巨大声望，是因为他在1966年出版的《工作与人性》一书中首次提出了著名的“激励与保健因素理论”——“双因素理论”。20世纪50年代末期，他和同事们对匹兹堡附近一些工商业机构的约200位专业人士作了一次调查。在调查访问后他发现，使职工感到满意的都是属于工作本身或工作内容方面的；使职工感到不满的，都是属于工作环境或工作关系方面的。他把前者叫做激励因素，后者叫做保健因素。把企业中有关因素分为满意因素和不满意因素。

满意因素可以使人得到满足和激励的因素，即激励因素，如工作中的成就感、工作的挑战性、赞赏、工作内容本身、责任感、个人发展的可能性等。激励因素如能得到满足，可以激励职工的工作热情，使工作能力不断提高。

不满意因素是指缺乏这些因素时容易产生不满和消极的情绪，即保健因素。所谓保健因素，包括工资、监督、地位、个人生活、安全、工作环境、人际关系等。在实践中使职工不满意的因素都是属于工作环境或工作关系方面的问题；保健因素不能直接起激励职工的作用，但能防止职工产生不满情绪，只有激励是促进人的积极性不断提高的因素。

弗雷德里克·赫茨伯格的“双因素理论”与马斯洛的需求层次理论有相似之处。保健因素相当于亚伯拉罕·马斯洛提出的生理需要、安全需要、感情需要等较低级的需要；激励因素则相当于受人尊敬的需要、自我实现的需要等较高级的需要。当然，他们的具体分析和解释是不同的。但是，这两种理论都没有把“个人需要的满足”同“组织目标的达到”联系起来。

实践证明，高度的工作满足不一定就产生高度的激励。许多行为科学家认为，有关工作环境的因素或工作内容的因素，都可能产生激励作用，使职工感到满足与否是取决于环境和职工心理方面的许多条件。

“双因素理论”促使企业管理人员注意工作内容方面因素的重要性，特别是它们同工作丰富化和工作满足的关系，因此是有积极意义的。弗雷德里克·赫茨伯格的“双因素理论”告诉我们，满足各种需要所引起的激励深度和效果是不一样的。物质需求的满足是必要的，没有它会导致不满，但是即使获得满足，它的作用往往是很有限的、不能持久的。要调动人的积极性，不仅要注意物质利益和工作条件等外部因素，更重要的是要注意工作的安排，量才录用，各得其所，注意对人进行精神鼓励，给予表扬和认可，注意给人以成长、发展、晋升的机会，这种内在激励越来越显得重要。

（五）维克托·弗鲁姆的期望理论

维克托·弗鲁姆（Victor H. Vroom），著名心理学家和行为科学家，早年于加拿大麦吉尔大学先后获得学士及硕士学位，后于美国密执安大学获博士学位。他曾在宾州大学和卡内基-梅隆大学执教，并长期担任耶鲁大学管理科学“约翰塞尔”讲座教授兼心理学教授。

维克托·弗鲁姆的主要著作有《管理的新模式》、《工作与激励》、《人群组织：它的管理及价值》以及《管理冲突的新途径》等。维克托·弗鲁姆对管理思想发展的贡献之一就是提出了期望理论。

他在1964年的发表的著作《工作与激励》中首先提出了期望理论。维克托·弗鲁姆提出的期望理论认为，激励是评价、选择的过程，激励所产生的力量取决于人们对其行动结果的价值评价和预期实现目标可能性的估计。或者说，人们在工作中的积极性或努力程度是效价和期望值的乘积。公式表示如下：

$$\text{激励力} = \text{效价} \times \text{期望值}, \quad \text{即 } M = V \cdot E$$

式中，M 为激励力；V 为效价；E 为期望值。

所谓效价，它反映个人对某一成果或奖酬的重视与渴望程度。所谓期望值，是指人们对自己能够顺利完成这项工作的可能性或概率的估计与判断。激励力则是直接推动或使人们采取某一行动的内驱力。只有在人们对某一行动成果的效价和期望值均处在较高的水平时，方可能形成强大的激励力。期望值既可以为正值也可以为负值。

运用效价和期望值的概念揭示了个体选择目标影响行为的过程。管理者可通过调整行为结果的效价和提高其实现的可能性，来激发员工的动机，增强激励程度。

期望理论对有效实施激励的启示：①管理者应该采取多数组织认为效价最高的激励措施；②适当控制实际概率和期望概率。当行为者认为某项活动及其结果的效价大，而且估计获得这种效用的概率也大的时候，领导者用这种活动和结果来激励行为者就可能取得良好的效果。

（六）波特和劳勒的综合激励模型

这是美国行为科学家爱德华·劳勒（E. E. Lawler）和莱曼·波特（L. W. Porter）提出的激励理论。

爱德华·劳勒在美国的布朗大学获学士学位，在加利福尼亚大学伯克利分校获博士学位，曾在耶鲁大学任教，以后在密歇根大学任心理学教授和社会研究所组织行为室主任。他还是西雅图的巴特勒纪念研究所人类事务所研究中心的访问学者。

莱曼·波特是美国著名行为科学家。他在耶鲁大学获得博士学位后，在加州大学伯克利分校任教11年，并在耶鲁大学管理科学系任访问教授一年。此后，他在加州大学管理研究院任院长和管理及心理学教授。

波特-劳勒期望激励理论是在1968年的《管理态度和成绩》一书中提出来的。

1968年，美国心理学家和管理学家莱曼·波特和爱德华·劳勒在期望理论和公平理论基础上发展了综合激励模型，如图8-2所示。

这种模型认为，激励导致了努力，努力导致了绩效，绩效导致满足感。人们在工作中努力的程度取决于效价、取决于对期望值的评价。这种激励的模型，较为具体地描述了激励的过程，把激励过程看成是外部刺激、内部条件、行为表现和行为结果相互作用的统一的过程。

这个模型的特点是：

(1)“激励”导致一个人是否努力及其努力的程度；

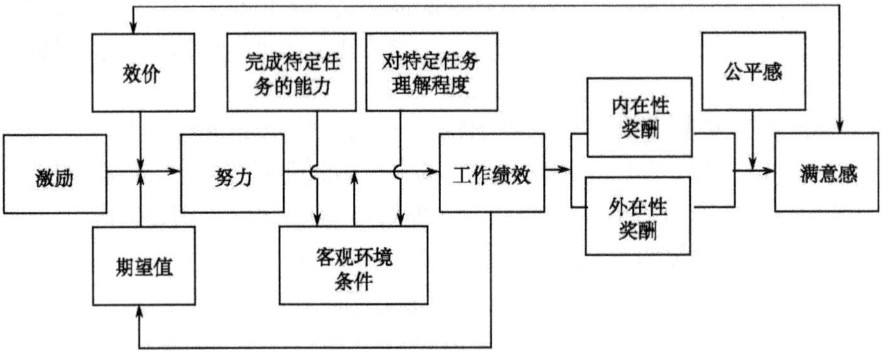

图 8-2 波特和劳勒的综合激励模型

(2) 工作的实际绩效取决于能力的大小、努力程度以及对所需完成任务理解的深度；

(3) 奖励要以绩效为前提，不是先有奖励后有绩效，而是必须先完成组织任务才能导致精神的、物质的奖励；

(4) 奖惩措施是否会产生满意，取决于被激励者认为获得的报偿是否公正。

波特-劳勒期望激励理论在 20 世纪六七十年代是非常有影响的激励理论。在今天，这一理论仍有重要的现实意义，它告诉我们，不要以为设置了激励目标、采取了激励手段，就一定能获得所需的行动和努力，并使员工满意。要形成激励→努力→绩效→奖励→满足并从满足回馈努力这样的良性循环，取决于奖励内容、奖惩制度、组织分工、目标导向行动的设置、管理水平、考核的公正性、领导作风及个人心理期望等多种综合性因素。

（七）戴维·麦克利兰的成就激励理论

戴维·麦克利兰（David C. McClelland，1917～1998），美国社会心理学家，1987 年获得美国心理学会杰出科学贡献奖。他出生于美国纽约州弗农山庄，1998 年因心力衰竭逝于美国马萨诸塞州列克星敦市。

他于 1938 年获韦斯利恩大学心理学学士；1939 年获密苏里大学心理学硕士；1941 年获耶鲁大学心理学哲学博士学位；之后曾先后任康涅狄格女子大学讲师、韦斯利昂大学教授及布林莫尔学院教授，哈佛大学心理学教授，1987 年后转任波士顿大学教授直到退休。1963 年，他开创了麦克伯顾问公司，这是一家专业协助管理人员评估和员工培训的公司。同年，他向国际教育协会提交了设立高校七级学术奖学金的方案，旨在激励学生的学习动机。

他于 1940～1950 年对人的需求和动机问题进行深入研究，提出了著名的成就动机理论。

1966 年，戴维·麦克利兰在《促使取得成就的事物》一书中提出了成就激励理论。

戴维·麦克利兰认为，人有三种基本需要：成就需要、权力需要和亲和需要。

(1) 成就需要（the need for achievement）。这一需要是争取成功、希望做得最好的需要。具有成就需要的人渴望将事情做得更为完美，提高工作效率，获得更大的成功。他们追求的是在争取成功的过程中克服困难、解决难题、努力奋斗的乐趣，以及成功之后的个人成就感。追求成就的人，对成功有一种强烈的要求，愿意为此努力学习、不怕疲劳、喜欢挑战、愿意承担责任等。

（2）权力的需要（the need for authority and power）。这一需要是影响或控制他人且不受他人控制的需要。不同人对权力的渴望程度也有所不同。权力需要较高的人喜欢支配、影响他人，喜欢对别人“发号施令”，注重争取地位和影响力。权力需要是管理成功的基本要素之一。戴维·麦克利兰发现，具有较大权力欲的人对施加影响和控制表现出极大的关切。这种人一般寻求具有竞争性和能体现领导者地位的场合或情境、好争辩、健谈、直率、头脑冷静、有能力并善于提出要求、乐于同他人竞争。

（3）亲和需要（the need for affiliation）。这一需要是希望与他人建立亲近而和睦的人际关系的需要。希望与他人建立亲近而和睦的关系，希望获得他人对自己的好感，喜欢帮助处于困境中的伙伴。高亲和需要者渴望友谊，喜欢合作而不是竞争的工作环境，希望彼此之间的沟通与理解。他们对环境中的人际关系更为敏感。亲和需要有时也表现为对失去某些亲密关系的恐惧和对人际冲突的回避。亲和需要是保持社会交往和人际关系和谐的重要条件。

戴维·麦克利兰认为，具有高成就的需求和较高的权力欲望对工商界人士很重要。企业中这类人越多，其发展就越快，获利也就越多。

戴维·麦克利兰指出增进个人的成就需要的四个办法：①以成功人士为榜样，激励他人也想成为成功人士；②每过一个阶段，要对已取得的成绩给予肯定和奖励；③增强人的自信感；④要用正面的思想鼓励自己，克服消极意识。

（八）道格拉斯·麦格雷戈的 X 理论和 Y 理论

道格拉斯·麦格雷戈（Douglas M. McGregor，1906～1964）是美国著名的行为科学家、人性假设理论创始人，管理理论的奠基人之一。他在 1924 年还是一个服务站的服务员，后在韦恩大学取得文学学士学位；1935 年，他取得哈佛大学哲学博士学位；1937～1964 年期间在麻省理工学院任教，1948～1954 年，在安第奥克学院任院长。任院长期间，对当时流行的传统的管理观点和对人的特性的看法提出了疑问。

道格拉斯·麦格雷戈认为，有关人的性质和人的行为的假设对于决定管理人员的工作方式来讲是极为重要的。各种管理人员以他们对人的性质的假设为依据，可用不同的方式来组织、控制和激励人们。基于这种思想，他在 1957 年 11 月的美国《管理评论》杂志上发表了《企业的人性方面》一文，提出了有名的“X 理论—Y 理论”，1960 年该文以著作的形式出版。

道格拉斯·麦格雷戈把传统的管理观点叫做 X 理论，这种观点对人性的假设是：

（1）人生而好逸恶劳，他们尽可能地逃避工作；

（2）大多数人都没有什么雄心壮志，也不喜欢负什么责任，宁可被别人领导；

（3）人生而以自我为中心，对组织需要漠不关心；

（4）人本性反对改革，把对安全的要求看得高于一切；

（5）人群大致分为两类，只有少数人能够克制自己，能够承担起管理责任，具有组织所需要的解决问题的想象力和创造力；

（6）大多数人都是缺乏理智的，不能克制自己，很容易受别人影响。

根据X理论的假设，管理人员的职责和相应的管理方式是：①管理者应以利润为中心来考虑对人、财、物等诸生产要素的运用，从而提高劳动生产率并完成任务。其主要职能是计划、组织、经营、指引、监督。②管理者对员工的工作要加以指导、控制并纠正其不适当的行为，使之符合组织的需要。管理人员应用职权，发号施令，使对方服从，让人适应工作和组织的要求，而不考虑在情感上和道义上如何给人以尊重。③管理者把人视为物，忽视人自身的特征和精神的需要，把金钱当做使人们工作的最主要的激励手段，把惩罚作为有效的管理方式。④以金钱报酬来收买员工的效力和服从。

这种管理方式是“胡萝卜加大棒”的方法，一方面靠金钱的收买与刺激；另一方面以严密的控制、监督和惩罚迫使其为组织目标努力。

道格拉斯·麦格雷戈认为，需要有一个关于人员管理工作的新理论，把它建立在对人的特性和人的行为动机的更为恰当的认识基础上。于是，他提出了Y理论。这种观点对人性的假设是：

（1）一般人并不是天性就不喜欢工作的，工作中体力和脑力的消耗就像游戏和休息一样自然。工作可能是一种满足，因而自愿去执行；也可能是一种处罚，因而只要可能就想逃避。

（2）外来的控制和惩罚，并不是促使人们为实现组织的目标而努力的唯一方法。人们愿意通过实行自我管理和自我控制来完成应当完成的目标。

（3）人们的个人目标与组织需要并不是矛盾的，如果给人提供适当的机会，就能将个人目标和组织目标统一起来。

（4）一般人在适当条件下，不仅学会了接受职责，而且还学会了谋求职责。逃避责任、缺乏抱负以及强调安全感，通常是经验的结果，而不是人的本性。

（5）大多数人在解决组织的困难问题时，都能发挥较高的想象力、聪明才智和创造性。

根据Y理论的假设，管理人员的职责和相应的管理方式是：①管理者的重要任务是创造一个使人得以发挥才能的工作环境，发挥出职工的潜力，并使员工在为实现组织的目标贡献力量时，也能达到自己的目标。企业管理要通过有效地利用企业中的人、财、物等要素来实现经营目标。②按照每个人的兴趣爱好，让员工担当具有吸引力和挑战性的工作，担负更多的责任，充分发挥其主动性和创造性，促使其做出成绩，满足自我实现的需要。③重视人的自身特点，在管理制度上给予员工更多的自主权，实行自我控制，让工人参与管理和决策，并共同分享权力。④外部的控制、操纵、说服、奖罚，不是促进人们努力工作的唯一方法。应采用启发和诱导的方式，对每个工作人员予以信任。

X理论把人的行为视为机器，需要外力作用才能产生。Y理论把人视为一个有机的系统，其行为不但受外力影响，而且也受内力影响。这是两种截然不同的世界观。X理论和 Y 理论是统一价值杠杆上的两个不同终端。不管你怎样看待员工，对员工提出目标并进行管理是完全必要的，既要尊重员工，诱导他们自觉地工作，又要制定科学严谨的管理制度，对员工进行一定的纪律约束。管理的方式方法要根据员工素质、公司管理基础和工作特点等条件灵活机动地进行。在员工素质比较差、公司管理基础比较薄弱、生产力低下的公司，管理方式方法应倾向于 X 理论。优秀的管理者应该根据企业的实际状况和员工的素质特点，善于运用这个理论，讲究管理艺术，将员工的管理维持在一个高水平上。

（九）埃德加·沙因对人性复杂人假设

埃德加·沙因（Edgar Schein，1928～），美国麻省理工学院斯隆管理学院管理学名誉教授，斯坦福大学社会心理学硕士和哈佛大学博士，在组织心理学和文化领域中的研究卓有成效，被誉为组织心理学领域和组织文化领域的创立者之一。他在《哈佛商业评论》、《金融时报》、《华尔街日报》、《观察家》等报刊上经常能够发表深具影响力的文章。他的经典著作《职业动力学》、《组织文化与领导》、《职业基准》、《组织心理学》被美国许多知名大学列为 MBA 重要参考书目，对现实管理工作有很强的指导意义。他因其经典著作《组织文化与领导》（*Organizational Culture and Leadership*），被推崇为企业文化领域的奠基者。

埃德加·沙因于 1965 年在其著作《组织心理学》中把前人提出的三种假设同自己提出的“复杂人假设”总结归纳为四种假设。

1. 理性经济人假设

（1）人是由经济利益诱因来引发工作动机的，其目的在于获得最大的经济利益。

（2）经济诱因在组织的控制之下。因此，人被动地在组织的操纵、激励和控制之下从事工作。

（3）人以一种理性的、精打细算的方式行事。

（4）人的情感是非理性的，会干预人对经济利益的合理追求。组织必须设法控制个人的感情。

2. 社会人假设

（1）人类工作的主要动机是社会需要，人们经过与同事之间的关系可以获得基本的认同感。

（2）工业革命和工作合理化的结果，使得工作变得单调而无意义。因此，必须从工作的社会关系中去寻求工作的意义。

（3）人们的非正式组织的社会影响比正式组织的经济诱因对人有更大的影响。

（4）人们最期望于领导者能承认并满足他们的社会需要。

3. 自我实现人假设

（1）人的需要有低级到高级的区别，其最终目的是为达到自我实现的需要而寻求工作上的意义。

（2）人们力求在工作上有所成就，实现自治和独立，发展自己的能力和技术，以适应环境。

（3）人们能够自我激励和自我控制，外来的激励和控制会对人产生一种威胁，造成不良后果。

（4）个人的自我实现同组织目标的实现并不冲突而是一致的。在适当的条件下，个人会自动地调整自己的目标，使之与组织目标配合。

4. 复杂人假设

（1）每个人都有许多不同的需求和不同的能力。人的工作动机不但是复杂的，而且变动性很大。人的许多动机被安排在各种重要的需要层次上。这种动机层次的构造不但因人而异而且同一个人也因时、因地而异。各种动机之间交互作用而形成复杂的动机模式。

（2）一个人在组织中可以学得新的需求和动机。因此，一个人在组织中表现的动机模式是他原来的动机与组织经验交互作用的结果。

（3）人在不同的组织和不同的部门可能会有不同的动机模式。在正式组织中与别人不能合群的人，很可能在非正式组织或工会组织中能满足其社会需要和自我实现的需要。在某些复杂的组织中，各个部门可以利用不同的动机来达到其目标。

（4）一个人是否感到心满意足，肯为组织尽力，取决于他本身的动机构造和他同组织之间的相互关系。工作的性质、本人的工作能力和技术水平、动机的强弱以及与同事间的相处状况，都可能产生影响。

（5）人可以依自己的动机、能力及工作性质对不同管理方式做出不同的反应。

二、群体行为研究

群体行为研究是研究企业中非正式组织以及人与人之间关系的问题。研究这一问题的重要代表人物是卡特·勒温。

卡特·勒温（Kurt Zadek Lewin，1890～1947）生于普鲁士的波森省莫吉尔诺乡村的一个中产阶级犹太人家庭，是德国的心理学家、社会心理学领域的开拓者。在西方他被称为“当代社会心理学之父”，是第一个研究群体动力学以及组织发展的研究者。

1944年，卡特·勒温首先提出“群体动力学”的概念，同年在美国麻省理工学院建立了群体动力学研究中心。卡特·勒温的群体动力学是当代西方社会心理学发展史上的一个里程碑。

卡特·勒温的群体动力学的主要思想如下：

（1）群体是一个非正式的组织，它和正式组织一样，有三个要素：活动、相互影响、情绪。这三个要素并不是孤立的，而是具有相关性的。

（2）群体处于平衡状态的各种力的力场中，叫做生活场所或自由运动场所。这些力处于相互作用和相互适应的过程中。这种群体不是正式的组织。所以，它有着和正式组织不同的组织目标，以维持群体存在，使得群体持续发挥作用。

（3）群体的内聚力。每个组织成员要对群体忠诚，对工作有责任心，防御外来攻击及友谊志趣相投等。

（4）这种群体和正式组织一样有一个组织结构。但是，这一组织结构非常不明确，也不容易辨认。其中包含正常的成员、非正常的成员、领导者和孤立者。一般来说，正常的成员是接受并遵守群体的绝大多数规范的，非正常的成员可以拒绝其中的一部分规范。孤独者是那些不属于基本工作群体中的成员，通常是向往其他群体的人。管理者不仅要注意正式组织结构，更要注意非正式组织结构。

(5) 群体的领导方式。卡特·勒温把它分为三种：①专制型领导方式。领导人做决策，其他人绝对服从。②民主式领导方式。员工参与决策，即使领导不在时，工作仍然能够顺利进行。③放任式领导方式。领导过低地估计自己在群体中的作用，这样的领导只承担向成员提供资料和情报的工作。这样的群体活动极不稳定，效率不高。相对比较而言民主式领导方式是较好的。

(6) 群体中的行为分为团结、解除紧张、同意、提出建议、提出意见、确定方向、要求确定方向、征求意见、不同意、造成紧张、对立等。

(7) 这种群体的规模一般不大，有利于群体成员经常相互交往，以维持群体的稳定发展。

三、领导行为研究

(一) 领导者品质理论

美国行为科学家亨利（W. Henry）于1949年在调查研究的基础上提出了一个成功领导者应具备的12项品质。亨利的领导者品质理论是具有代表性的领导品质理论。

亨利认为，成功的领导者应具有12项品质：

(1) 成就需要强烈，把工作成就看成是最大的乐趣，置于金钱报酬和职位晋升之上，因此愿意完成艰巨的任务。

(2) 干劲大，工作积极努力，愿意承担富有挑战性的新工作。

(3) 用积极的态度对待上级，认为上级经验多，能帮助自己提高，因而尊重上级，与上级关系较好。

(4) 组织能力强，能把混乱的事物组织得很有条理，能从资讯中预料事物发展的动向。

(5) 决断力强，能在较短的时间内对各种备选的方案加以权衡并作出选择。

(6) 自信心强，对自己的能力充满了自信，对自己的目标坚信不疑，不受外界干扰。

(7) 思维敏捷，富于进取心。

(8) 竭力避免失败，并且不断接受新的任务，树立新的奋斗目标，驱使自己前进。

(9) 讲求实际，重视现实，不去关心不肯定的未来。

(10) 不能只对上级亲近，而对下级疏远。

(11) 对父母没有感情上的牵挂，而且一般不同父母在一起。

(12) 忠于组织，尽忠职守。

美国行为学家威廉·杰克·鲍莫尔（William Jack Baumol）认为，企业家除了掌握领导艺术、具备高效率的企业领导能力外，还应具备以下10个条件：

(1) 能同人合作，用感化和说服的方法来赢得人心；
(2) 实事求是，能高瞻远瞩；
(3) 善于授权，把适当的职权授予下级，而自己抓大政方针和重要的事项；
(4) 善于把人力、物力和财力组织起来调动下级的积极性；
(5) 灵活机智，权宜应变，不生硬僵化；
(6) 责任心强，对自己严格要求；
(7) 富于对新鲜事物的敏感，力求创新；
(8) 勇于负责，敢担风险；
(9) 谦虚谨慎，尊重他人；
(10) 自持严格，受人尊重。

(二) 领导方式理论

1. 连续统一体理论

这是美国的罗伯特·坦南鲍姆（Robert Tannenbaum，1915～2003）、沃伦·施密特（Warren H. Schmidt）于1958年在《如何选择领导模式》（*How to Choose a Leadership Pattern*）一文中提出了领导方式连续统一体理论。其主要内容是：一个好的领导方式取决于领导者和被领导者所处的环境、任务的性质、职权的关系和团体的动力等。以领导为中心的领导方式和以职工为中心的领导方式之间，存在着多种领导方式，是连续的统一体。

这个连续的统一体共分为七个等级，如图8-3所示：

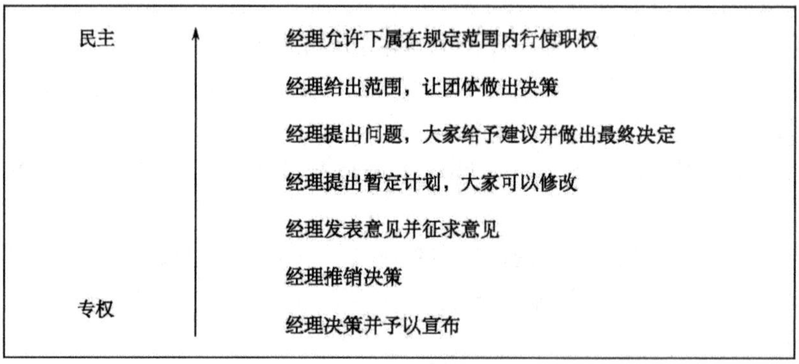

图8-3 领导行为连续统一体图

这个图的两端分别是民主和专权两种极端的领导行为。从连续的统一体中选择哪种领导方式，必须运用权变的观点，综合考虑各种条件来确定。不但要考虑职工的素质，还要考虑经理的才华，同时还要考虑形式的发展变化及战略计划等各个因素，最终选出领导方式。

罗伯特·坦南鲍姆和沃伦·施密特提出的领导行为连续统一体中有七种具体的领导方式。

（1）独裁型。这种领导模式的全部决策权归经理，绝不允许部下直接参与决策。经营活动中，从发现问题到提出方案再到拍板定案，完全由经理一手决定。经理可以考虑部下的需求和情绪，但不许部下介入。决策实施中有可能采取强制措施。

（2）推销型。这种领导模式的决策权依然在经理，部下同样不能参与。但同独裁型的差别在于决策的执行靠说服而不是靠强制。常见的领导者兜售决策的方式，是向部下尽可能说明执行该决策能够给部下带来什么样的好处。

（3）报告型。这种领导模式同样是上级决策，但在表面上似乎要征求部下意见。一般来说，这种经理会召集会议或者座谈，号召员工提出问题，但经理人往往掌握问题的解释权，通过解释来说服员工接受决策。

（4）咨询型。这种领导模式允许部下有限度地参与决策，但经理占据决策的主导地位。标志是经理掌握识别问题和提出方案的权力，当经理征求部下意见时，他实际上已经有了初步决策预案。他会让部下提出意见或建议，并在方案中尽可能吸收部下的思想成果，程度不同地采纳部下建议，由经理最终拍板。

（5）参与型。这种领导模式的决策权由经理和部下分享，识别和提出问题的责任在经理，然后同员工一道商议解决办法，提出方案。经理在同部下会诊问题的过程中一道提出的多个方案中进行选择。最后定案的选择权仍然归经理。

（6）授权型。这种领导模式的决策权实质上已经转移到部下手中，经理确定方法，指出决策的原则、先决条件和可接受限度。这种模型是由领导人确定决策目标和约束条件，具体方案交由部下决定。

（7）自主型。这种领导模式的决策权全部交给部下，经理只提供决策的保障条件，对部下不加其他限制，不管部下做出何种选择经理都要保证实施。这种模式在企业和政府中都很少见，但科研机构和自愿者组织往往采取这种模式。经理也可参与决策，但这种参与是同其他员工一样，以普通组织成员身份介入，而且要避免职权对决策的影响。

罗伯特·坦南鲍姆和沃伦·施密特认为，这七种模式没有优劣之分，不同的模式适应不同的管理情景，并不能说趋向独裁型就不好，也不能说趋向民主型就永远适用。

究竟选用哪种领导模式，需要根据相关因素来确定。最常见、最容易发生偏差的有以下四个问题：

一是经理授权后能否规避责任。经理向下授权，就意味着他必须承受由此而产生的各种风险。凡是授权给部下的经理，都必须保留自己的责任。如果经理授权的目的是为了使责任下移，这就不属于正常授权，而属于推卸责任。接受授权的部下由此而产生自己的执行责任，但这并不意味着经理可以免责。

二是授权后的经理能否参与决策。有时候经理需要彻底放手，尽可能避免自己对部下决策的影响；有时候经理则需要适度介入决策，以“普通员工”的身份参与决策。采取哪种态度，要以是否有利于做出恰当决策选择而转移。但不论哪种情况，经理的职权在授权后就不能继续用于决策，否则等于没有授权。

三是是否应当让部下了解经理采用何种方式。出色的经理必须让部下完全明白他将采用什么样的领导方式。经理可以有隐秘，但在领导方式上必须做到公开、坦率、透明。否则，势必造成管理中的混乱。最常见的弊端是，明明经理已经有自己的主张，却采取一些手段尽可能使部下接受自己的主张，其目的是要把“经理的想法”灌输给部下，使他们感觉到好像是“员工自己的想法”。经理如果在所采取的方式上含含糊糊，部下很有可能把经理没有下放的权力误以为已经下放。不论产生哪种误解，都会破坏经理和部下的关系，有可能会引发不满和受骗感。甚至连经理自己也会被自己蒙蔽，把“推销”当“授权”，把“说服”当“听取”，最终把“独裁”解释为“民主”。

四是能否用授权多少来判断经理的“民主”程度。授权数量与民主程度无关，而授权的重要性和影响面同民主程度有关。具体事务处理的权力不论下放多少，都同民主不搭界。所谓“大权独揽，小权分散”，只是把领导人从琐碎的日常事务中解脱出来，与民主风马牛不相及。

2. 领导行为四分图理论

领导行为四分图理论是由美国俄亥俄州立大学的领导行为研究者们在 1945 年提出来的。他们认为，领导者的行为是组织与体贴两个方面的任意组合，即可以用两个坐标的平面组合来表示。用四个象限来表示四种类型的领导行为：高组织与高体贴、低组织与低体贴、高组织与低体贴、高体贴与低组织。这就是所谓的“领导行为四分图”理论。

他们认为，领导的行为包括两个因素：一是着手组织。这种行为主要以工作为中心，强调组织需要。二是体贴精神。这种行为主要以人际关系为中心，强调职工的个人需要。根据他们的研究，着手组织与体贴精神并不相互矛盾、相互排斥的，通常是两方面兼而有之，如图 8-4 所示。

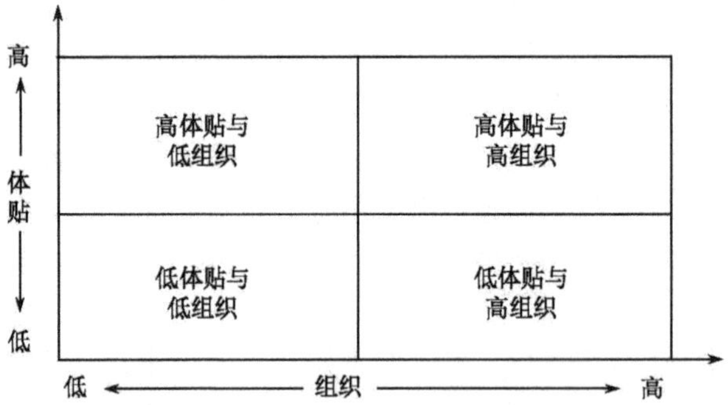

图 8-4 领导行为四分图

3. 管理方格理论

美国行为科学家罗伯特·布莱克（Robert R. Blake）和简·莫顿（Jane S. Mouton）在 1964 年出版的《管理方格》一书中提出了管理方格理论。

他们认为，在企业管理的领导工作中往往出现一些极端的方式，或者以生产为中心，或者以人为中心。为避免趋于极端，克服以往各种领导方式理论中的“非此即彼”的绝对化观点，必须在对生产关心的领导方式和对人关心的领导方式之间，找出使二者在不同程度上互相结合的多种领导方式。为此，他们就企业中的领导方式问题提出了管理方格理论。他们使用自己设计的九等分方格图，纵轴和横轴分别表示企业领导者对人和对生产的关心程度。第一格表示关心程度最小，第九格表示关心程度最大。全图总共81个小方格，分别表示“对生产的关心”和“对人的关心”这两个基本因素以不同比例结合的领导方式。用横坐标表示领导者对生产的关心度，以纵坐标表示领导者对人的关心度，并将纵横坐标轴都划分成九格，作为衡量关心的标尺，如图8-5所示。

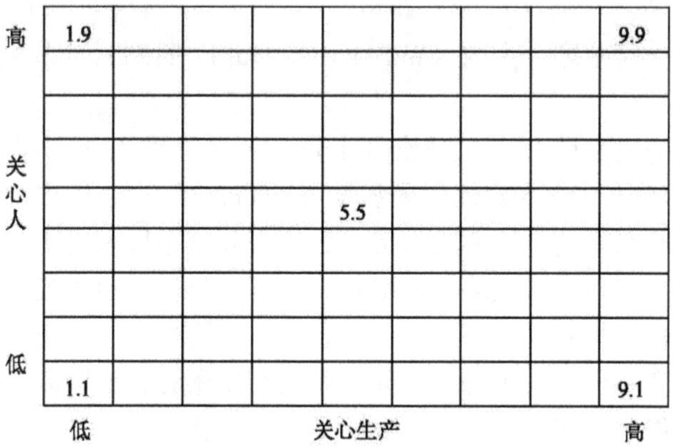

图8-5　管理方格图

在管理方格图中，1.1型表示贫乏型管理，对生产和人都不关心；9.1型表示任务型管理，领导只抓生产任务，对人不关心；1.9型表示俱乐部型管理，重点在对人的关心，企业充满轻松友好的气氛，很少关心生产任务；5.5型表示中间型管理，对生产和人的关心都不偏重，既保证了正常任务的完成，又保证了一定的士气；9.9型表示理想型管理，对生产和人都非常关心，能使组织的目标和个人利益最完美、最有效地结合起来。

管理方格理论认为，最有效的领导行为是9.9型。但在实际中，哪种更有效，要根据具体情况而定。

根据企业管理者“对生产的关心”和“对人的关心”程度的组合，可以把领导分为五种类型：

（1）贫乏的领导者。对业绩和对人关心都少。实际上，他们已放弃自己的职责，只想保住自己的地位。

（2）俱乐部式领导者。对业绩关心少，对人关心多。他们努力营造一种人人得以放松，感受友谊与快乐的环境，但对协同努力以实现企业的生产目标并不热心。

（3）小市民式领导者。既不偏重于关心生产，也不偏重于关心人。风格中庸，不设置过高的目标，能够得到一定的士气和适当的产量，但不是卓越的。

（4）专制式领导者。对业绩关心多，对人关心少。作风专制，他们眼中没有鲜活的个人，只有需要完成生产任务的员工，他们唯一关注的只有生产指标。

（5）理想式领导者。对生产和对人都很关心，对工作和对人都很投入。在管理过程中，把企业的生产需要同个人的需要紧密结合起来，既能带来生产力和利润的提高，又能使员工得到事业的成就与满足。

管理方格理论的意义在于，它启示我们在企业管理工作中，一方面要高度重视面临的工作，要布置好工作任务，向下属提出严格的要求，并且要有纪律和规章作保障；另一方面又要十分关心下属员工，包括关心他们的利益，创造良好的工作条件和工作环境，给予其适度的物质和精神鼓励等，以提高员工的工作积极性和工作效率。

4. Z 理论

日裔美国管理学家威廉·大内（William G. Ouhi）针对日美两国管理经验提出了 Z 理论。

威廉·大内认为，X 理论和 Y 理论多半是从经营管理当局和职工对立的基本前提出发的，而 Z 理论则认为经营管理当局和职工的目标是一致的，二者的积极性是可以融洽在一起的。他将日本的组织称之为 Z 型组织，其基本思想是：

(1) 企业对职工实行长期或终身雇用制，使员工与企业同甘苦、共命运；

(2) 缓慢地评价和提升；

(3) 企业经营者不仅让职工完成任务，而且要注意对职工培训，使之成为适应各种工作环境的多专多能的人才；

(4) 管理过程既运用统计报表、数字信息等清晰鲜明的控制手段，又注重对人的经验和潜能进行诱导；

(5) 采取集体参与决策，由生产、销售部门的职工提出建议，集思广益，最后由领导者作决策并承担责任；

(6) 上下级关系融洽，职工参与管理，领导处处关心职工。

威廉·大内认为，美国企业存在许多阻碍生产率提高和职工需求得到满足的因素，他把这种类型企业称为 A 型组织。而美国的 A 型组织要变革成为日本的 Z 型组织一般要经过 13 个步骤：①参与变革的人员真正掌握 Z 理论的基本原理；②分析企业原有的管理指导思想和经营方针；③企业的各级管理人员共同研讨制定新的管理策略，争取上层领导的支持；④设置高效、协调的管理组织机构；⑤发展人际关系技巧；⑥对个人和系统进行检查，看是否达到了预期的效果；⑦让工会包含在变革计划之内；⑧建立稳定的雇用制度；⑨确定长期的合理的考核和提升制度；⑩经常轮换工作，拓宽职工发展道路；⑪做好基层工作，使基层的改革顺利进行；⑫实行参与管理；⑬使员工个人和组织的全面整体关系得到发展。

第三节 行为科学理论对管理思想的发展

一、突出人的因素和对人的研究

行为科学反映了人类社会发展的进步要求。行为科学贯彻了以人为本的思想，以人力资源为首要资源，高度重视对人力资源的开发和利用，提倡以人道主义的态度对待工人，通过改善劳动条件，提高劳动者工作生活的质量，培训劳动者的生产技能，调动人的积极性，进而提高劳动效率。这些思想有利于推动生产发展和社会进步。

二、吸收和借鉴相关学科成果形成了完善的学科体系

行为科学积极吸收了心理学、社会学、人类学等学科的科学知识，应用社会调查、观察测验、典型试验、案例研究等科学方法对人的行为，特别是职工在生产中的行为进行研究，提出了调动人的积极性的学说和方法，并在企业中实际应用，收到了相当的效果。许多管理学家、社会学家和心理学家从行为的特点、行为的环境、行为的过程以及行为的原因等多种的角度开展对人的行为的研究，形成了一系列的理论，使行为科学成为现代西方管理理论的一个重要流派。

三、提出了非正式组织的作用

行为科学理论提出的非正式组织对工人起着两种作用：一是保护工人免受因内部成员疏忽而造成的损失，如生产过多以致提高生产定额，或生产过少引起管理当局的不满，并加重同伴的负担；二是保护工人免受非正式组织以外的管理人员干涉所造成的损失，如降低工资率或提高生产定额。乔治·埃尔顿·梅奥等人认为，不管承认与否，非正式组织都是存在的。它与正式组织相互依存，而且会通过影响工人的工作态度来影响企业的生产效率和目标的达成。因此，管理人员应该正视这种非正式组织的存在，利用非正式组织为正式组织的活动和目标服务。

四、提出了一系列具体要求以提高管理水平

行为科学理论是管理思想发展的一个重要的里程碑。行为科学理论解决的关键问题是号召人们掌握一种综合的管理技能。这些技能对于处理人群问题至关重要。这些技能包括：第一，理解人类行为的诊断技能；第二，对工人进行咨询、激励、引导和信息交流的人际关系技能。乔治·埃尔顿·梅奥等人创立的人际关系学说为行为科学的发展奠定了基础。他们提出的社会人、非正式组织等概念已为大多数行为科学家所接受。他们的成果使得管理者在对待下属问题上发生了巨大的变化，对管理思想的发展作了巨大的贡献。

当然，要处理好霍桑工厂所发现的问题，仅有人际关系方面的技能是不够的。行为科学的有些术语、概念还不够确切和一致，还没有形成一个大家公认的严密的科学体系。他们过于强调了人的作用，很可能忽视了经济技术等方面的考虑。由于社会经济和科学技术的发展，单纯依靠乔治·埃尔顿·梅奥等人在早期提出的一些理论和方法，已不能适应管理实践和学科发展的需要。可见，行为科学理论对管理思想的发展具有重要的促进作用的同时，也存在其不足的部分。正是这些不足，为引导管理思想的发展提出了新的课题。

行为科学的研究从“社会人”假设发展到“自我实现人”假设和“复杂人”假设等，研究的内容也更为广泛，仍然在不断地发展之中。

本章小结

一、行为科学理论早期的人际关系理论

行为科学理论是著名的霍桑试验指导出的理论，其主要代表人物为美国的乔治·埃尔顿·梅奥。他们认为，工人是“社会人”，企业中并存着“正式组织”和“非正式组织”，必须从社会、心理方面来鼓励工人提高生产效率。

二、行为科学理论的个体行为、群体行为、领导行为研究

（一）个体行为研究的代表人物

1. 亚伯拉罕·马斯洛

亚伯拉罕·马斯洛提出了人类的基本需要理论，即人的五种需要层次理论。第一级，生理需要；第二级，安全需要；第三级，社会需要；第四级，尊重的需要；第五级，自我实现的需要。

2. 克莱顿·奥尔德弗的生存关系及成长理论

奥尔德弗指出人的基本需要是：成长的需要、生存的需要、相互关系和谐的需要。

3. 弗雷德里克·赫茨伯格的激励因素—保健因素理论

满意因素是可以使人得到满足和激励的因素，即激励因素，如工作中的成就感、工作的挑战性、赞赏、工作内容本身、责任感、个人发展的可能性等。激励因素如能得到满足，可以激励职工的工作热情，使工作能力不断提高。不满意因素是指缺乏这些因素时容易产生不满和消极的情绪，即保健因素。所谓保健因素，包括工资、监督、地位、个人生活、安全、工作环境、人际关系等。在实践中使职工不满意的因素都是属于工作环境或工作关系方面的问题；保健因素不能直接起激励职工的作用，但能防止职工产生不满情绪，只有激励是促进人的积极性不断提高的因素。

4. 维克托·弗鲁姆的期望理论

维克托·弗鲁姆的期望理论为

$$M = V \cdot E$$

式中，M 为激励；V 为效价；E 为期望值。

所谓效价，是指与组织目标相连接的个人目标所能带来的个人需要满足的程度。所谓期望值，是指人们对自己能够顺利完成这项工作的可能性估价和组织目标能实现个人目标的可能性估价。

5. 戴维·麦克利兰的成就需要理论

戴维·麦克利兰认为，人有三类基本需要：成就的需要、权力的需要和友谊的需要。

6. 道格拉斯·麦格雷戈的 X 理论和 Y 理论

(1) X 理论。这种观点对人性的假设是：①人生而好逸恶劳，他们尽可能地逃避工

作；②人生而缺乏上进心，不愿承担责任，宁愿服从他人领导；③人生而以自我为中心，对组织需要漠不关心；④人本性反对改革，把对安全的要求看得高于一切；⑤只有少数人能够克制自己，能够承担起管理责任，具有组织所需要的解决问题的想象力和创造力；⑥人缺乏理性，易于受他人或外界影响，做出一些不适宜的举动。

（2）Y 理论。这种观点对人性的假设是：①人生来并非是懒惰，要求工作是人的本能；②在适当的条件下，人们能够承担责任，多数人愿意为工作负责；③人们的个人目标与组织需要并不矛盾，只要管理适当，人们就会把个人目标与组织目标统一起来；④人们对于自己所参与的工作目标，能够实现自我管理和自我指挥。

7. 埃德加·沙因的复杂人假设

复杂人假设认为，①人的工作动机是复杂的，变动性很大；②一个人在组织中可以学到新的需求和动机；③人在不同的组织和不同的部门中可能有不同的动机模式；④一个人是否感到心满意足，肯为组织出力，取决于他本身的动机构造和他同组织之间的相互关系；⑤人可以依自己的动机、能力及工作性质对不同的管理方式做出不同的反应。

（二）群体行为研究

群体行为研究是研究企业中非正式组织以及人与人的关系问题。其代表人物是卡特·勒温，他提出群体动力学理论。

（1）群体是一个非正式的组织。

（2）群体处于平衡状态的各种力的力场中。

（3）群体的内聚力，每个组织成员要对群体忠诚，对工作有责任心，防御外来攻击和友谊志趣相投等。

（4）这种群体也和正式组织一样有一个组织结构，其中包含正常的成员、非正常的成员、领导者和孤立者。

（5）群体的领导方式，勒温把它分成为三种：①专制型的领导方式；②民主式的领导方式；③放任式领导方式。

（6）这种群体的规模一般不大，因为这有利于群体成员经常相互交往，以维持群体的稳定发展。

（7）群体中行为分类：团结、解除紧张、同意、提出建议、提出意见、确定方向、要求确定方向、征求意见、不同意、造成紧张、对立等 12 项。

（三）领导行为研究

1. 领导者品质理论

美国行为科学家亨利（W. Henry）1949 年在调查研究的基础上提出了一个成功领导者应具备的 12 项品质。

2. 领导方式理论

（1）连续统一体理论。这是美国的罗伯特·坦南鲍姆（Robert Tannenbaum，1915～2003）、沃伦·施密特提出了领导方式连续统一体理论。

（2）领导行为四分图理论。领导行为四分图理论是由美国俄亥俄州立大学的领导行为研究者们在 1945 年提出来的。

（3）管理方格理论。美国行为科学家布莱克和莫顿提出了管理方格理论。

（4）Z 理论。日裔美国管理学家威廉·大内针对日美两国管理经验提出了 Z 理论。

➢思考讨论题

1. 简述乔治·埃尔顿·梅奥及人际关系理论的主要内容。
2. 试述亚伯拉罕·马斯洛的五种需要层次理论与奥尔德弗的三种基本需要的区别。
3. 简述弗雷德里克·赫茨伯格的激励因素——保健因素理论的基本内容。
4. 道格拉斯·麦格雷戈的 X 理论和 Y 理论的具体内容是什么？
5. 简述卡特·勒温的群体动力学理论的基本内容。
6. 试述 Z 理论的基本思想。

第五篇

现代管理理论的主要学派和思潮

第九章

现代管理理论概述

第二次世界大战后，许多国家都致力于本国经济的发展，科学技术迅速发展，生产规模急剧扩大，生产的社会化程度日益提高，这一切都推动了生产力的迅速发展和对管理研究的进一步深入。许多管理学者结合前人的经验和理论，从不同的角度对管理进行多方面的研究，提出各种不同的分析方法和思想，产生了多种管理学派。

第一节　现代管理理论产生的背景

一、第二次世界大战后世界经济格局的调整变化

世界经济格局，就是世界各国或国家集团相互作用而形成的世界经济内在结构的外在表现，其核心内容是大国或国家集团之间的经济力量对比关系和支配别国经济乃至世界经济的权力配置情况。

现代管理理论是在资本主义社会通过第二次世界大战以后的政治、经济格局的重新调整过程中所形成的管理理论。这一时期的政治、经济的发展对现代管理理论有重大影响。

经过第二次世界大战，美国在战争中得到了繁荣，成为超级大国，而英国则沦为二等的国家。

第二次世界大战后美国经济的发展，可划分为三个阶段：第一阶段，经过恢复与改造，到20世纪五六十年代，经济持续发展，西部、南部呈现繁荣景象；第二阶段，面对危机与“通胀”，经过调整，到20世纪80年代中期，经济形势好转，但债务负担沉重；第三阶段，通过调整政策，20世纪90年代以来，经济持续稳定发展，进入新经济时代。

第二次世界大战后，美国的经济发展具有以下新特点：

首先，从20世纪五六十年代开始，美国经济增长出现了“黄金时代”。第二次世界大战后，美国经济增长出现“黄金时代”的主要原因是：①美国联邦政府对经济加强了干预；②加强国民经济军事化极大地刺激了经济的增长；③科学技术革命推动了经济的

迅速发展；④扩大商品输出和资本输出，充分利用国外的廉价资源，特别是石油资源，极大地获取高额利润；⑤美国的国内政治局面相当稳定。

其次，第二次世界大战后美国经济发展的重心逐渐向西部和南部转移。美国西部和南部经济实力的增长，以及西部和南部新财团的兴起，对美国的政治产生巨大影响。西部和南部的财团逐渐在政治上与东北部的财团展开竞争。美国的政治权力不再由“多雪地带”的东北部独占，西部和南部的“阳光地带”开始分享政治权力。

再次，现代跨国公司在美国兴起。第二次世界大战后，现代跨国公司首先在美国获得空前的发展，对美国乃至世界经济的发展起到了举足轻重的影响。现代跨国公司首先在美国飞速发展的原因：①凭借其经济、政治和军事上的绝对优势地位，掌握了世界经济的领导权。美国的垄断企业自由地向海外扩张，充分地利用全球资源和世界市场，通过直接投资，以投资代替出口，扩大并保持其在世界市场上的绝对份额，从而赢得高额利润。②美国政府对大公司采取十分宽容的态度。通过第二次世界大战后混合兼并的美国大公司纷纷成为现代跨国公司。它们拥有巨额的资本、广泛的经营范围，实施“全球经营战略”，获取庞大的利润。例如，美国通用汽车公司除了制造汽车外，还制造飞机发动机、洲际导弹、潜艇、宇宙飞船和家用电器等，在全球范围内设立子公司，形成全球性的生产和销售网络，以降低成本和提高利润。

最后，第二次世界大战后美国没有出现过1929～1933年那样大的经济危机，只出现过五次一般的经济危机。美国政府实行了一系列凯恩斯主义的反危机手段，即运用赤字财政，通过膨胀通货，刺激总需求，从而抑制经济危机的破坏程度，避免大量的企业在危机中倒闭。同时，控制失业率的急剧攀升，稳定社会秩序。

第二次世界大战后，英国的经济受到严重创伤，主要依赖美国的援助来恢复发展经济。

第二次世界大战后日本经济高速发展。战后初期的日本实行民主改革，推动社会经济结构发生较大的变化。同时，日本对社会生产关系作了局部调整，建立起适应当代经济发展的资产阶级民主制度和有利于运用现代化管理手段的企业组织形式和管理体制，使之成为推动社会经济高速发展的基础动力。

第二次世界大战后国际形势的演变给日本的经济发展提供了良好的机遇。日本放弃战争权，致使其军费开支相当少，能够把大量的人力、物力投入到和平经济的发展。朝鲜战争爆发前后，美国开始大力扶植日本，不仅给了它约36亿美元的“特需”订货，而且将没收的850家军需企业归还给日本政府，并提供了大量的贷款和援助，美国私人资本也大规模涌入日本。美国的扶植，使日本获得了经济发展所必需的资金和技术。到20世纪50年代后期和60年代，国家大力发展重化工业，70年代以后，日本产业结构从资本密集型的重化工业转向知识密集型产业。同时，日本长期坚持“教育先行”的战略，为经济发展保证了人才资源。

日本政府确定了具有本国特色的发展道路。日本一方面采取引进国外先进技术的方针；另一方面确立“贸易立国”的战略，积极有效地开拓国际市场，扩大进出口贸易，加强资本输出。进入20世纪60年代以后，日本的经济实力和外汇支付能力加强。20世纪50年代中期以前，日本引进技术主要是引进电力、钢铁、汽车、造船、机械制造等基础产业部门的传统成套设备和技术。从20世纪60年代初开始，日本以购买专利为主来引进新兴技术；从20世纪70年代中期开始，引进尖端技术。

日本长期坚持推行高积累、高投资和强化资本积累的政策，实现低成本高效益的运行机制。高积累的基础是高剥削率、高储蓄率和低福利。第二次世界大战后，日本工人的工资水平在发达国家中最低，其增长速度远远低于劳动生产率。相反，受文化传统的影响，日本民众的家庭储蓄率在发达国家中最高，由家庭储蓄形成的投资约占社会投资总额的1/3。20世纪70年代，政府投资占到国内投资总额的约30%，全国固定资本形成总额30年内增长50倍。固定资本形成总额占国内生产总值的比重，长期保持在1/3左右，高于其他发达国家，资本的投资效率也一直高于欧美发达国家。在高效益的前提下，急剧增长的投资推动了日本经济迅速发展。

20世纪60年代末期，美国掌握世界经济霸权，国际经济格局的一极化特征非常明显。第二次世界大战严重削弱了除美国以外的其他帝国主义国家的经济实力，这些国家主要致力于本国经济的恢复和发展。社会主义国家的经济建设在曲折中发展。广大亚非拉国家或致力于民族解放运动，或开始进行经济建设。而美国则基本处于高速发展时期，确保经济霸主地位。

从20世纪60年代末到90年代初，在世界范围内，美、日、欧三足鼎立局面逐步形成，国际经济格局呈现多极化趋势。由于欧共体国家和日本在很多经济领域赶超了美国，开始与美国在世界市场上展开激烈竞争，并占据有利地位。同时，一些新兴的现代化国家和地区，如新加坡、韩国等，在有些行业也占据世界重要地位。1973年末爆发的世界性资本主义经济危机，使世界经济出现“滞胀”局面，经济发展速度相对缓慢，这些因素促使国际经济格局开始出现多极化趋势。

自20世纪90年代初至今，美、日、欧三足鼎立仍为主导，区域集团化趋势更加明显，国际经济格局的多极化趋势加强，国际经济的全球一体化趋势也朝着更为深入的方向发展。

二、科学技术的迅猛发展

科学技术的发展在第二次世界大战以后取得了巨大的突破，推动了整个世界经济的发展。

近代的两次科学技术革命以及它所引起的产业革命延续时间长达上百年，科学技术革命对国际关系的影响往往被其他方面的影响所掩盖。

然而，20世纪70年代开始迅速发展的新技术革命是以原子能、计算机，特别是微电子技术、生物工程技术和空间技术的广泛应用为主要标志，对国际关系产生的影响更加直接和明显，更加深刻和广泛。主要表现在：

（1）导致了国际关系格局的转换，美、苏两极格局最终解体，世界正朝多极化方向发展。国际关系格局的变化，归根结底是力量对比的变化。科学技术革命使一些国家经济实力和军事实力的得到前所未有的增长，从而导致国际关系的根本性变化。20世纪70年代中期以后，科学技术革命的迅速发展使科技力在国力中逐步取代军事力成为国际较量的一个制高点。在新的形势下，苏联与西方发达国家尤其是美国的科技、经济实力的差距逐渐拉大，并最终解体，由此导致两极格局的终结。与此同时，科学技术革命的兴起使日本、西欧等西方发达国家缩短了与美国的差距。中国、印度等新兴工业化国家的综合国力急剧上升，在国际舞台上发挥着越来越重要的作用，从而推动着国际关系格局朝多极化方向发展。

（2）科学技术革命的发展使传统的国家主权观念日益面临挑战。传统意义上的国家主权具有不可分割、不可转让、不可共享的特性。然而，随着现代科学技术的迅猛发展，使国家主权观念日渐受到挑战。人造卫星、宇宙飞船和电子技术等的发展，使自然地理因素的限制在弱化，信息的自由传递成为现实，地理上国界的重要性也被国际分工、国际市场体系和科学技术在国际间的转移和流动而大大地被削弱，给每个国家维护国家主权带来了一些新的问题。

（3）科学技术革命的发展对南北关系产生了重大影响。科学技术革命有两个较为突出的特点：一是耗资大；二是需要很高的综合科研销售系统。科学技术革命所具有的这两个特点决定了高科技项目的研发只能在经济发达国家进行。由此，占世界约80%以上的高科技项目掌握在发达国家手中。发达国家的年人均科研经费占国内生产总值的比重及科技人员的数量远远超过发展中国家。随着科学技术革命的发展，南北科学技术革命方面的差距在进一步拉大，南北矛盾也因此而不断地深化。

（4）科学技术革命的发展使和平与发展成为当今国际关系的主题。依靠科技优势，通过和平手段来实现国家目标，已经是大势所趋。第二次世界大战以后未爆发新的世界大战，科学技术革命的发展是其重要的原因之一。

新技术革命的迅猛发展，不仅推动了人类社会生产和社会生活发生巨大的变革，而且对世界政治、经济、军事，以及国际关系的发展和演变产生着深刻而广泛的影响，其意义是极其深远的。

三、资本主义经济发展的三个阶段

第二次世界大战以后，主要资本主义国家的经济发展经历了三个历史阶段：

第一阶段，从第二次世界大战结束到20世纪50年代初，这一时期是资本主义国家的政治调整和经济恢复发展的时期；

第二阶段，从20世纪50年代中期以后到70年代初，这一时期是发达资本主义国家经济发展的黄金时期，经济发展速度超过了历史上的任何时期；

第三阶段，从1973年末爆发的世界性资本主义经济危机开始，资本主义世界进入了经济“滞胀”时期，这一时期是经济结构、经济政策进行重新调整的时期。

四、企业结构发生变化

第二次世界大战以后，随着科技革命成果的运用、石化工业和新型的工业部门的建立以及第三产业的发展，资本主义国家的生产和资本进一步集中。垄断资本的统治和战前相比发生了一系列变化。资本主义世界的企业结构发生了如下新变化：①垄断企业规模朝着大型化方向发展；②垄断企业混合合并；③大中小企业向协作化发展；④企业的股份高度分散化；⑤企业不断向国际化方向发展。

综上所述，第二次世界大战以来，由于国际政治、经济形势的各种变化，使企业结构也发生了很大的变化。这种新情况给管理提出不同的要求：用何种管理理论来管理巨型企业？如何进行跨国界、跨地区、跨文化的管理？管理工作如何适应环境的变化？怎样把环境因素的变化融合到企业管理工作中去等。由于人们心理、行为的多样性和对客观事物认识的不同，管理学者的分析模式是多视角的，方法是多种多样的。这就促使产生现代管理理论，并形成不同的流派。

第二节　现代管理理论产生的理论基础

一、现代管理理论产生的方法论

管理是人类社会活动的一个重要组成部分。随着人类活动的历史进程，管理理论在不断演变。管理对象是在不断变化的，管理理论是过去事实的总结，隐含着对过去的管理现象所总结出的规律，同时又有它自身的一些特殊性。所以，管理者在应用管理理论时既不能否认已有的管理理论的科学性，也不能完全照搬管理理论。随着管理对象的日益复杂化、多变性，对管理方法的要求也就越来越科学化、定量化。这就要求管理理论要有科学的方法论来指导，要有科学工具来支持。

任何一门学科都是建立在其他学科提供的知识框架的基础上，管理科学也是如此。现代科学理论“老三论”和“新三论”是现代管理理论的基础理论。

“老三论”是指系统论、信息论和控制论。“新三论”是指耗散结构理论、协同论和突变理论。“新三论”对于管理学上的意义在于它将管理对象视为一个系统，而这个系统是不断变化的，如何对这一系统加以认识是进行管理研究的关键性问题。耗散结构理论、协同论和突变论很好地把握了管理对象这一演变过程。所以这些科学方法论是现代管理科学的方法论基础。

1. 系统论

系统论是研究系统的一般模式、结构和规律的学问。它研究各种系统的共同特征，用数学方法定量地描述其功能，寻求并确立适用于一切系统的原理、原则和数学模型，是具有逻辑和数学性质的一门新兴的科学。系统论是由美籍奥地利人理论生物学家L. V. 贝塔朗菲（Ludwig Von Bertalanffy）创立的。

“系统”一词，来源于古希腊语，是由部分构成整体的意思。系统是由若干要素以一定结构形式联结构成的具有某种功能的有机整体。在这个定义中包括了系统、要素、结构、功能四个概念，表明了要素与要素、要素与系统、系统与环境三方面的关系。系统论认为，整体性、关联性、等级结构性、动态平衡性、时序性等是所有系统的共同的基本特征。这些既是系统所具有的基本思想观点，也是系统方法的基本原则。它表现了系统论不仅是反映客观规律的科学理论，而且具有科学方法论的含义。

系统论的核心思想是系统的整体观念。任何系统都是一个有机的整体，它不是各个部分的机械组合或简单相加，系统的整体功能是各要素在孤立状态下所没有的新质。系统论认为，系统中各要素不是孤立地存在着，每个要素在系统中都处于一定的位置上，起着特定的作用。要素之间相互关联，构成了一个不可分割的整体。

系统论的基本思想方法，就是把所研究和处理的对象，当做一个系统，分析系统的结构和功能，研究系统、要素、环境三者的相互关系和变动的规律性，并以优化系统观点看问题。世界上任何事物都可以看成是一个系统，系统是普遍存在的。系统论的任务，不仅在于认识系统的特点和规律，更重要的还在于利用这些特点和规律去控制、管理、改造或创造系统，使它的存在与发展合乎人的目的需要。研究系统的目的在于调整系统结构，使系统达到优化目标。

系统论基本思想方法反映了现代科学发展的趋势，反映了现代社会化大生产的特点，反映了现代社会生活的复杂性。所以，它的理论和方法能够得到广泛的应用。系统论不仅为现代科学的发展提供了理论和方法，而且也为解决现代社会中各种复杂问题提供了方法论的基础。

2. 信息论

信息论是一门用数理统计方法来研究信息的度量、传递和变换规律的科学。它主要是研究通信和控制系统中普遍存在着信息传递的共同规律，以及研究最佳解决信息的获限、度量、变换、储存和传递等问题的基础理论。信息论是关于信息的本质和传输规律的科学理论。1948 年，美国数学家申农（C. E. Shannon，1916～2001）出版《通信的数学理论》（*The Mathematical Theory of Communication*），1949 年发表《噪声中的通信》，从而奠定了信息论的基础。

信息论的研究范围极为广泛。一般把信息论分成三种类型：

（1）狭义信息论。它是关于通信技术的理论，是以数学方法研究通信技术中关于信息的传输和变换规律的一门科学。

（2）一般信息论。它主要是研究通信问题，包括噪声理论、信号滤波与预测、调制与信息处理等问题。

（3）广义信息论。它是应用数学和其他有关科学方法研究一切现实系统中信息传递和处理、信息识别和利用的共同规律的科学，即研究语法信息、语义信息和语用信息的科学。

信息论为控制论、自动化技术和现代化通信技术奠定了理论基础，为研究大脑结构、遗传密码和生命系统开辟了新的途径，为管理的科学化和决策的科学提供了思想武器。信息方法将进一步提高人类认识与改造自然界的能力。

3. 控制论

控制论是研究动态系统在变的环境条件下如何保持平衡状态或稳定状态的科学。1948 年美国应用数学家诺伯特・维纳（Norbert Wiener，1894～1964）发表了《控制论》，宣告了这门新兴学科的诞生。

控制论是一门以数学为纽带，将研究自动调节、通信工程、计算机和计算技术以及生物科学中的神经生理学和病理学等学科共同关心的共性问题联系起来而形成的边缘学科。它揭示了机器中的通信和控制机能与人的神经、感觉机能的共同规律，为现代科学技术研究提供了崭新的科学方法。它从多方面突破了传统思想的束缚，有力地促进了现代科学思维方式和当代哲学观念的一系列变革。

维纳在阐述他创立控制论的目的时说："控制论的目的在于创造一种语言和技术，使我们有效地研究一般的控制和通信问题，同时也寻找一套恰当的思想和技术，以便通信和控制问题的各种特殊表现都能借助一定的概念以分类。"

控制论为其他领域的科学研究提供了一套思想和技术。管理是控制论应用的一个重要领域。管理系统是一种典型的控制系统。管理系统中的控制过程在本质上与工程的、生物的系统是一样的，都是通过信息反馈来揭示成效与标准之间的差，并采取纠正措施，使系统稳定在预定的目标状态上的。人们对控制论原理最早的认识和最初的运用是在管理上。从这个意义上说，控制论之于管理恰似青出于蓝。用控制论的概念和方法分析管理控制过程，更便于揭示和描述其内在机理。

4. 耗散结构论

"耗散"一词起源于拉丁文，原意为消散，在这里强调与外界有能量和物质交流这一特性。耗散结构理论是比利时布鲁塞尔学派著名的统计物理学家伊利亚·普里高津（Ilya Prigogine）于1969年在"理论物理学和生物学"国际会议上正式提出的。他认为，无论是生命物质还是非生命物质，应该遵循同样的自然规律，生命的过程必然遵循某种复杂的物理定律。

耗散结构论可概括如下：一个远离平衡态的、非线性的开放系统（不管是物理的、化学的、生物的乃至社会的、经济的系统）通过不断地与外界交换物质和能量，在系统内部某个参量的变化达到一定的阈值时，通过涨落，系统可能发生突变即非平衡相变，由原来的混沌无序状态转变为一种在时间上、空间上或功能上的有序状态。这种在远离平衡的非线性区形成的新的稳定的宏观有序结构，由于需要不断与外界交换物质或能量才能维持，因此称之为"耗散结构"（Dissipative Structure）。就是说，耗散结构理论是研究远离平衡态的开放系统从无序到有序的演化规律的一种理论。

耗散结构是在远离平衡区的、非线性的、开放系统中所产生的一种稳定的自组织结构，由于存在非线性的正反馈相互作用，能够使系统的各要素之间产生协调动作和相干效应，使系统从杂乱无章变为井然有序。

应该看到，耗散结构论在原则上拉近了物理学与生物学之间的距离，但它的概念体系与社会科学的概念体系几乎没有直接的联系，其研究思路也与社会科学的研究思路相距甚远。

5. 协同论

协同论是研究不同事物共同特征及其协同机理的新兴学科，是近十几年来获得发展并被广泛应用的综合性学科。它着重探讨各种系统从无序变为有序时的相似性。协同论是由联邦德国斯图加特大学教授、著名物理学家哈肯（Haken）于1976年建立的。

协同论主要研究远离平衡态的开放系统在与外界有物质或能量交换的情况下，如何通过自己内部协同作用，自发地出现时间、空间和功能上的有序结构。

协同论以现代科学的最新成果——系统论、信息论、控制论、突变论等为基础，吸取了结构耗散理论的大量营养，采用统计学和动力学相结合的方法，通过对不同领域的分析，提出了多维相空间理论，建立了一整套的数学模型和处理方案，在微观到宏观的过渡上，描述了各种系统和现象中从无序到有序转变的共同规律。

协同论认为，千差万别的系统，尽管其属性不同，但在整个环境中，各个系统间存在着相互影响而又相互合作的关系，其中也包括通常的社会现象，如不同单位间的相互配合与协作、部门间关系的协调、企业间相互竞争等。协同论研究从自然界到人类社会各种系统的发展演变，探讨其转变所遵守的共同规律。应用协同论方法，可以把已经取得的研究成果，拓宽于其他学科，为探索未知领域提供有效的手段。

协同论具有广阔的应用范围，它在物理学、化学、生物学、天文学、经济学、社会学以及管理科学等许多方面都取得了重要的应用成果。

由于协同论把它的研究领域扩展到许多学科，并且试图对似乎完全不同的学科之间增进"相互了解"和"相互促进"，使之成为软科学研究的重要工具和方法。

6. 突变论

突变论是研究客观世界非连续性突然变化现象的一门新兴学科。突变论的创始人是法国数学家雷内·托姆（R. Thom）。他于 1972 年发表的《结构稳定性和形态发生学》一书阐述了突变理论，荣获国际数学界的最高奖——菲尔兹奖章。

"突变"一词，法文原意是"灾变"，有强调变化过程的间断或突然转换的意思。突变论的研究是从一种稳定组态跃迁到另一种稳定组态的现象和规律。

突变论的主要特点是用形象而精确的数学模型来描述和预测事物的连续性中断的质变过程。

突变论认为，系统所处的状态，可用一组参数描述。当系统处于稳定态时，标志该系统状态的某个函数就取唯一的值；当参数在某个范围内变化，该函数值有不止一个极值时，系统必然处于不稳定状态。雷内·托姆指出，系统从一种稳定状态进入不稳定状态，随参数的再变化，又使不稳定状态进入另一种稳定状态，那么系统状态就在这一刹那间发生了突变。突变论给出了系统状态的参数变化区域。

突变论提出，高度优化的设计很可能有许多不理想的性质，因为结构上最优，常常联系着对缺陷的高度敏感性，就会产生特别难于对付的破坏性，以至于发生真正的"灾变"。

著名数学家斯图尔特客观地评价了突变论，他写道："适当地理解突变理论，可以为我们生存的世界提供新颖而深入的见解。但它还需要加以发展、检验、修改，经历一般成为可靠的科学工具的全部过程。"

二、现代管理理论产生的认识论

美国管理学家哈罗德·孔茨（H. Koontz）在 1961 年 12 月发表的《管理理论的丛林》一文中指出：在西方，只是到了 20 世纪，特别是到了 40 年代，才对管理进行系统的研究。最早的一批著作都是由一些富有实际经验的管理人员写出来的，如弗雷德里克·温斯洛·泰勒、亨利·法约尔等人。到了 60 年代初期，管理方面的学术论著却雨后春笋般地出现，带来了众说纷纭、莫衷一是的局面。弗雷德里克·温斯洛·泰勒对车间一级管理所进行的有条理的分析和亨利·法约尔从一般管理观点出发对管理经验进行的深刻总结等。20 世纪 60 年代初期出现的各种管理理论和管理学派，形成了相互盘根错节的一片丛林。

哈罗德·孔茨在他的《管理理论的丛林》一文中分析了造成这一现象的原因。

(1) 语义上的混乱。在管理学中，存在着严重的语义混乱现象。例如，“管理”一词，就有很多不同的解释。

(2) 对管理和管理学的定义和所包含的范围没有取得统一的意见。

(3) 把前人对管理经验的概括和总结看成先验而加以抛弃。例如，法约尔、厄威克、古利克等人将管理经验加以概括和总结，提出了一些非常重要的分析和见解，却被人认为是先验的假设而加以抛弃。

(4) 曲解和抛弃前人提出的管理原则。当代某些管理学者把前人提出的一些管理原则加以曲解，提出一些貌似不同的“新”原则。

(5) 管理大师缺乏沟通。哈罗德·孔茨在 1980 年发表的《再论管理理论的丛林》一文进一步指出，在 20 世纪早期从事管理理论的研究和著述的，都是有实际管理经验的人员，而从 50 年代中期以来，从事管理理论研究的主要是高等学府中受过专门训练但却缺乏实际管理经验的人。这就难以避免脱离实际，造成混乱。

第三节 现代管理理论的主要特征及历史地位

一、现代管理理论的主要内容

第二次世界大战以后，现代科学技术的飞速发展，生产力迅速增长，企业的规模越来越大，生产的国际化进程加速。这一切都给管理工作提出了许多新的研究课题，引起了人们对管理工作的普遍重视。科学技术，特别是运筹学、电子计算机等与管理的结合越来越紧密。除管理工作者和管理学家外，其他领域的一些专家也纷纷加入到研究管理的队伍，他们各自从不同的角度，用不同的方法进行管理研究。这一切为管理理论的发展创造了十分有利的条件，产生了研究管理理论的各种学派，出现了管理理论丛林，呈现出“百花齐放、百家争鸣”的繁荣景象。

1961 年，哈罗德·孔茨把当时西方的管理学派分为 6 个学派：管理过程学派、经验学派、人群行为学派、社会系统学派、决策学派、数理学派。1980 年，哈罗德·孔茨又指出西方的管理理论已经发展到 11 个学派：经验案例学派、人际关系学派、群体行为学派、社会协作系统学派、数学（管理科学）学派、社会技术系统学派、决策理论学派、系统学派、权变学派、经理角色学派、经营管理（管理过程或管理职能）学派。

国内外多数学者同意将“管理理论丛林”中的诸家观点归纳划分为 6 大学派：社会系统学派、决策理论学派、系统管理学派、经验主义学派、管理科学学派和权变理论学派。这 6 个学派的管理理论并不是彼此独立、截然分开的。

(1) 不同学派的管理理论在历史的渊源和论述的内容上都互相影响、彼此交叉和融合，如管理科学学派的管理理论，就是对古典管理理论中科学管理理论的发展。经验主义学派和权变理论学派的管理理论都认为不存在固定不变的管理理论和方法，强调管理模式应根据具体情况来选择。经验主义学派则注重案例的研究，权变学派则试图建立理论上的权变管理模型。社会系统学派、决策理论学派和系统管理学派则强调把管理理论建立在系统科学的基础上。

(2) 从研究方法来说，社会系统学派与人际关系学说有着密切关系。它们都建立在相同的理论基础之上，产生的历史背景也几乎相同。而决策理论学派则强调决策在系统运行中的重要作用；系统管理学派则突出用系统观点去分析管理问题，追求系统的整体优化，建立适合于现代系统的组织结构。

由此可见，不同的管理理论学派之间相互影响、相互渗透，但又有自己独到的研究特色，这样就形成了西方现代管理理论的丛林。

二、现代管理理论的主要特征

现代管理理论诸多学派的管理理论各有所长、各具特色，但有其共性。

(1) 强调系统化。他们都强调组织就是一个系统，系统中存在着大系统和子系统。现代管理理论是用系统思想和系统分析方法来指导管理实践活动的。

(2) 重视人的因素。强调管理的主要内容是管人。重视人的因素，要注意人的社会性，对人的需要予以研究和探索，要尽最大可能满足人们的需要，从而保证组织目标的实现。

(3) 重视"非正式组织"的作用。非正式组织是以人的感情为基础而结成的群体，有其特殊的功能和作用。强调在不违背组织原则的前提下，注意充分调动和发挥非正式组织的积极作用。

(4) 广泛地运用先进的管理理论和方法，旨在于提高管理水平。

(5) 加强信息工作。现代管理理论强调通信设备和控制系统在管理中的作用，把采集、分析信息，及时、有效、准确地传递信息和使用信息，作为现代管理理论的重要研究课题。

(6) 把"效率"和"效果"结合起来。

(7) 重视理论联系实际。现代管理理论的源泉在于广泛的管理实践，把管理实践加以归纳和总结，找出其规律性，以更好地指导管理实践。

(8) 强调"预测"能力。现代管理理论强调运用科学的方法进行预测，以保证管理活动的顺利进行。

(9) 强调不断创新。管理就是创新，现代管理理论强调管理者应该利用一切可能的机会进行变革，促使组织适应社会环境的变化。

(10) 强调权力集中。现代管理理论强调进行有效的管理和有效的集权，把组织管理统一化，以达到统一指挥、统一管理的目的。

三、现代管理理论的历史地位

(一) 现代管理理论在管理思想史上的地位

现代管理理论在管理思想史上的地位主要体现在以下几个方面：

(1) 在人性的看法上，从科学管理到后来的管理科学，都把人看做是"经济人"，行为科学把人看做是“社会人”，而现代管理理论把人看做是“复杂人”，认为人是怀着不同需要加入组织的，而且人们有不同的需要，不同的人对管理方式的要求也是不同的。

（2）在管理的范围和涉及的组织要素上，管理科学管理的范围主要是计划与控制方面，涉及的主要要素是技术、组织机构和信息；行为科学管理的范围主要是组织活动中的人际关系，包括人与人和人与团体，所涉及的主要组织要素是人、组织机构和信息。现代管理理论的管理范围是组织的整个投入-产出过程，涉及组织的所有要素。

（3）在管理的方法和手段上，管理科学采用自然科学的方法，采取逻辑与理性的分析、准确衡量等手段；行为科学则采用社会科学的方法，采取影响、激励、协调等手段来诱发绩效；现代管理理论则综合了自然科学与社会科学的各种方法，运用系统与权变的观点，采取管理态度、管理变革、管理信息等手段使组织的各项活动一体化，进而实现组织的目标。

（4）在管理目的上，管理科学追求的是最高的生产率和最大限度的满意。现代管理理论追求的是满意或适宜，并强调生产率与满意并重，或利润与人的满意并重。

现代管理理论是近代所有管理理论的综合，是一个知识体系，是一个学科群。它的基本目标就是在不断变化的现代社会面前，建立起一个充满创造活力的自适应系统。要使这一系统能够得到持续高效率、低消耗地输出高功能，不仅要求有现代化的管理思想和管理组织，而且还要求有现代化的管理方法和手段来构成现代管理科学。

（二）现代管理理论对管理思想的历史贡献

（1）用战略的观点进行管理。强调根据组织的特点和组织内外环境的变化，从长远的、全面的、发展的眼光来进行管理。

（2）用市场的观点进行管理。明确与经济发展趋势相适应的社会需求与潜在需求以及社会对组织所提供的服务或产品的需求情况。这是市场观点的根本。

（3）用变革的观点进行管理。社会环境经常不断地发生变化，组织的变革也成为必然。要根据社会政治、经济、技术等因素的变化，对组织结构、体制、机制进行必要的改革，对各级管理人员和非管理人员进行相应地调整，对组织的各种业务活动进行适时地调整和修改，对组织的技术、设备进行相应地改造或更新。

（4）用竞争的观点进行管理。为了提高组织的服务质量和产品质量，要开展各组织之间的竞争。通过竞争，激发组织提高其组织成员的文化和技术水平，完善组织运行的各个环节，为社会和顾客提供物美价廉的产品和优质服务。

（5）用服务的观点进行管理。组织的最终目标提供物美价廉的产品和优质服务，最大限度地满足人们日益增长的物质和精神生活的需要。

（6）用专业化和多样化的观点进行管理。组织活动的多样化和专业化的统一，是提高管理效率和效益的重要前提。

（7）用素质的观点进行管理。素质是指人们具有的知识和能力的总和。管理者素质的高低决定着管理工作质量和水平的高低。因此，要把不断地提高管理者的素质作为管理工作的重中之重。

(8) 用开发的观点进行管理。开发创新是保证组织发展的不竭之源和动力所在。要重视各种资源（人、财、物、技术、信息等）的有效开发和利用，加强研发、开拓新领域、应用新方法。

(9) 用经营的观点进行管理。利用各种先进的科学技术和方法，进行科学有效的经营管理，不断提高经营效益。

(10) 用风险的观点进行管理。要敢于冒风险，大胆地承担并实现组织的各项目标。组织活动的未来不确定性因素势必影响管理工作。因此，既要坚持实事求是，又要坚持科学的态度，乘势而上、应对风险、敢想敢为、赢得满意的管理绩效。

本章小结

第二次世界大战后，各国经济的恢复和重建，科学技术的迅猛发展，使社会生产力发生了质的飞跃。资本主义经济经历了三个发展阶段，企业结构发生了重大的变化。这是现代管理理论产生的重要背景。

现代管理理论产生的方法论基础包括系统论、信息论、控制论、耗散结构理论、协同论和突变论。20 世纪 60 年代初期出现了各种管理理论和管理学派相互盘根错节的一片丛林。

第二次世界大战后，现代科技迅速发展，生产力迅速增长，企业的规模越来越大，生产的国际化进程加速。这一切都给管理工作提出了许多新问题，引起了人们对管理工作的普遍重视，也为管理理论的发展创造了十分有利的条件。先后出现了管理过程学派、社会系统学派、决策理论学派、系统管理学派、数量管理科学学派、权变理论学派、经理角色学派、企业文化学派、计算机学派、经验主义学派等现代管理理论的各种学派。

现代管理理论是近代所有管理理论的综合，是一个知识体系，也是一个学科群。在管理思想史上占据极其重要的地位。它为整个管理思想的发展作出了十分突出的贡献。

➢思考讨论题

1. 简述现代管理理论产生的时代背景。
2. 论述现代管理理论产生的方法论。
3. 简述现代管理理论的主要特征。
4. 论述现代管理理论的历史地位。

第十章

现代管理理论的主要学派及其管理思想

第一节　管理过程学派的管理思想

一、管理过程学派及其代表人物

管理过程学派，又叫管理职能学派、经营管理学派，是现代管理理论的主要流派之一，主要致力于研究和说明“管理人员做些什么和如何做好这些工作”，侧重说明管理工作实务。这个学派是继古典管理理论学派和行为科学学派之后影响最大、历史最悠久的学派。古典管理理论的创始人之一亨利·法约尔可以说是这个学派的开山鼻祖。这个学派后来被美国的管理学家罗哈德·孔茨等人继承研究，成为现代管理理论学派的一个主流学派。管理过程学派的主要观点就是把管理看作是一个过程。

管理过程学派的代表人物除亨利·法约尔、亚历山大·哈密尔顿·丘奇之外，还有其他人物。

詹姆斯·穆尼（J. D. Mooney，1884～1957），美国高级管理人员和管理学家。1908 年毕业于凯斯学院，获采矿工程学位，曾任美国通用汽车公司副经理，通用汽车出口公司总经理，美国海军航空局局长，威利斯汽车公司董事长兼总经理。其主要著作是《组织原理》。穆尼是管理过程学派的集大成者，他的理论因科学性而被人们广泛接受。

拉尔夫·柯里尔·戴维斯（Ralph Currier Davis，1894～ ）是美国著名的经济管理学家，曾就读于美国康奈尔大学，1916 年在科内尔大学取得机械工程学位。1927 年，受通用汽车公司的要求，戴维斯在密歇根州的弗林特，为通用汽车公司研究所建立了一个管理部。他强调管理哲学的重要性，认为只有管理哲学才能为企业问题的解决提供依据。主要著作有《工厂组织和管理的原则》（1928 年）、《企业组织和作业的原则》（1935 年）、《工业组织和管理》（1940 年）、《高层管理基础》（1951 年）等。

哈罗德·孔茨（Harold Koontz，1908～1984）是美国当代最著名的管理学家之一，是西方管理思想发展史上管理过程学派最重要的代表人物。孔茨于 1935 年获得耶鲁大学哲学博士学位，1950 年以后担任加利福尼亚大学管理研究院管理学教授、名誉教授，同时还兼任一些公司的顾问。他是美国和国际管理学会会员，1963 年曾任美国管理学会主席，1962 年起，担任该校米德·约翰逊讲座管理学教授，曾获米德·约翰逊奖；1978～1982 年，担任国际管理研究院院长；1974 年获美国管理促进协会最高奖赏——“泰罗金钥匙”。自 1941 年以来，孔茨撰写了大量的有关管理理论的专著和论文，许多重要著作被翻译成多种文字，对世界很多地区管理理论的发展产生过重要影响。主要代表作有《管理学原理》（现已出第 11 版，被译成 16 种文字）、《管理理论丛林》、《再论管理理论丛林》等。

威廉·纽曼（William H. Newman）是著名的战略管理研究大师，美国管理学会前主席，美国哥伦比亚大学商业研究生院管理学教授，是美国管理过程学派的代表人物之一。他从 20 世纪 50 年代就开始从事企业战略管理方面的研究和著述，1998 年与彼德·杜拉克一起获得“美国管理学会终身服务奖”，也是美国管理过程学派的代表人物之一。著作有《经营管理的原则》、《管理过程：思想、行为和实务》等。

二、管理过程学派的管理思想

管理过程学派的研究对象就是管理的过程和职能。

管理过程学派认为，管理就是在组织中通过别人或同别人一起完成工作的过程。管理过程学派的主要特点是将管理理论同管理人员所执行的管理职能联系起来。

管理过程学派认为，无论组织的性质多么不同，组织所处的环境有多么不同，但管理人员所从事的管理职能却是相同的，管理活动的过程就是管理的职能逐步展开和实现的过程。他们把管理的工作划分为若干职能，然后对这些职能进行研究，阐明每项职能的性质、特点和重要性，论述实现这些职能的原则和方法。

管理过程学派认为，应用这种方法就可以把管理工作的主要方面加以理论概括，并有助于建立起系统的管理理论，用以指导管理的实践。管理过程同管理职能是分不开的。他们试图对管理过程和管理职能进行分析，从理性上加以概括，把用于管理实践的概念、原则、理论和方法结合起来形成一门管理学科。

管理是一种普遍而实际的过程，与组织的类型或组织中的层次无关，管理知识中有一个纯属管理的核心部分，如管理制度、管理评价、管理控制技术等，普遍适用于各种组织和组织中的各个层次。把这些知识加以概括，就形成基本的管理理论。

（一）哈罗德·孔茨的职能管理

哈罗德·孔茨把管理揭示为通过别人使事情做成的各项职能。他非常强调管理的概念、理论、原则和方法。

哈罗德·孔茨认为，管理工作是一种艺术，其基本原理和方法可以应用于任何一种现实情况。管理的各项职能，应划分为计划、组织、人事、指挥和控制五项。

哈罗德·孔茨认为，协调作为管理的本质，本身不是一种单独的职能，是五种职能有效应用的结果。

1. 计划

它是五种管理职能中最基本的，涉及的问题是在未来的各种行为过程中做出抉择，其他的四种管理职能都必须反映计划职能的要求。计划的种类包括以下几点：

（1）目的和任务。企业的目的是生产和销售有经济价值的商品和劳务，任务是社会赋予企业的基本职能。

（2）目标。目标是指活动所要达到的结果。企业的目标构成整个企业的基本计划。部门的目标则构成部门的计划，并为实现企业的目标服务。

（3）策略。策略表示一种总的方案、工作的布置重点和资源的利用方法，并以此来全面地实现目标。

（4）政策。政策是表现在计划之中的文字说明或协商一致的意见。

（5）程序。程序规定处理未来活动的例行方法和时间顺序。

（6）规则。规则根据具体情况规定采取或不采取某种特定的行动，不规定时间顺序。程序就是一系列的规则。规则可以是程序的一个组成部分，也可以单独成立。

（7）规划。规划是为了实施既定方针而必需的目标、政策、程序、规划、任务安排、工作步骤、所用的资源及其他要素的复合体。

（8）预算。预算是用数字表示的一种预期报告书。

2. 组织

组织职能的目的是设计和维持一种职务结构，以便使人们为实现组织目标而有效地工作。

哈罗德·孔茨指出，组织应当是一个动态过程。这是因为：一方面，组织结构必须能够反映目标和计划，而目标和计划是随时在改变的；另一方面，组织结构必须与环境相适应，而政治、经济、社会乃至技术等环境因素也是不断变化的，组织结构也就必须不断加以调整。

哈罗德·孔茨认为，组织中的授权问题是一个非常重要的问题，必须遵守以下原则：

（1）按照预期的成果，授权给有能力达到预期成果的管理人员。要确定目标，编制计划，使人们了解目标和计划，按照目标和计划来设置职位。

（2）明确划分每一个部门的职能界限。

（3）明确划分等级系列及每一等级的职权范围。

（4）管理层次原则，就是在明确划分每一部门的职能界限和每一等级的职权范围基础上，每个管理人员应该在其职权范围内做出决策。

（5）统一指挥原则。

（6）职责绝对性原则。上级对下级的业务工作进行工作授权和委派任务时必须负有绝对的责任。

（7）权力和责任相称的原则。

哈罗德·孔茨提出组织工作的15条原则：①目标一致原则；②效率原则；③管理制度原则；④分级原则；⑤授权原则；⑥职责绝对原则；⑦权力和职责对等原则；⑧统一指挥原则；⑨职权管理层次原则；⑩分工原则；⑪职能明确原则；⑫检查部门和业务

部门分设原则；⑬平衡原则；⑭灵活原则；⑮便于领导原则。

3. 人事

人事包括选择、雇用、考评、储备、培养和其他一些与职工相关的工作。

选择职工采取以下四种方法：①智力测验。衡量职工的脑力、记忆力、思想的灵敏性及观察复杂事物相互关系的能力。②熟练和适应性测验。发现职工现有的技术熟练程度以及掌握这类技术的潜在能力。③职业测验。发现职工最适宜从事的工作。④性格测验。衡量职工在领导方面的才能。

考评的项目包括：与人友好共事的能力、领导能力、分析能力、勤奋、判断力、首创精神、业务知识、完成任务的能力、生产成果或节约费用以及计划和指令的执行情况等。

4. 指挥

指挥就是引导下级人员有效地领悟和出色地实现企业的既定目标。

哈罗德·孔茨认为，指挥或领导是一门艺术，这门艺术由三部分组成：①人们在不同的时间和条件下具有不同的激励能力；②鼓舞人们士气的能力；③按照某种方式去形成一种环境，以便使人们对激励作出反应的能力。

5. 控制

控制就是按照计划标准衡量计划完成的情况，并纠正计划执行中的偏差，以保证计划目标的实现。控制的原则：①保证实现计划目标；②控制要针对未来；③控制的职责要明确；④控制讲究经济效率；⑤尽可能地采用直接控制；⑥控制必须反映计划的要求；⑦控制必须有适当的组织保证；⑧控制必须采用适合具体人员的技术和信息；⑨控制必须有客观的、精确的和合适的标准；⑩控制必须抓住关键点；⑪控制必须集中于例外情况；⑫控制必须灵活；⑬发现偏差后必须及时采取行动并予以纠正。[①]

（二）詹姆斯·穆尼的管理思想

1. 关于组织

组织是组织某种人群的联合达到某种共同的目标形式。

詹姆斯·穆尼认为：①组织是一种“纯属的过程”，即做某种事情；②组织是管理的机构，即管理的过程；③组织是属于管理的，是管理得以进行工作的手段；④组织必须包含一种仔细而恰当的分工，以便能有效地进行协调，履行其职责。

2. 关于协调

协调是人们为追求共同的目标而在一起的一致行动。为了实现协调，必须有某种形式集中权威，这种集中权威可能是专制的，也可能是民主的。

3. 关于阶层

阶层是组织中的不同成员按其权利和责任的不同程度而在承担责任方面分成不同的群体。阶层原理重要之处表现在管理者同被管理者之间的上下级关系。

---

① Koontz H. 1961. The management theory jungle. Journal of the Academy of Management；4（3）

4. 关于职能

詹姆斯·穆尼把职能分为三种：①决定职能，即决定什么？②应用职能，即使事情做成；③解释职能，即解释执行过程中的差异和问题。这三种职能可以分为原理、过程、后果。詹姆斯·穆尼认为，在组织中这三者往往体现在一个人的身上。

管理过程学派还有其他代表人物，他们对管理的过程和管理职能进行了重要的补充和说明。

三、管理过程学派的基本方法

一是把管理人员的工作划分为一些职能，即①计划，选择目标和实现的手段；②组织，设计出一个有一定目标的权责机构，并且承担相应的权责；③人事，用人，选拔、考核和培训人员，以便有效承担责任；④领导，采取措施激励人们，使他们认识到为组织目标出力是符合他们自己利益的；⑤控制，对人们的活动进行估量，及时纠正偏差，以保证计划的实施。

二是对管理的职能进行研究，在丰富的管理实践中探求管理的基本规律。该学派在分析基本职能的基础上提出以下基本问题：①每项职能的特点和目的；②每项职能的基本结构；③每项职能的过程、技术、方法及其优缺点；④有效实施每项职能的障碍以及如何排除这些障碍的手段和方法。

四、评价

管理过程学派从管理人员的管理职能入手，并把它作为该学派理论的核心结构。该学派所确定的管理职能和管理原则，为训练管理人员提供了基础。把管理的任务和非管理的任务加以明显地区分，有利于经理人员集中于经理的基本工作上。该学派提出的管理原则，有助于使人们在管理活动中辨明方向。

但是，该学派的理论存在一些缺陷。一是他们所归纳出的管理职能不能适用于所有的组织，管理职能通用性有限，对静态的、稳定的生产环境较为合适，而对动态多变的生产环境难以应用。二是他们所归纳的职能并不包括所有的管理行为。三是在管理者的日常管理中，先有目标和组织，然后才对其进行管理，而不是先有职能。

第二节　社会系统学派的管理思想

一、社会系统学派及其代表人物

1938年，正处在行为科学学派发展初期。人际关系学说的兴起，使管理学者已经开始注意使用社会学、心理学的方法来分析和处理管理问题，注意协调好组织中的人际关系。乔治·埃尔顿·梅奥等人的人际关系学说研究的重点只是组织中人与人之间的关系，这种人际关系强调的是行为个体相互之间的关系，并没有研究行为个体与组织之间的关系协调问题。因此，当时的管理实践暴露出某些单纯以人际关系学说为理论指导而不能解释的诸多管理问题。基于这样的背景，社会系统学派应运而生。社会系统学派把协调组织中个人与组织之间的关系作为其研究的主导方向。社会系统学派从社会学的观点来研究管理。他们认为，社会的各级组织都是一个协作的系统，进而把企业组织中人们的相互关系看成是一种协作系统。

社会系统学派的创始人是美国管理学家切斯特·巴纳德（Chester I. Barnard，1886～1961）。他出生于美国的马萨诸塞州，1906～1909 年读完哈佛大学的经济学课程，因在研究组织和管理性质及理论方面作出的杰出贡献而得到七个名誉博士学位。切斯特·巴纳德曾在美国电报电话公司（AT&T）统计部工作，1922 年担任美国电话电报公司所属的宾夕法尼亚贝尔电话公司的副总经理助理，1926 年任这个公司的总经理；1927 年任规模庞大的新泽西州贝尔电话公司总经理，并多年担任这一职务；1938 年，切斯特·巴纳德出版了著名的《经理人员的职能》一书，被管理学界称为美国管理文献中的经典著作；1948 年，切斯特·巴纳德又出版了另一部重要的管理学著作《组织与管理》及其他一些论文和报告，如《经理人员能力的培养》、《人事关系中的某些原则和基本考察》、《工业关系中高层经理人员的责任》、《集体协作》、《领导和法律》等，为现代管理学的建立和发展作出了非常突出的贡献。切斯特·巴纳德在组织管理理论方面的开创性研究，奠定了现代组织理论的基础。

二、社会系统学派的管理思想

（一）社会系统学派的主要理论

组织是一个是由个人组成的协作系统，个人只有在一定相互作用的社会关系下，同他人协作才能发挥作用。

组织作为一个协作系统包含三个基本要素：能够互相进行信息交流的人们；这些人们愿意作出贡献；实现一个共同目标。因此，一个组织的要素包括信息交流、作贡献的意愿和共同的目标。

组织是两个或两个以上的人所组成的协作系统，管理者应在这个系统中处于相互联系的中心地位，并致力于获得有效协作所必需的协调。因此，经理人员要招募和选择那些能为组织目标的实现而作出最好贡献并能协调地工作在一起的人员。

经理人员的作用就是在一个正式组织中充当系统运转的中心，并对组织成员的活动进行协调，指导组织的运转，实现组织的目标。切斯特·巴纳德认为，经理人员的主要职能是：①提供信息交流的体系；②促成必要的个人努力；③提出和制定目标。

（二）社会系统学派的理论特点

社会系统管理理论认为，管理人员有些什么职能以及应当如何行使这些职能，是由组织的本质、特性和过程决定的。在这里，管理人员职能管理理论同组织理论是极为相近的。

社会系统管理理论对组织的本质，即组织中人的行为进行了描述性的分析。

社会系统理论把决策作为主要研究对象，认为组织中人的行为是由决策和作业两个部分组成的。科学管理看重的是作业部分，阐明的是最大限度地提高作业效率的各种原理和技术。而社会系统理论则着重研究组织决策过程。

（三）切斯特·巴纳德的组织协作系统

1. 组织系统

切斯特·巴纳德认为，组织是由两个或两个以上的人有意识协调活动和效力的系统。对这个系统要作为整体来看待，因为其中的每个组成部分都以一定方式与其他部分相联系。

组织是由个人组成的，组织要生存下去，就必须有两个或两个以上的人愿意为达到一个确定的目标而进行协作活动，个人对是否参加组织的活动可以作出选择，这种选择是以个人的目标愿望等为依据的，即要受到个人动机的影响，组织中的管理人员就是通过改变个人动机来影响他们的行为，从而促进组织目标的实现。

为了影响个人的动机和行为，管理人员就必须研究组织成员的个人特征。在对组织成员进行管理的过程中，管理人员应该意识到：

（1）职工既是一个完整的个人，又是在特定组织中扮演有限的角色的组织成员。

（2）管理人员的权限取决于指挥下属的命令是否为下属所接受，如果命令不被服从，权限也就不存在了。

（3）个人具有自由意志，但他的行为又受到遗传、社会和环境中各种力量的影响。因此，管理人员一方面要让下属对他们自己的行为负责，同时又必须认识到，在许多情况下人们是无法对自己的行为负责的。所以，不要盲目地对个人无法控制的事情进行指责，而是要通过改变环境条件，提供恰当的刺激手段来影响和引导组织成员的行为。

2. 协作系统的要素

切斯特·巴纳德认为，作为正式组织的协作系统，不论其规模大小或级别高低，都包含了以下三个基本要素：

（1）协作的意愿。组织是由个人组成的，组织成员愿意提供协作条件的劳动和服务是组织程序所不可缺少的，协作的意愿意味着个人自我克制、交出对自己的控制权，个人行为的非个人化，其结果是个人的努力结合在一起。没有这种意愿，就不可能对组织有持续的个人努力，也就不可能将不同组织成员的个人行为有机地结合在一起，协调组织活动。但是，不同组织成员的协作意愿的强度是不同的，同一成员在不同时期的协作意愿也是不断变化的。个人协作意愿强度的高低，取决于自己提供协作而导致的“牺牲”与组织因为自己的协作而提供的“诱因”这两者之间的比较。由于诱因与牺牲的尺度通常是由个人主观所决定，而不是客观的。例如，有人重视金钱，而另一些人则更重视威望。所以，组织为了获得和提高成员的协作意愿，一方面要提供必要的金钱、威望、权力等各种客观的刺激；另一方面要运用说服力来影响成员的主观态度，培养他们的协作精神，号召他们忠于组织、相信组织目标等。

（2）共同的目标。共同的目标是达到协作意愿的必要前提。协作的意愿没有共同的目标是发展不起来的。没有共同的目标，组织成员就不知道要求他们提供何种努力，同时也不知道自己能从协作劳动的结果中得到何种满足，从而不会进行协作活动。组织成员对组织共同目标的接受程度影响到对组织提供的服务。同时，个人之所以愿意为组织目标作出贡献，并不是因为组织目标就是个人目标，而是因为意识到实现组织目标有助于实现他的个人目标。因此，管理人员要帮助组织成员加深这种认识，并努力避免组织目标和个人目标的不一致或理解上的背离。

（3）信息的沟通。组织的共同目标和不同成员的协作意愿只有通过信息沟通才能相互联系，形成动态的过程。没有信息沟通，不同成员对组织的目标就不可能有共同的认识和普遍的接受。没有信息沟通，组织就无法了解组织成员的协作意愿和强度，也无法将不同成员的努力形成协作劳动。因此，组织的存在及其活动是以信息沟通为条件的。为了有效地进行信息沟通，切斯特·巴纳德列出了几个必须遵守的原则：①信息的沟通渠道要为组织成员所了解；②每个组织成员要有一个正式的信息沟通路线；③必须依照正式的路线沟通信息，不要在沟通过程中跳过某些层次，以免产生矛盾和误解；④信息沟通的路线必须尽可能直接而便捷；⑤作为信息沟通中心的各级管理人员必须称职；⑥组织工作期间信息沟通的路线不能中断；⑦每一信息沟通都必须具有权威性。

3. 经理人员的职能

切斯特·巴纳德认为，经理人员在组织中的作用，就是在信息沟通系统中作为相互联系的中心，并通过信息沟通来协调组织成员的协作活动，以保证组织的正常运转，实现组织的共同目标。

经理人员的职能主要有三项：

（1）建立和维持一个信息沟通系统。切斯特·巴纳德认为，组织活动的复杂性亦即协调不同成员劳动的重要性，决定了有必要建立一个正式信息沟通系统，即经理人员（或管理人员）组织，这项工作包括确定和阐明经理人员的职务，以及找到适合的人担任这一职务。

（2）从不同的组织成员那里获得必要的服务，包括招募和选聘能够提供适合服务的工作人员；维持组织的诱因，以保证协作系统的生命力。

（3）规定组织的共同目标，并用各个部门的具体目标来加以阐明。

切斯特·巴纳德认为，经理人员的上述职能是由协作系统组织的本质和特征决定的。

4. 经理人员的领导作用

巴纳德在《组织与管理》一书中从五个方面精辟地论述了“领导的性质”这一关系企业生存和发展的根本性问题。

（1）构成领导行为的四要素：确定目标、运用手段、控制组织、进行协调。

（2）领导人的条件：平时要冷静、审慎、深思熟虑、瞻前顾后，讲究工作的方式方法；紧急关头则要当机立断、刚柔相济，富有独创精神。

（3）领导人的品质：活力和忍耐力、当机立断、循循善诱、责任心以及智力。

（4）领导人的培养和训练：通过培训增强领导人一般性和专业性的知识，在工作实践中锻炼平衡感和洞察力，积累经验。

（5）领导人的选拔：领导人的选择取决于两种授权机制，一是代表上级的官方授权（任命或免职）；二是代表下级的非官方授权（接受或拒绝）。后者（即被领导者的拥护程度）是领导人能否取得成功的关键。

（四）切斯特·巴纳德管理思想的方法论

切斯特·巴纳德学说的方法论，是以对职工个人和组织机构的区别和联系为基础的。

切斯特·巴纳德认为，每一个职工是一个独立的个人，每个人通过各种方式来学习和了解周围的事物，但他往往并未充分意识到自己的思想过程、自己的价值观或行动。个人往往并不真正地了解自己，他的行动往往受到他自己没有意识到的个人需要和情感的影响，他往往趋向于为自己的行为辩解，自圆其说，而并不是合乎理性的行动。他倾向于依据自己的直觉、预感和经验来行事。所以，每个人的行为和思想往往是主观的、受感情影响的、非逻辑的、下意识的。切斯特·巴纳德认为，在一个组织中，个人的行为和要求与正式组织对其行为要求之间是有区别的，如表 10-1 所示。

表 10-1　个人行为要求与正式组织行为要求的区别

个　人	正式组织
非逻辑的思维过程	逻辑的思维过程
非正式组织	正式组织
反应式行为	决策式行为
自由意志	决定论
效率原则	效力原则
道义上的责任	法律上的责任
以协议同意为依据的权威、主观地解释一种秩序	以等级地位为依据的权威、客观地解释一种秩序

切斯特·巴纳德还对效率和效力作了一些分析。他认为，当职工个人目标和正式组织的目标不一致时，需要用“效率和效力”这两条原则来解决。当正式组织运行正常而取得成功时，它的目标就能够实现，这个正式组织是有效力的。如果这个组织运行不正常而没有实现目标，它就是没有效力的，这个组织将崩溃瓦解。所以，组织的效力是组织存在的必要条件。组织的效率是指组织中成员个人目标的实现程度和组织程度。如果组织成员的个人目标不能实现，人们就会认为这个组织是没有效率的，他们就不会支持甚至退出这个组织。所以，一个组织效率的尺度归根到底就是它的生存能力，即它继续为其成员提供使他们的个人需要得到满足的诱导，以获得集体民主得以实现的能力。如果一个组织是无效率的，它就不可能是有效力的，因而也就不可能存在。切斯特·巴纳德把正式组织的要求同个人的需要连接起来的论点是管理思想发展史上的一个里程碑。

三、理论评析

切斯特·巴纳德所提出的理论既吸收了古典组织理论的合理成分，又融合了人群关系理论关于非正式组织的观点，围绕“协作系统”和“决策”等新概念，建立了现代组织理论的基本框架。经济组织决策管理大师赫伯特·西蒙对巴纳德的理论做了进一步的整理和发展，确立了“决策”作为描述组织现象和管理过程的统一的核心“概念”。到20世纪40年代末，现代组织理论的构架已经形成，并于50年代后伴随着管理科学和运筹学的兴起向管理实践领域渗透，从而进一步推动管理研究的进程。因此，决策理论学派、系统管理学派和现代组织管理论同社会系统学派都有较深的渊源。

社会系统学派的创始人和代表人物切斯特·巴纳德提出了有关组织和经理人员职能的许多观点。

切斯特·巴纳德思想的主要特点是：

(1) 切斯特·巴纳德最早把系统理论和社会学知识用于管理领域，创立了社会系统学派。

(2) 对经理职能的表述与前人不同。他的前人多采用静态的、叙述的方式来说明经理的职能，而切斯特·巴纳德则采用分析性和动态性的方式说明经理的职能。

(3) 切斯特·巴纳德对“沟通”、“动机”、“决策”、“目标”和“组织关系”等问题进行了开创性的专题研究。

(4) 切斯特·巴纳德把亨利·法约尔等人的管理职能和组织理论的研究向前推进了一大步。

切斯特·巴纳德在组织管理理论方面的开创性研究，奠定了现代组织理论的基础，后来的许多学者从中受益，并在不同方向上有所发展。

对把一个传统的组织改造为现代组织的经理人员来说，切斯特·巴纳德的组织管理理论的价值显得尤其突出。因为传统的组织偏重于非正式组织和非结构化的决策与沟通机制，目标是隐含的，要把它改造成为现代组织，就必须明确组织的目标、权力结构和决策机制，明确组织的动力结构和组织内部的信息沟通机制。这是现代组织的柱石。同时要充分考虑和利用转变过程中非正式组织的力量。

切斯特·巴纳德提出了同传统管理理论截然不同的理论观点。首先是组织理论。切斯特·巴纳德的组织理论是他的管理理论的基础。其次是管理职能理论。切斯特·巴纳德的管理职能理论奠定了管理职能分析的基础。最后，切斯特·巴纳德管理理论的方法论特点：一是运用社会心理学的分析方法，把对人性的理论作为其管理理论的出发点；二是运用系统分析的方法，把企业组织作为一个由相互联系的各个部分构成的整体，并把企业组织这一整体置于同社会这一更大整体的相互联系之中。

第三节 决策理论学派的管理思想

一、决策理论学派及其代表人物

决策理论学派是在第二次世界大战之后发展起来的一门新兴的管理学派。决策理论学派的管理思想是以社会系统理论为基础，吸收行为科学、系统理论的观点，运用电子计算机技术和统筹学的方法而发展起来的理论。

赫伯特·西蒙的许多思想是从巴纳德那里吸收过来的。他发展了切斯特·巴纳德的社会系统学派，提出了决策理论，建立了决策理论学派，形成了一门有关决策过程、准则、类型及方法的较完整的理论体系。

赫伯特·西蒙（Herbert Alexander Simon，1916～）是美国经济学家和社会科学家，决策学派的主要代表人物，经济组织决策管理大师。

赫伯特·西蒙于 1933～1936 年就读于芝加哥大学政治系并获得文学学士学位。1939～1942 年，他担任了加利福里亚大学的一个研究小组的主任，从事地方政府研究工作。

赫伯特·西蒙的博学足以让世人折服，他获得过 9 个博士头衔：1943 年的加利福尼亚大学哲学博士学位、1963 年凯斯工学院科学博士学位、1963 年耶鲁大学科学博士学位、1963 年法学博士学位、1968 年瑞典伦德大学哲学博士学位、1970 年麦吉尔大学法学博士、1973 年鹿特丹伊拉斯莫斯大学经济学博士、1978 年米之根大学法学博士、1979 年匹茨堡大学法学博士。

赫伯特·西蒙的研究成果涉及科学理论、应用数学、统计学、运筹学、经济学和企业管理等方面。赫伯特·西蒙终生从事经济组织的管理行为和决策的研究，主要著作有《管理行为》、《组织》、《管理决策的新科学》等。由于在决策理论研究方面作出的重大贡献，他被授予 1978 年度诺贝尔经济学奖。瑞典皇家科学院指出："就经济学最广泛的意义上来说，西蒙首先是一名经济学家，他的名字主要是与经济组织中的结构和决策这一相当新的经济研究领域联系在一起的。"

詹姆斯·马奇（James G. March，1916～）是多领域管理大师，组织决策研究领域最有贡献的学者之一。1953 年，他在美国耶鲁大学获得博士学位，之后在卡耐基工艺学院任教；1964 年，任加利福尼亚大学社会科学学院首任院长；1970 年，任斯坦福大学管理学教授、胡佛研究所研究员。马奇被公认为是过去 50 年来，在组织决策研究领域最有贡献的学者之一，在组织、决策和领导力等领域颇有建树。他的代表作有《决策是如何产生的》、与西蒙合著的《组织》、与赛尔特合著的《厂商行为理论》等。

二、决策理论学派的管理思想

赫伯特·西蒙等人的决策理论是以社会系统理论为基础的。第二次世界大战以后，他们吸收了行为科学、系统理论、运筹学和计算机科学等学科的内容而发展起这一理论，是西方有较大影响的管理学派。他们对管理决策问题特别重视并有独到见解。

决策理论学派的管理定义是：管理就是决策。

决策理论学派将决策分为四个阶段：收集情报、拟定计划、选定计划、评价计划，并特别强调信息联系在决策过程中的作用。与切斯特·巴纳德不同的是，他们更重视非正式渠道的信息联系，认为非正式渠道在信息联系中起重要作用。

赫伯特·西蒙等人把社会系统理论同心理学、行为科学、系统理论、计算机技术、运筹学结合起来考察人们在决策中的思维过程，并分析了程序化决策和非程序化决策及其使用的传统技术和现代技术，提出了目标—手段分析法等决策的辅助工具，被认为对经理人员的决策确有帮助，并对今后人工智能等问题的深入研究提供了基础。他们的理论得到了较高的评价，赫伯特·西蒙因此而获得诺贝尔经济学奖。

关于决策的准则问题是决策理论学派对管理学的重要贡献之一。他们提出，以“令人满意的准则”代替“最优化准则”作为决策的准则，是较为实际可行的理论。关于程序化决策和非程序化决策的技术以及决策中的思维过程，也是决策理论学派对管理学的重要贡献。

决策理论学派的主要管理思想有以下几方面。

（一）组织理论

赫伯特·西蒙认为，组织就是作为决策的个人所组成的系统。决策贯穿于管理的全过程，管理就是决策。他认为，组织的任何一个成员的第一个决策，是参加或不参加这个组织。在他做出这个决策的过程中，他就要对他为组织所作的贡献和从组织得到的诱因进行比较。如果诱因大于贡献，他就参加。以这个满足函数中的零点决定参加这一组织的机会成本。一个人在做出决定、参加某一组织之后，虽然他的个人目标依然存在，但已退居从属的地位。

赫伯特·西蒙在《管理行为》中指出，所谓同组织一体化，就是指个人在决定时采用组织决策的价值标准，即用组织目标代替个人目标的过程。因此，要了解一个组织的结构和职能，就必须分析其成员的决策和行为及其受组织的影响，就必须研究影响人群行为的复杂的决策网状结构。

赫伯特·西蒙指出，管理人员应该有效地利用各种形式的外部影响力来塑造职工的性格。他认为，使职工变得主动，而不是由上级指示或按组织的需要来决策和行动。他认为，经营中组织的最理想状态是，它的所有成员由于把个人目标和组织的共同目标结合起来，因而都愿意为提高组织效率作出贡献。这样，组织只需要在做必要调节的时候使用权威，使制裁方式的应用不占重要地位。

赫伯特·西蒙认为，在当代社会职能地位的重要性越来越大，而等级地位的重要性越来越小。

（二）决策过程中的信息

赫伯特·西蒙等人认为，信息联系在决策过程中具有重要作用。信息联系是决策的前提，决策是以命令、情报或建议的形式出现的。

赫伯特·西蒙等人在信息联系方面更加重视非正式渠道，把权力机构放到次要的地位。他指出，在信息联系的三个阶段（发出信息、传递信息、接受信息）都可能发生阻塞现象和歪曲现象。在系统中造成信息联系混乱的障碍可能是多种多样的。由于信息联系的复杂性，绝大多数的组织中有必要成立一个特别的信息联系服务中心和良好的信息系统，这主要应该借助于计算机。

赫伯特·西蒙等人认为，决策者需要的是对决策有用的新信息，决策者的注意力是最宝贵的资源，不能无谓消耗在大量无关的信息上。对于信息的提供，应当有一定条件的限制，不符合这些条件的信息，不应该输送给决策者。

赫伯特·西蒙等人提出，信息系统应该包括一个筛选系统，以保证提供与决策有关的有用信息。

（三）决策的准则与标准

赫伯特·西蒙认为，应当用“令人满意准则”代替“最优化的准则”。做出决策的准则，并不是绝对理性，即最优化准则。以往的经济学家和管理学家往往把人看成是以绝对理性为指导，按最优化准则行动的经济人或理性人，但事实上这是做不到的。“最好是‘好’的敌人”，如果企图找最好的，不但最好的找不到，也许连好的也找不到。反之，如果能满足于找一个好的，也许在找好的过程中会碰到一个最好的。人们之所以不能用绝对理性作为决策的准则，是由于绝对理性必须有三个前提：①决策者对可供选择的方案及其未来的后果无所不知；②决策者要具有无限的估量能力；③决策者头脑中对各种可能的后果有一个完全而一贯的优先顺序。

由于各种条件和情况的限制决策者不可能完全具备这些前提。因此，人们不可能做出完全合理的决策。人们在做决策时，不能坚持要求最理想的解答，常常满足于足够好或令人满意的决策。因为人们没有求得最优化的才智和能力，只能满足于令人满意这一准则。

赫伯特·西蒙用管理人来代替按最优化准则行动的经济人。这种管理人要求做到：①用令人满意的准则代替最优化准则；②不考虑一切可能的复杂情况，只考虑与问题有关的特定情况。令人满意的准则，就是适当的市场份额、适度利润、公平价格等。组织的主要职能之一，就是弥补个人有限的理性做出令人满意的决策。

（四）程序化决策和非程序化决策

赫伯特·西蒙把人的符合目的的行动分为两种类型：踌躇选择型和刺激反应型。踌躇选择型是指为了实现决策的合理性，对替换手段将会产生的后果，以及对这种结果等用一定的时间加以考虑，然后进行选择。刺激反应型是指只注意情况的某些方面，排除其他方面，毫不犹豫地做出反应。

赫伯特·西蒙把组织的全部活动分为两类：一类是例行活动，如定货、材料的出入等。这类活动的决策是经常反复的，有一定的结构。例行活动决策可以建立一定的程序，不必每次都做新的决策，这种决策叫程序化决策。另一类是非例行活动。这类活动不是重复出现的，往往是比较重要的活动，如新产品的研究和开发、企业经营的多样化、工厂的扩建等。这类活动的决策是新出现的，不能按程序化处理，这类决策叫非程序化决策。程序化决策和非程序化决策并非能截然分开，而是一个像光谱一样的连续体。其一端为高度程序化的决策，另一端则为高度非程序化的决策。沿着这个光谱式的统一体可以找到不同灰色程度的各种决策。所谓的程序化决策和非程序化决策只是用来作为光谱黑色和白色的标志。决策可以使非程序化呈现出重复和例行状态，能够制订出一套处理这些决策的固定程序，以致每当碰到这种情况时就不需要重复处理它们。

赫伯特·西蒙提出了决策者必须具备的品质和条件：

（1）决策者要靠以身作则来树立权威。

（2）决策者要有全局观念。组织的目标不能背离社会的目标。

（3）决策者要信赖和培养下级。社会的发展主要不是靠设备，而是靠人们的才能和知识来推动的。

(4) 决策者要主动承担责任，敢于担当风险。

(5) 决策者要有广博的知识和丰富的经验。重大、涉及许多方面和领域的决策，决策者必须具有广博的知识，只有这样才能触类旁通、权衡利弊，做出恰当的决策。

(6) 决策者要有敏锐的预测能力和机智的判断力。

三、决策理论学派的决策方法

赫伯特·西蒙认为，决策贯穿于管理的全过程，管理就是决策。决策决不只限于从几个备选方案中选定一种行动。决策过程包括四个阶段：

(1) 搜集情况阶段。搜集企业所处环境中有关经济、技术、社会等方面的情报并加以分析，为拟定和选择计划提供依据。这一阶段的任务是探查环境，寻求决策的条件。

(2) 拟定计划阶段。以企业所需解决的问题为目标，依据收集到的情报，拟定出各种可能的备选方案。这一阶段的任务是设计制定和分析可能采取的行动方案。

(3) 选定计划阶段。根据当时情况的分析和对未来发展的预测，从各个备选方案中选定一个。这一阶段的任务是从可供选择的各种方案中选出一个适用的行动方案。

(4) 评价计划阶段。这一阶段的任务是对已选择的方案进行评价。

上述决策过程四个阶段中的每一个阶段都是一个复杂的决策过程。例如，在第一阶段，对大量的情报加以分析，决定取舍，其中就有决策。在第二阶段，决策的性质更为明显。前两个阶段的决策做好了，才能在第三阶段做出正确的抉择。第四阶段的评价计划也是离不开决策的。

决策理论学派的方法论是现代管理理论中占据重要地位的方法论之一。

四、评析

赫伯特·西蒙的管理思想在许多方面受到了切斯特·巴纳德管理思想的影响。赫伯特·西蒙的决策理论是切斯特·巴纳德组织理论的直接继承和发展。

（一）决策理论的贡献

(1) 对复杂的管理活动进行了高度的理论概括，并充分考虑经营管理的整个领域及其环境，使管理理论围绕着决策这个中心来发展。

(2) 决策理论的系统结构可以向管理者提供一种分析、解决问题的系统方法。它鼓励管理者去发现和探寻各种潜在性的对策和可能发生的自然状态，并能充分运用各种科学知识和技术手段，形成比较全面系统的管理方法和技术，使管理具有一定的可操作性。

(3) 管理者有限度的理性准则对于工商企业经营管理决策具有相当的客观性、可行性和较强的现实意义。

决策理论给我们以下两点启示：

首先，从管理职能的角度来说，决策理论提出了一条新的管理职能。针对管理过程理论的管理职能，赫伯特·西蒙提出决策是管理的职能，决策贯穿于组织活动全部过程，进而提出了“管理的核心是决策”的命题，而传统的管理学派是把决策职能纳入到计划职能当中的。由于决策理论不仅适用于企业组织，而且适用于其他各种组织的管理，具有普遍的适用意义。因此，“决策是管理的职能”现已得到管理学家普遍的承认。

其次，决策理论首次强调了管理行为执行前分析的必要性和重要性。在决策理论之前的管理理论，管理学家的研究重点集中在管理行为本身的研究中，从而忽略了对管理行为的分析。赫伯特·西蒙把管理行为分为“决策制定过程”和“决策执行过程”，并把对管理研究的重点集中在“决策制定过程”的分析中。

赫伯特·西蒙管理理论的一个重要特点，是把各种具体的组织观念加以抽象，重点分析了组织活动的一般特征，并指出决策是贯穿于组织活动全部过程的核心内容，提出了“管理就是决策”的命题。决策理论不仅适用于组织，而且适用于其他各种组织的管理，具有普遍的适用性。

赫伯特·西蒙的管理理论不仅提出管理的政策措施和技术方法问题，而且深入分析和说明了组织活动的机制，提出了决策前提、组织影响力、决策的程序化和非程序化、诱因与贡献等一系列与决策相关的概念，确立了自己的理论结构，为行为科学的决策理论奠定了理论基础。

（二）决策理论的局限性

管理是一种复杂的社会现象，仅靠决策不足以给管理者有效的指导，实用性不大。决策理论未能全面反映管理活动的规律性，缺乏对一般管理关系和环节的分析，忽视了管理工作要比决策工作多得多、复杂得多这个事实。所以，它是属于管理方法、手段或技术方面的管理理论。

哈罗德·孔茨说：“尽管决策制定对管理是重要的，但在建立管理学全面理论上是一个太狭隘的重点，如果把它的含义加以扩展的话，它又是一个太宽广的重点。因为决策理论既可以应用于鲁滨逊所碰到的问题方面，也可以应用于美国钢铁公司的问题上。”

决策学派没有把管理决策和人们的其他决策行为区别开来。决策并不是只存在于管理行为中，在人们的日常活动中也普遍存在决策。例如，人们日常生活做事都需要决策，组织中非管理人员的活动也需要决策，但这些决策行为都不是管理行为。赫伯特·西蒙的决策理论是管理决策理论，未包括根据生产、销售资本运营等企业组织的工作内容而进行的经营决策内容，没有同企业的经营活动紧密地结合起来。

第四节 系统管理学派的管理思想

一、系统管理学派及主要理论观点

系统管理学派盛行于20世纪60年代。系统管理理论的发展同一般系统理论有密切的关系，是在一般系统论的基础上建立起来的。

系统管理理论，把一般系统理论应用到组织管理之中，运用系统研究的方法，兼收并蓄各学派的优点，融为一体，建立通用的模式，以寻求普遍适用的模式和原则。系统管理理论运用一般系统论和控制论的理论和方法，考察组织结构和管理职能，是以系统解决管理问题的理论体系。

系统管理理论主要应用系统理论的范畴、原理，全面分析和研究企业和其他组织的管理活动和管理过程，重视对组织结构和模式的分析，并建立起系统模型以便于分析。

系统管理理论向社会提出了整体优化、合理组合、规划库存等管理新概念和新方法，因此被认为是 20 世纪最伟大的成就之一，是人类认识史上的一次飞跃。系统管理理论的代表人物是美国的弗里蒙特·E. 卡斯特（Fremont E. Kast）、罗森茨威克（J. E. Rosenzweig）和约翰逊（R. A. Johnson）等。

系统管理理论的基础是普通系统论。它包括系统哲学、系统管理和系统分析三个方面。

（一）系统管理理论的主要观点

（1）组织是一个由许多子系统组成的，组织作为一个开放的社会技术系统，是由五个不同的分系统构成的整体，这五个分系统包括：目标与价值分系统；技术分系统、社会心理分系统、组织结构分系统和管理分系统。这五个分系统之间既相互独立，又相互作用，不可分割，从而构成一个整体。这些系统还可以继续分为更小的子系统。

（2）企业是由人、物资、机器和其他资源在一定的目标下组成的一体化系统，它的成长和发展同时受到这些组成要素的影响，在这些要素的相互关系中，人是主体，其他要素则是被动的。同时，企业还是社会这个大系统中的一个子系统，企业预定目标的实现，不仅取决于内部条件，还取决于企业外部条件，如资源、市场、社会技术水平、法律制度等，它只有在与外部条件的相互影响中才能达到动态平衡。

（3）企业是一个投入—产出系统，投入的是物资、劳动力和各种信息，产出的是各种产品（或服务）。运用系统观点使管理人员不至于只重视某些与自己有关的特殊职能而忽视了大目标，也不至于忽视自己在组织中的地位和作用，可以提高组织的整体效率。

系统管理理论提出了有关整体和个体组织及其运营的观念体系：①组织是人们建立起来的相互联系着的并共同运营的要素（子系统）所构成的系统；②任何子系统的变化均会影响其他系统的变化；③系统具有半开放特性——既有自己的特性，又有与外界沟通的特性。

（二）系统管理理论的发展

系统管理理论的发展大致分为三个阶段：

第一阶段，是一般系统论与系统工程理论各自独立发展的阶段。

现代系统思想的发展在一定程度上受到了 19 世纪辩证法哲学思想的影响。那种有机地相互作用、相互联系的整体性思维方式，渗透于 20 世纪初科学理论与科学工程实践当中。于是，20 世纪 20～30 年代，首先在基础理论和工程实践中形成了互不联系的学科，即一般系统论和系统工程。

一般系统论是由美籍奥地利理论生物学家路德维格·冯·贝塔朗菲创立的。20世纪20年代，理论生物学界存在着一场关于生命本质问题的争论。路德维格·冯·贝塔朗菲指出了生命的本质在于它是一种由多个部分相互作用而形成的有机的整体。他率先建立起一种“机体系统论”。1948年，这种机体系统论发展成了一般系统论的思想。

一般系统论认为，所有复杂事物，如生命现象或社会现象等，无论其规律过程还是其所有复杂行为，原因都在于事物内部各要素之间的相互作用和有机结合。

系统工程理论在实践的领域中发展起来。在弗雷德里克·温斯洛·泰勒的科学管理制度中就包含着系统工程的萌芽。美国贝尔电话公司在进行电话网络的设计和其他多种巨大复杂的工程设计中，把每一项工程的进程划分为规划、研究、发展、发展期间研究和通用工程五个阶段，并按照程序规定的五个阶段认真执行，取得了很好的效果。20世纪40年代，他们把这种方法称之为“系统工程”。1957年，美国的H. H. 古德和R. E. 麦克霍尔合作发表了第一本完整的系统工程教科书《系统工程》，综合论述了运筹学方法及其一些具体分支，为系统工程初步奠定了基础。1962年，霍尔（A. D. Hall）出版了《系统工程方法论》一书，强调要把系统工程看作一个过程，一种解决实际问题的程序，并提出了系统工程的三维结构模型，推动了系统工程理论的进一步具体化和向更广泛的领域的应用。

第二阶段，20世纪40～50年代，信息论、控制论和运筹学的形成和发展。

1948年，由美国数学家、通信工程师克劳德·艾尔伍德·申农（Claude Elwood Shannon，1916～2001）建立了信息论。随着计算机的发展和信息在管理科学中的应用，信息论越来越显现出它在社会科学管理方面的重要价值。

美国著名数学家诺伯特·维纳（Norbert Wiener，1894～1964）于第二次世界大战期间，在美国军事科学研究机构中研究防空火力控制系统的预测装置。1943年，他与生理学家罗森勃吕特、毕格罗通过对神经生理学和军事工程中高射炮自动瞄准控制装置的研究，合作发表了《行为、目的和目的论》一文。经第二次世界大战后的数年研究，他天才地创立了能够使机电系统表现出像生物那样有目的追踪目标行为的自动化控制的理论。1948年，诺伯特·维纳发表《控制论》，宣告了这门新兴学科的诞生。控制论原理不仅对机械技术工程和自动化工程起到了革命性的作用，而且也大大地推动了社会科学和管理科学的发展。

由于控制论所形成的关于信息和反馈的科学研究具有相当的普遍性，这使得社会科学也进入一种具有科学性的新阶段。20世纪50年代以后的有关管理的书籍几乎无一不涉及信息、反馈和控制论。在控制论和信息论发展的同时，最初的运筹学也有了长足的发展。在第二次世界大战中，为了消灭法西斯，同盟国的军事领导机构组织了许多学科的科学技术专家研究和解决军事的攻防作战、后勤供给、武器布署、使用等的规律性问题。这样，便出现了军事运筹学，其理论和实践价值得到了普遍承认。第二次世界大战后，运筹学的科学家们把目标转向各种民事经济工程和企业管理问题，在许多企业和经济组织中起到了显著的效果。美国兰德公司倡导的“系统分析方法”，取得很大成功。在解决不同的工程学问题的过程中，运筹学逐渐形成了许多理论分支，如规划论、对策论（博弈论）、排队论、搜索论、库存论、决策论等，逐渐发展成为一门独立的系统技术，对管理科学产生了巨大的影响。

第三阶段，20 世纪 60～80 年代，系统管理理论向更加广泛的实践领域发展。

在系统管理基础理论方面，从动态的角度更深入研究一般系统概念、原理的自组织理论发展起来，补充和发展了路德维格·冯·贝塔朗菲的一般系统论。自组织理论运用实践和数学的方法，进一步研究了系统的产生、进化、质变、发展及自调节、自稳定、自复制和自评价选择等问题，这就是比利时物理学家普利高津的"耗散结构理论"、德国著名物理学家哈肯（Hermann Haken）的"协同学"、联邦德国生物物理学家 M. 艾根的"超循环"理论等实验型自组织理论，以及突变论、混沌论、分形理论等有关非线性复杂系统的数学理论等。自组织理论把系统科学的理论向前推进了一步，它的许多思想和方法已经渗透到社会科学和管理科学的领域中，它在这些领域中发挥的作用是难以估量的。

在技术和工程领域方面，系统管理理论快速地向社会实践领域深入。在系统工程的基本方法方面，出现了系统工程方法论、系统动力学、灰色系统理论和泛系统理论等一般系统工程方法。这些理论、技术方法向实践领域的深入，形成了大批系统工程的领域和学科，如机械系统工程、有机系统工程、社会系统工程、文化系统工程、综合系统工程等。

二、系统管理学派的代表人物

（一）一般系统理论

1. 路德维格·冯·贝达朗菲

路德维格·冯·贝达朗菲（Ludwig Von，Bertalanffy，1901～1972）生于奥地利首都维也纳附近的阿茨格斯多夫，美籍奥地利理论生物学家和哲学家，一般系统论的创始人。他于 1926 年获得维也纳大学哲学博士学位；1937 年在芝加哥大学的一次学术讨论会上最早提出了"一般系统理论"的概念；1945 年以后，他陆续发表文章和著作，介绍一般系统理论的基本原理。1950 年以来，他在《科学》杂志上发表《物理学与生物学的开放系统理论》，阐述了一般系统理论的主要观点；1954 年，在美国成立了"一般系统学会"，并出版《一般系统年鉴》。1968 年，贝达朗菲在《一般系统理论的基础、发展和应用》一书中，系统而全面地阐述了动态开放系统的理论。该书被西方学者认为是一般系统理论的经典著作。

路德维格·冯·贝塔朗菲的重要贡献之一，就是建立了关于生命组织的机体论，并由此创立了一般系统理论。

2. 诺伯特·维纳

诺伯特·维纳（Norbert Wiener，1894～1964）是美国数学家、控制论的创始人，1894 年 11 月 26 日生于美国密苏里州的哥伦比亚，是天生的神童。他 11 岁上大学，14 岁考入哈佛大学研究生院，18 岁获哈佛大学数理逻辑博士学位。

诺伯特·维纳在其 50 年的科学生涯中，先后涉足哲学、数学、物理学和工程学，最后转向生物学，在各个领域中都取得了丰硕成果，是 20 世纪多才多艺和学识渊博的科学巨人。他一生发表论文 240 多篇，著作 14 本。他的主要著作有《控制论》（1948 年）、《维纳选集》（1964 年）和《维纳数学论文集》（1980 年）。诺伯特·维纳在 1919 年研究勒贝格积分时，从统计物理方面萌发了控制论思想。第二次世界大战期间，他参加了美国研制防空火力自动控制系统的工作，提出了负反馈概念，应用了功能模拟法，对控制论的诞生起了决定性的作用。1943 年，诺伯特·维纳与别格罗和罗森勃吕特合写了《行为、目的和目的论》的论文，从反馈角度研究了目的性行为，找出了神经系统和自动机之间的一致性。这是第一篇关于控制论的论文。诺伯特·维纳对科学发展所作出的最大贡献是创立了控制论。

控制论是研究各类系统的调节和控制规律的科学。它是自动控制、通信技术、计算机科学、数理逻辑、神经生理学、统计力学、行为科学等多种科学技术相互渗透形成的一门横断性学科。它研究生物体和机器以及各种不同基质系统的通信和控制的过程，探讨它们共同具有的信息交换、反馈调节、自组织、自适应的原理和改善系统行为、使系统稳定运行的机制，从而形成了一整套适用于各门科学的概念、模型、原理和方法。

1947 年 10 月，诺伯特·维纳写出划时代的著作《控制论》。它揭示了机器中的通信和控制机能与人的神经、感觉机能的共同规律，为现代科学技术研究提供了崭新的科学方法，从多方面突破了传统思想的束缚，有力地促进了现代科学思维方式和当代哲学观念的一系列变革。

控制论的研究表明，无论自动机器，还是神经系统、生命系统，以至经济系统、社会系统，撇开各自的质态特点，都可以看作是一个自动控制系统。在这类系统中有专门的调节装置来控制系统的运转，维持自身的稳定和系统的目的功能。控制机构发出指令，作为控制信息传递到系统的各个部分（即控制对象）中去，由它们按指令执行之后再把执行的情况作为反馈信息输送回来，并作为决定下一步调整控制的依据。整个控制过程就是一个信息流通的过程，控制就是通过信息的传输、变换、加工、处理来实现的。反馈对系统的控制和稳定起着决定性的作用，无论是生物体保持自身的动态平稳（如温度、血压的稳定），还是机器自动保持自身功能的稳定，都是通过反馈机制实现的。反馈是控制论的核心问题。控制论就是研究如何利用控制器，通过信息的变换和反馈作用，使系统能自动按照人们预定的程序运行，最终达到最优目标的学问。

控制论是具有方法论意义的科学理论。控制论的理论、观点，可以成为研究各门科学问题的科学方法。这就是撇开各门科学的质的特点，把它们看作是一个控制系统，分析它的信息流程、反机制和控制原理，往往能够寻找到使系统达到最佳状态的方法。这种方法称为控制方法。控制论的主要方法还有信息方法、反馈方法、功能模拟方法和黑箱方法等。

现在，控制论已有了许多重大发展，但诺伯特·维纳用吉布斯统计力学处理某些数学模型的思想仍处于中心地位。

3. 申农

申农（C. E. Shannon，1916～2001）是美国的数学家，信息论的创始人、影响人类社会进程的科学家。

为解决通信技术中的信息编码问题，申农突破老框框，把发射信息和接收信息作为一个整体的通信过程来研究，提出通信系统的一般模型。同时，建立了信息量的统计公式，奠定了信息论的理论基础。1948 年，申农发表的《通信的数学理论》（*The Mathematical Theory of Communication*）一文，成为信息论诞生的里程碑。1951 年，美国无线电工程学会承认信息论这门学科。历史证明，质量、能量和信息量是三个非常重要的物理量。度量信息量的问题是在信息论中解决的。

20 世纪 50 年代是信息论向各门学科冲击的时期。60 年代是信息论的消化、理解，进行重大建设的时期。研究重点是信息和信源编码问题。到 70 年代，由于数字计算机的广泛应用，通信系统的能力有了很大的提高。更有效地利用和处理信息，便成为日益迫切的问题。人们越来越认识到充分利用和共享信息资源的重要性。信息论的概念和方法广泛渗透到各个学科领域，使之能成为人类各种活动中所碰到的信息问题的基础理论，从而推动其他新兴学科进一步发展。

目前，人们把信息论广泛应用于物理学、化学、生物学等学科中去。在信息论的基础上研究信息的产生、获取、变换、传输、存储、处理、显示、识别和利用的信息科学正在形成和发展。

4. 伊里亚·普里高津

伊里亚·普里高津（Ilya Prigogine），耗散结构论的创立者。1917 年生于莫斯科。他主要研究非平衡态的不可逆过程热力学，于 20 世纪 70 年代提出耗散结构（Dissipative Structure）理论，它是物理学中非平衡统计的一个重要新分支。由于这一成就，伊里亚·普里高津获 1977 年诺贝尔化学奖。

伊里亚·普里高津的早期工作在化学热力学领域，1945 年提出了最小熵产生原理。这一原理同翁萨格倒易关系一起为近平衡态线性区热力学奠定了理论基础。伊里亚·普里高津以多年的努力，试图把最小熵产生原理延拓到远离平衡的非线性区，但以失败告终。在研究了诸多远离平衡现象后，他认识到系统在远离平衡态时，其热力学性质可能与平衡态、近平衡态有重大原则差别。以伊里亚·普里高津为首的布鲁塞尔学派经过多年的努力，终于建立起一种新的关于非平衡系统自组织的理论——耗散结构论。

耗散结构论由伊里亚·普里高津在 1969 年“理论物理学和生物学”国际会议上正式提出。

耗散结构论的提出，在自然科学和社会科学，如物理学、天文学、生物学、经济学、哲学等很多领域产生了重大的影响。

5. 哈肯

哈肯（Haken Hermann，1927～），德国物理学家、协同学论的创始人。他于 1927 年生于德国，1951 年获埃尔朗根大学数学哲学博士学位；1956 年任理论物理学讲师；1960 年任斯图加特大学理论物理学教授，主要从事激光理论和相变研究；1969 年提出“协同学”一词。他建立序参量演化的主方程，解决了导致有序结构的自组织理论的框架，并用突变论在有序参量存在势函数的情况下对无序—有序的转换进行归类，于 70 年代创立了协同学。

协同学，亦称协同论。它是研究协同系统从无序到有序的演化规律的新兴综合性学科，主要研究远离平衡态的开放系统在与外界有物质或能量交换的情况下，如何通过自己内部协同作用，自发地出现时间、空间和功能上的有序结构。

哈肯通过非平衡相变与平衡相变以及非平衡相变之间的类比，得出了“协同”(synergetics）的概念，同时指出，一个系统从无序向有序转化的关键并不在于热力学平衡还是不平衡，也不在于离平衡态有多远，而在于一个由大量子系统构成的系统。在一定条件下，它的子系统之间通过非线性的相互作用就能够产生时间结构、空间结构或时空结构，形成一定功能的自组织结构，表现出新的有序状态。

6. 雷内·托姆

雷内·托姆（R. Thom)，法国数学家，突变论的创始人。他在 1972 年发表的《结构稳定性和形态发生学》一书中阐明了突变理论，宣告突变论的诞生。因此，他荣获国际数学界的最高奖——菲尔兹奖章。突变论的出现引起各方面的重视，被称之为“是牛顿和莱布尼茨发明微积分 300 年以来数学上最伟大的革命”。

突变论是研究客观世界非连续性突然变化现象的一门新兴学科，自 20 世纪 70 年代创立以来，数十年间获得迅速发展和广泛应用，引起了科学界的重视。

（二）系统管理理论

系统管理理论是由理查德·约翰逊（Richard A. Johnson)、弗里蒙特·卡斯特(Fremont E. Kast）和詹姆斯·罗森茨韦克（James E. Rosenzweig）创立的。

他们于 1963 年共同撰写了《系统理论与管理》一书，全面地阐述了管理的系统理论。1970 年，弗里蒙特·卡斯特和詹姆斯·罗森茨韦克合作出版《组织与管理——系统方法与权变方法》一书，进一步充实了系统管理理论。

系统管理理论，把一般系统理论应用到组织管理之中，运用系统研究的方法，兼收并蓄各学派的优点，融为一体，建立通用的模式，以寻求普遍适用的模式和原则。系统管理理论是运用一般系统论和控制论的理论和方法，考察组织结构和管理职能，以系统解决管理问题的理论体系。

系统管理理论主要应用系统理论的范畴、原理，全面分析和研究企业和其他组织的管理活动和管理过程，重视对组织结构和模式的分析，并建立起系统模型以便于分析。

系统管理理论向社会提出了整体优化、合理组合、规划库存等管理新概念和新方法，为此，被认为是 20 世纪最伟大的成就之一，是人类认识史上的一次飞跃。

弗里蒙特·卡斯特和詹姆斯·罗森茨韦格的一个重大贡献，是建立了组织的系统分析模型。他们认为，各种组织都由目标和价值分系统、技术分系统、社会心理分系统、结构分系统、管理分系统这五个部分组成；五个分系统之间相互影响，而组织系统又处于环境超系统之内。这一模型，直到今天，依然在组织管理的系统分析中具有范式作用。

三、系统管理学派的管理思想及特点

系统管理学派从系统观点出发，认为工商企业是一个由相互联系而共同工作的各个要素（子系统）所组成的以便达到一定目标（既有组织的目标，又有其成员的个人目标）的系统。工商企业又是一个开放的系统，它同周围环境（顾客、竞争者、政府等）

之间存在着动态的相互作用，并具有内部和外部的信息反馈网络，能够不断地自动调节，以适应环境和自身的需要。

（一）企业系统

企业系统由许多子系统构成。子系统可以分为六个部分：

（1）传感系统，用来度量传感企业内部和周围环境的变化；

（2）信息处理系统，如会计和数据处理系统；

（3）决策系统，下达接受输入的信息，做出决策并传达贯彻下去；

（4）加工子系统，利用信息、能量和物资完成一定的生产任务；

（5）控制子系统，保证企业按原计划进行，通过反馈获知偏差，并纠正它们；

（6）记忆和存储信息子系统，可用来记录事件、编制手册、制定工艺规程、设计电子计算机程序等形式。

根据子系统的内容、职能等方面给企业子系统分类。例如，从内容角度可分为目标子系统、技术子系统、工作子系统、结构子系统、社会人际关系子系统和外界因素子系统等。

根据研究问题的需要可以分为不同的子系统，如目标和价值子系统、技术子系统、社会心理子系统、结构子系统、管理子系统等。

系统管理学派认为，在一个复杂的管理制度中，存在着执行不同法律任务的子系统，如战略子系统、协调子系统和作业子系统。要把系统观点、系统分析、系统管理运用于战略子系统、协调子系统和作业子系统，才能取得应有效果。

（二）系统观点、系统分析和系统管理

系统管理学派认为，系统观点、系统分析和系统管理是既有联系又有区别的三个方面。

1. 系统观点

系统管理学派是用系统观点来考察工商企业及其管理的。系统观点是以一般系统理论为依据的。系统观点认为，整体是主要的，而其各个部分是次要的。系统中许多部分的结合是它们相互联系的条件。系统中的各个部分组成一个不可分割的整体。各个部分围绕着实现整个系统的目标而发挥作用。系统中各个部分的性质和职能由它们在整体中的地位所决定，其行为则受到整体的制约。整体是一种力的系统、结构或综合体，是作为一个单元来行事的。一切都应以整体作为前提条件，然后演变出各个部分之间的相互关系。整体通过新陈代谢使自己不断地更新；整体保持不变和统一，而其组成部分则不断改变。

系统就是由两个以上的有机联系、相互作用的部分所组成的，是具有特定结构和功能的整体。系统管理学派认为，工商企业就是一个由相互联系且共同工作的各个子系统所组成的系统，以便达到一定的目标。工商企业是一个人造的系统，它同周围的环境之间存在着动态的相互作用，并具有内部的和外部的信息反馈网络，能够不断地自行调节，以适应环境和本身的需要。

2. 系统分析

系统分析就是对一个系统内的基本问题，用逻辑推理、科学分析的方法，在确定条件与不确定条件下，找出各种可行的方案。或者说，系统分析就是以系统的整体最优为目标，对系统的各个主要方面进行定性和定量的分析，是一个有目的、有步骤的探索性分析过程，以便给决策者提供直接判断和决定最优方案所需要的信息和资料。

系统分析的准则：一是在对各种各择方案进行分析和选择，应紧密围绕建立系统的目的；二是要从系统的整体利益出发，使局部利益服从整体利益；三是在进行系统分析时，既要考虑到当前利益又要考虑到长远利益；四是定量分析和定性分析相结合；五是抓关键，不要限于细枝末节。

系统分析要求有严格的逻辑性。也就是说，在拟订方案以前，首先要确定方案的目的、实现的场所、人员和方法等；其次要搜集资料，拟定对比方案；最后对于建立的各种分析模型进行分析比较，选出可实施的方案。

进行系统分析，首先，应该紧紧围绕建立系统的目标；其次，应该从系统的整体利益出发，使局部利益服从整体利益，既要考虑当前利益，又要考虑长远利益；再次，要抓住关键问题，采用定量分析和定性分析相结合的方法。

3. 系统管理

全面应用系统理论于企业组织管理实践的是开放组织系统理论，该理论特别强调开放性、整体性和层次性观念。弗里蒙特·E. 卡斯特认为，企业是相对开放的系统，边界是可渗透的，可以有选择地输入和有选择地吸收，不仅要适应环境，还要影响环境。更重要的是，企业应有意识地去改造环境。

系统管理有以下几个特点：第一，以目标为中心，始终强调系统的客观成就和客观效果；第二，以整个系统为中心，强调整个系统的最优化而不是子系统的最优化；第三，以责任为中心，分配给每个管理人员一定的任务，而且要能衡量其投入和产出；第四，以人为中心，每个员工都被安排做具有挑战性的工作，并根据其业绩支付报酬。

在系统管理中，有以下四个紧密联系的阶段：创建系统的决策阶段、系统的设计阶段、系统的运转和控制阶段以及系统运转结果的检查和评价阶段。

系统管理学派认为，从系统观点来考察和管理企业有助于提高企业的效率与效益。首先，企业管理人员不至于因为只注意一些专门领域的特殊职能，而忽略了企业的总目标；其次，企业管理人员不至于忽略企业在更大的系统中的地位和作用。企业的系统管理就是把信息、能源、材料和人员等没有联系的资源，结合成为一个达到一定目标的整体系统。按系统观点组织资源的企业，并不会消除企业的各项基本管理职能，但能把企业中的各个子系统和有关部门的关系网络看得更清楚。计划、组织、控制和信息联系等基本职能不是孤立的，而是围绕着系统及其企业的目标发挥作用的。

四、系统管理学派的管理方法

系统管理学派的管理方法的一个重要特点就是采用模型分析方法。

（1）分析企业的实际情况，找出管理中存在的问题。

（2）系统地表述企业系统特有的各主要因素之间的依存关系。

(3) 建立“动态”程序设计系统。

(4) 用电子计算机对这个动态系统进行运算，并把运算的结果同企业实际行为的试验数据进行比较。

(5) 依据比较结果对模型进行修改，以保证动态模型与企业行为尽可能一致。

(6) 运用模型确定各个参数最适宜的变化幅度，以便改变企业的行为，并把这些变化从计算机语言变成管理者会使用的工具。

进行系统分析要遵守一定的程序：确定目标—收集资料—拟定对比方案—建立分析模型—对比各方案的数量指标和质量指标—综合分析或试验确定最优方案—实施方案和信息反馈。

系统管理学派的影响很大，尤其是利用系统论的方法来进行管理，使管理的思想有了一个巨大发展。

系统管理学派认为，要进行成功有效的管理，就要对企业系统的基本问题进行系统分析，以便找出关键所在。

五、评析

系统管理理论的出现，同特定的经济发展与社会状况有密切的联系。

第二次世界大战以后，随着经济危机的加深，资本和生产更加集中，企业的规模日益扩大，企业内部的组织结构也愈加复杂。如何从企业整体的要求出发，处理好企业组织内部各个单位或部门之间的相互联系，保证组织整体的有效运转。如何为企业组织建立起同外部环境可靠的联系，以适应外部环境的变化。以往的管理理论都只侧重于管理的某一个方面，它们或者侧重于生产技术过程的管理，或者侧重于人群的心理分析，或者侧重于一般的组织问题，并且大都把企业组织视为一种“封闭系统”。在他们的理论中，很少涉及企业的外部环境因素，因而难以适应经济发展与社会变化的要求。

系统管理理论的出现，同西方管理理论自身的发展状况有密切的联系。

第二次世界大战以后，西方管理理论有了进一步发展，新的学派纷纷出现，呈现一种丛林的趋势。来自不同学科的管理学家运用不同的研究方法，从不同的角度，提出了各自不同的管理理论。系统管理和系统分析理论在管理中的应用，提高了管理人员对影响管理理论和实践的各种相关因素的洞察力。但由于它在解决管理的具体问题时略显不足而稍有减弱，但仍不失为一种重要的管理理论。

系统理论通过对组织的研究来分析管理行为，体现了管理哲学的改变。它使人们从整体的观点出发，对组织的各个子系统的地位和作用，以及它们之间的相互关系，得到了更清楚的了解。同时，它也使人们注意到任何社会组织都具有开放系统的性质，从而要求管理者不仅要分析组织的内部因素，解决组织内部因素的相互关系问题，还必须了解组织的外部环境因素，注意解决组织与外部环境的相互关系问题，为人们处理和解决各种复杂组织的管理问题提供了一种十分有用的思路和方法。

从系统的观点来考察和管理企业，有助于提高企业的整体效率。企业领导人有了系统观点，更易于在企业各部门的需要和企业整体的需要之间保持适当的平衡，使得企业的管理人员不至于因为只注意一些专门领域的特殊职能而忽略了企业的总目标。

但是，应该看到，现代组织和管理面临着十分复杂的条件，系统管理理论企图用系统的一般原理和模式来解决如此复杂的现实问题是难以奏效的。系统理论研究的对象是组织，系统理论是通过对组织的研究来分析管理行为，虽然在理论上是正确的，但系统理论对组织的构成因素的分析存在一定的问题，导致其理论并未能提出具体的管理行为和管理职能，只是笼统地提出一些原理和观点，初学者在实践中会无所适从。因此，这个理论与其他管理理论相比较，在解决具体管理问题上的研究显得不足。

系统管理学派有其先天的不足。西方学者认为，系统管理学派难以满足各方面对它的期望。对那些希望获得具体行动指南的企业经理们来说，它太抽象，不够成熟，难以付诸实施；对那些希望从事分析和研究的学者而言，它又太复杂，可变因素太多，不便进行研究。尽管如此，系统管理理论对自动化、控制论、管理信息系统、权变理论等的发展起到了重要的作用。系统动态理论的建立和发展及其应用对研究社会及全球问题具有特殊的意义。

系统管理学派的理论基础是系统科学。系统科学在进入 20 世纪 90 年代后有了长足的发展。尤其是在“老三论”的基础上发展起来的耗散结构理论、协同论和突变论，以及超循环理论和混沌理论，对系统管理理论的进一步发展起到了促进作用。

第五节　数量学派的管理思想

一、数量学派及其代表人物

数量学派，也称数量管理科学学派、数量管理学派。有人把管理科学与运筹学看成是统一语，因为该学派正式成立始于 1939 年由美国曼彻斯特大学教授布莱克特领导的运筹学小组。当时运筹学广泛围绕着城市防卫与进攻，雷达网络的优化配置，轰炸敌方潜艇的飞机有效高度及配合等军事问题进行研究。第二次世界大战以后，运筹学广泛应用于企业管理方面。

数量学派的管理思想，注重定量模型的研究和应用，以求得管理的程序化和最优化。

数量学派认为，解决复杂系统的管理决策问题，可以用电子计算机作为工具，寻求最佳计划方案，以达到企业的目标。管理科学其实就是管理中的一种数量分析方法。它主要用于解决能以数量表现的管理问题。其作用在于通过管理科学的方法，减少决策中的风险，提高决策的质量，保证投入的资源发挥最大的经济效益。

数量学派认为，管理就是利用数学模型和程序系统来表示管理的计划、组织、控制、决策等职能活动的合乎逻辑的过程，对此做出最优的解答，以达到企业的目标。

数量学派主要不是探求有关管理的原理和原则，而是依据科学的方法和客观的事实来解决管理问题，并且要求按照最优化的标准为管理者提供决策方案，设法把科学的原理、方法和工具应用于管理过程，侧重于追求经济和技术上的合理性。

数量学派是以定量分析为主要方法的学派，因此它是对弗雷德里克·温斯洛·泰勒科学管理理论的拓展。

随着计算机技术的发展，这个学派的数量特点得到进一步的发挥，因而被广泛研究与应用于城市的交通管理、能源的分配和利用、国民经济计划编制以及世界范围经济发展的模型等一些更大、更复杂的经济与管理领域。

但是，有些学者对数量学派持批判态度，他们认为，数量并不能真正地解决管理中的重大问题。而且有些管理学家侧重于定量的技术方面并不了解管理中存在的问题，尤其是对管理对象中的人的因素往往无法进行定量计算。这样，数量学派的优势就得不到很好地发挥。

该学派的主要代表人物是兰彻斯特（F. W. Lanchester）和希尔（A. V. Hill）等。

第一次世界大战期间，英国的兰彻斯特（F. W. Lanchester）在1915年就把数学定量分析法应用于军事，发表过关于人力和火力的优势与军事胜利之间的理论关系的文章。当时的英国军需部成立了防空试验组，由生理学家希尔（A. V. Hill）应用数理分析方法来运用于防空武器。在这个防空试验组中还有一些当时参军的科学家，其中有四人后来成为英国皇家学会会员。希尔被人称为运筹学研究的创始人之一。

埃尔伍德·斯潘赛·伯法（Elwood S. Buffa）是西方管理科学学派的代表人物之一，曾任教于美国加利福尼亚大学管理研究院、哈佛大学工商管理学院。其代表作是《现代生产管理》（1975年）。《生产管理基础》是埃尔伍德·斯潘赛·伯法根据《现代生产管理》改写的，简明易懂，曾被《哈佛商业评论》推荐为经理必读书目。在这本书里可以看到大量的图表和数学公式，正是这些科学的计量方法，使得对管理问题的研究由定性走向定量。

霍勒斯·利文森（Horace C. Levenson）于20世纪30年代把复杂的数学模型应用于传统办法难以进行的大量数据处理工作。他最有名的研究工作之一是对一个小型邮购商店的顾客拒收邮购包裹的情况进行研究。他的研究表明，拒收率大约占总销售额的30%。最常被顾客拒收的货物有两类：一类是较贵的定货，另一类是发货迟于定货后五天的货物。平均说来，定货迟付五天就无利可图。用这些数据，邮购公司很容易对拒付费用和较高的快发费用进行比较，从而确定最佳发货日期和发货数量。

从20世纪50年代开始，出现了一批管理科学（运筹学）方面的教科书，如《运筹学入门》、《生产管理分析》、《用于管理决策的运筹学》等书籍。

二、数量学派的管理思想

数量学派的管理思想是建立在系统思维的基础上的，系统的观点是要求从系统的整体效果出发进行理论考察、分析与解决问题，其目的是使整个系统的总效果达到最优。管理学派认为，组织中的任何部分或任何功能的活动必然会影响其他部分或功能，所以评价一个组织中任何决策或行动都必须考虑到它对整个组织的影响及其相关问题。正确的决策必须从整个系统出发，考虑到各个部门和各个因素，对整个组织最有利才是最优化。如果只考虑其中的一个部门和部分因素则不是最优的。如何求出最优化所采取的方法就是运筹学的方法。

三、数量学派的主要特点

（1）应用模型化和定量化来解决问题。数量学派的重要特点就是模型化和定量化。把一个要研究的问题按预期的目标和约束条件，将其主要因素和因果关系变为各种符号来建立模型以便求解。他们将众多方案中的各种变数或因素加以数量化，利用数学工具建立数量模型研究各变数和因素之间的相互关系，寻求一个用数量表示的最优化答案。决策的过程就是建立和运用数学模型的过程。

（2）各种可行的方案都以经济效果作为评价的依据，如成本、总收入和投资利润率等。

（3）广泛地使用电子计算机。现代企业管理中影响某一事务的因素错综复杂，建立模型后，计算任务极为繁重，依靠传统的计算方法获得结果往往需要若干年时间，致使计算结果无法用于企业管理。电子计算机的出现大大提高了运算的速度，使数学模型应用于企业和组织成为可能。

（4）应用多种学科交叉配合的方法。他们认为，尽管各个学科对问题的描述各不相同，但如果把各个方面综合起来看，会对问题有更全面的理解，更有助于问题的解决。除了计算机和数学以外，根据研究对象的不同，需要应用各种社会科学、自然科学和工程技术。

四、数量学派的管理方法

目前在管理中应用比较广泛有效的数学模型有决策理论模型、盈亏平衡模型、库存模型、资源配置（线性规划）模型、网络模型、排队论、投入产出模型等。它们有的是描述性的；有的是规范性的；有的含有多种确定性变量，如盈亏平衡模型；有的含有各种随机的变量，如网络模型等。数学模型如图 10-1 所示。

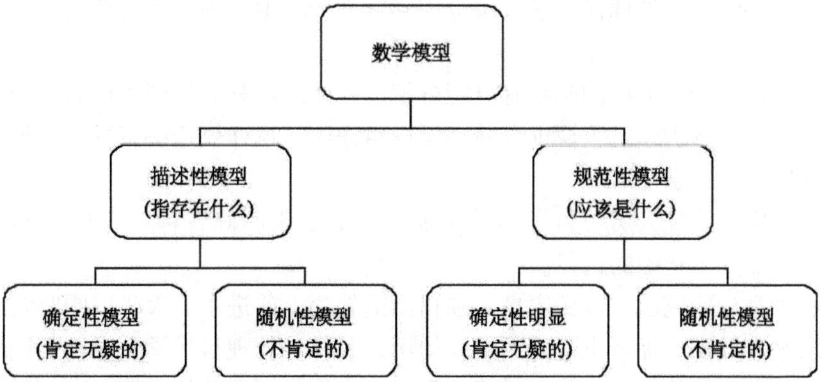

图 10-1 数学模型

数量学派建立和使用数学模型的逻辑步骤一般的程序是：

（1）提出问题并阐述问题，就是要对其中所有的要素进行清楚地解释。

（2）建立数学模型。对问题的要素用一组变量的函数来表示，一般的形式是：

$$E = f(X_f, Y_f)$$

式中，E 为系统的效益（如利润、成本等）；f 为函数关系；X 为可控制变量，Y 为竞争者所控制的变量，模型要求这两类变量都是可计量的，各变量间的关系都必须是确定的。

（3）解出模型的答案，从而取得使系统达到最佳效益的数量值。

（4）检查模型及解的实际意义，深入了解这个解法的价值对实际预测的准确度。

（5）对所求的解进行控制，就是要制定出当变量与函数发生某些变化时对方案能够采取调整的措施，以保证各种变量和关系都不走样。

（6）把方案付诸实施。所有采用这个模型的解法的人，都要了解模型的基本原理。

管理人员必须随时记录贯彻执行过程中的变化情况。注意模型的目标、假设、省略的东西和限制条件等因素，在一个过程之后，重新复查系统模型，以便改进它，使之更符合实际，有利于获得更好的系统效益。

数量学派所追求的管理最优化目标，同系统管理学派关于组织的看法有密切的联系。他们认为，组织既是由“经济人”组成的旨在追求经济利益的系统，又是由“理性人”与技术设备和决策网络组成的人—机系统和决策系统，在这个系统中双重性格的人会受到经济的激励为实现最大经济收益目标而努力，同时本身也会得到最大的满足。管理科学所追求的管理程序化和模型化，就是旨在把科学的管理原理方法和工具应用于管理的各种活动，特别是与决策活动结合起来，以减少经营管理中的不确定性，使投入的资源发挥最大的作用，得到最大的经济效益。这个经济效益是整个系统的最优化，而非局部最优化，局部最优化对整个组织来说是不可取的，是不符合最优化原则的。

五、评析

数量管理科学理论把现代科学方法运用到管理领域中，为现代管理决策提供了科学的方法。

第一，它使复杂、大型的问题有可能分解为较小的部分，更便于诊断、处理；

第二，制作与分析模式重视细节并遵循逻辑程序，这样就把决策置于系统研究的基础上，增进决策的科学性；

第三，有助于管理人员估价不同的可能选择，如果明确各种方案包含的风险与机会，便更有可能作出正确的选择。

它使管理理论研究从定性到定量，在科学的轨道上前进了一大步，同时它的应用对企业管理水平和效率的提高也起到了很大作用。另外，管理科学学派重视不同学科的交融与渗透，有助于优势互补，开拓思路，形成更全面、更合理的决策。由多种学科的人员交叉配合进行研究，是一种较好的研究方法。

但是，同其他理论一样，它也有一些缺陷。

（1）数量学派的适用范围有限。把管理中与决策有关的各种复杂因素全部数量化，完全采用管理科学的定量方法来解决复杂环境下的组织问题还面临着许多实际困难，是不可能也不现实的。例如，有些管理问题往往涉及许多复杂的社会因素，这些因素大都比较微妙，难以定量，当然就难以采用管理科学的方法去解决。此外，完全采用这种方法需要相当数量的费用和时间。由于人们考虑到费用问题，也使它往往只是用于大规模的复杂项目。这样，它的应用范围便会受到限制。

(2) 过分依赖物质工具，忽视管理中人的决定性作用。实际上，管理科学一直将企业组织看成是一个人-机系统，二者交互作用。人不仅是工具的使用者，也是工具的能动的创造者。因此，没有决定性的人进行相关的管理改造，建立相应的管理制度，理顺信息的流转和沟通，MIS 或 ERP 就永远停留在计算机软件和硬件的物质层面上。然而，在实际工作中，管理人员与管理科学专家之间难免产生矛盾。因为从事实际工作的管理人员可能对复杂、精密的数学方法很少理解，无法做出正确评价。而管理科学专家一般又不十分了解企业经营的实际工作情况，因而提供的方案不能切中要害，解决问题。这样，双方的合作难以进行。

(3) 管理问题的研究与实践，不可能也不应该完全只领先定量的分析，而忽视定性的分析。

尽管如此，数量学派理论的科学性还是被人们普遍承认。我们既要认识到它是一种重要的管理理论，又要认清在管理中起决定作用的归根结底是人。所以，管理人员应尽快地掌握管理科学，使之与各种管理技术、管理方法相符合，以便发挥更大的作用。

第六节 权变理论学派的管理思想

一、权变理论学派的主要理论观点及其代表人物

权变理论学派是 20 世纪 60 年代末 70 年代初在美国经验主义学派基础上进一步发展起来的管理理论。20 世纪 70 年代的美国，社会不安，经济动荡，政治骚动，达到空前的程度。石油危机对西方社会产生了深远的影响，企业所处的环境很不确定。权变理论的建立和普及主要基于两方面原因：一是企业外部环境制约；二是传统管理理论无能为力。例如，科学管理、行为科学等理论主要侧重于研究加强企业内部组织的管理，追求普遍适用的、最合理的模式与原则，在解决企业面临瞬息万变的外部环境时又显得无能为力。正是在这种情况下，人们希望随机制宜地处理管理问题。于是形成了一种管理取决于所处环境状况的理论，即权变理论。有的学者把权变管理视为权宜管理和应变管理的合称。

（一）权变理论学派的主要理论观点

组织成员的行为和环境的复杂性与不断变化决定了没有任何一种理论和方法适用于所有情况。因此，管理的方式方法要随着情况的不同而改变。

依据大量的调查研究，把组织的情况进行分类，建立模式，据此选择适当的管理方法。建立模式时考虑以下因素：①组织规模；②工艺技术的模糊性和复杂性；③管理者位置的高低；④管理者的位置权力；⑤下级个人之间的差别；⑥环境的不确定程度。这

些因素被称为情境因素或者权变因素。

权变理论学派的理论核心就是通过企业的各子系统内部和各子系统之间的相互联系，以及企业和它所处的环境之间的联系，来确定各种变数的关系类型和结构类型。在企业管理中要根据企业所处的环境和内部条件的发展变化随机应变，没有什么一成不变、普通适用的管理理论和方法。权变管理就是依托环境因素和管理思想以及管理技术因素之间的变数关系来研究并实施管理的一种最有效的管理方式。

权变理论学派以系统观点为理论依据，从系统观点来考虑问题。以往的理论的缺陷表现在：一是忽视外部环境对企业的影响，主要侧重于加强企业内部的管理，如弗雷德里克·温斯洛·泰勒的科学管理理论、亨利·法约尔的古典组织理论等。系统管理理论只是把企业作为一个独立的系统来研究，没有真正把企业看做是与环境紧密联系的实体。二是追求理论的普遍适用性和最合理的原则、最优化的模式。这一点在解决企业实际问题的时候，却表现出了很多漏洞。权变理论的出现意味着管理理论的发展在向实用主义方向前进。西方一些管理学者认为，权变理论比其他的管理理论有更大的前途，它是在复杂的环境下进行管理的一种好方法。

（二）权变理论学派的主要代表人物

1. 弗雷德·卢桑斯

弗雷德·卢桑斯（Fred Luthans）是美国尼拉斯加大学教授，1973 年发表了《权变管理理论：走出丛林的道路》一文，1976 年出版《管理导论：一种权变学说》，系统地介绍了权变管理理论，提出了用权变理论可以统一各种管理理论的观点。

弗雷德·卢桑斯认为，权变理论就是要把环境对管理的作用具体化，并使管理理论与管理实践紧密地联系起来。环境是自变量，而管理的观念和技术是因变量。这就是说，在某种环境条件下，要更快地达到目标，就要采用某种管理原理、方法和技术。如果在经济衰退时期，企业在供过于求的市场中经营，若采用集权的组织结构，就更适于达到组织目标；如果在经济繁荣时期，企业在供不应求的市场中经营，若采用分权的组织结构可能会更好一些。

弗雷德·卢桑斯认为，权变管理理论的核心内容是环境变量与管理变量之间的函数关系，即权变关系。环境可分为外部环境和内部环境。外部环境又分为两种：一是社会、技术、经济、政治、法律等环境；另一是由供应者、顾客、竞争者、雇员、股东等组成的环境。内部环境基本上是正式组织系统，它的各个变量与外部环境各变量之间是相互关联的。

弗雷德·卢桑斯把过去的管理理论划分为四种学说：过程学说、计量学说、行为学说和系统学说。这四种学说，即便重视环境影响，但没有把管理与环境有机地联系起来。这四种学说的代表人物都强调其学说的普遍适用性，但在实际上，上述任何一种学说的特有的管理观念和技术都不能使管理有效地进行，致使理论与实践相脱节。

权变学说试图把环境对管理的作用具体化，并使管理理论与管理实践密切联系起来。

弗雷德·卢桑斯认为，权变学说不是抛弃上述四种学说，而是作了进一步发展。

弗雷德·卢桑斯在论述权变学说时指出，从“contingecy”的字面意义来理解，很可能把权变管理看成是一种紊乱的、非科学的、“凭感官判断”的学说。实际上，权变关系是两个或两个以上的变数之间的一种函数关系。权变管理就是考虑到有关环境的变数与相应的管理观念和技术之间的关系，使采用的管理观念和技术能有效地达到目标。

弗雷德·卢桑斯把权变关系看作是一种“如果—那么”的函数关系，“如果”是自变数，“那么”是因变数。在权变管理中，通常的情况是，环境是自变数，而管理的观念和技术是因变数。这就是说，如果存在某种环境条件，那么，对达到目标来说，某种管理的观念和技术将比其他的更加有效。例如，经济处在衰退时，如果企业在一种受少数生产者影响的市场结构中活动，为了达到目标，企业采用行政的组织结构是最合适的。而经济处在繁荣时，如果企业是在一种存在着垄断竞争的市场结构中活动，为了达到目标，企业采用联合组织结构最为恰当。在某些情况下，也会产生相反的情况，即管理变数成为自变数，环境变数成为因变数。如果企业管理的高级领导阶层采取“参与制”和开放的领导方式，那么全体人员会以“自我控制”和对社会准则负责任的态度来参与。

2. 弗莱德·E. 菲德勒

弗雷德·E. 菲德勒（Fred E. Fiedler，1922～）是权变管理创始人，美国当代著名心理学家和管理专家。他早年在美国芝加哥大学获博士学位；毕业后，在芝加哥大学任教。1951年，担任伊利诺伊大学心理学教授和群体效能实验室主任；1969年，担任华盛顿大学心理学和管理学教授，同时兼任荷兰阿姆斯特丹大学和比利时鲁汶大学客座教授。他所提出的“权变领导理论”开创了西方领导学理论的一个新阶段，使以往盛行的领导形态学理论研究转向了领导动态学研究的新轨道，被西方管理学界称为“权变管理的创始人”。

弗雷德·菲德勒的主要著作有：《让工作适合管理者》（*Engineer the job to Fit the Manage*，1965）、《领导方式与有效的管理》（*Leadership and Effective Management*，1974）。

弗雷德·菲德勒从1951年起从管理心理学和实证环境分析两方面研究了组织领导问题，提出了“权变领导理论”。他的研究开创了西方领导学理论的一个新阶段，使以往盛行的组织领导形态学理论研究转向领导动态学研究的新轨道。他的理论对领导学和管理学的发展产生了重要影响。

弗雷德·菲德勒认为，一个组织的成功与失败在很大程度上取决于它的管理人员的素质，即取决于领导。如何寻求最佳的管理人员即领导者是一个十分重要的问题，但更现实、更重要的是如何更好地发挥现有管理人员的才能。

为了得到好的领导者，传统办法是依靠招聘、选拔和培训。弗雷德·菲德勒指出，依靠培训使领导者的个性适合管理工作的需求，这种做法从来没有取得过真正的成功。相比之下，改变组织环境即领导者所处的工作环境中的各种因素，要比改变人的性格特征和作风容易得多。我们应当尝试着变换工作环境使之适合人的风格，而不是硬让人的个性去适合工作的要求。

企业中的领导职务要求人们具有极强的适应性，而合格的、胜任的企业领导人员变得越来越难找。过去有一个时期，似乎到处都能发现所谓“天生的领导者”，他们素质极佳，前程远大，而且人数众多，可以信手拈来，可惜这种惬意的事情已经一去不复返了。企业界必须抓住现有的领导人才，尽可能有效地发挥他们的作用。例如，企业界的财务专家、高级科研开发人员、管理生产的天才，这些人很可能是不可或缺而又不可替代的。他们承担着领导责任，不可能一夜之间找到或训练出代替他们的人选，而且他们也不甘愿充当二把手的角色。如果这些人的领导风格与工作环境的要求不相符，恐怕只能改变工作环境去适合他们的领导方式。

弗雷德·菲德勒的权变领导思想试图阐明的就是如何去修改和变化工作环境以使其具有适用性。事实证明，在某些环境条件下专制式的领导者工作起来效率高，而在另一些环境中民主型的领导者工作起来得心应手。在任何一种环境中，我们都有可能改变那些与领导者固有风格相抵触的客观因素条件。如果一个企业的领导者明白这一点，就可以为他的中层经理设计出适合他们各自风格的工作环境，从而提高领导效率。

弗雷德·菲德勒的研究结果表明，专制型的领导在篮球队、勘探队、平炉车间以及企业管理人员的群体中工作得很出色。在决策集体和各种创造性的工作群体中，如果领导者能和下属维持友好关系，那么民主型的领导更容易做出成绩。事实上，适用于任何环境的“独一无二”的最佳领导风格是不存在的，某种领导风格只是在一定的环境中才可能获得最好的效果。一位在某种环境中能取得成效的领导者，在另一种环境中可能不一定获得成功。因此，必须研究各种环境的特点。弗雷德·菲德勒的研究结果表明，三类主要的环境因素条件决定了几乎所有特定环境所适用的领导风格。这三种因素是：①领导者与下属的关系；②任务结构；③职位权力。

不同环境条件要求不同的领导风格。这一论断与人们日常生活的经验是相符的。然而，环境不是一成不变的，当环境因素发生变化时，与之相适应的领导方式也会发生变化。因此，即使一个管理者的领导方式与环境的要求一致，即使现在工作顺利，也不意味着他就永远适合于做这个工作，除非他的风格也随着环境的变化而变化。例如，一个工作成绩显著的优秀企业突然面临危机，此时，深受职工信赖并精明强干的领导者，必须把顾问们请来商量摆脱危机的对策。企业在顺利时经理只需要下达命令，当专制型领导。经理与顾问们一起开会时便需要和谐气氛，当民主型的领导。这就说明领导方式应该随着环境变化而变化。

在研究开发计划部门中，宽容的领导者为下属创造一种自由发表意见和观点的气氛，使人们相互启发，充分发挥出潜能。计划制订出来以后，工作环境变得高度结构化，领导方式要求向“以工作任务为中心”转变，下达具体的、程序化的指令，要求职工按命令行事。这也说明领导方式应该随着环境变化而变化。

通过以上论述，我们得到一些启示：依靠招聘和培训管理人员来适应工作环境并不是最佳良策。企业应该把人员培训成具备一定风格的经理。按照经理人员已固有的领导风格，分配他们担任适当的工作，要比让他们改变自己的作风以适应工作容易得多。

企业的领导者应当学会分析和识别工作环境，然后把部门经理和下层经理分配到适合他们风格的环境中去工作。每种具体环境需要什么样的领导风格，取决于环境对领导者的有利程度，而这种有利程度又由若干环境因素决定，如领导者与职工的关系，群体成员的经历是否类同，工作任务是否明确，领导对下属是否了解等。很显然，改变环境因素要比调换下级经理和改变他们的作风容易得多。

弗雷德·菲德勒的权变领导思想远远超越了传统的选拔和培训领导人员的观念。它所强调的是，改变组织环境可能成为一种非常有用的工具，使得管理阶层的领导潜能得以更充分地利用和发挥。

弗雷德·菲德勒权变领导思想主要是用管理理论有效地指导管理实践。这种思想在管理理论与实践之间架起了一座桥梁。弗雷德·菲德勒反对不顾具体的外部环境而一味追求万能的、最好的管理方法，强调针对不同的具体条件，采用不同的组织结构领导模式及其他管理技术等。管理要把环境作为其重要组成部分，要求企业各方面活动要服从环境的要求，领导者的行为更应如此。

弗雷德·菲德勒对领导方式的形态进行了科学概括，区分出控制型与宽容型两大类。他进一步将领导方式类型与领导情境结合起来，对领导方式与领导情境的关系做了具有独创性的论述。弗雷德·菲德勒将原有的领导方式类型理论与领导情境结合起来创造出领导权变的理论。同时，菲德勒运用领导权变思想对领导的动态过程做了深入的探讨。

3. 保罗·罗杰·劳伦斯和杰伊·威廉·洛希

保罗·罗杰·劳伦斯（P. R. Lawrence）和杰伊·威廉·洛希（J. W. Lorsch）被称为是现代权变学说的创始者。1967 年，他们合著《组织和环境》一书，论述了外部环境和组织结构之间的关系。他们的基本主张是：按照不同的形势、不同的企业类型、不同的目标和价值，采取不同的管理方法。他们认为，普遍适用的“万能主义”理论与方法是不存在的。

他们认为，组织结构的最主要的特点就是分散化和整体化。分散化就是把组织系统划分为各种分系统，每个分系统根据与它相适应的外部环境所提出的要求，发展其特有的性质。整体化就是努力使各个分系统在完成组织任务时达到统一的过程。这种组织任务至少包括某些产品和劳务的计划、生产、分配的输入—转化—输出的完整周期。

他们认为，组织的外部环境的不确定性程序是从以下几个方面进行估计的：①从外部环境获得信息的清晰程度；②对于组织所采取行动的反馈时间；③组织活动条件的计划性程度。由这几个方面所形成的外部环境是决定组织结构分散化还是整体化的主要因素。他们根据对生产食品、塑料和集装箱等十个不同企业的调查，提出以市场的、生产的和科学技术环境为一方，以组织内部结构和行为机制为另一方，双方之间存在着固定的依存性。

根据工艺技术和外部环境因素，企业结构模式可分为四种：

（1）市场等外部条件变化快、内部各种产品之间工艺技术差别大的企业，如美国通用汽车公司，组织设计是按产品划分为各个事业部；

（2）外部环境变化较快，但工艺技术差别不大的企业，如美国休斯飞机公司，组织设计采取矩阵组织结构；

（3）外部环境稳定、工艺技术也较稳定的企业，如美国大陆包装品公司，组织设计采用直线职能制结构；

（4）外部环境十分稳定，而且产品非常单一的企业，如美国麦当劳公司，组织设计采用高度集权结构。

此外，约翰·莫尔斯、罗伯特·豪斯、保罗·赫塞、罗伯特·坦南鲍姆、琼·伍德沃德、维克托·弗鲁姆等对权变管理理论的发展也作出了巨大贡献。

二、权变理论学派的理论基础

权变理论学派的理论基础是超 Y 理论。超 Y 理论是 1970 年由美国管理心理学家约翰·莫尔斯（J. J. Morse）和杰伊·洛希（J. W. Lorscn）根据“复杂人”的假定，提出的一种新的管理理论。1970 年，他们在《哈佛商业评论》杂志上发表的《超 Y 理论》和 1974 年出版的《组织及其他成员：权变法》一书中提出该理论。超 Y 理论认为，没有什么一成不变的、普遍适用的最佳的管理方式，必须根据组织内外环境自变量和管理思想及管理技术等因变量之间的函数关系，灵活地采取相应的管理措施，管理方式要适合于工作性质、成员素质等。

约翰·莫尔斯和杰伊·威廉·洛希对美国麻省理工学院教授道格拉斯·麦格雷戈在 1957 年提出的 X 理论和 Y 理论进行实验分析比较后，提出一种既结合 X 理论和 Y 理论，又不同于是 X 理论和 Y 理论的一种主张权宜应变的经营管理理论。实质上是要求将工作、组织、个人、环境等因素作最佳的配合。

道格拉斯·麦格雷戈提出的 X-Y 理论认为，现在的工业企业一般都是按 X 理论进行管理的。由于 X 理论这种假设必须强迫、控制指挥并以惩罚相威胁才能实现组织目标，且由于 X 理论这种假设不符合实际，所以企业应放弃这种假设，并转变对人的看法。他认为，Y 理论与 X 理论假设相反的观点是符合人类本性的，管理应该按 Y 理论行事。

约翰·莫尔斯和杰伊·威廉·洛希对两个工厂和两个研究所分别采取了 X 理论和 Y 理论的管理实验。其中一个工厂和一个研究所按 X 理论以严密的组织和严格监督为主，另一个工厂和研究所按 Y 理论以松弛组织、参与管理、诱导和鼓励为主。实验的结果表明，在研究所里实行 Y 理论效率高；在工厂中实行 Y 理论效率低；而在以工人为主的工厂中实行 X 理论效率高，在以研究人员为主的研究所里实行 X 理论效率低。这样得出的结论是：Y 理论并不是在所有的情况下都比 X 理论效率高，管理思想和方式依据成员的素质、工作的特点环境情况而定，不能一概而论。由此，他提出了超 Y 理论，其基本观点是：

（1）人们带着许多不同的需要和动机加入组织，有的人需要正规化的组织机构和规章制度，有的人却需要更多的自治、更多的责任，更多地发挥创造性，最主要的是实现其胜任感。

（2）人们的胜任感有不同的满足方法。所以，组织形式和管理方法要与工作性质和人们的需要相适应。对管理者而言，有人适用 X 理论管理方式，有人适用 Y 理论管理方式。

（3）组织结构、管理层次、职工培训、工作分配、工资报酬和控制水平等都要随着工作性质、工作目标及人员素质等因素而定，不能千篇一律。

(4) 当一个目标达成时，就会产生新的更高的目标，然后进行新的组合，以提高工作效率。

三、评析

权变管理理论的最大特点是：①它强调根据不同的具体条件，采取相应的组织结构、领导方式、管理机制；②把一个组织看做是社会系统中的分系统，要求组织各方面的活动都要适应外部环境的要求。

权变理论的主要作用是将管理理论有效地应用于管理实践。它在管理理论与实践之间成功地架起了一座桥梁。它反对不顾具体的外部环境而一味追求最好的管理方法和寻求万能模式的教条主义，强调要针对不同的具体条件采用不同的组织结构领导模式及其他管理技术等。该理论把环境作为管理理论的重要组成部分，要求企业各方面活动要服从环境的要求。

权变理论为人们分析和处理各种管理问题提供了一种十分有用的方法。它要求管理者根据组织的具体条件，及其面临的外部环境，采取相应的组织结构、领导方式和管理方法，灵活地处理各项具体管理业务。管理者集中精力研究现实情况，根据具体情况具体分析，提出相应的管理对策，使管理活动更加符合实际情况，更加有效。所以，管理理论中的权变的或随机制宜的观点是正确的。同时，权变学派首先提出管理的动态性，使人们意识到管理的职能并不是一成不变的，认识到管理的动态性。

权变理论的出现，对于管理理论有某些新的发展和补充，主要表现在与其他学派相比，它与管理实践的联系更具体一些，与客观的现实更接近一些。

但是，权变理论存在着根本性的缺陷。问题主要在于它仅限于考察各种具体的条件和情况，而没有统一的概念和标准。它只强调特殊性，否认普遍性；只强调个性，否认共性。这一理论虽然通过对大量案例分析，从中概括出若干基本类型，试图为各种类型确认一种理想的管理模式，但提不出统一的概念和标准。他们强调变化，但否认管理的一般原理、原则对管理实践的指导作用，却提不出统一的概念和标准，使管理者只能根据自己的标准来确定自己的管理模式，未能形成普遍的管理职能，使从事管理工作的人员感到缺乏解决实际管理问题的更为有效的方法。

尽管权变学派的理论得到广泛的应用，但对管理理论没有突破性的发展，它的成绩在于对以往的管理理论加以灵活地应用。

第七节　经验主义学派的管理思想

经验主义学派又称为经理主义学派。它以向大企业的经理提供管理企业的当代经验和科学方法为目标。所有经验主义学派的代表人物都有自己的管理咨询公司。经验主义学派认为，管理学就是研究经验。通过对管理人员在个别情况下成功和失败的经验教训的研究，人们懂得在未来相应的情况下，如何运用有效的方法解决管理问题。因此，经验主义学派把管理理论的研究放在对实际管理工作者的管理经验教训上，强调从企业管理的实际经验而不是从一般原理出发来进行研究，强调用比较的方法来研究和概括管理经验。

经验主义学派基本的管理思想是有关企业的理论应该从企业的实际出发，特别是以大企业管理经验为主要研究对象，加以抽象和概括，然后传授给管理人员，向经理提出实际的建议。

一、经验主义学派主要代表人物

（一）彼得·德鲁克

彼得·德鲁克（Peter F. Drucker，1909～2005）是当代最著名的经验主义管理学家，生于奥匈帝国的维也纳，祖籍为荷兰人。他先后在奥地利和德国受教育，1929 年后在伦敦任新闻记者和国际银行的经济学家。他于 1931 年获法兰克福大学法学博士；1937 年移民美国。1942～1949 年任贝宁顿学院哲学教授和政治学教授。在美国，他开始是由若干家美国银行和保险公司组成的集团的经济学家，后担任美国通用汽车公司、克莱斯勒汽车公司、国际商用机器公司等大企业及一些外国公司的顾问，于 1945 年创办了德鲁克管理咨询公司，自任董事长。他于 1950～1972 年期间任纽约大学工商管理研究生院管理学教授，1972 年以后成为纽约大学高级教授。尊为“现代管理学之父”的彼得·德鲁克，第一个提出了“管理学”概念。1954 年，他提出了一个具有划时代意义的概念——目标管理（management by objectives，MBO），这是德鲁克所发明的最重要、最有影响的概念，已成为当代管理学的重要组成部分。目标管理的主要贡献之一就是它使得我们能用自我控制的管理来代替由别人统治的管理。

彼得·德鲁克揭示了管理学的真谛。他认为：“管理是一门学科，这首先就意味着，管理人员付诸实践的是管理学而不是经济学，不是计量方法，不是行为科学。无论是经济学、计量方法还是行为科学都只是管理人员的工具。但是，管理人员付诸实践的并不是经济学，正好像一个医生付诸实践的并不是验血那样。管理人员付诸实践的并不是行为科学，正好像一位生物学家付诸实践的并不是显微镜那样。管理人员付诸实践的并不是计量方法，正好像一位律师付诸实践的并不是判例那样。管理人员付诸实践的是管理学。”

彼得·德鲁克提出管理要解决的问题有 90% 是共同的。他认为：“管理在不同的组织里会有一些差异。因为使命决定远景，远景决定结构。管理沃尔玛和管理罗马天主教堂有所不同，其差异在于，各组织所使用的语言有所不同。其他的差异主要是在应用上而不是在原则上。所有组织的管理者，都要面对决策，要做人事决策，而人的问题几乎是一样的。所有组织的管理者都面对沟通问题，管理者要花大量的时间与上司和下属进行沟通。在所有组织中，90% 左右的问题是共同的，不同的只有 10% 。只有这 10% 需要适应这个组织特定的使命、特定的文化和特定语言。”

彼得·德鲁克提出培养经理人的重要性。他认为，经理人是企业中最昂贵的资源，而且也是折旧最快、最需要经常补充的一种资源。建立一支管理队伍需要多年的时间和很大的投入，但要搞垮它可能不用费多大劲儿。21 世纪，经理人的人数必将不断增加，培养一位经理人所需的投资也必将不断增加。企业对经理人的要求也将不断提高。企业的目标能否达到，取决于经理人管理得好坏，也取决于如何管理经理人。企业对其员工和工作的管理如何，主要取决于经理人的管理以及如何管理经理人。企业员工的态度，是管理层的能力与结构的一面镜子。员工的工作是否有成效，取决于他被管理的方式。

彼得·德鲁克认为，组织的目标是使平凡的人做出不平凡的事。组织不能依赖于天才。因为天才稀少如凤毛麟角。考察一个组织是否优秀，要看其能否使平常人取得比他们看来所能取得的更好的绩效，能否使其成员的长处都发挥出来，并利用每个人的长处来帮助其他人取得绩效。组织的任务还在于使其成员的缺点相抵消。

彼得·德鲁克曾发誓："如果我能活到 80 岁，我要写到 80 岁。"

他的主要著作有：《经济人的目的》（1939）、《工业人的未来》（1942）、《公司的概念》（1946）、《新社会》（1950）、《管理实践》（1954）、《美国未来的二十年》（1957）、《明日的里程碑》（1957）、《效果管理》（1964）、《卓有成效的管理者》（1966）、《不连续的时代》（1969）、《管理：任务、责任、实践》（1974）、《人与绩效：德鲁克论管理精华》（1977）、《动乱时代的管理》（1980）、《变动中的管理界》（1982）、《创新与企业家精神》（1985 年）、《管理的前沿》（1986）、《新现实：政府与政治、经济与企业、社会与世界》（1989）、《非营利组织的管理：原理与实践》（1990）、《管理未来》（1992）、《生态远景》（1993）、《后资本主义社会》（1993）、《巨变时代的管理》（1995）、《德鲁克看亚洲：德鲁克与中内的对话》（1997）、《德鲁克论管理》（1998）、《21 世纪的管理挑战》（1999）、《九十年代的管理》（1999）、《下一个社会的管理》（2002）、《卓有成效管理者的实践》（2006）。

国际权威媒体和知名人士对彼得·德鲁克作出了很高的评价。

通用电气前首席执行官杰克·韦尔奇说："全世界的管理者都应该感谢这个人，因为他贡献了毕生的精力，来理清我们社会中人的角色和组织机构的角色，我认为彼得·德鲁克比任何其他人都更有效地做到了这一点。"

微软总裁比尔·盖茨说："在所有的管理学书籍中，德鲁克的著作对我影响最深。"

英特尔主席安迪·格鲁夫说："德鲁克是我心中的英雄。他的著作和思想非常清晰，在那些狂热追求时髦思想的人群中独树一帜。"

《哈佛商业评论》认为："彼得·德鲁克论述了管理的新范式如何改变和如何继续改变我们对管理实践和管理理论的基本认识。《21 世纪的管理挑战》不乏远见卓识和超前思维，它集丰富的知识、广泛的实践经验、深邃的洞察力、精辟的分析和拨云见雾般的常识于一身，这些都是德鲁克著作的精髓和'管理专业的里程碑'。"

（二）欧内斯特·戴尔

欧内斯特·戴尔（Ernest Dale，1917～1996）是美国著名管理学家，经验主义学派的重要代表人物之一。担任美国和国际性的一些大公司的董事和顾问，是欧内斯特·戴尔协会的主席。戴尔的主要著作有：《公司组织结构的计划和发展》（1952）、《伟大的组织者》（1960）、《组织中的参谋工作》（与林戴尔·厄威克合写，1960）、《企业管理的理论与实践》等。

欧内斯特·戴尔耗费了十年时间所出版的代表作《伟大的组织者》渗透着戴尔的真

知灼见。欧内斯特·戴尔强调真正的管理知识来源于管理者的成功经验，提出要从不同管理者的个人经验中概括出具有一定限度的管理“准则”，只能运用比较法。这充分体现了经验主义学派的宗旨，即强调管理知识的演化反对建构主义，强调经验知识的可靠，反对纯粹理性。管理学中经验主义学派与其他学派的争论，从不同角度校正着其他学派的自负和越界。欧内斯特·戴尔认为，管理学还远远没有达到科学的地步，我们所能做的仅仅是给管理学在可比较的情境下增加可验证的知识，从而给其他学派形成一种警示。在《伟大的组织者》中，戴尔并没有论述管理的职能和原则，而是关注伟大的组织者的管理经验和策略。

欧内斯特·戴尔认为，管理理论的来源是管理经验，不存在普适性的管理法则。不同时期、不同管理目标、不同环境因素，造就了那些伟大的组织者。所有伟大的组织者，都是凭借他们在最重要的业务领域中的广泛经验积累才走到了企业的管理层。他们的经验是不可照搬的。然而，在可比较的情况下，他们能够把他人的经验应用于自己的实际需要。

欧内斯特·戴尔是管理学界的重量级人物。他在管理学界独树一帜，是因为他不是站在大多数管理学家一边，而是站在否定管理普遍性的少数派一边。在与各学派的对抗中，欧内斯特·戴尔扛起了经验主义学派的大旗。

随着《伟大的组织者》的出版，经验学派的影响大增，由此，欧内斯特·戴尔奠定了自己在经验主义学派中的地位，一跃成为经验学派中最著名的人物。

（三）亨利·福特

亨利·福特（Henry Ford，1863～1947），美国汽车工程师与企业家，福特汽车公司的创建人和长期的领导者，是世界上第一位使用流水线大批量生产汽车的人。这种新的生产方式对现代社会和文化产生了巨大的影响。

亨利·福特在生产和管理上的最大成就，是1903年6月16日成立汽车公司，并一直担任总经理。同年，公司生产出第一辆福特牌汽车。1908年亨利·福特又制造了T型福特汽车。1913年，福特公司首先采用了现代化的大规模装配作业线。

亨利·福特最早注意到通过提高工资和福利来提高工人的劳动生产率。1914年，他首次向工人支付8小时5美元的工资，改变美国工人的工作方式。

亨利·福特于1914年开始在工人中实行利润分享计划，每年把3000万美元分给职工。1927年，公司开始制造新式的A型车。1932年又开始制造V-8型车。公司实现了多样经营，既制造、装配、销售轿车（福特、水星、林肯、大陆牌）、卡车、拖拉机及有关的零件和附件，还研制、生产消费使用的和航天工业使用（包括通信和气象卫星）的电子产品和器具。

亨利·福特与他的儿子埃兹尔于1936年在密歇根州创立了美国福特基金会，到1950年福特基金会成为国家性组织和国际性组织。

1999年，《财富》杂志把亨利·福特评为“20世纪最伟大的企业家”。2005年，《福布斯》杂志公布了有史以来最有影响力的20位企业家，亨利·福特名列榜首。

亨利·福特的著作有：《我的人生和工作》（1991）、《今天和明天》（1926）、《前进》

(1930）三本著作。这三本著作描绘了福特公司的发展以及亨利·福特个人的企业和社会理念。

（四）艾尔弗雷德·斯隆

艾尔弗雷德·斯隆（Alfred P. Sloan，Jr.，1875～1966)，出生于康涅狄格州的纽黑文，1892 年毕业于麻省理工学院 ，主修电机工程学。他是美国第一位成功的职业经理人，20 世纪最伟大的 CEO，通用汽车公司的第八任总裁，事业部制组织结构的首创人。美国《商业周刊》75 周年时，斯隆获选为过去 75 年来最伟大的创新者之一。

艾尔弗雷德·斯隆于 1923 年任通用汽车公司总经理。那时，美国企业界有两种截然不同的领导方式：一种是高度集权，企业的所有权都集中在最高层手中。这种领导方式效率高、决断很有力，但随着企业的扩大和外界环境变化的加速，已逐渐不能适应需要；另一种方式是高度的分权，几乎没有集中的控制和领导，这种极端分散的领导方式也不可能使企业得到健康的发展。为此，艾尔弗雷德·斯隆果断地提出了“集中政策、分散经营、财务独立”的经营管理体制。他把通用汽车公司按产品划分为 21 个事业部，分属四个副总经理领导。在这一体制下，有关全公司的大政方针，如财务控制、重要领导人员的任免、长期计划，重要研究项目的决定等，由公司总部掌握，其他具体业务完全由各事业部负责。艾尔弗雷德·斯隆认为，这种管理体制贯彻了“政策决定与行政管理分开”这一基本原则，使集权和分权得到较好的平衡。这种管理体制的建立，使通用公司的基层部门既发挥了各自的积极性，又在公司的总体控制下进行经营协作，高层管理人员从日常事物中解脱出来，全身心地投入到高层决策中去。

在艾尔弗雷德·斯隆建立的事业部制管理体制下，通用汽车公司经过改革和整顿，下属各分公司的生产经营积极性充分地调动了起来，汽车产量逐年上升，自 1928 年超越福特汽车公司成为世界最大的汽车制造商，产量一直稳居世界首位，成为世界上最大的产业集团之一，成为美国经济的重要标志。

艾尔弗雷德·斯隆在汽车行业五十多年的管理经验，不但使自己成为 20 世纪最伟大的企业家，成为职业经理人的榜样，而且，对管理理论的发展也作出了伟大的贡献。他对企业的组织结构、计划和战略、持续成长、财务成长以及领导的职能和作用的研究、职业经理人概念和职能的提出，对现代管理理论的形成和发展产生了极大的影响。

艾尔弗雷德·斯隆担任通用汽车公司总裁 23 年，短短 3 年内让濒临破产的通用汽车反败为胜，为企业组织管理立下世纪典范，与通用电气公司的杰克·韦尔奇并称为 20 世纪最伟大 CEO。

艾尔弗雷德·斯隆是著有重要的理论书籍的企业管理者之一。《我在通用汽车的岁月》堪称管理学的一个里程碑。此书三十余年间重印再印，至今仍新版不绝。该书记录了斯隆是怎样谋划战略，充分显示了斯隆在理论和实践上的贡献。

二、经验主义学派的主要理论观点

（一）关于管理的性质

经验主义学派强调，管理应该侧重于实际应用，强调管理的实践性和艺术性，反对管理是一种纯粹理论的研究。

经验主义学派认为，管理学是一门应用学科，而不是纯知识的学科，但又不同于单纯的技巧、常识的应用，它的实际应用是以知识和责任为依据的。“任何一种知识只有能应用于实践，改变人们的生活，这种知识才会有价值”。一切有关企业管理的理论应该从企业的实际出发，只有位于管理第一线才能够获取对以后管理者真正有用的经验，而正是这种经验对管理企业来说十分珍贵。

经验主义学派认为，管理是对人进行管治的一种技巧，是一种特殊的独立的活动，同时也是一个独立的知识领域。管理学是由一个工商企业管理的理论和实践的各种原则组成，管理的技巧、能力、经验不能移植并应用到其他机构中去，管理的定义是努力把一个人群或团体朝着某个共同目标引导、领导和控制。

经验主义学派认为，管理活动有其特殊的内容，人进行管理的技能同它应用的具体条件无关，管理活动是所有各种领导方式的主要组成部分，这是一种同所有的其他活动（工程、技术等活动）在性质上都不同的活动，管理侧重于实际应用而不是纯粹的理论研究。

（二）关于管理的任务

经验主义学派认为，管理者的终极任务是了解本机构的特殊目的和使命，使工作卓有成效，使职工卓有成就。管理者是企业中最昂贵的资源，企业的目标能否达到取决于经理人管理得好坏，管理者的素质是衡量一个企业业绩的主要标志。高素质的管理者是企业实力的标志，低素质的管理者是企业虚弱的象征。

（三）关于管理的职责

经验主义学派认为，作为企业的管理者，有两项重要的职责：第一项是创造出一个富有活力的整体，使得到的产出比投入各项资源的总和更多，取得经济成果；第二项是在其每一项决定和行动中协调当前和长期的要求。为此，每一个经理都必须履行职责，要制定目标和措施并传达给相关人员，要进行组织工作，对工作分类建立组织机构，选拔人员等。要进行鼓励和联系工作，利用表扬、奖金、报酬、提拔等手段来鼓励人们做好工作。要对企业的成果和员工的工作进行评价。要关心员工的成长和发展。

经验主义学派强调，要妥善处理企业对社会的影响和承担对社会的责任。企业都是为社会而存在的，企业的好坏不是由企业自身来评价。企业对社会的责任就是对社会产生积极的影响和卓越的效果。

经验主义学派给管理学最大的贡献是他们提出了任务（或目标）决定管理，并据此提出了目标管理法。在他们眼中，传统管理学派偏于以工作为中心，忽视人的一面，而行为科学偏于以人为中心，忽视同工作相结合，而目标管理法则结合以工作为中心和以人为中心的管理方法，使职工发现工作的兴趣和价值，从工作中满足其自我实现的需要。

（四）关于企业组织结构

经验主义学派强调，企业要建立符合自身条件的组织结构，这个结构必须符合企业寻求利益最大化和员工价值最大化的要求。企业与企业之间是千差万别的，因此，管理者必须根据企业的特点和以往的管理经验自行建立一个组织结构。

经验主义学派对组织结构是很重视的，提出了组织结构设计的规范。德鲁克认为，目前基本上有五种组织结构：职能制、事业部制、目标结构（矩阵结构）、模拟分权制结构、系统结构。按组织设计所依据的准则，把五种组织结构可划分为三大类：第一类是以工作和任务为中心的组织设计，即职能制结构、矩阵结构；第二类是以成果为中心的组织设计，即事业部制和模拟事业部制；第三类是以关系为中心的组织设计，即系统结构。

三、经验主义学派的管理方法

1. 做出有效决策

经验主义学派认为，管理要有一些技能，如做出有效决策，进行信息联系，正确运用控制和衡量，正确运用分析工具等。

2. 有效地进行信息联系

信息联系必须把重点放在被接受者和发出者双方都知觉到的东西上，放在他们共同的东西上，放在预定的信息接受者已有动机的东西上，必须从一开始就了解到预定的信息接受者的价值观、信念和期望。

3. 实行目标管理

经验主义学派对管理学最大的贡献是提出了目标管理法。目标管理是使管理人员和广大职工在工作中实行自我控制并达到工作目标的一种管理技能和管理制度。

彼得·德鲁克认为，古典管理学派偏重于以工作为中心，忽视人的一面。行为科学偏重于以人为中心，忽视了同工作相结合。目标管理则是综合了以工作为中心和以人为中心的管理技能和管理制度，能使职工发现工作的兴趣和价值，从工作中满足其自我实现的需要，企业的目标也同时得以实现。这样就把工作和人的需要两者统一起来了。

目标管理的基本要点：

（1）企业目标的性质。企业目标可分为战略性目标、策略性目标，以及方案和任务，分别由企业中的各级管理人员和一般职工来制定。

（2）目标管理成功的先决条件。包含以下方面：①高层管理人员的积极参加，总经理和其他高层领导人员必须积极参加制定和实现企业的战略目标和策略目标；②下级人员必须积极参加目标的制定和实现；③对企业员工要有信心；④管理者对实现目标的手段有控制权；⑤对风险予以激励；⑥有充分的情报资料。

（3）目标管理的三个阶段：第一阶段，制定目标。企业制定一年或一个时期的战略目标，各级管理部门制定部门要实现的策略目标，每个职工制定个人的目标，以形成一个目标体系。第二阶段，实现目标的过程。这个过程主要由职工自主管理或自我控制，上级只是根据例外原则对重大的问题过问或干预。职工的个人目标和各级管理部门的策略目标是以整个企业的战略目标为依据的。企业战略目标的实现是以职工个人目标和各级管理部门策略目标的实现为前提的。第三阶段，对成果进行检查和评价。把原定的目标和实现的结果进行检查和评价，并总结经验教训。

四、评析

经验主义学派是现代管理理论中的一个重要学派，它对管理学的贡献可以概括为以下几个方面：

(1) 经验主义学派批评了传统管理学不假思索地采取实证主义的方式。他们从自己的经验出发来解释这个世界，强调管理学研究必须注重对个案的研究和考察。

(2) 经验主义学派认为，组织是由个人组成的，组织活动由个人行动来决定，个人行动由个人动机、行为规范和价值关系来决定。这就充分肯定了人在企业管理中的重要作用。同时，这一学派主张把人的发展与企业的发展作为管理的目标，反对把组织及其管理活动看成是一些无个性的社会事实或者组织结构的相互作用。

(3) 经验主义学派认为，管理科学的主要方法是以描述性的历史方法说明组织及其管理现象，反对在管理学中运用自然科学的概括规律方法。

(4) 经验主义学派为管理学提出了目标管理法，这一方法是当今运用最多的管理方法。

经验主义学派的不足之处在于，经验主义学派只强调经验而没能形成有效的管理原理和原则，没能形成统一完整的管理理论。管理者可以依靠自己的经验，而初学者则无所适从。同时，过去所依赖的经验未必能运用到将来的管理中去。

哈罗德·孔茨指出："没有人能否认对过去的管理经验或者过去的管理工作'是怎样做的'进行分析的重要性。未来情况与过去完全相同是不可能的。确实，过多地依赖过去的经验，依赖历史上已经解决的那些问题的原始因素，肯定是危险的。其理由很简单，一种在过去认为是'正确'的方法，可能远不适合于未来情况。"哈罗德·孔茨的这句话说明，由于组织环境一直处在变化之中，因此过分地依赖未经提炼的经验和历史来解决管理的现实问题是无法满足需要的。

第八节　企业文化学派的管理思想

20 世纪 80 年代，美国商业处于恐慌之中，作为世界经济的领先者，美国受到了日本的挑战。日本企业在美国市场的成功导致了许多美国企业陷于严重的经济困境。日本资源缺乏，无论是技术还是人力资源都不如美国，却在美国市场取得了成功，日本的经济成就极大地震动了美国。美国企业界和理论界纷纷对日本的企业进行研究，他们看到美国企业经营不如日本企业经营，其重要原因在于企业文化，并认识到，没有强大的企业文化，再高明的经营战略也无法获得成功。

企业文化是企业在经营活动中形成的经营理念、经营目的、经营方针、价值观念、经营行为、社会责任、经营形象等的总和，是企业个性化的根本体现，是企业生存、竞争、发展的灵魂。由于日本企业经营的成功，对企业文化的研究在20世纪80年代形成了一个高潮。

一、企业文化学派的主要代表人物

1. 威廉·大内

威廉·大内（William G. Ouchi，1943～），日裔美国管理学家、加利福尼亚大学的教授，美国斯坦福大学的企业管理硕士，芝加哥大学企业管理博士。

威廉·大内是Z理论创始人，最早提出企业文化概念。在对Z理论的研究过程中，他选择日、美两国的一些典型企业进行研究。在组织模式的每个重要方面，日本与美国的企业都是对立的。但是，在美国的一些成功企业中，如IBM、普罗克特、甘布尔、柯达等，其经营管理与日本企业有着惊人的相似之处。这些企业都在本国及对方国家中设有子公司或工厂，采取不同类型的管理方式。威廉·大内的研究表明，日本企业的经营管理方式一般较美国企业的效率更高，这与20世纪70年代后期，日本经济咄咄逼人的气势是吻合的。

威廉·大内认为，日本企业成功的秘诀是日本的企业组织和文化。

威廉·大内提出，美国的企业应该结合本国的特点，向日本企业学习，形成自己的管理方式。他把这种管理方式归结为Z型管理方式，并对这种方式进行了理论上的概括，称为“Z理论”。1981年，威廉·大内进行美日管理比较研究的专著《Z理论：美国企业界怎样迎接日本的挑战》由埃迪森-韦斯利出版社出版。这部著作列入《纽约时报》畅销书排行榜，有16个国外版本，在美国4000家图书馆的藏书量排行榜中，名列第七。1982年，该著作获得巴黎大学颁发的管理学最佳图书奖。

Z理论，就是在比较日本和美国企业差异的基础上，由威廉·大内提出的一整套同日本式管理有些类似或者接近的组织建构与经营运作的基本准则。它的贡献，并不在于对日本的总结，而在于对美国的启发。日本式管理在Z理论中的地位，只是一个参照系。

Z理论的本质，是对专业分工和官僚组织进行改造，建立在长期雇用基础上的稳定环境，促成个人和组织的高度融合，形成开诚布公、容纳批评的和谐平台，建立起信任、友谊与合作关系，打造有机的团队，实现生产经营和社会关系的一体化。

威廉·大内认为，Z理论是走出管理学迷谷的路标。他把日本企业称为J型组织，美国企业称为A型组织。这两类组织有着明显的差别。Z理论的提出，正是建立在对J型组织与A型组织的比较之上。Z理论不等于日本式管理，但却与日本式管理有着千丝万缕的联系。

在威廉·大内那里，所有的管理问题，都走向文化；所有的技术问题，都走向哲学。这种对管理文化和管理哲学的探讨，使威廉·大内开辟了管理理论的新天地。

2. 艾德佳·沙因

艾德佳·沙因（Edgar H. Schein）是企业文化与组织心理学领域的开创者和奠基

人，是美国麻省理工大学斯隆商学院教授，1947 年毕业于芝加哥大学教育系；1949 年在斯坦福大学取得社会心理学硕士学位；1952 年在哈佛大学取得博士学位，此后一直任职于斯隆学院。在组织文化领域中，他率先提出了关于文化本质的概念，对于文化的构成因素进行了分析，并对文化的形成、文化的间化过程提出了独创的见解。在组织发展领域中针对组织系统所面临的变革课题开发出了组织咨询的概念和方法。

艾德佳·沙因的主要著作包括：《组织文化和领导》、《组织心理》、《职业动力学》、《重新思考咨询过程》等。其代表作为《组织文化和领导》、《过程咨询》、《职业锚：发现你真正的价值》等。

3. 拉尔夫·基尔曼

拉尔夫·基尔曼在《摆脱救急观念》一书中指出：人类创造的组织系统所衍生出来的复杂问题，无法用简单的救急方法来解决。唯一的方法是发展一套真正的综合措施，一套管理现代组织的整体规划。这套整体规划包含五个部分：①文化；②管理技巧；③团队建设；④战略结构；④报酬系统。如果只贯彻这些措施中的一种或几种，任何试图改善绩效和鼓舞士气的努力都难以奏效，任何短暂的效益都会很快消失。只有在不断努力的基础上，实施整体规划的五个部分，才能取得持久的成功。

4. 泰伦斯·迪尔和艾伦·肯尼迪

20 世纪 80 年代初，美国哈佛大学教育研究院的教授泰伦斯·迪尔和麦肯锡咨询公司顾问艾伦·肯尼迪用六个月的时间，对 80 家企业进行了详尽的调查，写成了《企业文化——企业生存的习俗和礼仪》一书。该书在 1981 年 7 月出版后，就成为最畅销的管理学著作，被评为 20 世纪 80 年代最有影响的十本管理学专著之一，成为论述企业文化的经典之作。他们指出：杰出而成功的企业都有强有力的企业文化，即为全体员工共同遵守，但往往是自然约定俗成的而非书面的行为规范；并有各种各样用来宣传、强化这些价值观念的仪式和习俗。正是企业文化这一非技术、非经济的因素，导致决策的产生、企业中的人事任免、员工们的行为举止、衣着爱好、生活习惯等。在两个其他条件都相差无几的企业中，由于其文化的强弱，企业发展所产生的后果就完全不同。

5. 约翰·科特和詹姆斯·赫斯克特

20 世纪 80 年代末，约翰·科特和哈佛商学院詹姆斯·赫斯克特教授长达五年的合作，对企业文化和企业经营业绩的关系问题进行研究，于 1992 年出版《企业文化和经营业绩》这一著作。他们认为，企业文化对长期经营绩效有巨大的正相关性，企业长期经营绩效的好坏与企业文化的强弱无关，而与企业文化是否适应外部环境变化有关。自然发展的企业文化容易导致不健康的文化，而提升绩效的文化需要管理层长期的努力。约翰·科特和詹姆斯·赫斯克特总结了他们在 1987～1991 年对美国 22 个行业 72 家公司的企业文化和经营状况的深入研究，在《企业文化和经营业绩》中，证明企业文化对企业长期经营业绩有着重要的影响。

二、企业文化理论的产生和发展

企业文化理论起源于美国，从它的产生发展过程来看，大体可以分为三个阶段。

1. 企业文化理论的启蒙时期

20世纪30～80年代，美国著名管理学家切斯特·巴纳德和菲利普·塞尔兹尼克针对企业的价值观念以及社会文化传统等对企业管理的影响，最先将“文化”这个概念用于企业管理。1938年，他的论著——《经理人员的职能》分析了发挥人的积极性的重要作用，并提出管理好企业的关键在于企业的价值观念和人的积极性问题，以及经理在发挥人的积极性方面的关键性作用。

在此期间还有许多学者进行了企业文化的研究，使有关企业文化的理论成为人们研究和探讨的重要内容之一。

2. 企业文化理论的成长时期

企业文化热的源头在美国。在美国形成企业文化热的原因是，日本经济在第二次世界大战后短短几十年内重新崛起，成为几乎与美国势均力敌的经济大国，这使美国企业界感到极大地震惊，从而迫使他们开始重视并研究日本企业的经营管理经验，对以往西方企业管理理论和实践重新进行反思，进而提出了“企业文化”理论，并很快就形成了一股热潮。时至今日，企业文化热已风靡全世界。一般认为，特伦斯·迪尔和艾伦·肯尼迪合著的《企业文化——企业生活中的礼仪和仪式》一书堪称企业文化研究的奠基之作。

20世纪80年代先后出版的四部著作——《Z理论：美国企业界怎样迎接日本的挑战》（威廉·大内著）、《日本的管理艺术》（帕斯卡、阿索斯合著）、《追求卓越——美国管理最佳公司的经验》（彼得斯、沃特曼合著）和《企业文化》这四本书是80年代企业文化的“新潮四重奏”，宣告了企业文化研究的兴起，使人们对企业文化的研究进入了一个崭新的境界。企业文化研究的一个共同点是：“强有力的文化是企业取得成功的新的‘金科玉律’。”

3. 企业文化理论的成熟时期

1985年《组织文化》、《赢得公司文化的控制》、《组织文化与领导》三本书的问世，标志着企业文化理论研究进入了更高的阶段。

三、企业文化学派的管理思想及其特点

（一）关于企业文化的概念

企业文化学派对企业文化的概念有不同的解释。

约翰·科特和詹姆斯·赫斯克特认为，企业文化是指一个企业中各个部门，至少是企业高层管理者们所共同拥有的那些企业价值观念和经营实践，是指企业中一个分部的各个职能部门或地处不同地理环境的部门所拥有的那种共同的文化现象。

特雷斯·迪尔和阿伦·肯尼迪认为，企业文化是价值观、英雄人物、习俗仪式、文化网络、企业环境。

威廉·大内认为，企业文化是“进取、守势、灵活性，即确定活动、意见和行为模式的价值观”。

企业文化，或称组织文化（corporate culture或organizational culture），是企业在

长期生产经营活动中确立的，被企业全体员工普遍认可和共同遵循的价值观念和行为规范的总称。

企业文化的内在本质内容与外在表现形式有很大的偏差。第一，外在表现形式通常表现为一句话或几个词，不是内在本质内容的全部；第二，企业文化中实际存在的糟粕是肯定不会出现在外在表现形式中的；第三，外在表现形式通常比较稳定，不会频繁更改，企业文化的本质内容却因各种因素的时刻变化而处在时刻变化之中。

企业文化是企业的灵魂，是推动企业发展的不竭动力。它包含着非常丰富的内容，其核心是企业的精神和价值观。

（二）企业文化的要素

特伦斯·迪尔和艾伦·肯尼迪把企业文化整个理论系统概述为五个要素，即企业环境、价值观、英雄人物、文化仪式和文化网络。

企业环境是指企业的性质、企业的经营方向、外部环境、企业的社会形象、与外界的联系等方面，它往往决定企业的行为。

价值观是指企业内成员对某个事件或某种行为好与坏、善与恶、正确与错误、是否值得仿效的一致认识。价值观是企业文化的核心，统一的价值观使企业内成员在判断自己行为时具有统一的标准，并以此来选择自己的行为。

英雄人物是指企业文化的核心人物或企业文化的人格化，其作用在于作为一种活的样板，给企业中其他员工提供可供仿效的榜样，对企业文化的形成和强化起着极为重要的作用。

文化仪式是指企业内的各种表彰、奖励活动、聚会以及文娱活动等，它可以把企业中发生的某些事情戏剧化和形象化，生动宣传和体现本企业的价值观，使人们通过这些生动活泼的活动来领会企业文化的内涵，使企业文化“寓教于乐”。

文化网络是指非正式的信息传递渠道，主要是传播文化信息。它是由某种非正式的组织和人群，以及某一特定场合组成，它所传递出的信息往往能反映出职工的愿望和心态。

（三）企业文化的内容

根据企业文化的定义，企业文化的内容包括以下几点。

1. 经营哲学

经营哲学是一个企业特有的从事生产经营和管理活动的方法论原则。它是指导企业行为的基础。一个企业在激烈的市场竞争环境中，面临着各种矛盾和多种选择，这要求企业有一个科学的方法论来指导，有一套逻辑思维的程序来决定自己的行为，这就是经营哲学。

2. 价值观

价值观是人们基于某种功利性或道义性的追求而对个人或组织本身的存在、行为和行为结果进行评价的基本观点。人生就是为了价值的追求，价值观决定着人生追求行为。价值观是在长期实践活动中形成的关于价值的观念体系。企业的价值观，是指企业职工对企业存在的意义、经营目的、经营宗旨的价值评价和为之追求的整体化、个异化的群体意识，是企业全体职工共同的价值准则。只有在共同的价值准则基础上才能产生企业正确的价值目标。有了正确的价值目标才会有奋力追求价值目标的行为，企业才有希望。因此，企业价值观决定着职工行为的取向，关系着企业的生死存亡。

3. 企业精神

企业精神是企业基于自身特定的性质、任务、宗旨、时代要求和发展方向，经过精心培养而形成的企业成员群体的精神风貌。企业精神是企业的灵魂，是企业文化的核心，在整个企业文化中起着支配的地位。企业精神以价值观为基础，以价值目标为动力，对企业经营哲学、管理制度、道德风尚、团体意识和企业形象起着决定性的作用。可以说，企业精神是企业的灵魂。

4. 企业道德

企业道德是调整本企业与其他企业之间、企业与顾客之间、企业内部职工之间关系的行为规范的总和。它是从伦理关系的角度，以善与恶、公与私、荣与辱、诚实与虚伪等道德范畴为标准来评价和规范企业。企业道德不具有强制性和约束力，但具有积极的示范效应和强烈的感染力，被人们认可和接受后具有自我约束的力量。企业道德具有广泛的适应性，是约束企业和职工行为的重要手段。

5. 企业形象

企业形象是企业通过外部特征和经营实力表现出来的，被消费者和公众所认同的企业总体印象，它分为表层形象和深层形象。表层形象，包括招牌、门面、徽标、广告、商标、服饰、营业环境等。深层形象，包括人员素质、生产经营能力、管理水平、资本实力、产品质量等，是企业内部要素的集中体现。

6. 企业制度

企业制度是在生产经营实践活动中所形成的，对人的行为带有强制性，并能保障一定权利的各种规定。从企业文化的层次结构看，企业制度属中间层次，它是精神文化的表现形式，是物质文化实现的保证。企业制度作为职工行为规范的模式，使个人的活动得以合理进行，内外人际关系得以协调，员工的共同利益受到保护，从而使企业有序地组织起来为实现企业目标而努力。

7. 企业作风

企业作风是企业文化的中间层，呈行为形态，如员工工作方式、行为方式、应付事变的方式等。

（四）企业文化的结构

企业文化结构是企业文化的构成、形式、层次、内容、类型等的比例关系和位置关系。它表明各个要素如何链接，形成企业文化的整体模式，即企业物质文化、企业行为文化、企业制度文化、企业精神文化形态。

（五）企业文化的功能

（1）导向功能。导向功能是通过它对企业的领导者和职工起引导作用。它主要体现在以下两个方面：①经营哲学和价值观的指导。指导经营者进行正确的决策，指导员工采用科学的方法从事生产经营活动。企业共同的价值观规定了企业的价值取向，使员工对事物的评判达成共识，为认定的价值目标去行动。②企业目标的指引。企业目标代表着企业发展的方向，企业员工在这一目标的指导下从事生产经营活动。

（2）约束功能。约束功能主要是通过完善管理制度和道德规范来实现，包括有效规章制度的约束和道德规范的约束。

（3）凝聚功能。企业共同的价值观形成共同的目标和理想，使企业和职工成为命运共同体。

（4）激励功能。企业精神和企业形象对企业职工有着极大的鼓舞作用，会使企业职工产生强烈的荣誉感和自豪感，激励职工以实际行动去维护企业的荣誉和形象。

（5）调节功能。企业内部产生的矛盾需要自我调节，企业与环境、顾客、社会之间存在的不和谐也需要进行调节。完美的企业形象就是进行调节的结果。

（6）辐射功能。企业文化通过各种渠道对社会产生影响。企业文化力辐射的渠道主要包括传播媒体、公共关系活动等。

第九节 经理角色学派的管理思想

经理角色学派是20世纪70年代在西方出现的一个管理学派，是英文Management Roles Approach的意译。它之所以被人们叫做经理角色学派，是由于它以对经理所担任角色为中心分析经理的职务和工作，以求提高管理效率。他们所讲的“经理”是指正式负责一个机构或其下属单位的人，拥有正式的权力和地位，或指属于一定职责或地位的一套有条理的行为。关于“角色”，加拿大管理学家亨利·明茨伯格曾在《经理工作的性质》一书中指出：“角色这一概念，是行为从舞台的术语中借用到管理学中来的。角色就是属于一定职责或地位的一套有条理的行为。演员、经理和其他人担任的角色是事先规定好的，虽然各人可能以不同的方式来解释这些角色。”1938年，切斯特·巴纳德出版了《经理人员的职能》一书，开创了对经理人员工作的专门研究。《经理工作的性质》一书是亨利·明茨伯格的主要代表作，也是经理角色学派的经典著作。

该学派对经理工作的特点、所担任的角色、工作目标及经理职务类型的划分，影响经理工作的因素以及提高经理工作效率等重点问题进行了考察和研究。

一、经理角色学派的主要代表人物

亨利·明茨伯格（Henry Mintzberg，1930～）是在全球管理界享有盛誉的管理学大师，经理角色学派的主要代表人物。他于1939年出生于加拿大多伦多市，1961年在加拿大麦吉尔大学获机械工程学士，1962年获乔治·威廉士大学文学学士，1965年获得美国麻省理工学院管理学硕士，1968年获得该院斯隆管理学院博士学位，现任加拿大麦吉尔大学管理学研究荣誉教授，并担任《战略管理》、《管理研究》、《一般管理、经济和工业民主》、《行政管理》、《企业战略》等杂志的编委，又是加拿大皇家学会会员。

亨利·明茨伯格迄今为止共出版了16本书和140多篇文章，其中最具影响力的包括《经理工作的性质》(1973)、《组织的结构：研究的综合》(1979)、《组织内外的权力》(1983)、《明茨伯格谈管理：人们的奇妙组织世界》(1989)、《战略过程》(1991)、《战略规划兴亡录》(1994)、《战略历险》(1998)、《管理者不是MBA》(2004)等。

亨利·明茨伯格一直都以他在管理领域所提出的大胆、创新和颇具开拓精神的观点而为人所瞩目。

亨利·明茨伯格在组织管理学方面的主要贡献在于对经理工作的分析。1973年，他以《经理工作的性质》(*The Nature of Managerial Work*)这一管理领域的经典而一举成名。该书是以他1968年完成的博士学位论文《工作中的经理——由有结构的观察确定的经理的活动、角色和程序》以及其他有关文献为基础完成的。它全面地阐述了经理工作的特点、经理所担任的角色、经理工作中的变化及经理职务的类型、提高经理工作效率的要点、经理工作的未来等基本问题，并评价了其他管理学派有关经理职务的各种观点。

二、经理角色学派的管理思想及特点

经理角色学派是一个不断发展的学派，由于这一学派对实际工作的经理人员有相当大的作用，所以受到管理理论和实际工作者的重视。

《经理工作的性质》一书在介绍和评价当代关于经理职务的八个主要学派：古典学派、伟人学派、企业家学派、决策理论学派、领导者权力学派、领导者行为学派、领导者效率学派和工作活动学派的主要观点的基础上，全面阐述了经理角色学派理论的六个主要组成部分。

（一）经理工作的共同特点

1. 工作量大，步调紧张

经理由于全面负责一个组织或组织中的一个单位（如车间）的工作，并要同外界联系，所以总有大量的工作要做。因而必须毫不松懈，保持紧张的步调，很少有休息的时间。经理之所以会工作量大而步调紧张，是由于经理职务本身的广泛性以及工作没有一个明确的结束标志。

2. 活动短暂、多样而琐碎

经理活动的特点是中断性、多样性、不连续性。他们的工作重复而不常中断，并从属于传送带稳定而无变化的节奏。经理往往不愿采取措施改变工作中的这种短暂、多样而琐碎的情况，因此，用短暂、多样而琐碎的方式来工作。

3. 把现实的活动放在优先的地位

经理趋向于把注意和精力放在现实的、具体的、明确的、非例行的活动。他对现实的、涉及具体问题和当前大家关心的问题作出积极的反应，而对例行报表及定期报告则不那么关心。他们强烈地希望获得最新信息。因此，他们经常通过闲谈、传闻、推测等来收集非正式的、及时的信息。

4. 爱用口头交谈方式

经理使用的工作联系方式主要有五种：邮件（书面通信）、电话、未经安排的会晤（非正式的面谈）、经过安排的会晤（正式的面谈），以及视察（直观的）。这几种联系方式有很大的差别。调查材料表明，经理们都爱用口头交谈方式。

5. 重视同外部和下属的信息联系

经理同三个方面维持信息联系。这三个方面是：①上级（总经理的上级是董事会）；②外界（指经理所管理单位以外的人们）；③下属。经理实际上处于其下属和其他人之间，用各种方式把他们联系起来。调查材料表明，经理与下属进行联系所花费的时间占相当大的比重，通常占他们全部口头联系时间的1/3到1/2，而他们与上级联系的时间一般占1/10。他们与外界联系的时间通常比同下属联系所占的时间还要多，约占全部联系时间的1/3到1/2。

6. 权力和责任相结合

经理的责任很重大，经常有紧急事务要处理，似乎很难控制环境和他自己的时间。但他也有很大的权力。他可以采取一些措施，在解决问题的过程中想出一些新的主意，把问题变成机会，为企业的发展服务。

（二）经理所担任的角色

经理所担任的角色分为互相联系、不可分割的三类十种，即

(1) 人际关系方面，有挂名首脑角色、领导者角色、联络者角色三种；

(2) 信息方面，有信息接受者角色、信息传播者角色、发言人角色三种；

(3) 决策方面，有企业家角色、故障排除者角色、资源分配者角色、谈判者角色四种。

这十种角色是一个相互联系、密不可分的整体。人际关系方面的角色产生于经理在组织中的正式权威和地位，使他成为某种特别的组织内部信息的重要神经中枢；而获得信息的独特地位又使经理在组织中作出重大决策时处于中心地位，使其得以担任决策方面的四个角色。

这十项角色表明，从组织的角度来看经理是一位全面负责的人，但事实上却要担任一系列的专业化工作，既是通才又是专家；十项角色还表明经理有六项基本的目标：保证组织有效率地生产出某些产品和服务；设计并维持组织业务的稳定性；使组织以一种可控制的方式适应变动中的环境；保证组织实现控制它的那些人的目的；担任组织和其环境之间的关键的信息环节；使组织的等级制度运转。

（三）经理工作的基本目标

(1) 经理的主要目标是保证他的组织实现其基本目标——有效率地生产出某些产品或服务；

(2) 经理必须设计和维持他的组织的业务稳定性；

(3) 经理必须负责他的组织的战略决策系统，并使他的组织以一种可控制的方式适应变动的环境；

（4）经理必须保证组织为控制它的那些人的目的服务；
（5）经理必须在他的组织同环境之间建立起关键的信息联系；
（6）作为正式的权威，经理负责他的组织的等级制度的运行。

（四）经理所担任职务的类型

（1）联系人（强调联络者和挂名首脑的角色）；
（2）政治经理（强调发言人和谈判者的角色）；
（3）企业家（企业家和谈判者的角色）；
（4）内当家（资源分配者角色）；
（5）实时经理（故障排除者角色）；
（6）协调经理（领导者角色）；
（7）专家经理（监听者和发言人角色）；
（8）新经理（联络者和监听者角色）。

（五）经理工作的科学程序

经理使用安排时间的程序来控制他的一切活动。除此之外，他很可能使用特定的程序来达到特定的目的。管理科学要求将管理工作的各个过程加以区别，明确各个过程的内容，再将各个过程结合起来，作出管理工作的模拟。管理科学家需要把各个具体过程加以系统分析和改进（重编程序）。目前这方面的进展是缓慢的。有少数的管理程序（如日程安排）可能经受全部自动化的检验，但许多其他的程序（如那些与实施领导有关的程序）则要求人们作出灵活的反应，因而重编程序是困难的。或许最大一组程序能容许部分地重编程序，以便经理能以“人—机”或“经理—分析者”的体系运用它们。

一个成功的战略制定体系的重编程序能够将经理的能力（易于获得信息以及对突发事件的灵活反应）和分析者的技能（有时间对战略问题进行全面深入的分析）结合起来。经理和分析家可以在“寻找问题和机会、对于拟建项目的成本和效益作出估价、建造模型、为可能发生的事件做计划、分析真实时间、监视改进项目以及发展适应性计划”等方面进行合作。

（六）提高经理工作效率的要点

（1）与下属共享信息；
（2）有意识地克服工作的表面性；
（3）在共享信息的基础上由2～3人分担经理的职务；
（4）尽可能地利用各种职责为组织目标服务；
（5）摆脱非必需的工作，以腾出时间规划未来；
（6）要把当时最关键的角色放在突出地位；
（7）既要掌握具体情况，又要有全面观点；
（8）要充分认识自己对组织的影响，凡事要谨慎从事；
（9）处理好对组织施加影响的各种力量的关系，这些力量有：股东、学者、政府、工会、公众、职工等；

（10）利用专家的知识和才能。

经理角色理论是在现代企业组织理论基础上发展起来的，是在经营权与所有权分离之后经理成为一种职业的产物。经理角色理论不仅对我们理解经理人的角色、工作性质、职能、经理的培养具有重要意义，而且对提高经理工作效率，改革我国传统的经营管理体制（如激励机制、监控机制、决策机制）具有重要的现实意义。经理工作很重要，权力很大，其行为的影响又非常深远。因此，建立既不影响经理发挥职能，又能有效地发挥经理的积极性、创造性，同时又能约束其滥用职权的制度，是我国目前建立现代企业制度的当务之急。过去由于旧的管理体制的制约，经理的角色及其作用未能得到充分发挥。经理角色理论为我们在这方面的改革提供了较好的理论基础。

经理角色学派在发展中取得了一些成就，在现代管理中它能否进一步发展成为主流，有待于通过客观环境综合作用的结果加以界定。

本章小结

现代管理理论主要包括管理过程学派、社会系统学派、决策理论学派、系统管理学派、数量管理科学学派、权变理论学派、经理角色学派、企业文化学派、经验主义学派等。美国管理学者哈罗德·孔茨（H. Koontz）1961年的著作《管理理论的丛林》和20年后的著作《再论管理理论的丛林》，是关于西方管理理论的代表作。

管理过程学派的研究对象是管理的过程和职能。他们认为，管理就是在组织中通过别人或同别人一起完成工作的过程。管理过程同管理职能是分不开的，所以他们试图对管理过程和管理职能进行分析，从理性上加以概括，把用于管理实践的概念、原则、理论和方法结合起来形成一门管理学科。

社会系统学派是当代西方较早出现的一个管理理论学派。巴纳德所提出的理论既吸收了古典组织理论的合理成分，又融合了人群关系理论关于非正式组织的观点，围绕“协作系统”和“决策”等新概念，建立了现代组织理论的基本框架。

决策理论学派的一个重要特点，是把各种具体的组织观念加以抽象，重点分析组织活动的一般特征，指出决策是贯穿于组织活动全部过程的核心内容，进而提出了“管理就是决策”的命题。

数量管理科学学派的管理思想，注重定量模型的研究和应用，以求得管理的程序化和最优化。他们认为，管理就是利用数学模型和程序系统来表示管理的计划、组织、控制、决策等职能活动的合乎逻辑的过程，对此做出最优的解答，以达到企业的目标。

权变学派的主要作用是将管理理论有效地指导管理实践。它在管理理论与实践之间成功地架起了一座桥梁。它反对不顾具体的外部环境而一味追求最好的管理方法和寻求万能模式的教条主义，强调要针对不同的具体条件采用不同的组织结构领导模式及其他管理技术等。该理论把环境作为管理理论的重要组成部分，要求企业各方面活动要服从环境的要求。

经验主义学派基本的管理思想就是有关企业的理论应该从企业的实际出发，特别是以大企业管理经验为主要研究对象加以抽象和概括，然后传授给管理人员，向经理提出实际的建议，主张通过分析经验来研究管理问题。

企业文化学派提出，企业文化是企业在经营活动中形成的经营理念、经营目的、经营方针、价值观念、经营行为、社会责任、经营形象等的总和，是企业个性化的根本体现，是企业生存、竞争、发展的灵魂。

经理角色理论是在现代企业组织理论基础上发展起来的，是经营权和所有权分离，经理成为一种职业后的产物。该理论对理解经理人的角色、工作性质、职能、经理的培养以及提高经理工作效率具有重要意义。

➢思考讨论题

1. 简述社会系统学派理论的特点。
2. 决策理论学派主要的管理思想由哪几方面组成？
3. 简述决策理论学派的决策方法。
4. 系统管理学派的思想是什么？
5. 简述数量管理科学学派的特点。
6. 简述超 Y 理论的要点。
7. 德鲁克认为组织结构有哪几种？如何划分？
8. 简述经验主义学派的特点。
9. 简述经理工作的共同特点及其基本目标。
10. 简述经理角色理论有何现实意义？

第六篇

当代管理思想的新发展

第十一章

当代管理思想及其代表人物

当代管理思想的兴起的时间，是从 20 世纪 80 年代后至今的 20 多年。在这段时间内，由于科学技术的迅速发展，世界政治格局和经济环境发生了重大变化。企业为了在这种环境下寻求生存和发展，引发了管理学者的深入思考和探索，出现了许多新的管理思想，管理思想也随之发生了重大转变。新的管理思想和管理理论的出现，既是现代管理理论进一步发展的体现，又是管理理论产生飞跃和升华的标志。

第一节　当代管理环境

一、世界经济基本结构发生变化

美国加州克莱尔蒙研究生院管理系教授彼得·德鲁克在《变化了的世界经济》一文中提出，世界经济的基本结构发生了三个根本性变化：①初级产品经济和工业经济“脱节”；②对工业经济本身而言，生产和就业“脱节”；③资本流动，而不是商品和劳务贸易，成了世界经济的动力。

德鲁克教授的结论是：经济动力已决定性地从国家经济转向世界经济。这些变化将对世界经济和社会政策以及经济理论产生重大影响。

20 世纪 50 年代后，特别是从 80 年代中期开始，世界经济基本结构发生变化，经济结构调整的速度明显加快。这与经济全球化、高新技术发展、制度创新、产业结构调整有着十分密切的关系。

（一）经济全球化和经济一体化

经济全球化实质上是一个以跨国公司为主要动力，在世界范围内进行产业结构调整与产业转移的复杂过程。全球产业转移主要有两种方式：一是在发达国家间通过相互投资、企业兼并或联合研究与开发来拓展市场，更新技术，实现技术和资本密集型产业的升级；二是以直接投资或并购方式，把劳动和资源密集型产业转移到发展中国家。在这种产业转移的过程中，既有产业整体转移，也有同一产业的上、中、下游分离，即母公司控制核心技术，国外分公司进行中、下游生产。跨国公司的跨国经营促进了资本、商品、技术、人员及管理技能等生产要素的跨国界流动，促使全球范围内产业结构的优化。有关统计显示：1999 年底，全球跨国公司总数已达 6.3 万家，分公司达 68.9 万家。它们控制着世界近 1/3 的生产、2/3 的贸易、70% 的专利和技术转让以及近 85% 的外国直接投资，形成了一个庞大的全球生产和销售体系。

经济一体化是指两个或两个以上的国家在现有生产力发展水平和国际分工的基础上，由政府间通过协商缔结条约，建立多国的经济联盟。在这个多国经济联盟的区域内，商品、资本和劳务能够自由流动，不存在任何贸易壁垒，并拥有一个统一的机构，来监督条约的执行和实施共同的政策与措施。

经济一体化包括世界经济一体化和地区经济一体化。世界经济一体化，是指世界各国经济之间彼此相互开放，形成相互联系、相互依赖的有机体。地区经济一体化，是指区域内两个或两个以上国家或地区，在一个由政府授权组成的并具有超国家性的共同机构下，通过制定统一的对内对外经济政策、财政与金融政策等，消除国别之间阻碍经济贸易发展的障碍，实现区域内互利互惠、协调发展和资源优化配置，最终形成一个政治经济高度协调统一的有机体的过程。

随着科学技术的进步和生产的发展，没有哪一个国家能够拥有发展本国经济所必需的全部资源、资金和技术，也没有哪一个国家能够自己生产所需要的一切产品。因此，国家之间必须进行交流与合作。近 50 年来新技术革命的发展，把世界各国的交往推到了一个新阶段。地球上的空间距离“缩短了”，信息的“时间差”也趋于消失。这种局面不仅大大改变了人类的生活条件，而且加快了经济生活的国际化，使世界变得空前开放。开放的世界使各国原有的“一国经济”正在走向“世界经济”，从而形成了“全球相互依赖”的经济格局。

（二）高新技术发展

高新技术是指对人类社会的生产、生活方式和思维方式产生巨大影响的重大技术。高科技是一种人才密集、知识密集、技术密集、资金密集、风险密集、信息密集、产业密集、竞争性和渗透性强，对人类社会的发展和进步具有重大影响的前沿科学技术。以信息技术、生物技术为代表的高新技术的迅速发展，极大地改变着工业经济产业结构。信息技术作为一个关联度、感应度和催化度极强的产业，既催生了一批新兴产业，又带动了微电子、半导体、激光、超导等关联产业的发展，不仅加速了生物工程与生命科学、新材料与新能源、航空航天等高新技术产业的发展，而且促进了光学电子、航空电子等“边缘”产业的诞生。用信息技术改造传统产业，使其脱胎换骨，加速“新”、“旧”产业融合。

（三）制度创新

制度创新，是指在人们现有的生产和生活环境条件下，通过创设新的、更能有效激励人们行为的制度、规范体系来实现社会的持续发展和变革的创新。所有创新活动都有赖于制度创新的积淀和持续激励，通过制度创新得以固化，并以制度化的方式持续发挥着自己的作用，这是制度创新的积极意义所在。

制度创新的核心内容是社会政治、经济和管理等制度的革新，是支配人们行为和相互关系的规则的变更，是组织与其外部环境相互关系的变更，其直接结果是激发人们的创造性和积极性，促使不断创造新的知识、社会资源的合理配置及社会财富源源不断的涌现，最终推动社会的进步。

世界经济发展的实践证明，新制度催生新技术，创造新产业，造就新经济。美国20世纪90年代产业结构调整成功的秘诀之一就在于制度创新。美国进行制度创新的主要内容有：①投融资体制创新。主要是发展风险投资与二板市场。②股票、期权激励机制与企业文化创新。③研究与开发体制创新。产、学、研三位一体是科技转化为生产力的最佳方式。灵活的用人制度和正确的产业政策是产业结构调整成功的重要保障。制度创新的活力带来了美国在科技和商业上的创新，从而构成国家创新的三个重要方面：制度、科技和商业。在制度创新、科技创新和商业创新之间，美国人更重视制度创新先行。鼓励自由竞争的经济制度为科技和商业上的创新奠定了基础。

（四）产业结构调整

21世纪是知识社会、知识经济和知识产业发展的世纪。技术密集型和知识密集型产业将得到蓬勃发展，劳动密集型产业在各国以及在整个世界经济中所占比重无疑会趋于下降。柔性生产将逐渐替代批量生产，信息、生物和纳米技术将成为影响未来科技进步与产业升级的核心技术。因此，21世纪初期，世界产业结构调整的总趋势是：高新技术产业化和产业结构高效化的步伐将进一步加快；知识型服务业会逐步成为拉动经济增长的主导产业；用高新技术改造后的传统产业将赢得未来的发展空间。

高新技术产业化和产业结构高级化，意味着高新技术在整个经济发展过程中的作用将越来越大，意味着高新技术对工农业产出的增长和效益优化、对劳动生产率的大幅度提高都将发挥前所未有的巨大作用。

随着世界产业结构调整规模的不断扩大，包括金融、信息、咨询等在内的知识型服务业在国民经济中的比重将大幅度增加，这些行业在社会经济发展中的作用将越来越重要，第一产业与第二产业在国内生产总值中的比重下降，第三产业的比重日益上升。

知识型服务业的迅猛发展在很大程度上得益于信息服务业的倍增式扩张。继硬件、软件和网络业之后，信息服务正成为信息产业的基础行业。目前，全球信息服务的产值已占整个信息产业的38%，且继续以两位数的增速迅猛发展。

用高新技术，尤其是信息技术改造第一产业和第二产业，使趋于衰退的传统产业——农业与制造业发展逆向回归，赢得新的发展空间，这是目前全世界经济结构调整所面临的一个共同课题。

20世纪90年代以后，美国用高新技术改造传统制造业，使其全面升级，使美国制造业的劳动生产率由20世纪80年代的年增3.4%，提高为90年代的年增4.7%，制造业成为推动美国经济扩张的重要产业。事实证明，用高新技术改造传统工业，不仅能使已经失去竞争优势的劳动密集型产业，如纺织业、服装业、建筑业等转变为资本和技术密集型产业，而且能够使钢铁、汽车、化工等资本密集型产业转变成技术密集型产业。

经济全球化强调发展数量的扩张，生产要素大规模跨国流动，产业资本大规模跨国投资，强势企业大规模跨国联合等。

高科技产业的兴起和国民经济结构的高技术化，强调发展的质量飞跃，其中既有新兴产业和新兴企业的发展崛起，又有传统产业和传统企业的高技术改造。

尽管世界各国产业结构调整的进展很不平衡，差别明显可见，但是任何国家的经济结构调整，其目的都在于从数量和质量两个方面强化经济发展，促进社会经济不断迈上新的台阶。

在20世纪80年代开始的产业结构调整中，不同类型国家的战略表现出不同的特点。

1. 发达国家

发达国家产业结构调整的基本思路是，加速经济全球化和高技术产业化的步伐。

(1) 美国产业结构调整的战略。其产业结构调整有两个鲜明的时代特点：

一是美国凭借世界一流的强大科技实力和先进的科学技术知识，把信息技术产业作为新的经济增长点。同时，在生物技术、新材料和新能源等领域也投入大量的科研力量，不断取得相应的高新产业成果，并在高技术产业化过程中打造了适应新经济发展的先进产业结构，把产业结构整体提升到一个新的水平。20世纪90年代初，美国信息产业的年均增长率达到了57%，1998年信息业的产值已接近7000亿美元。

二是调整产业资源配置，高科技军事工业向民用工业适度转变。20世纪80年代以前，军事工业在美国整个工业中占25%左右。进入90年代以后，美国开始逐步缩减高技术军事工业。1985～1995年美国军费开支占其GDP的比重由6.1%下降到3.8%。大批高科技军工企业实行减员、转产。然而，同期美国的高技术民用工业却呈现出相对稳定发展的态势。资源配置的这种变化不仅极大地推进了美国经济的发展，而且进一步提高了美国在世界经济中的竞争实力，创造出美国历史上最长的经济扩张期，其经济竞争力连续多年雄踞全球榜首。

(2) 日本产业结构调整的战略。日本在20世纪80年代后半期遭受了产业结构升级的严重失利。众所周知，第二次世界大战后日本在高技术领域采取所谓“拿来主义”的发展战略，不惜高价从国外购进先进技术，然后消化、吸收、发展、改造。这种重视实用研究和商品开发的“生产导向型”和“市场导向型”战略，促进了日本经济的高速发展，使其成为超级经济大国。然而，到20世纪90年代以后，这种战略成了它继续发展的阻力。因为第二次世界大战后日本的“拿来主义”和追赶型产业政策具有两面性：一方面，它有效地利用价格机制在资源分配方面的职能，促进了日本的工业化和经济快速发展；另一方面，它忽视价格机制的调整职能，促使政府直接通过政策介入和规制进行干预，扭曲了企业活动。到20世纪90年代之后，产业结构未能实现适应新技术发展的实质性升级，造成投资方向迷茫、泡沫经济破灭、经济长期停滞、竞争力严重削弱。

在饱受经济长期萧条的痛苦之后，日本开始从改革体制入手，制定了“科学技术基本计划”，力求尽早实现政府研究开发投资的倍增计划。同时，日本政府积极采取各种措施，强化对知识产权的保护，维护发明者的权益；加强以往独立性较强的产业界、高校和国立研究机构之间的技术交流与合作，积极有效地推进科技成果的产业化，通过体制性改革提供组织上、制度上的保障。

（3）欧盟产业结构调整战略。改造传统工业，发展高科技产业，以解决体制僵化和就业问题。他们把高科技产业的发展作为实现产业结构升级、改革僵化体制和解决就业难题的关键。欧盟各国纷纷选择高科技产业作为发展重点。例如，英国选择生物工程、新材料和光学技术作为发展重点；法国选择航空航天、生物技术和环保产品作为高科技研究的主攻方向。近年来，欧洲经济的逐渐恢复为产业结构调整和新产业的发展提供了宽松的环境。欧盟各国充分发挥各自科技实力雄厚的优势，不断加大科研经费投入，建立起科研机构的优胜劣汰机制，从制度上保障了科技成果的产业化进程。

欧盟各国与美、日两国在高科技领域展开一争高下的生死角逐，实施了以产业化为主攻方向的高技术科研规划，以独具特色的地域间协作优势联合攻关，整体推进欧盟的产业结构向高科技化方向发展。欧盟 1985 年开始实施的著名的“尤里卡计划”，就是各国在电子、光学、人工智能和新材料等高科技领域联合进行研究开发的一个典型例证。

2. 新兴工业化国家和地区

以亚洲“四小龙”为代表的产业结构调整，采取各种适合于本国和本地区产业结构调整的中短期具体措施，以适应世界经济结构调整的大势。“四小龙”结构调整的共同特点是强化金融。强化金融并非强化政府直接干预而是基于经济安全而采取某些短期措施，为长期的改革开放赢得缓冲时间。马来西亚之所以重开外汇市场，香港之所以把危机期间政府托市的“官股”还付于民，都是具体例证。韩国的产业结构调整包括鼓励中小企业发展和限制财阀等调整企业结构方面的特定内容。“四小龙”产业结构调整的两个共同特点：一是通过集成政策，推动高技术企业的生成和发展；二是大大提高开放程度，更积极地鼓励国际资本的进入。

3. 发展中国家

发展中国家是与发达国家相比较而言经济上比较落后的国家，又称不发达国家。通常指第三世界国家，包括亚洲、非洲、拉丁美洲及其他地区的 130 多个国家，占世界陆地面积和总人口的 70% 以上。

20 世纪 60 年代以后，在新的国际政治经济形势下，一些过去经济落后的国家和地区，在经济上有了迅速的发展。亚洲“四小龙”的腾飞，拉丁美洲的“经济奇迹”，使广大亚非拉国家看到了谋求经济发展的新希望。尽管在经济上与发达的工业国相比仍存在着很大的差距，在发展的道路上，仍充满着坎坷与挫折，但是，发展中国家的经济在发展，畸形的经济结构在改变，工业在国民经济中的地位在提高，国内的储蓄率和投资率都在增加，大多数国家的文化教育、卫生保健事业在不断完善。

发展中国家开始将谋求经济发展、社会进步、国民富裕作为自己的努力方向和奋斗目标。经过近半个世纪的不懈努力，大多数发展中国家的状况都发生了明显的变化。

然而，大部分前苏联和东欧转轨国家的制度建设严重滞后。就小国而论，它们的经济结构调整受制于以国外资本为主导的国际分工，在全球化进程中处于被动地位。

在发展中国家中，中亚与东欧有穷富之分。对中亚的农牧业国家来说，如何转化成工业化国家，是十分迫切和实际的发展问题。因此，它们的任务是借助全球化和高科技化，进行经济结构的调整，如区域结构、城乡结构、产业结构、规模结构等。

一个国家必须根据世界经济的发展状况来制定自己的经济政策，利用世界经济的发展优势作为自己发展的机会，这是取得成功的关键所在。

二、社会文化变化对企业的影响

进入 20 世纪 80 年代，由于整个世界格局处于一个大动荡的前夕，许多矛盾在不断酝酿和积聚着。东西方文化的不断碰撞、交融和渗透，意识形态领域方面的差异，以及各种传统文化的影响，使得整个世界处在动荡之中。

社会生产力的发展，表现出文化生活方式的多样化和人们需求构成的多样化。企业在适应瞬息万变的市场、满足人们日益增长的多样化物质文化生活需求方面的难度在不断加大。

科学技术的不断发展，现代交通、通信手段的日新月异，使人们居住的世界已变成“地球村”。在经济、社会的发展过程中形成了不同的文化融合，人们的传统习惯不断被改变。社会文化的多样化，促使新的文化概念不断形成，影响着人们的生活和行为方式。不同文化的冲突使社会发展中的不确定性因素增多，矛盾更加突出，给企业管理和社会经济发展带来新的巨大压力，使企业在新的竞争环境下步履维艰。

科学技术的发展和企业管理水平的提高，进一步增强了市场竞争的激烈程度。科学技术和管理这两个“轮子”在推动经济发展中的作用越来越突出，成为企业提高效率和效益，增强市场竞争力的最直接、最有力的手段。

第二节 汤姆·彼得斯的管理思想

汤姆·彼得斯（Tom Peters）是全球最著名的管理学大师之一，在美国乃至整个西方世界被称为“商界教皇”。1982 年，汤姆·彼得斯和罗伯特·沃特曼合著的《追求卓越》（*In Search of Excellence*）一书出版。该书出版以来，被译成近 20 余种文字，风靡全球，许多跨国大企业视汤姆·彼得斯的著作为发展创新的经典。该书被誉为世界最畅销的工商管理书籍、美国优秀企业的管理圣经、《福布斯》20 世纪最具影响力的工商书籍。

《追求卓越》最重要的特点是以实际案例为基础，结合大量的事实、数据和分析。两位作者花费数年时间，辗转美国各地，深入企业进行调查研究，综合了数百个大小公司的第一手材料，最后筛选出 43 家优良“标本”，进行解剖和探究。样本涉及制造、信息、服务、销售、交通、食品等诸多行业，包括大名鼎鼎的 IBM、通用电气、惠普、3M、麦当劳、宝洁等。在作者眼中，“卓越”的标准是企业除了在财务方面有长期的优异业绩表现外，更重要的是具有高度的创新精神。

汤姆·彼得斯的其他代表作有：《追求卓越的激情》、《创新圈》、《疯狂的时代呼唤疯狂的组织》、《成功之路》、《寻求企业最佳管理法》、《探索企业成功之路》、《致富秘诀》、《卓越的浪潮》、《乱中取胜》等。

一、汤姆·彼得斯的管理思想

（一）关于管理的八项准则

汤姆·彼得斯在美国花费数年时间辗转美国各地，深入企业调查研究，取得数百个大小公司的第一手材料，通过分析而提出优秀企业的共同品质，即八项准则。

1. 崇尚行动

崇尚行动就是指一种行为风范。行动迅速、发现问题马上着手解决，走动式管理。崇尚行动强调的是快速执行。

2. 接近顾客

接近顾客就是要关注顾客偏好、积极倾听顾客的意见、在产品和服务上贴近顾客的需求，并把顾客的特殊需求当成创新的突破口。

3. 自主创新

企业鼓励员工自主和自律，而不是密切监督，以创造宽松的创新氛围。它强调人的主动性和创造性，创新是企业活力的源泉，没有创新，企业就是一潭死水，创新是企业的内在需求。优秀的企业要利用非制度手段来保存创新火苗，最大限度地赋予创新者以创新自主权。

4. 以人促产

以人促产是指尊重雇员人格和个性，采取正面激励的手段来提高他们的工作积极性。强调人的因素对企业发展的重要性。员工是企业的神经末梢，只有他们的人格和个性得到企业应有的尊重，他们才能把企业视同己有。

5. 深入基层

企业的领导一定要深入到员工工作的第一线去了解和调查企业的基本运行和操作，不能高高在上。不经基层实践的指挥是瞎指挥，对一个企业的运行和发展没有积极的推动作用。

6. 不离本行

不离本行指企业应专注于自己的核心业务，以独特的利润模式和经营模式，形成核心竞争力。这里强调的是专注，只有专注，才能杰出，企业如果能始终“专注于自身”，保持竞争优势，就能避免无谓的风险。

7. 精兵简政

精兵简政指企业的组织结构要简洁，人员要精干。机构臃肿的企业往往人浮于事，体制僵化，官僚主义盛行，不易生存。

8. 张弛互济

张弛互济是指一个企业发展的目标要保持松紧有度的特性，但却不窒息创新的控制系统。它是指一种兼容并包的管理风格，对目标保持松紧有度的跟进，但却不窒息创新。张弛互济强调企业文化的包容性，因为企业中人的多面性，决定了企业文化的多面性，所以企业不能用死板的管理来压制人创造的自由，而是要用包容性的文化来激发人的创造力。

（二）关于企业实现自主创新的制胜策略

（1）及时应对客户需求。要增强企业作为一个整体对客户多样化需求迅速做出反应的能力。

（2）快速创新。大部分真正的创新都是由“错误”的人，在“错误”的时间、“错误”的地点，根据“错误”的理由，为了“错误”的目的研制出来的。

（3）员工第一。改革复杂僵硬的组织等级结构，取消那些以防范、控制员工为目的的烦琐规章制度，转变中层经理的工作性质和任务，向员工授权。

（4）看得见的管理。领导者要有远大的理想和目标，善于抓住主要问题，真正关心客户和员工。要少管，在管理上“少”就是“多”。

（5）系统和制度。指标要简单，考核那些应当考核的项目，促进横向交流沟通。

（三）关于调动人的潜力

汤姆·彼得斯在建构他的管理思想时应用了大量心理学的研究成果，以寻求调动人的最大潜力的途径。

（1）所有的人都是以自我为中心的，对来自他人的赞扬感到快慰，有普遍趋于认为自己是优胜者的趋势。

（2）人是环境的奴隶。

（3）人迫切需要活得有意义，对于这种意义的实现愿意付出极大的牺牲。

（4）人们通常将成功看成是由自身因素决定的，而把失败归于由体制所造成的，以便使自己从中开脱出来。

（5）大多数人在寻求安全感时，好像特别乐于服从权威，而另一些人在利用别人向自己提供有意义的生活时，又特别乐于行使权力。

（四）关于世界级质量的特征

汤姆·彼得斯利用几年的时间仔细研究 IBM、泰能、米利肯等公司的质量革命成果，总结出世界级质量的十二个特征：

（1）管理者着迷于质量。主要是最高管理者对质量的着迷。质量恰恰是从感情上的依恋开始的，没有“如果”、“那么”或“但是”可言。

（2）有一套思想体系或思想方法作为指导。

（3）质量是可以衡量的。

（4）高质量要受到奖励。

（5）每个员工都应当在技术上受到培训以便评估质量。正如日本人所说：“质量，始于培训终于培训。”

（6）利用包含跨职能部门或跨系统的团队。

（7）小的就是美的。

（8）提供不断的刺激。创造无止境的“霍桑效应”。质量革命是一场关注琐碎细节的战争，攸关得失成败。

(9) 建立一个致力于质量改进的平行组织结构"影子质量组织"。

(10) 人人都发挥作用，尤其是供应商。但销售商与客户也同样必须是质量改进过程的一部分。

(11) 质量上升会导致成本下降，改进质量是降低成本的关键所在。

(12) 质量改进永无止境。每件产品或服务，每天都是相对地变好或变坏，但绝不会停滞不动的。

(五) 汤姆·彼得斯的管理哲学

在汤姆·彼得斯看来，成绩优秀的公司既为人们提供了出人头地的机会，又将这一机会和一种具有超越意义的哲学及信念体系结合起来。管理新思想常常把人们引入一个模糊不清、自相矛盾的世界。这是一个重要的原则，重要的是看人们是否懂得这个原则，是否运用这个原则去处理自相矛盾的事情。

汤姆·彼得斯对人性的认识是：①人们需要有意义的生活；②人们需要受一定的控制；③人们需要受到鼓励和表扬；④人们的行动和行为在一定程度上形成态度和信念，而不是态度和信念形成行动和行为。

二、评析

汤姆·彼得斯的管理思想强调非理性的管理，把"人本"作为整个管理的基石。他对人性的认识比前人更深化了一步，其管理思想是美国式经典思想，他提出的管理思想可以说是对西方传统理性管理思想的一个挑战，体现出全新管理思想的转变，对管理思想的发展作出了重要的贡献。

第三节　迈克尔·波特的竞争战略管理思想

迈克尔·波特（Michael Porter）是哈佛大学商学研究院著名教授，当今全球第一战略权威，被誉为"竞争战略之父"，是现代最伟大的商业思想家之一。他毕业于普林斯顿大学，后获哈佛大学商学院企业经济学博士学位。他曾在1983年被任命为美国总统里根的产业竞争委员会主席，开创了企业竞争战略理论。他先后获得过大卫·威尔兹经济学奖、亚当·斯密奖、五次获得麦肯锡奖。目前，他拥有瑞典、荷兰、法国等国大学的八个名誉博士学位。

迈克尔·波特获得的崇高地位缘于他所提出的"五种竞争力量"和"三种竞争战略"的理论观点。

迈克尔·波特的三部经典著作《竞争战略》(1980)、《竞争优势》(1985)、《国家竞争力》(1990) 被称为竞争三部曲。

一、产业结构分析

迈克尔·波特对于竞争战略理论作出了非常重要的贡献，"五种竞争力量"——分析产业环境的结构化方法就是他的杰出思想。他更具影响的贡献是在《竞争战略》一书中明确地提出了三种通用战略。

产业环境是指对处于同一产业内的组织都会产生影响的环境因素。产业环境的分析包括行业的生产经营规模、产业状况、竞争状况、生产状况、产业布局、市场供求情况、产业政策、行业壁垒和进入障碍、行业发展前景等。

产业环境的分析主要包括两个方面：一是产业中竞争的性质和该产业中所具有的潜在利润；二是该产业内部企业之间在经营上的差异，以及这些差异与它们的战略地位的关系。分析前者的常用工具是迈克尔·波特提出的“五种力量模型”(Michael Porter's five forces model)，又称波特竞争力模型。这是迈克尔·波特于20世纪80年代初提出的，对企业战略制定产生了全球性的深远影响。用于进行竞争战略的分析，可以有效地分析客户的竞争环境。“五种力量模型”确定了竞争的五种主要来源。一种可行战略的提出首先应该确认并评价这五种力量，不同力量的特性和重要性因产业和企业的不同而变化，如图11-1所示。

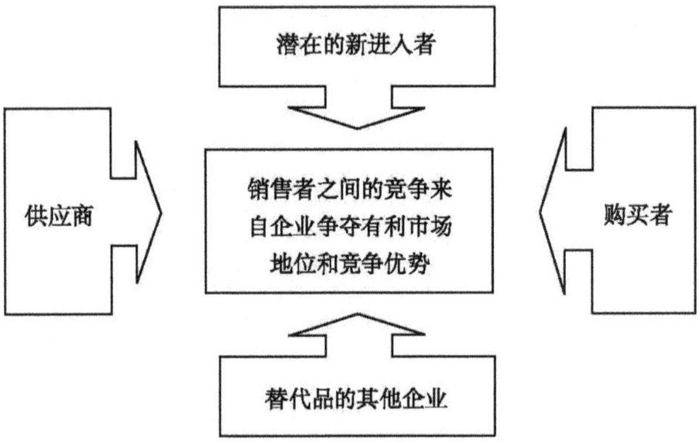

图11-1 五种力量模型

(1) 潜在进入者威胁。潜在进入者是指产业外随时可能进入某行业的成为竞争者的企业。由于潜在进入者的加入会带来新的生产能力和物质资源，并要求取得一定的市场份额，因此，潜在进入者对本产业的现有企业构成威胁，这种威胁称为进入威胁。进入威胁的严重程度取决于两方面的因素：一是进入新领域的障碍大小（壁垒高低）；二是预期现有企业对于进入者的反应情况。影响进入壁垒高低的因素主要有规模经济、产品差异、资本需要、转换成本、销售渠道开拓、政府行为与政策、与规模经济无关的成本优势、自然资源、地理环境。新企业进入一个行业的可能性大小，取决于进入者主观估计进入所能带来的潜在利益、所需花费的代价与所要承担的风险这三者的相对大小情况。

(2) 现有企业之间的竞争。现有企业之间的竞争指产业内各个企业之间的竞争关系和程度，常常表现在价格、广告、产品介绍、售后服务等方面，其竞争强度与多种因素有关。不同产业竞争的激烈程度是不同的。如果一个产业内主要竞争对手基本上势均力敌，不论产业内企业数目的多少，产业内部的竞争必然激烈，在这种情况下，某个企业要想成为产业的领先企业或保持原有的高收益水平，就要付出较高的代价；反之，如果产业只有少数几个大的竞争者形成半垄断状态，企业间的竞争便趋于缓和，企业的获利能力就会增大。决定产业内企业之间竞争激烈程度的因素主要有竞争者的多寡及力量对比、市场增长率、固定成本和库存成本、产品差异性及转换成本、产业生产能力的增加幅度、产业内企业采用策略和背景的差异以及竞争中利害关系的大小、退出壁垒。

(3) 替代品的威胁。替代品是指那些与本企业产品具有相同功能或类似功能的产品。两个处于不同行业中的企业，可能会由于所生产的产品互为替代品，从而在它们之间产生相互竞争行为，这种源自于替代品的竞争会以各种形式影响行业中现有企业的竞争战略。首先，现有企业产品售价以及获利潜力的提高，将由于存在着能被用户方便接受的替代品而受到限制；其次，替代品生产者的侵入，使得现有企业必须提高产品质量，或者通过降低成本来降低售价，或者使其产品具有特色，否则其销量与利润增长的目标就有可能受挫；最后，源自替代品生产者的竞争强度，受产品买主转换成本高低的影响。替代品价格越低、质量越好，用户转换成本越低，其产生的竞争压力就越大。决定替代品压力大小的因素主要有替代品的盈利能力、替代品生产企业的经营策略、购买者的转换成本。

(4) 供应商的讨价还价能力。供应商是指企业从事生产经营活动所需要的各种资源、配件等的供应单位。供应商主要通过提高投入要素价格和降低单位价值质量，来影响行业中现有企业的盈利能力与产品竞争力。供应商力量的强弱主要取决于它们所提供给买主的是什么投入要素，当供应商所提供的投入要素价值在买主产品总成本中占有较大比例，对买主产品生产过程非常重要，或者严重影响买主产品的质量时，供应商对于买主的潜在讨价还价力量就大大增强。一般来说，满足如下条件的供应商会有较强的讨价还价能力：①供应商为一些具有比较稳固市场地位而不受市场激烈竞争困扰的企业所控制；②供应商各企业的产品各具特色，以至于买主难以转换或转换成本太高，或者很难找到可与供应商产品相竞争的替代品；③供应商能够方便地实行前向联合或一体化，而买主难以进行后向联合或一体化。它们往往通过提高价格或降低质量和服务的手段，向产业链的下游企业施加压力，以此来榨取尽可能多的产业利润。决定供应商讨价还价能力的因素主要有供应商产业的集中度、交易量的大小、产品差异化程度、转换供应商成本的大小、前向一体化的可能性、信息的掌握程度等。

(5) 购买者的讨价还价能力。购买者主要通过压价和要求提供物美价廉的产品或服务质量，来影响行业中现有企业的盈利能力。因此，他们总是为压低价格，要求提高产品质量和服务水平而同企业讨价还价，使得产业内的企业相互竞争残杀，导致产业利润下降。影响购买者讨价还价能力的因素主要有购买者的集中度、购买者从本产业购买的产品在其成本中所占比重、购买者从产业购买产品的标准化程度、转换成本、购买者的盈利能力、购买者后向一体化的可能性、购买者对信息的掌握程度等。

迈克尔·波特认为，这五种力量决定产业的获利能力，影响产品的价格、成本与必要的投资，也决定产业结构。企业如果要想拥有长期的获利能力，就必须了解所处的产业结构，并塑造对企业有利的产业结构。企业可以采取尽可能地将自身的经营和竞争力量隔绝开来，努力从自身利益需要出发影响行业竞争规则，先占领有利的市场地位再发起进攻性竞争行动等手段来对付这五种竞争力量，以增强自己的市场地位和竞争力。

二、产业环境与竞争环境

产业环境主要是指产业的生存和发展环境、政府的产业和外资政策，以及跨国公司和外国直接投资进入国内市场的资本、技术、管理状况等。

首先，产业的生存和发展环境。它包括以下几个因素：①要素条件。资本、技术、原材料以及劳动力等生产要素是产业生存和发展所必需的物质条件，这些要素的成本、质量及可得性将直接影响产业内企业的生产和管理及产品的质量与竞争力，进而影响产业的竞争优势以及生存和发展的可能性与空间。②市场容量和需求状况。它在很大程度上影响着产业的生存和发展环境。如果市场规模大、需求旺盛，产业内企业就会在本国具有相对宽松的发展空间与较大的发展余地。如果市场容量相对有限、需求明显不足，产业内企业受制于市场规模和需求无法进一步发掘自身潜力时，就有可能转向国外市场。③市场竞争程度。它决定着产业生存和发展环境的长期变化趋势。激烈的市场竞争会促使产业内企业积极致力于技术开发和创新，而且还会迫使企业积极向海外投资，以拓展发展空间。

其次，政府的产业和外资政策。它包括：①产业政策。政府的产业政策对产业安全有着重要影响，主要表现在：第一，产业政策安排能否有效地管理与规范产业外部投资者的进入行为，从而使市场竞争保持在相对合理的范畴内，既保持市场一定的竞争性，又防止过度竞争而加剧产业内的竞争压力；第二，产业政策安排能否使国家产业结构保持相对合理，能否避免调整刚性，根据内、外部环境的变化及时做出调整，以维持其竞争力。②外资政策。各国政府的外资政策无非体现在以下两个方面：一是以税收工具为表现形式的对外资的各种优惠措施；二是对外资进入产业、地域、股权等作出的种种限制性规定。因此，外资政策对国内产业安全的影响主要表现在：第一，税收优惠政策是否适度，既能达到鼓励外资进入的目的，又防止外资过多盲目地进入，导致过度竞争；第二，限制性产业导向政策能否确实有效地规范外资进入并加强对其监管，确实起到防止外商投资冲击国内产业、威胁国内产业安全的作用。

最后，跨国公司与外国直接投资进入国内市场的资本、技术、管理等状况。随着国际投资自由化和各国市场开放力度的不断加大，跨国公司以对外直接投资形式进入东道国，其先进的技术和管理对东道国经济产生了积极的示范效应，而且国内竞争的加剧对于提高民族产业的竞争力，进而提高本国的整体发展水平与竞争力起到积极的作用。在利用外资过程中，可能出现跨国公司凭借其雄厚的资本与先进的技术、信息、管理及营销方面的优势，通过各种方式形成对国内某些产业的控制，由此东道国产业的安全必将受到极大的威胁。

竞争环境是指从总体上和客观上来考虑的市场竞争的外部因素，包括政治、经济、科学、技术、军事、法律、社会文化、市场分布及构成、消费者、竞争对手、供应商和中介机构等。竞争环境是对企业战略有最直接影响的因素。

竞争环境与产业环境的不同点在于：产业环境是从全行业的整体出发思考问题，而竞争环境是从个别企业出发思考问题，观察特定的区域内同行的竞争状况，或者观察同行在原材料取得、产品市场占有上与其他企业的竞争情况。

三、迈克尔·波特的基本竞争战略

企业在产业中的竞争位置会决定企业的获利能力是高出还是低于产业的平均水平。即使在结构不佳、平均获利水平差的产业中，竞争位置较好的企业，仍能获得较高的投资回报。

迈克尔·波特认为，在与五种力量的抗争中，蕴涵着三种竞争战略。

1. 总成本领先战略

这一战略要求企业必须建立起高效、规模化的生产设施，全力以赴地降低成本，严格控制成本、管理费用及研发、服务、推销、广告等方面的成本费用。为了达到这些目标，企业需要在管理方面对成本给予高度重视，力求使总成本低于竞争对手。企业的成本较低，意味着当别的企业在竞争过程中已失去利润时，这个企业仍可获得利润。赢得总成本最低的有利地位通常要求具备较高的相对市场份额或其他优势，诸如与原材料供应方的良好关系等，或许也可能要求产品的设计要便于制造生产，易于保持一个较宽的相关产品线以分散固定成本，以及为建立起批量而对所有主要顾客群进行服务。

企业赢得了总成本领先的地位，利用所获得的较高的边际利润又可以重新对新设备、现代设施进行投资以维护成本上的领先地位，而这种再投资往往是保持低成本状态的先决条件。

2. 产品差异化战略

产品差异化战略又称标新立异战略，是使企业提供的产品或服务别具一格，或功能多、款式新，或更加美观。实现产品差异化战略有许多方式，如设计名牌形象、技术上的独特、性能特点、顾客服务、商业网络及其他方面的独特性。最理想的情况是企业在几个方面都有其差别化特点。如果企业的产品差异化战略得到实现，它就成为在行业中赢得超常收益的可行战略。因为它能建立起对付五种竞争作用力的防御地位，利用客户对品牌的忠诚而处于竞争优势。

迈克尔·波特认为，推行产品差异化战略有时会与争取占有更大的市场份额的活动相矛盾。推行产品差异化战略往往要求企业对于这一战略的排他性有思想准备。这一战略与提高市场份额两者不可兼顾。在建立企业的产品差异化战略的过程中总是伴随着很高的成本代价，有时即便顾客都了解企业的独特优点，也并不是所有顾客都愿意或有能力支付企业要求的高价格。

3. 专一化战略

专一化战略又称目标集中战略或目标聚集战略。这一战略是主攻某个特殊的顾客群、某产品线的一个细分区段或某一地区市场。低成本与差异化战略都是要在全产业范围内实现其目标。专一化战略的整体却是围绕着很好地为某一特殊目标服务这一中心建立的，它所开发推行的每一项职能化方针都要考虑这一中心思想。

专一化战略的前提是：企业业务的专一化能够以较高的效率、更好的效果为某一狭窄的战略对象服务，从而超过在较广阔范围内竞争的对手。企业或者通过满足特殊对象的需要而实现了差异化，或者在为这一对象服务时实现了低成本，或者两者兼得。这样的企业可以使其盈利的潜力超过产业的平均水平。这些优势保护企业抵御各种竞争力量的威胁。但专一化战略常常意味着限制了可以获取的整体市场份额。专一化战略必然地包含着利润率与销售额之间互以对方为代价的关系。

迈克尔·波特认为，这三种战略是每一个企业必须明确的，因为徘徊其间的企业必将处于极其糟糕的战略地位。这样的企业缺少市场占有率，缺少资本投资，从而削弱了“打低成本牌”的资本。全产业范围的差别化的必要条件是放弃对低成本的努力。而采用专一化战略，在更加有限的范围内建立起差别化或低成本优势，会有同样的问题。徘徊其间的企业几乎注定是低利润的，所以它必须做出一种根本性战略决策，向三种通用战略靠拢。一旦企业处于徘徊状况，摆脱这种令人不快的状态往往要花费时间并经过一段持续的努力；而相继采用三个战略，迈克尔·波特认为注定会失败，因为它们要求的条件是不一致的。

迈克尔·波特的竞争战略理论开创了企业经营战略的崭新领域，对全球企业发展和管理理论的进步作出了重要的贡献。

四、价值链理论

价值链（value chain）是研究竞争优势的有效工具，其理论方法是将企业的业务流程描绘成一个价值增值和价值创造的链式结构，研究如何通过计划、协调、组织和控制各个环节的工作，使各环节在相互联系的基础上同时具有处理物流、资金流和信息流的自我组织能力。

“价值链”概念最早是由迈克尔·波特于1985年在其所著的《竞争优势》一书中提出的。价值链理论的基本观点是：在一个企业众多的“价值活动”中，并不是每一个环节都创造价值。企业所创造的价值，实际上来自企业价值链上的某些特定的价值活动；这些真正创造价值的经营活动，就是企业价值链的“战略环节”。企业在竞争中的优势，尤其是能够长期保持的优势，说到底，是企业在价值链某些特定的战略价值环节上的优势。而行业的垄断优势来自于该行业的某些特定环节的垄断优势，抓住了这些关键环节，也就抓住了整个价值链。

迈克尔·波特认为：“每一个企业都是在设计、生产、销售、发送以及辅助其产品的过程中进行种种活动的集合体。所有这些活动可以用一个价值链来表明。”企业的价值创造是通过一系列活动构成的，这些活动可分为基本活动和辅助活动两类。基本活动包括内部后勤、生产作业、外部后勤、市场和销售、服务等；辅助活动包括采购、技术开发、人力资源管理和企业基础设施等。这些互不相同但又相互关联的企业生产经营活动，构成了一个创造价值的动态过程，即价值链。

价值链在经济活动中无处不在，上下游关联的企业与企业之间存在行业价值链，企业内部各业务单元的联系构成了企业的价值链。价值链上的每一项价值活动都会对企业最终能够实现多大的价值造成影响。

迈克尔·波特的价值链理论揭示，企业与企业的竞争，是整个价值链的竞争，而整个价值链的综合竞争力决定企业的竞争力。迈克尔·波特说：“消费者心目中的价值由一连串企业内部物质与技术上的具体活动和利润构成，当你和其他企业竞争时，其实是企业内部多项活动在进行竞争，而不是某一项活动的竞争。”

企业的竞争优势来源于企业内部的产品设计、生产、营销、运输等多项独立的活动。这些活动对企业的相对成本地位都有贡献，同时也是构成差异化的基础。因此，分析竞争优势的来源时，必须要用一套系统化的方法来监视企业内部的所有活动，以及活动间的相互关系。

价值链就是一套分析优势来源的基本工具。它可将企业的各种活动以价值传递的方式分解开来，以了解企业的成本特性，以及现有和潜在的差异化来源。

五、评析

（一）迈克尔·波特的竞争战略理论的先进性

迈克尔·波特的竞争战略的理论体系是非常完整的，从企业竞争的最基本因素即行业结构开始，到提出具体的战略构想都做了全面的分析，开创了企业经营战略的崭新领域，对全球企业发展和管理理论研究的进步作出了重要的贡献，也因此成为竞争战略方面经典的管理理论。

（二）迈克尔·波特的竞争战略理论的局限性

“五种力量模型”是一种理论思考工具，而不是可以实际操作的战略工具。因为，该模型的理论是建立在以下三个假定基础之上的：

（1）制定战略者可以了解整个行业的信息。这一点在现实中是难以做到的。

（2）同行业之间只有竞争关系，没有合作关系。但是，现实中企业之间存在多种合作关系，不一定是你死我活的竞争关系。

（3）行业的规模是固定的，因此，只有通过夺取对手的份额来占有更大的资源和市场。但是，现实中企业之间往往不是通过吃掉对手，而是与对手共同做大行业的蛋糕来获取更大的资源和市场；同时，通过不断开发市场和创新来扩大行业规模。

由于以上三项假设在现实中不存在，因此，要把迈克尔·波特的“五种力量模型”有效地应用于实践，就会在具体的实施过程中要么束手无策，要么头绪万千。

迈克尔·波特的竞争战略理论是指导企业竞争的有效武器。但是，在实际运用时要注意到它的局限性。

第四节 约翰·科特的领导学说

约翰·科特（John P. Kotter）是举世闻名的领导力专家，世界顶级企业领导与变革领域最权威的代言人。他于 1947 年出生于美国圣地亚哥，早年先后就读于麻省理工学院和哈佛大学；1972 年开始执教于哈佛商学院；1980 年，年仅 33 的约翰·科特成为哈佛商学院的终身教授。他和迈克尔·波特是哈佛大学历史上此项殊荣最年轻的得主，与彼得·德鲁克等管理大师并驾齐驱。

约翰·科特曾经为高级微型设备公司（AMD）、美国运通（American Express）、

ARCO、雅芳（Avon）、通用电气（General Electric）、IBM、摩托罗拉（Motorola）、壳牌石油（Shell Oil）、索尼（Sony）等提供过服务。他出版了《领导究竟应该做什么》、《领导变革》、《松下领导学》、《新规则》、《企业文化与经营业绩》、《变革的力量：领导与管理的差异》、《现代企业的领导艺术》、《总经理》、《权力与影响》、《组织动态学》、《企业成功转型八步骤》、《废墟中站起的巨人》等著作。代表作有《领导者应该做什么》（*What Leaders Really Do*，1999）、《松下领导学》（*Matsushita Leadership*，1997）、《领导变革》、（*Leading Change*，1996）、《新规则》（*The New Rules*，1995）、《企业文化和经营业绩》（*Corporate Culture and Performance*，1992）等。行销全球的《领导变革》勾勒出成功变革的八个步骤，具有极强的可操作性，已经成为全世界经理人的变革指南。约翰·科特的《冰山在融化》（*Our Iceberg is Melting*，2006）告诉人们，无论是企业还是个人，当生活空间日益逼仄，市场空间日渐萎缩的时候，唯一的出路在于摒弃旧观念，寻找新视角，以不懈的变革来开拓新的生存空间。约翰·科特的核心思想是领导与变革。2001年10月，《商业周刊》杂志称科特是美国头号"领导力大师"，2004年他被评为世界最具声望的五位管理和商业思想领导者之一。

约翰·科特事业生涯的起点是研究管理者的行为，在转向对领导艺术的研究之前，科特写了大量有关综合管理学的文章。他认为，管理者能否进行有效管理，很大程度上取决于他们能否与他人建立起某种联系。

一、领导和管理的界定

约翰·科特在《变革的力量：领导与管理的差异》（*A Force for Change：How Leadership Differs from Management*）一书中着重对管理和领导这两个概念进行了区分，并详细论述了管理与领导的过程。约翰·科特认为，管理的方法与过程大致分为计划和预算、企业组织和人员配备、控制和解决问题这三个阶段。领导的过程分为确定企业经营方向、联合群众、激励和鼓舞这三个阶段。管理和领导的这三个阶段，存在着对应关系。他说："管理是计划、预算过程的确定和详细的日程安排，并调拨资源来实现计划；而领导是确定经营方向，确立将来的远期目标，并为实现远期目标制定进行变革的战略。"①

约翰·科特概括了领导与管理的四个不同点：

（1）管理者在特定时间框架内做计划和预算，领导者则孕育未来的远景和实现该远景的战略。管理要比领导更加关注细微环节的工作。管理侧重微观计划，领导更加注重宏观规划，尽管这样的计划或者规划都有相应的实施步骤。

（2）管理者关心组织和人员配备，领导者通过传达远景使大家协调一致。管理比领导对人员的要求更加详细，管理中会明确每个工作人员的切实任务；而领导对人员的整合和团队要求更高，领导中对工作只会让参与者了解大致方向。

（3）管理者监测结果和解决问题，领导者激励大家，使大家充满激情和斗志。管理

① Kotter J P. 1990. A Force for Change：How Leadership Differs from Management. New York：Free Press

更注重事，而领导更注重人。管理目标的实现依靠实质性的监控机制或手段，而领导目标的实现更加依赖情感、价值观的倾向性引导。

（4）管理产生一定程度的可预见性和秩序，领导则产生变革。

管理和领导，虽然定义不同，但有诸多相似之处。两者都涉及对需做事情做出决定，建立一个能完成某项计划的人际关系网，并尽力保证任务得以完成。那些认为管理是领导行为执行过程中一部分的人，他们忽略了一个事实，即领导行为本身有自己的执行过程，那就是组织群众奔向一个新的发展方向并激励群众去实现目标。同样，那些认为领导是管理的执行过程中的一部分的人，忽略了领导过程中确定经营方向的特性。

约翰·科特提出领导和管理还有一个最重要的不同点需要我们关注，那就是领导与管理的功用不同。领导可能引起变革，但它自身无法保证组织按时间、按计划完成预定任务。管理可以使组织高效运转，能够维持组织秩序，但永远也不会引起变革。两者相互结合，就可以带来高效、有序的变革过程。在这里，约翰·科特明确将引起变革的力量定义为领导，沿着这一思路，科特在领导与变革这一研究领域中越走越远。

约翰·科特明确了领导行为对于企业变革的影响，也更清楚地区分了在企业发展中，领导与管理之间的种种不同。不仅如此，约翰·科特还很敏锐地看到了领导和管理之间潜在的矛盾，由于它们功用和形式上的差别，管理和领导很可能会引起冲突。这样的冲突也就是一直存在的纯粹管理和纯粹领导之间的冲突。

强调管理，而忽视领导，通常会导致以下情况：首先，着眼点是短期成效，强调短期范围，为了保证短期效益而规避风险，注重细节的管理，忽视长期战略的制定，尤其是有风险的长期战略；其次，按照工作要求选择适合的工作人员，强调专业分工，强调严格管理，而对于组织的整体性很少关注，不注重各个组织成员之间的协调和联合；最后，过分强调控制和可掌控性，忽视适当的授权、激励等手段。

强调领导，而忽略管理，造成的情况也同样不容乐观。首先，容易产生仅仅强调长期远景目标的制定，而不在意计划、预算等短期目标的设定，使组织工作缺乏实际可操作的安排；其次，组织的指导团队容易轻视控制手段和具体问题的解决，从而造成问题堆积，进而阻碍组织发展；最后，组织有统一的组织文化，但是不注重专业分工，也不在意规则的制定、控制手段的实施。

无论是过多强调管理还是过于重视领导，都会引起组织内部的混乱，给组织发展带来阻碍。管理和领导，不存在谁比谁更重要的问题，只存在两者的有机结合问题。实践中重要的是让两者相互结合，共同促进组织的发展变革。一个好的管理者同样也可以成为好的领导者，双重的角色可以在一个人身上实现，并且不会引起混乱。而大多数企业中重视管理和忽略领导的情况是可以通过一系列措施来改变的。不过，在科特看来，当代企业的管理经过长期的发展已经达到了较高的水平，而领导则相对处于薄弱状态。企业缺少的是富有雄心的领导人，而不缺遵守规制的经理人，所以，约翰·科特自己的研究重点一直在领导方面。

约翰·科特致力于领导与管理的界定，有一句名言：“取得成功的方法是75%～80%靠领导，其余20%～25%靠管理，而不能反过来。”这句话道出了领导与管理之间的辩证关系：领导和管理是两个互不相同但又互为补充的行为体系；在日趋复杂和变幻无常的商业社会中，这两者缺一不可，都是取得成功的必备条件。

约翰·科特通过列举领导和管理的不同职能，得出了精辟的结论：领导未必优于管理，也未必可以取代管理。要获得成功，真正的挑战在于将强有力的领导能力和管理能力结合起来，并使两者相互制衡。

约翰·科特认为，领导和管理都很重要，只是当今时代更需要领导，至于一个企业在多大程度上需要领导和多大程度上需要管理，则要看该企业面临环境的复杂程度。"如果你所在的世界，所面临的变化越来越多，所面临的不确定性越来越多，所面临的经济动荡越来越多的话……那么就需要有更多的领导，反过来，如果你周围的环境比较稳定，而且有运行良好的组织，在这种情况下管理就显得更为重要。总的来说，管理和领导都是需要的，不管这个组织的规模有多大，但到底是管理多一些还是领导多一些，最关键的决定因素是要看你现在所处的世界的变化速度有多快。"

二、领导者的基本素质

约翰·科特的研究发现，尽管领导的举措、风格和行为模式有着极大的差异，但在最本质的方面却存在着相似的地方。从总体上看，成为优秀领导者所需具备的基本素质要求平平，大部分人都具备，但能否成为领导者主要取决于后天的经历。约翰·科特由此追根溯源，提出了影响领导能力的基本素质。

(1) 领导者应该有魄力、野心和精力。领导者必须具有旺盛的内在动力，不满足于现状，渴望发展并获得成功。没有这种内在的驱动力，就不可能让一个人保持上进和追求的精神，从而全力以赴地投身事业。保证事情完成所必不可少的一条就是有旺盛的精力，想取得成功，就得付出艰辛的劳动，持续工作，能够解决重大问题与难题。如果缺乏巨大的内在动力，领导就会被挫折打败。任何领导过程，都会经常性地遇到形形色色的困难和阻力，凡是失败的领导，都同挫折境遇导致失去信心有关。这是由个人人格特点决定的，是由人的遗传和后天的经历决定的，具有旺盛的内在动力，渴望求得发展、获得成功，这是领导人必不可少的特征。

(2) 智力和智能。这是具有卓越的领导才能的领导者必备的基本条件。在重要职位上显示出卓越领导才能的人不一定是天才，但他们往往具有某种超出常人的基本智力。领导者要接收大量不同的信息，分辨真伪，提取有用、重要的信息，找出信息之间的相互联系，继而判断局势，做出决策。敢作敢为、当机立断的魄力，来自于智力的支持。缺乏智力支持的魄力，实际上是鲁莽和冲动。领导人不能优柔寡断，迟疑不决，但更不能顾头不顾尾，一味蛮干。是魄力还是蛮力，差别在于智力的铺垫。这一品质的形成无疑是受教育的结果，也受遗传的影响。成年经历对其起扩展作用。

(3) 精神和心理健康。精神和心理健康在领导的全过程中都具有十分重要的作用。出色的领导者极少有自恋、偏执现象或者高度的不安全感。他们与人进行接触、交流时，会正确看待问题，不会形成曲解，这是领导者很重要的品质。只有非常注重与他人联系，准确把握他人的情感和价值观，才能处理和协调人际关系，动员全体成员向着共同目标协作努力。这是领导者的阅历和修养的结果。对部下的信任程度和了解程度，依赖于领导人的心理健康程度。在一定意义上，心理健康对经营方向的确定起着非常关键的作用。缺少起码的精神和心理健康，在处理人际关系上就很难形成领导行为所需的与他人合作的技能，在处理事务问题上就有可能引起对问题的歪曲和误解，进而可能使确立的远景目标存在缺陷，导致偏差。

（4）正直。这是领导者能够让别人取信于他、服从于他的重要因素。如果人们认为某个人缺乏正直，多数人就会对他产生拒斥心理，不会听从他的领导，至少不会长期服从他。同时，正直也有助于确定好的经营方向。野心勃勃、干劲十足、才能非凡但缺乏正直感的人，即使确定了自己的奋斗方向，甚至能够取得一定的成就，但这种人最终难免走向失败。因为缺少正直，就有可能为达目的不择手段，会使领导行为走上邪路。不正直的直接表现，就是不顾支持者的合法要求。正直主要受一个人成年后经历的影响，但其形成渊源也可以追溯到早期的生活经历。正直是领导者的一个重要品质。领导者的正直对其下属和同事有极其重要的影响。许多员工特别善于判断领导者是否看中他们，关心他们的幸福，他们只需观察他的所作所为及产生的影响即可。正直是领导者的基本素养，也是做人的基本素养。

约翰·科特认为，以上领导者的基本素质是对重要领导职位的最低要求。在这四种基本素质中，成功的领导者只需达到一定水平即可，任何一方面更突出并不意味着领导能力更强，即使每种素质都双倍于他人也不一定能更好地发挥领导才能。但相反，缺少了某一素质或者某一素质未能达到最低水平，就会削弱领导的效果。同时，约翰·科特认为，虽然他列出的这四种基本素质平平常常，却极少有人能够高水准地同时具备。世界上没有完美无缺的人，有雄心的人不见得聪明，聪明人往往有心理毛病，心理健康的人可能缺乏激励他人的能力，正直的人则很有可能智力平平。所以，取得成功的领导者，不要求他各方面都非常优秀，只要求他不存在素质上的重大缺陷。

约翰·科特指出：“主导当今社会的是无数综合企业组织。培养、发展足够的领导兼管理型的人员帮助经营这些企业是一个巨大的挑战，是我们必须迎接的挑战。”①

第五节　彼得·圣吉的学习型组织的管理思想

20世纪80年代以来，随着信息革命、知识经济时代进程的加快，企业面临着前所未有的竞争环境的变化，传统的组织模式和管理理念已越来越不适应环境，许多在历史上曾名噪一时的大公司纷纷退出历史舞台。因此，研究企业组织如何适应新的知识经济环境，增强自身的竞争能力，延长组织寿命，成为世界企业界和理论界关注的焦点。

当今企业管理主要有两种类型：一类是等级权力控制型；另一类是非等级权力控制型，即学习型企业。等级权力控制型是以等级为基础、以权力为特征、对上级负责的垂直型单向线性系统。它强调“制度＋控制”，使人“更勤奋地工作”，达到提高企业生产效率、增加利润的目的。等级权力控制型企业管理在工业经济时代前期发挥了有效作用，它对生产、工作的行为和有效指挥具有积极意义。但在工业经济后期，尤其是进入信息时代、知识时代以后，这种管理模式越来越不能适应企业在科技迅速发展、市场瞬

① Kotter J P. 1990. A Force for Change: How leadership Differs from Management. New York: Free Press

息万变的竞争中取胜的需要。企业家、经济学家和管理学家们都在探寻一种更有效地顺应时代发展需要的管理模式，即非等级权力控制型管理模式，学习型组织理论就是在这样的背景下产生的。

学习型组织（learning organization），最初的构想源于美国麻省理工大学佛瑞斯特教授。1965年，他发表了一篇题为《企业的新设计》的论文，运用系统动力学原理，非常具体地构想出未来企业组织的理想形态——层次扁平化、组织信息化、结构开放化，逐渐由从属关系转为工作伙伴关系，不断学习，不断重新调整结构关系。这就是关于学习型组织的最初构想。

彼得·圣吉（Peter M. Senge）是学习型组织理论的奠基人。作为佛瑞斯特的学生，他一直致力于研究以系统动力学为基础的更理想的组织。他用近十年的时间对数千家企业进行研究和案例分析，并吸收东西方管理文化的精髓，于1990年完成其代表作《第五项修练——学习型组织的艺术与实务》（该书于1992年荣获世界企业学会（World Business Academy）最高荣誉的开拓者奖（pathfinder award），彼得·圣吉被美国《商业周刊》推崇为当代最杰出的新管理大师之一），提出了以“五项修炼”为基础的学习型组织理念。他指出现代企业所欠缺的就是系统思考的能力。它是一种整体动态的搭配能力，因为缺乏它，许多组织无法有效学习。之所以会如此，正是因为现代组织分工、负责的方式将组织切割，使人们的行动与其时空相距较远。当不需要为自己行动的结果负责时，人们就不会去修正其行为，也就是无法有效地学习。

一、学习型组织理论

学习型组织是通过培养整个组织的学习气氛、充分发挥员工的创造性思维能力而建立起来的一种有机的、高度柔性的、扁平的、符合人性的、能持续发展的组织。学习型组织不存在单一的模型，它是关于组织的概念和员工作用的一种态度或理念，是用一种新的思维方式对组织的思考。在学习型组织中，每个人都要参与识别和解决问题，使组织能够进行不断的尝试，改善和提高它的能力。学习型组织的基本价值在于解决问题，与之相对的传统组织设计的着眼点是效率。

（一）学习型组织的五项要素

(1) 建立共同愿景（building shared vision）。在共同的理想、共同的文化、共同的使命作用下，凝聚公司上下的意志力，透过组织共识，为未来共同的目标努力工作。

(2) 团队学习（team learning）。团队智慧应大于个人智慧的平均值，以做出正确的组织决策，透过集体思考和分析，找出个人弱点，强化团队向心力。

(3) 改变心智模式（improve mental models）。组织的障碍，多来自于个人的旧思维，如固执己见、本位主义。强调每个人都要以开放求真的态度，克服障碍，通过团队学习、标杆学习，改变心智模式，有所创新。

(4) 自我超越（personal mastery）。个人有意愿投入工作，专精工作技巧的专业，个人与愿景之间有种“创造性的张力”，正是自我超越的来源。

(5) 系统思考（system thinking）。应透过资讯搜集，掌握事件的全貌，以避免见树不见林，培养综观全局的思考能力，看清楚问题的本质，有助于清楚了解因果关系。

（二）学习型组织的特征

（1）组织成员拥有一个共同的愿景。组织的共同愿景，来源于员工个人的愿景而又高于个人的愿景。它是组织中所有员工共同愿望的景象，是他们共同的理想。它能使不同个性的人凝聚在一起，朝着组织共同的目标前进。

（2）组织由多个创造性个体组成。在学习型组织中，团体是最基本的学习单位，团体本身应理解为彼此需要他人配合的一群人。组织的所有目标都是直接或间接地通过团体的努力来达到的。

（3）善于不断学习。这是学习型组织的本质特征。善于不断学习，一是强调“终身学习”，即组织中的成员应养成终身学习的习惯，这样才能形成组织良好的学习气氛，促使其成员在工作中不断学习。二是强调“全员学习”，即企业组织的决策层、管理层、操作层都要全心投入学习，尤其是经营管理决策层，他们是决定企业发展方向和命运的重要阶层，因而更需要学习。三是强调“全过程学习”，即学习必须贯彻于组织系统运行的整个过程之中。约翰·瑞定（John Redding）提出了一种被称为“第四种模型”的学习型组织理论。他认为，任何企业的运行都包括准备、计划、推行三个阶段，而学习型企业不应该是先学习然后进行准备、计划、推行，不要把学习和工作分割开，应强调边学习边准备、边学习边计划、边学习边推行。四是“团队学习”，即不但重视个人学习和个人智力的开发，更强调组织成员的合作学习和群体智力（组织智力）的开发。在学习型组织中，团队是最基本的学习单位，团队本身应理解为彼此需要他人配合的一群人。组织的所有目标都是直接或间接地通过团队的努力来达到的。

（4）兼学别样。组织中的成员不仅要掌握本岗位上的工作技能，而且要学习了解其他岗位工作技能。只有这样，工作才能顾全大局、相互协作、高效，做到组织精简。

（5）扁平式结构。传统的企业组织结构是金字塔式的垂直组织结构，上下级之间是决策输送和信息反馈的逆转传递，上情下达或下情上达都同样要经过中间的层层结构传递，这导致了诸如信息损耗大、传递成本高、传递速度慢等不良后果。另外，企业内部有不同职能部门，往往造成部门职员之间沟通与合作的障碍。这种严格定位、分级负责的模式在传统经济发展阶段，由于行业发展的可预测性较强而比较有效，但面对变化多端的现代化市场行情则变得反应迟缓，缺乏灵活机动性。学习型组织结构是扁平的，即从最上面的决策层到最下面的操作层，中间相隔层次极少。它尽最大可能将决策权向组织结构的下层移动，让最下层单位拥有充分的自主权，并对产生的结果负责。例如，美国通用电器公司目前的管理层次已由九层减少为四层。只有这样的体制，才能保证上下级的不断沟通，下层才能直接体会到上层的决策思想和智慧光辉，上层也能亲自了解到下层的动态，吸取第一线的营养。只有这样，企业内部才能形成互相理解、互相学习、整体互动思考、协调合作的群体，才能产生巨大的、持久的创造力。

（6）自主管理。按照学习型组织理论，要充分发挥员工的管理积极性，必须实行自主管理。自主管理是组织成员边工作、边学习，使工作和学习紧密结合的方法。通过自主管理，可由组织成员自己发现工作中的问题，自己选择伙伴组成团队，自己选定改革进取的目标，自己进行现状调查，自己分析原因，自己制定对策，自己组织实施，自己检查效果，自己评定总结。团队成员在自主管理的过程中，能形成共同愿景，能以开放求实的心态互相切磋，不断学习新知识，不断进行创新，从而增加组织快速应变、创造未来的能力。一个聪明的领导不仅要让员工的手动起来，还要让他们的脑动起来，给他们以自主管理的机会，肯定他们的工作成果，让他们体会到人生价值，这样他们就乐于奉献，领导也就成功了，企业也就成功了。

（7）无边界行为。它是企业组织结构的创新。无边界原理认为，企业组织就像生物有机体一样，存在各种“隔膜”使之具有外形或界定。虽然生物体的这些隔膜有足够的结构强度，但是并不妨碍食物、血液、氧气、化学物质畅通无阻地穿过。得益于这一现象的启发，企业各部门、上下级之间虽然存在边界“隔膜”，但信息、资源、构想及能量也应该能够快捷便利地穿过企业的“隔膜”，如同没有边界一样。虽然企业各部分的职能和界定仍旧存在，仍旧有权高任重的领导，有特殊职能技术的员工，有承上启下的中层管理者，但组织作为一个整体的功能，却可能已远远超过各个组成部分的功能。可以看出，无边界原理其实是以有边界为基础，并非对所有边界的否定，其目标在于讨论让各种边界更易于渗透扩散，更利于各项工作在组织中顺利开展和完成。学习型组织边界的界定，建立在组织要素与外部环境要素互动增大的基础上，超越了传统的根据职能或部门划分的“法定”边界。

（8）员工家庭与事业平衡。学习型组织努力使员工丰富的家庭生活与充实的工作生活相得益彰。学习型组织对员工承诺支持每位员工充分地自我发展，而员工也以承诺对组织的发展尽心作为回报。这样，个人与组织的界限将变得模糊，工作与家庭之间的界限也将逐渐消失，两者之间的冲突也必将大为减少，从而提高员工家庭生活的质量，达到家庭和事业之间的平衡。

（9）领导者的新角色。在学习型组织中，领导者是设计师、仆人和教师。领导者的设计工作是一个对组织要素进行整合的过程，他不只是设计组织的结构和组织政策、策略，更重要的是设计组织发展的基本理念；领导者的仆人角色表现在他对实现愿景的使命感，他自觉地接受愿景的召唤；领导者作为教师的首要任务是界定真实情况，协助人们对真实情况进行正确、深刻的把握，提高他们对组织系统的了解能力，促进每个人的学习。

学习型组织有着它不同凡响的作用和意义。它的真谛在于：学习一方面是为了保证企业的生存，使企业组织具备不断改进的能力，提高企业组织的竞争力；另一方面更是为了实现个人与工作的真正融合，使人们在工作中活出生命的意义。

（三）学习型组织的领导

学习型组织是从组织领导人的头脑中开始的。学习型组织需要有头脑的领导，他要能理解学习型组织，并能够帮助其他人获得成功。学习型组织的领导具有三个明显的作用：

（1）设计社会建筑。社会建筑是组织中看不见的行为和态度。组织设计的第一个任务就是培养组织目的、使命和核心价值观的治理思想，以此用来指导雇员。有头脑的领导要确定目标和核心价值观的基础。第二个任务是设计支持学习型组织的新政策、战略和结构，并进行安排。这些结构将促进新的行为。第三个任务是领导并设计有效的学习程序。创造学习程序并且保证它们得到改进和理解需要领导的创造力。

(2) 创造共同的愿景。共同的愿景是对组织理想未来的设想。这种设想可以由领导或雇员的讨论提出，公司的愿景必须得到广泛的理解并被深深铭刻在组织之中。这个愿景体现了组织与其雇员所希望的长期结果，雇员可以自己自由地识别和解决眼前的问题，这一问题的解决将会帮助实现组织的愿景。但是，如果没有提出协调一致的共同愿景，雇员就不会为提高组织整体效益而行动。

(3) 服务型的领导。学习型组织是由那些为他人和组织的愿景而奉献自己的领导建立的。作为靠自己一人建立组织的领导人形象不适合学习型组织。领导应将权力、观念、信息分给大家。学习型组织的领导要将自己奉献给组织。

（四）学习型组织的横向结构

学习型组织废弃了使管理者和工人之间产生距离的纵向结构，同样也废弃了使个人与个人、部门与部门相互争斗的支付和预算制度。团队是横向组织的基本结构。伴随着生产的全过程，人们一起工作为顾客创造产品。在学习型组织里，实际上已经排除了老板，团队成员负责培训、安全、安排休假、采购，以及对工作和支付的决策。

部门之间的界限被减少或消除，而且组织之间的界限也变得更加模糊。公司之间以前所未有的方式进行合作，新兴的网络组织和虚拟组织由若干个公司组成，它们就是为了达到某种目的而联合起来的，这些新的结构提供了适应迅速变化着的竞争条件所需的灵活性。

二、评析

（一）理论贡献

学习型组织是一个崭新的理论，更是一个关于领导方式和领导艺术的理论，它第一次通过组织理论提出了一个关于在组织设计和组织运行的过程中如何关注员工的精神文化状态的问题，把人文关怀的管理思想贯彻到组织的设计和运行的全过程中。学习型组织理论的贡献主要体现在以下三点：

(1) 把僵硬的工业社会的企业组织模式转换成为适应性强的柔性组织形式，提出了一个可行的实现形式。

(2) 通过企业学习型组织的设计与实施，为人与组织的和谐以及把这种形式推广到其他社会组织创造了条件，对于在全社会建设乃至实现学习型社会、构建和谐社会具有重要作用。

(3) 为管理理论与马克思主义的人的全面发展理论相结合创造了范例。

（二）局限性

学习型组织的理论的应用不是灵丹妙药，也不是到处可用、随时可用，它有一定的适用条件。在以体力劳动为主的企业或者组织中，它的适用性将受到限制；在管理者的知识和管理水平仍然还停留在工业社会的管理理念的状况下，它的适用性也会受到限制。

（三）创建学习型企业的意义

学习型组织理论认为，在新的经济背景下，企业要持续发展，必须增强企业的整体能力，提高整体素质。未来真正出色的企业将是能够设法使各阶层人员全新投入并有能力不断学习的组织——学习型企业。创建学习型组织的意义在于：

第一，它克服了传统企业组织的缺陷。传统企业组织的主要问题是分工、竞争、冲突、独立，降低了组织整体的力量，更为重要的是传统组织仅仅关注于眼前细枝末节的问题，而忽视了长远的、根本的、结构性的问题，这使得组织的生命力在急剧变化的世界面前显得十分脆弱。学习型组织理论克服了传统组织的缺陷，开出了医治的“良方”，即“五项修炼”。

第二，学习型组织为组织创新提供了一种操作性比较强的技术手段。学习型组织提供的每一项修炼都由许多具体方法组成，这些方法简便易学。此外，彼得·圣吉和他的助手还借助系统思考软件创建起实验室，帮助企业管理者在其中尝试各种可能的构想、策略和意境的变化及种种可能的搭配。

第三，学习型组织理论解决了企业生命活力问题。在学习型组织中，人们能够充分发挥生命的潜能，创造出超乎寻常的成果，从而由真正的学习体悟出工作的意义，追求心灵的成长与自我实现，并与世界产生一体感。

第四，学习型组织提升了企业的核心竞争力。过去讲的企业竞争力是指人才的竞争，学习型组织理论讲的企业竞争力是指企业的学习力。在知识经济时代，获取知识和应用知识的能力将成为竞争能力高低的关键。一个组织只有通过不断的学习，拓展与外界信息交流的深度和广度，才能立于不败之地。人们可以运用学习型组织的基本理念，去开发各自所置身的组织创造未来的潜能，反省当前存在于整个社会的种种学习障碍，使整个社会早日向学习型社会迈进。学习型组织的缔造不应是最终目的，重要的是通过迈向学习型组织的种种努力，引导一种不断创新、不断进步的新观念，从而使组织日新月异，不断创造未来。

第六节　戴明和朱兰的质量管理理论

一、戴明的质量管理理论

威廉·爱德华兹·戴明（W. Edwards Deming，1900～1993）是世界著名的质量管理专家。他因对世界质量管理发展作出的卓越贡献而享誉全球。以戴明命名的“戴明质量奖”，至今仍是日本质量管理的最高荣誉。作为质量管理的先驱者，戴明学说对国际质量管理理论和方法始终产生着异常重要的影响。他认为：“质量是一种以最经济的手段，制造出市场上最有用的产品。一旦改进了产品质量，生产率就会自动提高。”

（一）戴明的“十四要点”

戴明质量管理学说，有一定的哲理和深刻内涵。最能体现其内涵的，就是管理的“十四要点”，即他为经理人在质量管理中提出的 14 点建议。戴明认为，管理的“十四要点”是美国工业转型的基石，也是日本高层管理者 20 世纪 50 年代以来不懈努力的方向。戴明学说的主要观点——“十四要点（Deming's 14 Points）”成为 20 世纪全面质量管理（TQM）的重要理论基础。

1986 年，戴明的第一本畅销书《转危为安》（*Out of Crisis*）出版。该书是戴明最成熟的管理著作。在书中戴明提出了管理的“十四要点”。他强调，“十四要点”并不只限于西方工业发展及企业经营，而且可以广泛应用于教育、政府工作、服务业、医院及交通服务各个领域。

（1）树立改进产品和服务的长久使命和愿景。最高管理层必须从短期目标的迷途中归返，转回到长远建设的正确方向。也就是把改进产品和服务作为恒久的目标，坚持经营，这需要在所有领域加以改革和创新。他强调，如果没有长期的发展战略，企业就不可能成为这个行业的长胜者。企业必须克服短期利益行为，以长远利益为重，这需要在所有领域加以改革和创新。他奉劝那些认真考虑未来的企业，一定要制定出一套长久的计划和实施方案，使自己在业内站住脚跟。

（2）接受新的理念。人的理念对产品和服务的质量有很大的影响，有什么样的理念，就有什么样的产品和服务。所以，一定要有新的质量观念，时刻对外界的变化做出积极的反应，不能容忍粗劣的原料、有瑕疵的产品和松散的服务，要积极地倾听和了解客户的不满，如果企业能做好这一点，一定会带来很大的经济效益。这对企业来说是生死存亡的关键因素。

（3）质量不能仅依赖于产品的检验。检验不能创造价值，只能将次品挑出来，这是一种事后弥补的办法，浪费已经发生，不能有什么挽回。检验其实是等于准备有次品，检验出来已经太迟，成本高而且效益低。正确的做法是改良生产过程。戴明指出：“质量不是来源于检验，而是来源于改进生产过程。”要采用事先预防的方法，从一开始就将质量融入到产品中，以降低次品的发生率。当然，这也不是说就要消除检验，进行一定程度的检验是必要的，它会让我们了解到目前的工作的进展程度，可以及时发现生产中出现的问题，取得控制图表上所需要的数据。但是不能将产品的质量依赖于检验，产品的质量是生产出来的，不是检验出来的。

（4）采购时不能仅依赖于价格。价格本身并无意义，只是相对于质量才有意义。如果质量非常低劣，价格即使便宜点也是不划算的，要立足于总成本的最低。低价会导致供应商粗制滥造，买主也会因为质量太差而经常更换供应商。这会增加生产中的不确定性，寻找新供应商的费用加上以后的修理费用，总的成本还是很高的。因此，只有管理层重新界定原则，采购工作才会改变。企业一定要与供应商建立长远的关系，并减少供应商的数目，双向合作，使双方的供产相接，这对企业和供应商来说都是有好处的。

（5）持续不断地改进产品和服务。戴明说，灭火不等于改进，当发现某些地方失控，采取一定的方法将误差消除，这并不是改进，只不过是将秤砣回到原来的状态。改进不是一劳永逸的事情，要持续不断地进行。在企业生产和服务的每一个过程，企业中的每一个部门、每一个成员、每一项活动，都必须降低浪费和提高质量，无论是采购、运输、工程、方法、维修、销售、分销、会计、人事，还是顾客服务及生产制造，必须不断地改进，在原有的基础上取得进一步的提高。一个企业应该时刻思考自己是否比前两年有进步了，顾客是否满意，销售的方法是否有成效等，只有这样，才能不断地改进公司的状况。

(6) 建立现代的岗位培训方法。培训必须是有计划的，且必须是建立在可接受的工作标准上，必须使用统计方法来衡量培训工作是否奏效。

(7) 建立现代的督导方法。戴明认为，员工做不好工作，大多都是由于领导安排不好、管理不好的原因。领导人的职责就是帮助员工做好工作，他要对员工的未来的成败负责。领导者要把下属的成功看做是自己的成功，积极为下属的工作创造良好的条件。当员工没有做好事情时，不是他们才识不够，而是被放错了位置。督导人员必须要让高层管理了解需要改善的地方。了解之后，管理当局必须采取行动。

(8) 驱走恐惧心理。其宗旨是使得每一位员工都能够在有安全感的环境中更有效率地工作。员工产生恐惧心理的原因，一方面是因为企业的利益，另一方面是因为自己的前途。员工们不应该害怕设备受损，请求进一步的指示，或者是提醒上司注意各种干扰质量的问题。所有员工必须有胆量去发问，提出问题或表达意见。当管理层不断改进自己的工作，建立解决问题的机制时，员工对管理层建立了信心，这个问题就会迎刃而解。

(9) 打破部门之间的壁垒。每一部门都不应只顾独善其身，而需要发挥团队精神。跨部门的质量圈活动有助于改善设计、服务、质量及成本。

(10) 取消对员工发出口号和目标。激发员工提高生产率的指标、口号、图像、海报都必须废除。虽然无须为员工订下可计量的目标，但应该为员工多提供实现目标的方法和手段。企业本身要有这样的一个目标：永不间歇地改进。

(11) 取消工作标准及数量化的定额。定额把焦点放在数量上，而不是质量上。人们为了完成定额指标，可能会不顾质量进行粗制滥造，这样定额目标虽然实现了，但对企业却没有一点好处。计件工作制更不好，因为它鼓励制造次品。理想的工作标准应该是什么样的质量可以被接受，什么样的质量不可以被接受。取消定额后员工可以自愿地积极工作，管理者的能力也会不断地提高，这更有利于企业的发展。

(12) 消除妨碍基层员工工作顺畅的因素。企业大多数员工都希望把工作做好，都为做好工作感到光荣，管理者不应该剥夺他们的这种权利。工作标准经常改变会使他们无法适从，生产工具不方便而没有人对他们理会。在工作中，很多管理人员从来不给基层的员工任何权限，不依据员工的建议行事。这些有碍于员工顺畅工作的障碍都应该被消除。管理者要充分尊重员工的意见，提高他们的工作积极性。

(13) 建立严谨的教育及培训计划。由于质量和生产力的改善会导致部分工作岗位数目的改变，因此要不断吸收新的知识和技术，不断进行自我改善，加强对员工的综合知识和素质的培训。

(14) 创造一个每天都推动以上 13 项的高层管理结构。

（二）PDCA 循环

PDCA 循环又称为戴明循环，是美国质量管理专家戴明博士首先提出的。它是全面质量管理所应遵循的科学程序。全面质量管理活动的全部过程，就是质量计划的制订和组织实现的过程，这个过程就是按照 PDCA 循环，不停顿地周而复始地运转的过程。

戴明循环是一个质量持续改进模型，它包括持续改进和不断学习的四个循环反复的步骤，PDCA 是英语单词 Plan（计划）、Do（执行）、Check（检查）和 Act（行动）的第一个字母，PDCA 循环就是按照这样的顺序进行质量管理，使任何一项活动有效进行的一种合乎逻辑的工作程序。

P、D、C、A 四个英文字母所代表的意义是：①P（plan）为制定目标和计划；②D（do）为开始行动，实施计划；③C（check）为对行动的结果进行检验；④A（action）为纠正错误，调整方向。

PDCA 循环的特点如下：

1. 周而复始、不断前进、不断提高

PDCA 循环的四个过程不是运行一次就完结，而是像爬楼梯一样：一个循环运转结束，生产的质量就会提高一步，然后再制定下一个循环，再运转、再提高，不断前进，不断提高。

2. 大环套小环，小环保大环，推动大循环

各级质量管理都有一个 PDCA 循环，形成一个大环套小环，一环扣一环，互相制约、互为补充的有机整体。在 PDCA 循环中，大环是小环的母体和依据，小环是大环的分解和保证。一个企业或组织的整体运行体系与其内部各子体系的关系，是大环带动小环的有机逻辑组合体。

3. 在 PDCA 循环中，A 是一个循环的关键

因为处理阶段就是解决存在问题、总结经验和吸取教训的阶段。该阶段的重点又在于修订标准，包括技术标准和管理制度。没有标准化和制度化，就不可能使 PDCA 循环转动向前。

4. 科学管理方法的综合应用

PDCA 循环应用了科学的统计观念和处理方法。作为推动工作、发现问题和解决问题的有效工具，典型的模式被称为“四个阶段”、“八个步骤”和“七种工具”。

四个阶段包括：P、D、C、A。

八个步骤包括：①分析现状，发现问题；②分析质量问题中各种影响因素；③分析影响质量问题的主要原因；④ 针对主要原因，采取解决的措施：为什么要制定这个措施？达到什么目标？在何处执行？由谁负责完成？什么时间完成？怎样执行？⑤执行，按措施计划的要求去做；⑥检查，把执行结果与要求达到的目标进行对比；⑦标准化，把成功的经验总结出来，制定相应的标准；⑧把没有解决或新出现的问题转入下一个 PDCA 循环中去解决。

七种工具是在质量管理中广泛应用的直方图、控制图、因果图、排列图、相关图、分层法和统计分析表等。

（三）理论评析

戴明的质量管理理论反映了质量管理的全面性，说明了质量管理与改善并不是个别部门的事，而是需要由最高管理层领导和推动才可奏效。

1. 先进性

戴明有一句颇富哲理的名言："质量无须惊人之举。"他平实的见解和骄人的成就之所以受到企业界的重视和尊重，是因为若能系统地、持久地将这些观念付诸行动，几乎可以肯定在全面质量管理上就能够取得突破。[①]

2. 局限性

事实上，也有不少人批评戴明的理论，觉得它们只是单纯的理论，而不能直接运用到实际的管理工作中，戴明的理论不会告诉企业具体应该怎么做，他本人总觉得企业应该根据自身的情况制定出相应的方案。

二、朱兰的质量管理理论

约瑟夫·莫西·朱兰（Joseph M. Juran，1904～2008），质量管理专家。他于1904年12月生于罗马尼亚布勒伊拉；1912年随家庭移民美国；1917年加入美国国籍，是世界著名的质量管理专家，质量管理创始人之一。朱兰协助创建了美国马尔科姆·鲍得里奇国家质量奖，他是该奖项的监督委员会的成员。他获得了来自14个国家的50多种嘉奖和奖章。朱兰对日本经济复兴和质量革命的影响分析受到了高度的评价。日本天皇为他授予勋章。美国总统为他在"为企业提供管理产品和过程质量的基本原理和方法从而提升其在全球市场上的竞争力"方面所做的毕生努力颁发国家技术勋章。

朱兰所倡导的质量管理理念和方法始终深刻地影响着全球企业界，并引领世界质量管理的发展方向。他的"质量计划、质量控制和质量改进"被称为"朱兰三部曲"。他还最早将帕累托原理"关键的少数"引入质量管理领域，从而为"质量科学"的进一步发展作出了巨大的贡献。

朱兰作为世界著名的"质量管理大师"，在质量科学领域，他的经典著作有《管理突破》和《质量计划》。由他主编的《质量控制手册》被称为"当今世界质量控制科学的名著"，为奠定全面质量管理的理论基础和基本方法作出了卓越的贡献。

朱兰质量管理思想的核心就是以顾客为上帝。他提出的质量三部曲、80/20原则及突破历程，对于提高质量管理水平有着重要作用。

（一）关于质量的阐述

在"质量"这个词的诸多含义中，有两个对质量管理来说是重要的：其一，质量意味着能够满足顾客的需要，从而使顾客满意的那些产品特征；其二，质量意味着免于不良——没有那些需重复工作（返工）或导致现场失败、顾客不满、顾客投诉等的差错。

---

① Deming W E. 1986. Out of Crisis ：Quality ，Productivity and Competitive Position. Cambridge：Cambridge University Press

这两种含义的详细对照如表 11-1 所示。

表 11-1　质量的含义

满足客户需要的产品特征	免于不良
➢ 较高的质量能够使公司 • 增加顾客满意 • 使产品好销 • 应对竞争要求 • 增加市场份额 • 提高销售收入 • 卖出较高的价格	➢ 较高的质量能够使公司 • 降低差错率 • 减少返工和浪费 • 减少现场失效和保修费用 • 减少顾客不满 • 减少检验、实验 • 缩短新产品面市时间 • 提高产量和产能 • 改进交货绩效
➢ 主要的影响在于销售额 ➢ 通常，质量高花费也高	➢ 主要的影响在于成本 ➢ 通常，质量高花费会更少

20 世纪 80 年代，日益增长的质量危机导致了“大质量”概念的产生并逐渐广为人们所接受，“大质量”成为一种不可逆转的趋势，尤其是质量经理和高层主管都是“大质量”概念的忠实信徒。“大质量”和“小质量”的对比如表 11-2 所示。

表 11-2　“小质量”和“大质量”的对比

条 目	小质量的内容	大质量的内容
产品	制造的货品	所有产品，包括货品和服务，不论销售与否
过程	直接同货品的制造相关的过程	包括制造、支持和业务在内的所有过程
产业	制造业	包括制造、服务和政府机构在内的多种产业，无论是否为营利性的
质量被视为	技术问题	经营问题
顾客	购买产品的主题	所有受影响的人，包括内部和外部的
如何认识质量	基于部门职能的文化	基于具有普遍意义的三部曲
质量目标被包括在	工厂目标之中	公司的计划经营当中
不良质量的成本	与不良的加工货品有关的成本	若每件事情不能够完美的话，将会消失的所有那些成本
质量的评价只要基于	与工厂规格、程序和标准的符合性	与顾客需要的对应
引进针对着	部门绩效	公司绩效
质量管理培训	集中在质量部门	全公司范围
协调者	质量经理	由高层主管构成的质量委员会

（二）朱兰三部曲

每个企业、每种产品和服务，要想在国际市场上占有一席之地，都要面对“超严格的质量要求”，要努力使自己达到世界级的质量水平。

质量管理是由三个内在相关、定序排列的基本质量过程来实现的，要获得质量，最好从建立组织的愿景以及方针和目标开始，目标向成果的转化是通过管理过程进行的，过程也就是产生预期成果的一系列活动。在质量管理活动中频繁地应用着三个这样的管理过程，即质量计划、质量控制、质量改进，这些过程被称为“朱兰三部曲”。在三部曲的三个管理过程中，每一个管理过程都有其独特的活动顺序，同时每一个管理过程又都具有其普遍性，并遵循着不变的步骤程序。如表 11-3 所示。

表 11-3 质量管理的三个普遍过程

质量计划	质量控制	质量改进
设定质量目标	选择控制点	确定改进项目
确定顾客	选择测量单位，设置测量	组织项目团队，发现原因
明确顾客要求	对差异采取措施	找出解决方案
开发具有满足顾客需求特征的产品	建立性能标准，测量实际性能	建立项目小组，证明措施的有效性
建立产品目标	分析标准与实际性能的区别	为小组提供资源、培训和激励，以诊断原因
开发流程，满足产品目标，证明流程能力	采取纠正措施	设想纠正措施，建立控制措施以巩固成果

朱兰三部曲中的三个管理过程是相互联系的。这种相互关系如图 11-2 所示。

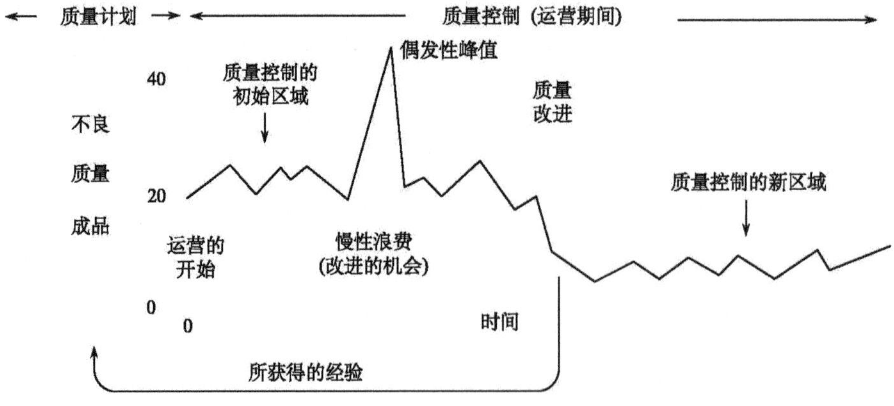

图 11-2 朱兰三部曲示意图

朱兰三部曲示意图是一个以时间为横轴，以不良质量成本为纵轴的示意图。初始的活动为质量计划，计划人员明确谁是顾客以及他们的需要是什么，然后开发用于满足这些需要的产品及过程，最后将计划转交给运营部门，“你们来运营这些过程，生产所需求的产品特征，满足顾客的需要”。投入运行之后就会发现生产过程中不能生产 100% 的优良产品。图 11-2 表明有超过 20% 的产品由于质量不良需要返工，这种浪费是慢性的，它会不断持续下去。图 11-2 为所运行的过程设计就是如此，在常规的职能分工体制下，负责运行的人员不可能去消除这种因设计而造成的慢性浪费。同时图 11-2 也表明，一个突发的偶然事件可使缺陷水平上升到 40% 以上的峰值，这种峰值是由于一些非预期的事件如停电、过程崩溃或人为错误等造成的，作为质量控制工作的组成部分，运行人员可采取措施（纠正行动），将差错水平恢复到计划规定的慢性水平。此图还表明，经过一定的过程，慢性浪费可被压低到一个远低于最初水准的程度，这是通过三部曲的第三个过程——质量改进来实现的。事实上慢性浪费被看做是一个改进的机会，通过对之实施一定的步骤可以实现改进。

如图 11-2 所示，三部曲示意图与产品不良有关。纵轴代表不良质量成本、差错率缺陷百分比、招修率等。在纵轴上刻度零代表着完美、越往上越糟。减少不良的结果意味着降低不良质量成本，更多地满足了交货承诺，降低了顾客的不满等。当三部曲示意图应用于产品特征时，纵轴会发生变化。此时的刻度代表着诸如每秒百万指令数、平均故障间隔时间、准时交货百分比等。在这样的图中刻度越高越好，对这一纵轴的一个合理的、普遍的描述是“产品的适销性”。

“朱兰三部曲”中的三个步骤既有各自的目标，又相互联系。它作为一个实现质量管理目标的成功阶梯，还需要一些其他条件才能有效地施行，例如，要有积极向上的领导力和环境以及对质量的有力支持等。

（三）质量管理的突破历程

朱兰所提出的“突破历程”是综合了他的基本学说后提出来的关于质量改进的重要思想。如下几方面是此历程相应的一些关键环节。

第一，突破的态势。管理层必须先明确突破的迫切性，然后创造有利于实现突破的环境。首先必须搜集资料来证明问题的严重性，而其中最具说服力的资料为质量成本。为了可以获取丰富的资源来推进改革，必须将预期的效果用货币形式表示出来，并以投资回报率的形式展现出来。

第二，抓关键的少数项目。在众多的问题当中，要善于找出关键性的少数。利用帕累托法分析，抓住关键的少数，然后再集中精力优先处理。

第三，寻求知识上的突破。可以让两个不同的组织去领导和参与变革——它们可以分别被称作“策划委员会”和“诊断小组”。策划委员会主要由来自不同部门的高层管理人员组成，让他们亲自负责制订变革计划，指出问题存在的原因，并授权做试点改革、协助克服抗拒的阻力，以及贯彻执行解决方案。诊断小组可以由质量管理的专业人员及其部门经理组成，全面负责查找、分析问题。

第四，进行综合分析。研究问题的表征，提出假设，以及通过试验来找出真正原因。同时，应决定不良产品的出现是操作人员的责任还是管理人员的责任。

第五，决策怎样克服变革的抗拒。必须让员工明了变革的重要性，必须让他们参与到制定决策及变革内容的工作中来。

第六，推进变革。所有要变革的部门必须密切合作，每一个部门都要清楚问题的严重性、不同的解决方案、预期的效果、变革所需成本，以及评估变革给员工带来的冲击及影响。管理者必须对这些因素进行全面的分析和考虑，并给员工提供适当的培训。

第七，建立监督体制。在变革过程中，必须有适当的监督系统定期反映进度及相关的突发情况。适当地跟进工作在此显得非常重要，因为它能够监测整个实施过程和及时解决突发问题。

（四）朱兰"80/20原则"

"最重要的是最高管理层要有质量管理的头脑，若上层没有真切的兴趣，下层就不会有实际的行动。"朱兰认为，美国产品的质量危机，源于产品质量差所导致的庞大附加成本。同时，外来产品的"入侵"也削减了美国产品的竞争力。上层管理人员急需进行培训，这样才能从根本上解决大部分质量问题，只有上层领导对质量有了更新的想法，企业才能安然度过这场危机。

"80/20原则"就是朱兰针对上述观点提出来的，他依据大量的实际调查和统计分析认为，在所发生的所有质量问题中，仅有20%是由基层操作人员的失误造成的，其余80%的质量问题是由领导者造成的。此外，他还得出80%的质量问题是在20%的环节中产生的。

在进行质量缺陷诊断时，首先应确定质量缺陷是属于哪一种类型的，是操作原因还是管理原因造成的。操作者发生的质量缺陷包括无意差错、技术差错和有意差错三种。对于无意差错，可通过为操作人员创造必要的工作环境和必要的物质条件、多重把关、改进操作方法等来避免缺陷；对于技术差错，可通过进一步培训、修改有关技术文件、从操作工艺上建立预防差错的系统，即用"硬件"去弥补技术的不足；对于有意差错，可通过建立明确的责任制、定期进行质量审核、加强职业道德的教育、提高质量意识等来避免。对管理者可控缺陷的改进主要是进行技术和管理上的改进。首先，确认是不是管理者可控的缺陷，从产品质量或工作质量出现的缺陷中，找到管理上导致缺陷的原因；其次，再分析是技术上的原因还是管理制度、方法上的原因；最后，从职能分配和质量责任上查明最终的原因。原因弄清了，就要对症下药，逐层次地提出改进的措施，并切实加以改进。改进过程应发动员工参与，并灵活运用统计技术。

（五）质量环

朱兰提出了内部客户的重要性。在1988年出版的《朱兰质量策划》一书中，他创建了质量环学说。质量环学说指出，对企业经营过程而言，其重要性并不只体现于企业外部顾客提供的终端产品，而是要重视企业经营整个过程中的每一个要素。企业生产经营过程中的中期临时产品的质量与目的的相符性，要与终端产品相同。质量环示意图如图11-3所示。

朱兰认识到他所谈到的质量关键环节，正是组织最初忽视的方面，尽管有些组织已开展了多方面的质量意识活动或用其他方式说服教育其职员进一步提高质量意识。朱兰说："所采取的措施90%应该是要实施的，10%属建议、倡议或希望，绝不能将二者反

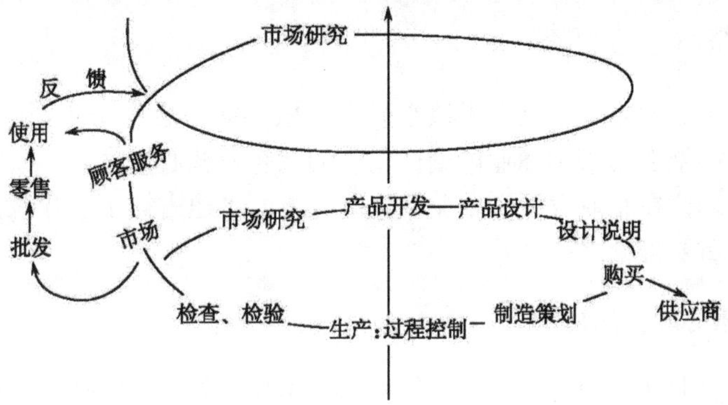

图 11-3　质量环示意图

过来。”

朱兰建议达到这一目标的手段，主要是采取目前盛行的每时每刻的总体管理观点。这一观点的实质是管理的客观性与具体性。朱兰强调，要想真正实施质量体系，就要确立具体目标，为了达到这些目标，就要制定规划，并且为实现每一个目标在组织中分配职责，对达到要求的个人要给予奖励。

第七节　企业战略和核心能力思想

一、企业战略理论

企业战略理论自 20 世纪 60 年代兴起，共经历了五个时期，分为五代。

第一代战略管理理论，以安索夫（Ansoff）和安德鲁斯（Andrews）为代表。他们第一次提出公司的竞争战略，强调战略管理是企业获胜的关键。

第二代是结构追随战略理论，以雷蒙德·钱德勒（Raymond Chandler）为代表，该理论把组织结构设计提到战略高度，强调组织结构随战略调整而做相应调整，并认为多事业部组织结构是多元化公司的主要形式。

第三代竞争战略理论，以迈克尔·波特（Michael E. Porter）为代表，他提出了企业竞争“五种力量模型”和三种竞争战略，即总成本领先战略、产品差异化战略和专一化战略。

第四代战略理论，以亨利·明茨伯格（Henry Mintzberg）为代表，他提出战略必须随环境变化进行调整。

第五代战略理论，以普拉哈拉德（C. K. Prahalad）和哈默尔（Gary Hamel）为代表，该理论引入了企业核心能力战略，称之为企业资源观战略管理理论，认为战略管理最重要的原则是通过资源积累与配置，赋予所占有资产的异质性，从而获得持续竞争优势。

二、企业核心能力思想

企业持续竞争的源泉和基础在于核心能力。核心能力思想是1990年由管理科学家哈默尔和普拉哈拉德在《哈佛商业评论》发表的《企业核心能力》一文中提出的。核心能力和企业能力理论在企业发展和企业战略研究方面迅速占据了主导地位，成为指导企业经营和管理的重要理论之一。

（一）企业核心能力的内涵

核心能力是企业在长期生产经营过程中的知识积累和特殊的技能（包括技术、管理等）以及相关的资源（如人力资源、财务资源、品牌资源、企业文化等）组合成的一个综合体系，是企业独具的、与他人不同的一种能力。

企业核心能力是企业的整体资源，它涉及企业的技术、人才、管理、文化和凝聚力等各方面，是企业各部门和全体员工的共同行为。

企业核心能力是企业能力随环境变化而发展的结果。其实质是企业在长期艰难的成长历程中，适应和利用环境变化，有效地整合企业内外资源，不断推出适应市场需要的优质产品和服务，给消费者带来价值提升的特有的综合素质。它能为企业提供较大的发展潜力，支撑着企业在多个产品或服务市场中获得持续的竞争优势。

（二）企业核心能力的特征

企业核心能力具有以下三大核心特征。

1. 价值特征

(1) 企业核心能力在企业创造价值和降低成本方面具有核心地位，它能显著提高企业的运营效率。

(2) 企业能实现顾客所特别注重的价值，一项能力的核心就在于它能给消费者带来好处，这是关键。

(3) 企业异于竞争对手，比竞争对手做得更好。

2. 资产特征

核心能力可以看做是企业的一种专门资产，具有“资产专用性”的特征。核心能力的专用性体现在积累的自然属性，因为核心能力具有历史依存性，是企业积累性学习的结果，即企业的“管理遗产”，它使仿制者处于时间劣势，即使仿制者知道核心能力，也因资源的积累需要一段时间而无法参与竞争。核心能力的资产专用性特征对潜在进入者构成一种进入壁垒，以保护垄断利润的获得；同时又对企业本身构成了一种退出壁垒，这种退出壁垒对企业产生一种推动作用，激励企业员工为共同的目标而努力。

3. 知识特征

知识有显性知识和隐性知识之分。具有信息特征的显性知识很容易被仿制，而具有方法论特征的隐性知识则相对来说较难仿制。核心能力是以隐性知识为主的。隐性知识不公开、内容模糊、无法传授、使用中难以觉察。核心能力具有“普遍模糊”的特点。因此，“核心能力可以被认为是关于如何协调企业各种资源用途的知识形式”。

（三）关于企业核心能力的观点

自20世纪90年代以来，对企业核心能力理论的研究一直是企业管理理论研究的热点问题。比较有影响的企业核心能力的观点，可概括为以下四种。

1. 基于技术和技术创新观的核心能力

此类核心能力包括技术观、知识观、专利技术能力观等。普拉哈拉德和哈默最早就是从技术和产品创新角度提出企业核心能力概念的。他们认为，企业核心能力是“组织中的积累性学识，特别是关于如何协调不同的生产技能和有机结合多种技术流派的学识”。梅约和厄特巴克认为，企业的核心能力在很大的程度上是在产品族创新的基础上把产品迅速推向市场的能力。它包括产品技术能力、对用户需求的理解能力、分销渠道能力、制造能力。他们通过实证发现，企业核心能力与市场绩效之间存在因果关系，企业所面临的竞争状况对这种因果关系会产生影响。

2. 基于知识观的核心能力

此类核心能力包括知识观、层次系统观、文化观等。巴顿认为，企业核心能力是指企业特有的、不易外泄的、能为企业带来竞争优势的知识体系，包括技巧和知识、技术价值观系统和管理系统。企业中难以完全仿效的有价值的组织文化是公司最为重要的核心竞争力。他们强调，核心竞争力蕴含在企业的文化中，表现于企业的诸多方面，包括技巧和知识。学习能力是核心能力的核心，麦肯锡公司的科因、斯蒂芬·霍尔提出，核心能力是某一组织内部一系列互补的技术和知识的组合，它具有使一项或多项关键业务达到业界一流水平的能力，强调了核心能力是以知识的形式存在于企业各个方面能力之中。

3. 基于资源观的核心能力

克里斯汀·奥利佛（Christille Oliver）认为，核心能力是企业获取并利用具有战略作用的特殊资源的独特能力。这种战略资源具有稀缺性、独一无二性、持续性、专用性、不可模仿性、非交易性、非替代性等特征。企业只有拥有这样的资源，才能在同行业中拥有独特的地位。这种地位来自其在资源识别、积累、储存和激活过程中独特的能力。正是这种能力使企业能在有限的信息、认知偏见、因果关系模糊等条件的制约下，最经济、最合理地配置这些战略资源，从而保证企业获得持续的超常规的利润。

4. 基于组织和系统观的核心能力

此类核心能力包括组织系统观、协调观、元件—构架观、网络观等。核心能力是提供企业在特定经营中的竞争能力和竞争优势基础的多方面技能、互补性资产和运行机制的有机结合。它建立于企业战略和结构之上，以具备特殊技能的人为载体，涉及众多层次的人员和组织的全部职能。因而，必须有沟通、参与和跨越组织边界的共同视野和认同。库姆斯（Coombs）认为，企业核心能力不仅包括企业的技术能力，还包括将技术能力予以有效结合的组织能力。企业的真正核心能力是企业的技术核心能力、组织核心能力和文化核心能力的有机结合。

第八节 企业再造的管理思想

企业再造，是1993年开始在美国出现的关于企业经营管理方式的一种新的理论和方法。

一、企业再造的管理思想

（一）企业“再造工程”管理思想产生的背景

20世纪六七十年代以来，信息技术革命使企业的经营环境和运作方式发生了很大的变化，而西方国家经济的长期低增长又使得市场竞争日益激烈，企业面临着严峻挑战。买卖双方关系中的主导权转到了顾客一方。竞争使顾客对商品有了更大的选择余地。随着人们生活水平的不断提高，需求的多样化加强，人们要求由“经济人”，变成“自我实现的人”，要求“工作丰富化”。

技术进步使竞争的方式和手段不断发展，发生了根本性的变化。越来越多的跨国公司越出国界，在逐渐走向一体化的全球市场上展开各种形式的竞争，美国企业面临日本、欧洲企业的竞争威胁。市场需求日趋多变，产品寿命周期的单位已由“年”趋于“月”，技术进步使企业的生产、服务系统经常变化，这种变化已经成为持续不断的事情。因此，在大量生产、大量消费的环境下发展起来的企业经营管理模式已无法适应快速变化的市场。

面对这些挑战，企业只有在更高水平上进行一场根本性的改革和创新，才能在低速增长时代增强自身的竞争力。

1993年，企业再造和业务流程理念的创始人迈克·哈默（M. Hammer）与詹姆斯·钱皮（J. Champy）出版了《再造企业》（*Reengineering the Corporation*）一书认为，“20年来，没有一个管理思潮能将美国的竞争力倒转过来，如目标管理、多样化、Z理论、零基预算、价值分析、分权、质量圈、追求卓越、结构重整、文件管理、走动式管理、矩阵管理、内部创新及一分钟决策等”。

1995年，詹姆斯·钱皮又出版了《再造管理》。迈克·哈默与詹姆斯·钱皮提出，应在新的企业运行空间条件下，改造原来的工作流程，以使企业更适应未来的生存发展空间。这一全新的思想震动了管理学界。

（二）企业再造的内涵

企业再造，按照该理论的创始人迈克·哈默与詹姆斯·钱皮的定义，是指“为了飞越性地改善成本、质量、服务、速度等重大的现代企业的运营基准，对工作流程（business process）进行根本性重新思考并彻底改革”，也就是说，“从头改变，重新设计”。为了能够适应新的世界竞争环境，企业必须摒弃已成惯例的运营模式和工作方法，以工作流程为中心，重新设计企业的经营、管理及运营方式。

企业再造包括企业战略再造、企业文化再造、市场营销再造、企业组织再造、企业生产流程再造和质量控制系统再造等。

企业再造，包括四个方面的含义：

第一，企业再造需要从根本上重新思考长期形成的基本观念，要用创造性思维方式来思考分工理论、等级制度、规模经营、标准化生产和官僚体制等，找出过时的、不当的和缺乏生产力的因素。

第二，企业再造是一次彻底的变更，它不是量变，不是修修补补，而是一种质变，要抛弃已有的业务流程和旧的组织机构，建立一个全新的企业。

第三，企业再造可望取得显著的绩效。

第四，企业再造要从流程再造入手。流程再造是企业再造的根本所在。

（三）企业再造的主要程序

企业再造，就是重新设计和安排企业的整个生产、服务和经营过程，使之合理化。通过对企业原来生产经营过程的各个方面、各个环节进行全面的调查研究和细致分析，对其中不合理、不必要的环节进行彻底的变革。企业再造按以下程序进行：

(1) 对原有流程进行全面的功能和效率分析，发现其存在的问题。根据企业现行的作业程序，绘制细致、明确的作业流程图。

(2) 设计新的流程改进方案，并进行评估。为了设计更加科学、合理的作业流程，必须群策群力、集思广益、鼓励创新。在设计新的流程改进方案时，可以考虑：①将现在的数项业务或工作组合，合并为一；②工作流程的各个步骤按其自然顺序进行；③给予职工参与决策的权力；④为同一种工作流程设置若干种进行方式；⑤工作应当超越组织的界限，在最适当的场所进行；⑥尽量减少检查、控制、调整等管理工作；⑦设置项目负责人。对于提出的多个流程改进方案，还要从成本、效益、技术条件和风险程度等方面进行评估，选取可行性强的方案。

(3) 制定与流程改进方案相配套的组织结构、人力资源配置和业务规范等方面的改进规划，形成系统的企业再造方案。

(4) 组织实施与持续改善。必须精心组织，谨慎推进。既要态度坚定，克服阻力，又要积极宣传，达成共识，以保证企业再造的顺利进行。

企业再造方案的实施并不意味着企业再造的终结。在社会发展日益加快的时代，企业总是不断面临新的挑战，这就需要对企业再造方案不断地进行改进，以适应新形势的需要。

（四）企业再造成功的关键因素

企业再造理论在具体应用过程中还需要若干关键因素的支持和配合。如果处理不好，变革就会遇到很大的困难，甚至失败。企业再造成功的关键因素包括：①人的因素。参加企业再造工程的人有五类：领导者、流程负责人、再造小组、指导委员会、再造总监。②技术的因素。信息技术的充分应用是企业再造的前提。③文化的因素。企业文化的再造是成功的保证。

（五）企业再造需注意的问题

（1）建立突破性的构想；
（2）重点放在流程的再造上面；
（3）全神贯注，集中力量，雷厉风行，彻底改造；
（4）提供充足的资源；
（5）重组全新的、积极的企业文化；
（6）因势利导，随时调整，避免僵化；
（7）避免将“改善计划”误以为“企业再造计划”；
（8）避免冒进。

二、理论评析

（一）先进性

企业再造理论顺应了通过变革创造企业新活力的需要，这使越来越多的学者加入到流程再造的研究中来，并针对其理论缺陷，发展出更为先进的新方法。企业流程再造理论从一个全新的角度出发为企业的发展改造提供有益的启示，是提高企业管理水平的一个实用工具，也为持续改进提供指南。

（二）局限性

企业再造理论在实施中易出现的问题如下：① 流程再造未考虑企业的总体经营战略思想；②忽略作业流程之间的联结作用；③未考虑经营流程的设计与管理流程的相互关系。

有些管理学者针对再造工程的理论缺陷，发展出一种被称为“MTP”（manage through process），即流程管理的新方法。其内容是以流程为基本的控制单元，按照企业经营战略的要求，对流程的规划、设计、构造、运转及调控等所有环节实行系统管理，全面考虑各种作业流程之间的相互配置关系，以及与管理流程的适应问题。可以说，“MTP”是企业再造工程的扩展和深化，它使企业经营活动的所有流程实行统一指挥，综合协调。因此，作为一个新的管理理论和方法，企业再造理论仍在继续发展。

第九节　六西格玛管理思想

一、六西格玛管理

六西格玛，又称“6σ”、“6Sigma”、“6Σ”。“σ”是希腊文的一个字母，在统计学上用来表示标准偏差值，用以描述总体中的个体离均值的偏离程度，测量出的 σ 表征着诸如单位缺陷、百万缺陷或错误的概率性等。σ 值越大，缺陷或错误就越少。6σ 是一个目标，这个质量水平意味着在所有的过程和结果中，99.999 66% 是无缺陷的，做 100 万件事情，其中只有 3.4 件是有缺陷的。这几乎趋近于人类能够达到的最为完美的境界。

6σ 概念作为品质管理概念，最早是由摩托罗拉公司的比尔·史密斯于 1986 年提出的。6σ 的目的是设计一个目标，在生产过程中降低产品及流程的缺陷次数，防止产品变异，提升产品的品质。

（一）6σ 管理的定义

6σ 管理是“获得和保持企业在经营上的成功并将其经营业绩最大化的综合管理体系和发展战略，是使企业获得快速增长的经营方式”。

6σ 管理包含了众多管理前沿的先锋成果，以“零缺陷”的完美商业追求，以 6σ 质量水平为标尺，以统计技术为手段，以突破性改进为方式，通过改进并优化过程，带动质量成本的大幅度降低，最终实现财务成效的显著提升与企业竞争力的重大突破。它不是单纯的技术方法的引用，而是全新的管理模式。

（二）6σ 管理的特征

1. 高度关注顾客的需求

6σ 管理的绩效评估从顾客的关键要求以及企业经营战略焦点出发，其改进的程度用对顾客满意度和价值的影响来衡量。6σ 质量代表了对顾客要求的极高的符合性和极低的缺陷率。它把顾客的期望作为目标，并且不断超越这种期望。企业从 3σ 开始，然后是 4σ、5σ，最终达到 6σ，为顾客和企业创造更大的价值。

2. 高度依赖统计数据

统计数据是实施 6σ 管理的重要工具，以数字来说明所有的生产表现、执行能力等。经理人员可以从各种统计报表中找出问题所在，真实掌握产品和顾客的情况等。改善的成果，如成本节约、利润增加等，都以统计资料与财务数据为依据，6σ 强调对业绩和过程的度量。通过度量，提出挑战性的目标和水平对比的平台。

3. 重视改善业务流程

6σ 管理将重点放在产生产品缺陷的根本原因上，认为产品质量是靠流程的优化，而不是通过对最终产品的严格检验实现的。6σ 管理有一整套严谨的工具和方法来帮助企业推广实施流程优化工作，识别并排除那些不能给顾客带来价值的成本浪费，消除无附加值活动，缩短生产、经营循环周期。

4. 积极开展主动改进型管理

掌握了 6σ 管理方法，就好像找到了一个重新观察企业的放大镜。人们善于主动地发现产品的缺陷，使企业始终处于一种不断改进的过程中。

5. 倡导无界限合作、勤于学习的企业文化

6σ 管理所追求的品质改进是一个永无终止的过程，而这种持续的改进必须以员工素质的不断提高为条件，因此，有助于形成勤于学习的企业氛围。6σ 管理的过程，就是一个不断培训和学习的过程，通过组建推行 6σ 管理的骨干队伍，对全员进行分层次的培训，有助于充分发挥员工的积极性和创造性，使员工在实践中不断进取。

6. 明确规定成功的标准和度量方法，以及对项目完成人员的奖励

（三）6σ 管理的优点

1. 能够提升企业管理的能力

6σ 管理以数据和事实为驱动器。6σ 管理法是追求完美无瑕的管理方式的同义语。前美国通用电气公司历史上最年轻的董事长和首席执行官韦尔奇说：“6σ 管理所创造的高品质，已经奇迹般地降低了通用电气公司在过去复杂管理流程中的浪费，简化了管理流程，降低了材料成本。6σ 管理的实施已经成为介绍和承诺高品质创新产品的必要战略和标志之一。”20 世纪 80 年代，摩托罗拉公司的品质目标是每五年改进十倍。实施 6σ 管理后每两年改进十倍，创造了四年改进 100 倍的奇迹。

2. 能够节约企业运营成本

1987～1997 年，摩托罗拉公司实施 6σ 管理节省的成本累计达到 140 亿美元。从事国际性开发生产自控产品的美国霍尼韦尔公司 1999 年就节约成本六亿美元。

3. 能够增加顾客价值

实施 6σ 管理可以使企业从了解并满足顾客需求到实现最大利润之间的各个环节实现良性循环。6σ 管理的实施，使美国通用电气的医疗设备部门的医疗检测技术发生了质的飞跃。以往病人需要三分钟做一次全身检查，现在却只需要一分钟。医院因此而提高了设备的利用率，降低了检查成本，出现了令公司、医院、病人三方面都满意的结果。

4. 能够改进服务水平

6σ 管理不仅改善产品品质，而且改善服务流程，大大提高了对顾客服务的水平。通用电气照明部门的一个 6σ 管理小组成功地改善了同最大客户沃尔玛的支付关系，使票据错误和双方争执减少了 98%，既加快了支付速度，又融洽了双方互利互惠的合作关系。

5. 能够形成积极向上的企业文化

通过实施 6σ 管理，每个员工清楚自己应该做成什么样，应该怎么做。员工通过参加培训，掌握标准化、规范化的操作方法，使工作效率明显提高，形成积极向上的浓厚氛围。

（四）6σ 管理的实施程序

1. 辨别核心流程和关键顾客

（1）辨别核心流程。核心流程是对创造顾客价值最为重要的部门或者作业环节。不同的企业，核心流程各不相同，回答下列问题，有助于确定核心流程：①企业通过哪些主要活动向顾客提供产品和服务；②怎样确切地对这些流程进行界定或命名；③用来评价这些流程绩效或性能的主要输出结果是什么。

（2）界定业务流程的关键输出物和顾客对象。应尽可能避免将太多的项目和工作成果堆到“输出物”栏目下，以免掩盖主要内容，抓不住工作重点。就某一个流程而言，其关键顾客是下一个流程，如产品开发流程的关键顾客是生产流程。

（3）绘制核心流程图。

2. 定义顾客需求

（1）收集顾客数据，制定顾客反馈战略。建立顾客反馈系统的关键在于：①将顾客反馈系统看作是一个持续进行的活动，视为应长期优先处理的事情或中心工作；②听取不同顾客的不同反映，不能以偏概全；③除常规的顾客反馈方法外，积极采用新的顾客反馈方法，如顾客评分卡、数据库分析、顾客审计等；④掌握顾客需求的发展变化趋势；⑤对于已经收集到的顾客需求信息，要进行深入的总结和分析，并传达给相应的高层管理者。

（2）制定绩效指标和需求说明。顾客的需求包括产品需求、服务需求或是两者的综合。对不同的需求，应分别制订绩效指标。需求说明，是对某一流程中产品和服务绩效标准简洁而全面的描述。

（3）分析顾客各种不同的需求并对其进行排序。

3. 针对顾客需求评估当前行为绩效

如果公司拥有雄厚的资源，可以对所有的核心流程进行绩效评估。如果公司的资源相对有限，则应该从某一个或几个核心流程入手开展绩效评估活动。评估步骤如下：

（1）选择评估指标；

（2）对评估指标进行可操作性的界定，以避免产生误解；

（3）确定评估指标的资料来源；

（4）准备收集资料；

（5）实施绩效评估，并检测评估结果的准确性，确认其是否有价值；

（6）通过对评估结果所反映出来的误差进行数量和原因方面的分析，识别可能的改进机会。

4. 辨别优先次序，实施流程改进

对需要改进的流程确定优先次序。业务流程的改进遵循五步循环改进法，即DMAIC模式：

（1）定义（define）。定义阶段主要是明确问题、目标和流程。

（2）评估（measure）。评估阶段主要是分析问题的焦点，借助关键数据缩小问题的范围，找到导致问题产生的关键原因，明确问题的核心所在。

（3）分析（analyze）。通过采用逻辑分析法、观察法、访谈法等方法，对已评估出来的导致问题产生的原因进一步分析，确认它们之间是否存在因果关系。

（4）改进（improve）。拟订几个可供选择的改进方案，从中挑选出最理想的改进方案付诸实施。

（5）控制（control）。根据改进方案中预先确定的控制标准，在改进过程中，及时解决出现的各种问题，使改进过程不至于偏离预先确定的轨道，发生较大的失误。

5. 扩展、整合 6σ 管理系统

当某一 6σ 管理改进方案实现了减少缺陷的目标之后，巩固并扩大这一成果就变得至关重要。为此，必须做到以下几点：

（1）提供连续的评估以支持改进。实行连续的评估，让企业管理层和员工从评估结

果中获得鼓舞和信心。对可能出现的问题，应提前制订应对策略，并做好进一步改进的准备。

(2) 定义流程负责人及其相应的管理责任。为确保各个业务流程的高效、畅通，指定流程负责人，明确其管理责任。

(3) 实施闭环管理，不断向6σ绩效水平推进。6σ改进是一个反复提高的过程，五步循环改进法在实践过程中也需要反复使用，形成一个良性发展的闭环系统，不断提高品质管理水平，减少缺陷率。

（五）六西格玛管理的核心理念

6σ管理的核心理念是：真诚地以顾客为中心，追求完美，容忍失败。

1. 真诚地以顾客为中心

在追求目标上，6σ管理追求顾客满意度提高到近乎完美的程度；在确定效果（做正确的事情）问题上，“倾听顾客的声音”是其基本原则；在6σ管理改进项目的选择上，顾客价值和企业利益是两个必须满足的基本原则；在确定缺陷的标准上，6σ管理认为凡是无法让顾客满意，不符合顾客要求的就是缺陷；在组织架构上，6σ管理以基于顾客导向的业务流程为基本模块。

2. 追求完美，容忍失败

6σ管理把追求完美、“第一次就做对”作为其核心理念和工作态度。仅有理念是不够的，重视行动，落到实处是6σ管理的基本原则。6σ管理创新性地对追求卓越的标准进行了量化——6σ质量水平（314ppm），表示每百万机会缺陷数是314（表示的是工作质量），而不是表示产品的合格率是百万分之314。

6σ管理是一种创新性的持续改进方法。不创新，就不能达到6σ管理的目标。创新必然有风险，好在6σ管理系统包含了大量的风险管理方法。虽然每个组织都力求完美，但也应能接受偶然的挫折。

（六）六西格玛管理的基石

6σ建立在四大基石上：业务流程管理模式、基于数据推动型的管理模式、高效且拥有商业伦理道德的领导团队、采用团队模式为最基本的工作单元。

1. 业务流程管理模式

(1) 业务流程是6σ最基本的组织模块。6σ管理与业务流程管理相结合，以业务流程为其最基本的组织模块。业务流程是一个营运单元，它能够被度量和管理，并且通过6σ管理系统不断地予以持续改善。

(2) 6σ过程管理的创新。6σ改进是聚集于核心流程，将“通过关键过程的优化实现组织竞争力提高”作为自己的核心理念，并将其付诸实施。6σ优化过程的做法主要是，通过关键过程的改进与再造，使过程的产出与顾客要求之间的偏差缩到最小或几近于零，也就是说，6σ特别强调关键流程改进的创新性，同时也注意改进后流程的稳定性。

2. 基于数据推动型的管理模式

6σ管理系统的第二个基石是应用经过实践证明的科学原理来管理业务流程。6σ管理把“基于事实管理”的理念提高到了一个更高的层次。6σ一开始就澄清什么是衡量企业绩效的尺度，然后应用统计数据和分析方法来建立对关键变量的理解和获得优化的结果。6σ管理的核心方法是通过分析结果（Y）和原因（X）之间的关系来寻找解决问题的办法，主要适用于能够量化的流程。6σ吸收了信息技术和统计软件的最新成果，使复杂的统计技术的广泛使用变得非常容易。以前的质量管理（如SPC、TQM）没有得到广泛的成功应用，一个重要原因是“基于事实决策”的理念由于缺乏技术工具的支持，处在一个比较低的层次。

3. 高效且拥有商业伦理道德的领导团队

6σ作为一个强大的工具，要产生突破性的成果，获得持久的成功，有远见的且承诺要取得成功的领导团队起到决定性作用。6σ管理系统在领导力方面的理论和实践主要吸收了领导力理论、战略管理、组织变革、文化变革管理等理论实践的精华，旨在提高企业竞争力和变革企业文化。

4. 采用团队模式为最基本的工作单元

6σ的基本工作单元是项目团队，一般都是由跨职能部门的有关人员组成，比较正规。6σ团队针对的是重要的、长期性的复杂问题，问题的原因不明，根本解决问题的方案难以找到，使用的技术工具相对复杂，能获得突破性的质量改进。6σ是一种创新地解决问题的方法，倡导首创精神和无边界合作，以解决复杂问题。首创精神包括创造性和敢于对事情负责。只有这样，才有可能做到从根本上解决难题，取得持续不断的进步。无边界合作消除了部门及上下级间的障碍，促进了组织内部的合作，使6σ管理建立在广泛沟通的基础上，营造出一种真正支持团队合作的组织结构和环境。

二、理论评析

1. 先进性

6σ管理方法体系逻辑的严谨和可操作性，使它成功地提高了客服中心工作的效率，满足了客户需求。

2. 局限性

① 6σ管理法受限于企业战略；②6σ管理法过于依赖数据；③6σ管理法实施周期性过长。

6σ作为一种全新的管理模式，充分体现着量化科学管理的思想理念。6σ管理是企业走向精细化科学管理的一个质量目标，这个质量目标只有在企业内各个部门共同努力下才能够实现。

6σ管理在提供行之有效的管理方法和流程技术的基础上，为企业培养具备组织能力、激励能力、项目管理技术和数理统计诊断能力的领导者。这些人才是企业适应变革和竞争的核心力量。他们将最先进的工作方法和最新的信息技术，应用到一个简单的流程模式五步循环改进法中，通过追求零缺陷运行和改善流程达到使顾客满意的快速突破性改善，实现每一个环节不断改善的战略目标。

第十节 知识管理思想

一、知识管理理论产生的背景

1. 知识经济时代的到来

知识经济时代的到来，给生产、生活、教育以及管理方式带来了一系列重大的变革，对管理提出了新的要求。

第一，管理者需要更多的专业知识。知识经济是以知识为基础的经济，应用知识创新是经济活动的新的核心。由于知识密集型产业对知识更新速度的要求越来越快，管理者必须具备相应的专业知识，才能胜任管理工作。

第二，管理内容的转变。管理由过去的以实物形态为中心的静态信息管理转变为以信息、知识形态为中心的动态管理，由过去部门和上下级之间的直接管理转变为纵横交错的网络、信息化的矩阵式管理。

第三，管理范围的扩展。信息化和经济全球化，拓展了管理的时空范围。

第四，管理目标的长远性。知识经济时代非常注重组织整体目标的长远性和社会的可持续发展，它追求的是人、自然、社会的和谐发展。而知识创新可以维持组织的可持续发展。

第五，追求价值增值的管理效益。知识经济时代要求决策与管理更加快捷、高效，要求以开拓创新精神，利用知识、科学和技术实现创新最大化，获得价值增值。

知识管理符合知识经济时代对管理提出的新要求，知识管理中设有的全能知识主管，能运用现代先进的信息技术对知识进行深度挖掘，实现知识的交流与共享，从而实现知识创新和价值增值，增强组织竞争能力和可持续发展。

2. 科学技术的发展

21 世纪人类科技发展的重要标志是数字化和电子网络化，信息技术已经成为衡量一个国家的综合国力和国际竞争实力的关键因素。特别是网络技术、数据库技术、数据仓库、多媒体技术、通信技术、软件技术发展突飞猛进，为知识管理创造了有利条件，提供了技术保障。网络技术提供了一种快速、高效和低成本的平台，使得知识共享、互换和转化成为可能。知识管理过程不仅包括知识的存储过程，而且包括知识的组织和融合。在知识管理过程中，知识存储是必不可少的。原始的数据、信息和知识都必须存储在数据库里。由于存储的知识形式多样化，因此建立一个综合性的数据仓库平台是非常必要的。当今，数据库技术和应用平台为数据存储提供了整体解决方案，使知识管理成为可能。多媒体技术为知识的转化、转移和交换提供了整体解决措施。通信技术加强了人们传递和交换知识的能力。软件技术是知识管理的载体。当今的网络技术、数据库技术、多媒体技术、软件技术为知识管理的发展提供了有利条件。

3. 全球经济一体化

全球经济一体化促使竞争的加剧。全球经济一体化最突出的表征是经济活动高技术化、信息化、网络化和无国籍化。这种表征说明，知识和信息在经济发展中的作用空前突出。在物质资源稀缺的情况下，知识和信息正在逐渐取代有形的物质资源成为经济增长的关键性的生产要素，特别是作为知识载体的人成为竞争的核心要素之一。

在全球经济一体化带动下，许多跨国公司在全球范围内募集世界精英人才。由于他们来自不同的国家，有不同国家的文化底蕴和价值观。如何解决不同文化的冲突，以及跨文化的管理成为跨国公司要解决的重要问题之一。在这种情况下，就迫切需要知识管理来解决这些问题。知识管理以人力资源管理为核心，特别注重智力资本的管理，同时还注重组织内部环境和企业文化的作用，通过对各国文化的协调，取长补短，融合跨国文化的冲突。

在经济全球一体化的背景下，战略联盟已成为合作竞争的新形式。通过合作，战略伙伴间的优势得到互补或互相增强，劣势得到弥补，以创造组合的竞争优势。加强战略伙伴之间的合作关系，实现共享利益，要通过知识管理实现“双赢”。

二、知识管理理论的产生发展

20世纪60年代初，美国管理学教授彼得·德鲁克首先提出了知识工作者和知识管理的概念。他指出，我们正在进入知识社会，在这个社会中最基本的经济资源不再是资本、自然资源和劳动力，而应该是知识，在这个社会中知识工作者将发挥主要作用。

20世纪80年代以后，彼得·德鲁克对知识管理做出了开拓性的工作，提出：“未来的典型企业以知识为基础，由各种各样的专家组成，这些专家根据来自同事、客户和上级的大量信息，自主决策和自我管理。”

20世纪90年代中后期，美国波士顿大学信息系统管理学教授托马斯·H. 达文波特在知识管理的工程实践和知识管理系统方面作出了开创性的贡献，提出了知识管理的两阶段论和知识管理模型。

日本管理学教授野中郁次郎针对西方的管理人员和组织理论家片面强调技术管理而忽视隐含知识的观点提出了一些质疑，并系统地论述了关于隐含知识和外显知识之间的区别，为我们提供了一种利用知识创新的有效途径。

21世纪初，瑞典企业家与企业分析家卡尔-爱立克·斯威比将知识管理的理论研究引向了与实践活动紧密结合并相互比照的道路。他强调隐含知识的重要作用，并指出了个人知识的不可替代性。

三、知识管理概念及其内容

知识管理诞生于知识经济逐渐兴起、信息技术飞速发展、商业竞争日益加剧的环境中。知识管理与信息技术密不可分，共同构建企业商务智能，成为企业核心竞争力的源泉。知识管理是信息管理的进一步发展。第一代信息化管理的对象是数据；第二代信息化管理的对象是信息；第三代信息化管理的对象是知识。

知识管理是指能协助企业组织或个人，通过资讯科技，将知识经由创造、分类、储存、分享、更新，并为企业或个人产生实质价值的流程。卡尔·费拉保罗认为：“知识管理就是运用集体的智慧提高应变能力和创新能力，是为企业实现显性知识和隐性知识共享提供的新途径。”马斯认为，知识管理是一个系统地发现、选择、组织、过滤和表述信息的过程，目的是改进雇员对特定问题的理解。

知识可分成内隐知识（tacit knowledge）与外显知识（explicit knowledge）。所谓内隐知识，是指包括企业、经营者或员工的经验、技术、文化、习惯等。外显知识，则包括一切以文件、手册、报告、程式、图片、声音、影像等方式呈现的知识，不论是传统的书面文件，还是电子化后的档案。

知识管理包括：建立知识库；促进员工的知识交流；建立尊重知识的内部环境；知识资产管理。知识管理在知识资产管理、学习型组织、人力资源管理和信息化四个方面进行深化和突破。

四、知识管理理论流派

国内专家对国外学者们的知识管理研究做了探索性的归纳，认为知识管理理论流派大致分为技术学派、行为学派、经济学派和战略学派四大学派。

1. 行为学派

行为学派的知识管理主要侧重关注发挥人的能动性，关注对人类个体的技能或行为的评估、改变或改进过程，热衷于对个体能力的学习、管理和组织方面进行研究，并认为知识等于过程，是一个对不断改变着的技能的一系列复杂的、动态的安排。该学派主要代表人物瑞典卡尔·斯威比博士，他把知识定义成一种行动的能力，即强调知识是动态的。甚至提出“知识不能被管理”，“不利用信息技术也可以实施成功的知识管理”等。

与此同时，该学派的另一个代表人物日本管理学教授野中郁次郎强调了隐含知识的重要性。他系统地论述了关于隐含知识和外显知识之间的区别，为我们提供了一种利用知识创新的有效途径。“知识创新并不是简单地处理客观信息，而是发掘员工头脑中潜在的想法、直觉和灵感，并综合起来加以运用。”野中郁次郎还针对西方的管理人员和组织理论家提出了一些质疑，并提出了知识创新的共享环境即“场”的概念。这些都是非常典型的关注发挥人的能动性的真实思想写照。

2. 技术学派

技术学派的知识管理主要侧重关注借助技术的效率，关注信息管理系统、人工智能、重组和群件等的设计和构建。技术学派认为，知识是一种企业资源，是一种物质对象，可以在信息系统中被标识和处理，即可以被管理和控制。美国学者托马斯·H. 达文波特认为，知识是结构性经验、价值观念、关系信息以及专家见识的流动组合。知识为评估和吸纳新的经验和信息提供了一种框架。知识产生于并运用于知者的大脑里。但在组织机构里，知识往往不仅仅存在于文件或数据库中，也根植于组织机构的日常工作、程序、惯例及规范中，可以通过计算机和网络进行编码、存储和传播。“数据—信息—知识”的递进概念，使得知识管理与信息管理紧密相关，信息技术在其中起到很大的作用。其典型做法是曾一度盛行于美国的以信息技术为主的泰勒主义的知识管理方法和实践活动。诚然，在当今社会中，如果有关行业和企业离开信息技术的帮助，其工作效率无疑会大打折扣。

该学派主要代表人物是美国波士顿大学信息系统管理学教授托马·H. 达文波特，基于他所提出的再造的学术思想，在知识管理的工程实践和知识管理系统方面做出了开创性的工作。他所提出的知识管理两阶段论和知识管理模型，是指导知识管理实践的主要理论。

3. 经济学派

经济学派的知识管理主要侧重关注求得经济的效益，即如何更好地取得优势利益。该学派认为，知识管理其实只是观察商业世界的一种方式。它帮助认识谁和什么是公司真正的资源。正如企业的设备、机器、资金和人力资源一样，企业的知识资产也同样需要管理以取得最大的投资回报。哈佛大学的学者们认为，当前的企业管理已经进入第六个阶段，即全球化和知识化的阶段。在这个阶段，持续成长成为管理的目标，知识管理成为管理的主题。无论是在软件、网络这样的智力密集型行业，还是在钢铁、石油这样的资本密集型行业，知识的创造、传播、共享和利用，都是企业保持持续竞争优势的关键，许多著名的大公司都已经设立了 CKO 的职位。基于知识的企业理论，知识的传递和转化能够为企业创造出卓越的价值，是企业持续竞争优势的来源。

该学派主要代表人物是达文波特，他在 1998 年曾指出："知识管理真正的显著方面分为两个重要类别：知识的创造和知识的利用。"该学派另一个主要代表人物是托马斯·A. 斯图尔特，他在其著作《"软"资产》中提出：在企业所拥有的所有资产中，最重要的是"软"资产，如技能、能力、专业经验、文化、忠诚等，这些都是知识资产（智力资本），决定着企业能否获得成功。

4. 战略学派

战略学派的知识管理主要侧重关注不同的组织面向不同的战略性目标。战略学派主要是由战略管理的理论研究出发，有机结合了行为学派和技术学派的部分观点（如应用信息技术和注重发挥人的能动性），并在不断改进管理和有效指导具体的实践活动的基础上发展而来。目前，战略学派的知识管理研究文献丰富，其思考问题的角度也比较宽泛。战略研究一直围绕寻求与维持竞争优势这一核心概念，注意到某些理论上的缺陷，进一步要求对知识管理追根溯源，探究知识管理的终极目的，即知识创新是知识管理的最终目的。由于该学派能用系统、全面的观点实施知识管理，因此，战略学派成了近几年来知识管理发展的主流。企业战略联盟最早起源于日本企业界的合资浪潮中。战略联盟的概念虽然起源于日本，却首先在美国企业界盛行。20 世纪 90 年代以来，美国国内及跨国性质的战略联盟，每年以 25% 的增长率快速发展。20 世纪 80 年代中期，帕维特、纳尔森、福斯和格兰特等人提出的企业知识理论认为，生产的关键投入和企业价值最重要的来源是知识，社会生产是在知识的引导下进行的。企业知识可被分为外显知识和隐含知识两大类。企业拥有的许多知识属隐含知识，难以表达，难以转移，只有通过应用和实践才可外现并获得。以进行知识转移和共同创建新知识为目的的结盟通常被称为知识联盟。博格、顿肯和佛里德曼的研究表明：20 世纪 80 年代初期，50% 的联盟企业在合作过程中是为了获取对方知识。因此，这类为了转移和学习知识的联盟被称之为"知识联盟"。

知识管理是战略管理中的一项具体内容。因此，要从战略管理的认识论基础上重新审视知识管理，并结合应用当代跨学科研究的最新成果，灵活利用各种立体思维、交叉科学和技术融合的方法，必将为知识管理更深入的理论研究和有效指导具体的实践活动开辟新天地，拓展新方向。

本章小结

一、当代管理思想对管理思想的发展

20 世纪 80 年代以后，整个世界处于极度的动荡局势中。国际政治动荡起伏，世界经济变幻莫测，科学技术日新月异，各种文化相互渗透、相互融合，市场竞争日益白热化。西方管理学者对全球新的竞争条件下的企业生存和发展进行了深入思考，形成了一些新的思想。企业管理的理论和实践有了很大发展，涌现出了大量新理论和新模式，为管理实践提供了丰富的理论指导。当代管理思想呈现出以下五大趋势：

1. 从过程管理向战略管理转变

企业的生存发展环境已经从国内市场转向国际市场，或者说企业的成功主要取决于全球战略的实施情况。管理由内向管理往外向管理转变，其原因在于企业生存环境的变化日益剧烈，企业必须不断地调整自己的发展方向，不断地设立自己发展的有效途径，以适应环境的剧烈变化。

2. 从产品的市场管理向价值管理转变

企业管理的每一个过程、每一个环节都必须使企业向市场提供的产品和服务升值，从而提高企业的管理效率。

3. 人本管理思想更加深入

随着信息技术在企业中的应用，以及企业员工行为的变化，人本管理思想深入到各项管理工作之中，人们已经充分认识到，知识经济时代最核心的资源是人力资源。

4. 以不断的创新追求经营绩效的持续改善

20 世纪 90 年代以来，新兴的一些管理方法和管理模式充分体现了这一点，如全面质量管理、流程再造和 6σ 管理等。

5. 从行为管理向文化管理转变

企业文化的理论起源于美国，而实践则是在日本。管理的客体是含有文化因素的，而文化渗透到人类文明的任何一个地方和环节，都影响着企业的生存和发展。在 21 世纪全球性的知识经济时代，企业文化将成为最重要的企业竞争战略。

二、当代管理思想的缺点

当代管理思想的新发展为管理实践提供了丰富的理论知识和可供使用的工具，但当代管理的很多学说或思想并未形成完整的理论体系。

三、当代管理思想的历史贡献

当代管理思想加强了管理与环境、社会和经济各种因素相结合的研究，使企业能更

快速地做出反应，也为企业提供了如何提升潜力和预测未来发展趋势的新思路和新工具。

各学说的划分并非泾渭分明、非此即彼。不同的理论或思想，都是围绕管理的核心问题——“效果”或“效率”展开的。

影响管理思想发展的主要因素是生产力发展的程度。管理思想的发展主要取决于科学技术的进步和发展、人类各种文化的发展和相互渗透的程度。

生产组织的形式是形成新管理思想的主要来源。农业经济的生产方式，决定着传统的管理思想。工业经济大生产的生产方式，决定着古典的管理思想和现代管理思想。生产力的发展，使人类社会进入到知识经济时代，生产和生活方式发生了巨大的转变，形成了适应于知识经济时代的管理思想。

人本身的发展也是管理思想发展的主要因素之一。因为人无论是管理客体还是管理主体，都是决定因素。随着社会的发展和进步，人们受教育程度不断提高，文化交流和信息沟通手段也在不断发展变化。这一切决定了管理思想也是一个动态的、不断发展的过程。

➢思考讨论题

1. 进入 20 世纪 80 年代以后，世界经济呈现出哪些结构性变化？
2. 简述彼得斯管理思想的内核。
3. 简述波特对五种结构作用力的分析。
4. 用价值链分析竞争战略有何意义？
5. 作为领导激励要考虑的因素有哪些？
6. 简述学习型组织的特征。
7. 简述学习型组织的组织结构。
8. 简述 PDCA 循环的特点。
9. 什么是企业文化？
10. 什么是 A 型组织？它有什么特点？
11. A 型组织如何转化为 Z 型组织？
12. 简述企业再造的内容。
13. 简述开展 6σ 管理的基本途径。
14. 论述知识管理产生的时代背景。

第七篇

东方的管理思想

第十二章

中国的管理思想

中国是一个具有五千年悠久历史的文明古国。中华民族在其长期生存繁衍发展的历史长河中，创造了光辉灿烂的传统民族文化。中国古代管理思想就是我国传统文化中的精华之一，浩如烟海的古籍中记载着中国无数杰出的政治家、哲学家、思想家有关管理的学说和主张，为后人学习、研究管理提供了取之不尽、用之不竭的思想理论源泉。管理随着人类历史的产生而产生、随着人类历史的发展而发展。公元前 11 世纪，《周礼》第一次把中国官僚组织机构设计为 360 职，并规定了相应的层次和职责，反映出当时中国已出现了相当完备的国家管理思想。中国古代管理思想的精髓不仅影响着中华民族，而且对日本列岛的大和民族、朝鲜半岛的高丽民族及东南亚诸国也产生了深远的影响。

第一节　中国古代的管理实践及名家的管理思想

一、中国古代的管理实践

中国是世界四大文明古国之一，为人类文明的发展作出了重要贡献。长城、京杭大运河、都江堰等伟大工程，都是古代管理实践的典范。中国古代劳动人民在劳动和生活中总结出许多管理经验。这些古代的管理思想散见于一部分代表人物的著作中，有些管理思想的提出先于西方几千年，有些管理思想至今还有借鉴意义。虽然这些管理思想和管理理念不像西方学者研究得很系统，但毕竟像未经绳线串起的珍珠一样，一颗颗散落在历史长河的沙岸上，仍难掩其夺目的光彩。这些管理思想可以归纳为组织、经营、用人、理财和管物等。

1. 组织

战国时期周公所著的《周礼》一书，对封建国家的管理体制进行了理想化的设计，内容涉及政治、经济、财政、教育、军事、司法和工程等方面，为周朝制定了一套管理组织制度，封官定职、层次分明、职责清楚。该书对封建国家管理的论述和设计都达到了相当高的水平。

秦国时期，为了防御北方的匈奴入侵，秦始皇决定修建万里长城。长城建筑在地势险峻的山巅，工程复杂而浩大，而当时施工仅凭肩挑手抬，其困难可想而知。长城的建设，第一是有严谨的工程计划。对工程所需土石及人力、畜力、材料、联络都安排得井井有条，一环扣一环，使工期不至于延误。第二，严格的工程质量管理。主要是工程验收制度，如规定在一定距离内用箭射墙，箭头碰墙而落，工程才算合格。否则返工重建。第三，有效的分工制。长城建设在事先确立走向前提下，分区、分段、分片同时展开，保证工程进度的同步性，体现了有效的分工。万里长城的修建，充分反映了当时测量、规划设计、建筑、工程管理和合理组织等的高超水平，体现了工程指挥者所具有的高度管理智慧。

北宋丁谓的“一举三得”重建皇宫方案。宋真宗时期，大臣丁谓用“一举三得”方案重建皇宫，是一次典型的系统管理实践。当时，由于皇城失火，皇宫被焚，宋真宗命丁谓重修皇宫。这是一个复杂的工程，不仅要设计施工，运输材料，还要清理废墟，任务十分艰巨。丁谓首先在皇宫前开沟渠，然后利用开沟取出的土烧砖，再把京城附近的汴水引入沟中，使船只运送建筑材料直达工地。工程完工后，又将废弃物填入沟中，复原大街，这就很好地解决了取土烧砖、材料运输、清理废墟三个难题，使工程如期完成。工程建设的过程，同现代系统管理思想极其吻合。丁谓主持的皇宫修建工程体现了中国古人高超智慧的管理实践，堪称运用系统管理、统筹规划的范例。

2. 经营

中国历史上著名的经营理论有范蠡的“计然之策”和白圭的“治生之学”。范蠡在商业贸易活动中取得巨大成就，其主要原因之一在于他运用了“计然之策”来指导他的商业经营实践。“计然之策”分为两个部分：一部分是国家管理粮食市场的办法，称为“治国之道”；另一部分是关于私人经营致富的理论原则，称为“积著之理”。

“积著之理”是指获取利润的方式。《史记·货殖列传》中记载：“务完物，无息布，以物相贸易，腐败而食之货勿留，无敢居贵。论其有余不足，则知贵贱。贵上极则反贱，贱下极则反贵。贵出如粪土，贱取如珠玉，财币欲其行如流水。”这是指所经营的物品必须质量完好，货币不能停滞不用；对易腐烂的食物，切勿长期存储、贪图高价。通过商品数量的多寡，预测其价格贵贱。其商品价太贵必转而下跌，太贱则又会回涨。货物和货币要像流水一样经常流动和运行，才能得到经济效益。

白圭治生之学的基本原则，就是“乐观时变”四个字，说的是要善于预测行情并根据这种预测进行决策。白圭不但善于“观时变”，而且敏于“趋时”，也就是说，他不但善于预测行情，而且在看准行情之后，能够及时决策，迅速行动，不失时机地利用有利的行情来达到自己的目标。在具体的商业经营活动方面，白圭总结了两条重要的经验：一是“欲长钱，取下谷”。要想盈利，就要经营低价格的下等谷物。因为下等谷物常常是社会的大众消费物，尽管价格低，但由于市场需求相对稳定，成交量大，利润也就比较有保证；二是“薄饮食，忍嗜欲，节衣服，与用事僮仆同苦乐”。节制个人消费，目的在于把资金尽可能地用于商业经营上。经营者与僮仆一样勤勤恳恳地工作，目的在于更有效地推动经营活动的运转。

3. 用人

中国古代，素有“选贤任能”、“任人唯贤”的主张。据《尧典》记载，尧在选拔贤能委以重任这一问题上与氏族首领进行讨论，主张凡担任职务有功绩的人都作为委以重任的条件；而品德恶劣、不能采纳善言、违抗命令、残害好人的人都不能重用。《尧典》还记载了人员任用中试用和考绩的制度。对于已经任用的，有“三载考绩”的规定。经过三次考核，昏庸的被降职，明智的获升级。

老子曾富有创见地提出：“是以圣人常善救人，故无弃人；常善救物，故无弃物。”意思是圣人善于把各种人都使用起来，这样就没有被抛弃的人了，要善于发现人的长处和优点，不能责备求全。任何人都有他的弱点和缺点，但不能因为一些小缺点而妨碍人才的使用。《资治通鉴》记载了子思向卫侯荐将的故事：子思认为苟变是个将才。卫侯却说苟变当官时吃过人家两个鸡蛋，不能任用。在战国急需用将之时，卫侯这种做法不很愚蠢可笑吗？三国时曹操曾多次发布“唯才是举”的命令，使得天下人才多为之所用，为后来魏国的强盛打下了基础。其实这就是老子的“善救人”。

4. 理财

中国古代曾实行会计制度和审计制度。在会计方面，南宋郑伯谦在《太平经国之书》中提出的会计原则是：“出纳移用之权”（主管财务行政官吏的职能）和“纠察钩考之权”（主管会计官吏的职能）要分别由不同的“官司”掌管，就是主张会计和出纳分离。还主张司会和司书（掌管簿书图籍）分开，便于实行会计监督；在成本核算方面，清代魏源在他的改革建议中提出：在经营盐务、漕运、造船和外贸等方面要降低成本；在资金流转和利润方面，汉代司马迁在《史记·货殖列传》中指出：一定数量的经营资金可获得一定数量的合理利润，年利润可到 20%，若低于此数，则认为没有得到合理利润；在统计分析方面，明代邱峻曾将元朝从至元二十年（1283 年）到天历二年（1329 年）共 47 年的海运、漕运记录逐年按起运实收和损失数量做了详细统计，从而得出了海运损耗较河运为小的结论。

5. 管物

古代对财物的保管和收纳支出早有制度规定，并有专门官员分类管理。钱、账、物必须一致，出入库手续严格。请领物资，规定有预报制度等。

二、古代名家管理思想

古代管理思想博大精深，内容丰富，影响深远。主要体现在先秦到汉代的诸子百家思想中，如儒家、道家、法家、兵家、商家等。在这些学派中也不乏名家之士，他们的许多经典著作，如《伦语》、《道德经》、《孙子兵法》、《九章算术》等，充分反映了我国古代成功的管理思想和经验。

（一）孔子的管理思想

孔子，名丘，字仲尼，春秋时鲁国人，儒家学派的创始人，有“万世师表”之称。孔子不仅是一位教育家，也是一位政治家，具有精辟的管理理论和较高的管理能力。

孔子的管理思想主要有以下几点。

1. 以德行政

孔子的一生都在致力于“仁德”的实施，同样，以德行政是孔子管理思想的理论基础。孔子认为，以德行政，就会有很强的凝聚力和号召力。“子曰，为政以德，譬如北辰，居其所而众星共之。”（《论语·为政》）即用道德品质来治理政事，就好像北极星一样稳居中央，而众多的星辰环绕其周围。

孔子认为，以德行政，才能使人们在主观上不去犯错误。“子曰，道之以政，齐之以刑，民免而无耻；道之以德，齐之以礼，有耻且格。”（《论语·为政》）即以政令治理百姓，以刑法约束百姓，百姓只是求得免予获罪，但不会产生廉耻之心；用道德治理百姓，以礼节约束百姓，百姓不仅有羞耻之心，而且遵守规矩。

孔子认为，营造良好的道德风尚胜于严刑压制，“季康子问政于孔子曰：‘如杀无道以就有道，何如？’孔子对曰：‘子为政，焉用杀？子欲善而民善矣，君子之德风，小人之德草，草上之风必偃。’”（《论语·颜渊》）意思是：季康子问孔子如何行政时说，如果杀掉坏人、亲近好人，怎么样？孔子回答说，你管理政事，怎么用得着杀人呢？只要你一心向善，那么老百姓就会向善，管理者的德行就像风，百姓的德行就像草，草是随风而转的。

2. 诚信为政

孔子非常重视诚信，认为诚信是做人的根本。同样，诚信也是管理行政的根本。“子贡问政，子曰：‘足食、足兵、民信之矣。’子贡曰：‘必不得已而去，于斯三者何先？’曰：‘去兵。’子贡曰：‘必不得已而去，于斯两者何先？’曰：‘去食，自古皆有死，民无信不立。’”（《论语·颜渊》）意为，子贡问怎样行政，孔子说，只要粮食充足、军力充足，让为政者取得人民的信任就可以了。子贡说，若迫不得已，必须在这三项中去掉一项，先去掉哪项呢？孔子说，先去掉军队。子贡说，若迫不得已，必须在粮食和信任中去掉一项，先去掉哪项呢？孔子说，去掉粮食，自古以来谁都不免一死，如果人民对为政者失去信任，那么执政者将无立足之地。

孔子认为，一个人没有诚信，很难立足于社会。“子曰：‘人而无信，不知其可也，大车无輗，小车无軏，其何以行之哉。’”（《论语·里仁》）意思是，孔子说，一个人如果没有诚信，真不知他怎样立于社会，就像大车与小车缺少了关键的部件一样，如何能行走呢？因此，孔子在教育实践中，把诚信置于重要地位。“子以四教，文、行、忠、信。”（《论语·述而》）

3. 垂范从政

管理者的一言一行，时刻在影响着大众。孔子认为，为政者的率先垂范是至关重要的。“季康子问政于孔子，孔子对曰：‘政者正也，子率以政，孰敢不正？’”（《论语·颜渊》）。意思是：季康子问孔子如何行政，孔子回答说，政就是正的意思，你自己率先正了，别人谁敢不正呢。“子曰：‘其身正，不令而行；其身不正，虽令不从。’”（《论语·子路》）意思是：本身行为端正，不用去命令他们，人们也会照样行事；自己的行为不端，即使三令五申，人们也不会去做。“子曰：‘苟正其身矣，于从政乎何有？不能正其身，如正人何。’”（《论语·子路》）意思是：如果自己端正了，行政怎么会有困难呢？自己行为不端正，怎么能使别人端正呢？孔子认为，率先垂范还要坚持不懈。“子路问政，子曰：‘先之劳之。’请益，曰：‘无倦。’”（《论语·子路》）意思是：子路问如何行政，孔子说，率先垂范，吃苦耐劳。子路请求更多指教，孔子说，坚持不懈即可。

4. 躬行勤政

勤政是为政者的基本素质。对此，诸葛亮说过“鞠躬尽瘁，死而后已”的名言。孔子早在三千多年前就提出了勤政思想。“子张问政，子曰：‘居之无倦，行之以忠。’”（《论语·颜渊》）意思是，子张问如何行政，孔子说，在位勤政，不得懈怠，办理政事，应出自忠心。

“子贡问君子，子曰：‘先行，其言而后从之。’”（《论语·为政》）意思是：子贡问怎样算是君子，孔子说，先去做事，然后再说话。

5. 选拔“民服”之才

现代世界的最大财富，是人才；最大的竞争，是人才的竞争。大到一个国家，小到一个企业或单位，生存和发展最重要的因素，就是优秀人才的培养和起用。许多古今范例说明，一个成功的领导者，不在其本身有多少精力或能力，重要的是，善于组织和领导一个优秀的团队，充分发挥集体的力量。

孔子认为，选拔人才是管理的关键措施。

首先，“仲弓为季氏宰，问政，子曰：‘先有司，赦小过，举贤才。’曰：‘焉知贤才而举之？’曰：‘举尔所知，尔所不知，人其舍诸。’”（《论语·子路》）意思是：仲弓做季氏的总管，问如何行政，孔子说，先配备良好的管理人员，宽容别人小的过错，提拔优秀人才。仲弓说，怎样知道谁是优秀人才而提拔他们呢？孔子说，先提拔你知道的，你不知道的，难道别人会埋没他们吗？

同时，怎样选拔人才还对执政者的威望有很大影响。“哀公问曰：‘何为则民服？’孔子对曰：‘举直措诸枉，则民服；举枉措诸直，则民不服。’”（《论语·为政》）意思是：鲁哀公问，怎么做人民才会心服口服呢？孔子回答说，提拔正直的人，置于不正直的人之上，人民就会服气，如果提拔不正之人，置于正直人之上，人民就不服。那么，怎样选拔人才呢，孔子认为，选拔人才不必过于求全，但要具备某一种行政特色。“季康子问：‘仲由可使从政也欤？’子曰：‘由也果，于从政乎何有？’曰：‘赐也可使从政也欤？’曰：‘赐也达，于从政乎何有？’曰：‘求也可使从政也欤？’曰：‘求也艺，于从政乎何有。’”（《论语·雍也》）意思是：季康子问，仲由可以做领导吗？孔子曰，仲由办事果断，怎么不行呢。又问，子贡可以吗？孔子说，子贡精通人情事理，怎么不行呢？又问，冉求可以吗？孔子说，冉求多才多艺，怎么不可以呢？

其次，如何识别人才呢？“子曰：‘视其所以，观其所由，察其所安，人焉廋哉？人焉廋哉？’”（《论语·为政》）意思是：了解他的目的，察看他的经历，掌握他的动机，他还能隐瞒得了什么呢？

6. 宜慎行，善果敢

孔子认为，对于有疑难的问题，要谨慎行政，这样可以减少做一些自己后悔的事情。“子张学干禄，子曰：‘多闻阙疑，慎言其余，则寡尤；多见阙殆，慎行其余，则寡悔；言寡尤，行寡悔，禄在其中矣。’”（《论语·为政》）意思是：子张学习如何行政，孔子说，对有疑问的事情多听别人的见解，没有完全搞清楚的问题暂不表态，其他的事情说话也要谨慎，这样就可以减少过失；多看别人如何做事，对有可能出现危险结果的事情暂不去做，其他的事情也要谨慎行事，这样可减少懊悔。说话少出错，行事少懊悔，为政者的诀窍就在这里了。

做事情不可急于求成，不要急功近利。“子夏为莒父宰，问政，子曰：‘无欲速，无见小利。欲速则不达，见小利则大事不成。’”（《论语·子路》）意思是：子夏做莒父的长官，问如何行政，孔子说，不要求快，不要贪小利。只求快反而达不到目的，贪小利办不成大事。

谨慎行政不等于犹豫不决，在问题明确的前提下，还要果断行政，以免“贻误战机”。“季文子三思而后行，子闻之曰：‘再斯可矣。’”（《论语·公冶长》）意思是：季文子做事，总是再三考虑，孔子听到后说，考虑两次就可以了。在这里应注意，果敢不等于莽撞，谨慎不等于胆小。“子路曰：‘子行三军，则谁与？’子曰：‘暴虎冯河，死而无悔者，吾不与也，必也临事而惧，好谋而成者也。’”（《论语·述而》）意思是：子路说，如果您去统帅军队，选谁共事呢？孔子说，徒手斗猛虎、徒步涉大河而死不改悔的人，我是不与他共事的，必须是遇事小心谨慎、善于谋划而成就大事的人才行。

7. 树“尊美”、“摒恶”之政德

孔子认为，在行政中要尊崇五种品质，避免犯四种错误。要惠民、辛劳、进取、泰然和威重，不可暴虐、粗莽、油滑和吝啬。“子张问于孔子曰：‘何如斯可以从政矣？’子曰：‘尊五美，屏四恶，斯可以从政矣。’子张曰：‘何为五美？’子曰：‘君子惠而不费，劳而不怨，欲而不贪，泰而不骄，威而不猛。’子张曰：‘何为四恶？’子曰：‘不教而杀谓之虐，不戒视成谓之暴，慢令致期谓之贼。犹之与人也，出纳之吝，谓之有司。’”（《论语·尧曰》）意思是：子张问孔子说，怎么做就可以从政呢？孔子说，尊崇五美，摒弃四恶，就可以从政了。子张说，什么是五美？孔子说，惠民而不浪费，辛劳而没有怨气，有进取心而不贪大，泰然自若而不骄横，威重而不凶狠。子张又问，什么是四恶？孔子说，不预先告诫而进行惩罚叫做暴虐，不预先指出问题而只看结果叫做粗莽，政令松懈而期限紧迫叫做油滑，就像把东西给别人时的吝啬，叫做不大器。

诚然，三千多年前的孔子没有现代人的思想意识，其言论也有某些糟粕，但在我国古代为政思想体系的建立中，有着重要的地位。孔子的思想不愧为中国历史文化中的一颗璀璨明珠，对我们现代人的思想仍有较大的借鉴价值。

（二）老子的管理思想

老子，姓李名耳，字伯阳，生活在春秋时期。作为道家文化的创始人，老子的哲学思想以及在管理国家和处理人际关系上的许多主张，对中国历史产生了巨大的影响。他的《老子》一书阐述了其道家思想体系，蕴涵了丰富的管理思想，可以说《老子》就是一部内涵丰富的管理学著作，对于我们今天的现代化管理仍然有重要的现实意义。老子的管理思想主要有以下几点：

1. 无为而治

《老子》第一章中说：“故常无欲以观其妙，常有欲以观其徼，此两者同出而异名，同谓之玄。”可以看出，在老子哲学的最高范畴，同时也是作为天地万物本原和宇宙间一切运动总规律的“道”中，包含“有”和“无”两个方面的内容。在老子看来“天下万物生于有，有生于无”，“无”比“有”更加根本。因此，老子在其著述中一再强调

"无为而治"。例如，第二章中说，"胜任处无为之事，行不言之教"；第三章中说，"为无为，则无不治"；第二十九章中说，"是以圣人无为，故无败，故无失"；第三十七章说，"道常无为而无不为，侯王若能守之，万物将自化"；第五十七章说，"以正治国，以奇用兵，以无事取天下"。故圣人云："我无为而民自化，我好静而民自正，我无事而民自富，我无欲而民自朴。"这些都是老子为当时的统治者所提出的治国方略，是其管理思想的集中体现。如果说"无"还只是一个纯粹的哲学范畴，那么在此基础上的"无为"则包含了丰富的管理思想。在老子看来，无为之道是最高的统治、管理艺术和手段。

"无为"所指，首先是作为管理者不能违反客观规律胡乱作为。"民之难治，以其上有为"，而是应循序渐进，"图难于其易，为大于其细"。不能急躁冒进，"轻者失根，躁者失君"，"企者不立，跨者不行"。"无为"所指，其次是作为管理者不能事必躬亲，他们最重要的任务是"坐进此道"，让手下人充分发挥自己的潜能，实现其自我约束、自我管理、自我发展的目的。可见，"无为"并非主张"不为"，而是不违反自然规律妄为，并不是什么都不做，而是用无为的态度去对待一切，顺应自然本身固有的规律，顺应万物自身的发展规律，不追求以勉强人为的力量去干扰并妄图改变自然规律，不为了追求欲望而背离自然规律，而是按照规律办事。

"无为"是一个普遍使用于任何管理过程的原则，不论是政治管理、经济管理还是社会文化管理。"无为"作为一个宏观的管理原则，意味着对各种活动减少束缚、干预，从而促进成员的积极性和主动性，以"无为"的管理创造更加活跃的局面。从领导艺术看，"无为"就是要求领导者善于抓大事，把具体工作分配给具体机构与人员，各尽其力，各展所长，领导者看似清闲，却能取得最佳效果。反之，领导者事必躬亲，往往会顾此失彼，贻误大局，而其下属则会受到束缚，产生依赖心理，失去工作责任感。可见，老子的"无为"思想不能简单地认为是一种出世哲学，是保守消极、避世颓废的人生哲学，相反，它是一种强烈关注社会、关注人生的入世哲学。

当然，虽然"无为"并非"不为"，但是在追求"无为而治"的过程中，管理者还是必须要谨防出现"不为"现象，因为"无为而治"的前提是坚持履行自身职责，做好自己分内之事。我们可以看到，当前社会出现的一些不太正常的现象甚至一些冲突事件，其中绝大多数和现在某些管理部门或者管理者职责履行不到位有重要关系。

2. 道法自然

既然"无为"非"不为"，而是遵循规律地"为"，那么，我们就不能不说到道。道是老子哲学的最高范畴。老子认为，道是万物的本原，一切事物都是从道产生出来的。老子说："道冲而用之或不盈。渊兮似万物之宗……湛兮似或存。吾不知谁之子，象帝之先。"道是空虚无形的，但却永远用不尽。它非常渊深，好像是万物的根本，它非常深暗，好像是存在的。我不知道它是由谁产生的，好像在上帝之先就已经存在了。它是万物的根本，一切事物都产生于道，"道生一，一生二，二生三，三生万物"。

在管理活动中，只要采取合乎有机整体自然本性的具体措施，就可以避免或减少不必要的失误，取得事半功倍的效果。这就是老子所说的"道法自然"，即服从自然法则。自然是道的最高原则，是道的本体、本性，由道生出的万物都是"自然而然"的，而不是人为的。“人法地，地法天，天法道，道法自然”，即宇宙中的一切事物都要服从自然的法则。因此，万事万物都要顺其自然，让它们自然发展而不加干涉。在《老子》第六十四章中提到“是以圣人欲不欲，不贵难得之货；学不学，复众人之所过，以辅万物之自然而不敢为”，正是对“道法自然”的诠释。

《老子》中提出的有些观点，在许多人看来似乎过于保守，如其第六十七章“不敢为天下先”，第七十三章“勇于敢则杀，勇于不敢则活”等。其实，这些是从有机事物相互联系的背景上，强调管理者谦恭自制，不要贸然行事，不要把自己的主观意志强加给事物，而是要顺应各种事物本原的、特殊的、微妙的、丰富的、运动变化的情势去作为，得其势，顺其流，才能无往不利。对于事物的复杂多变，老子强调“慎终如始”，小事端往往会酿成大事故。所以，老子更加强调“为之于未有，治之于未乱”。道家主张的顺其自然的无为管理模式，同现代管理科学的自动化管理思想有着十分贴近的联系。在现代管理中，很多事情都应顺其自然而成，切不可人为地勉强，违背自然法则。

管理措施必须符合规律并顺应民心。一方面管理者应该顺其自然而“为”，即坚持履行分内职责；另一方面，管理者应顺其自然而“不为”，也就是应当遵循事态发展的趋势及其自身规律，不侵犯被管理者的自主权。管理者力求管理“到位”而不“越位”，做到恰到好处，“顺其自然”，顺应民心。

3. *以人为本*

老子的管理思想具有非常鲜明的以人为本的特征。

《老子》第三十九章说：“故贵以贱为本，高以下为基。”意思是说，高贵者必须是以低贱者为根本的，高高在上者是以身居下位者为基础的。因此，管理者必须重视下层，对于下层不能有丝毫的轻视。

《老子》第四十九章指出：“圣人无常心，以百姓心为心。善者，吾善之；不善者，吾亦善之；德善。信者，吾信之；不信者，吾亦信之；德信。”这里是说有道的圣人，是常常没有私心的，他们是以百姓之心为心，即一个好的统治者必须以百姓的心为心。也就是我们所说，管理者应该淡化自己固定的意志，以善待民、以诚待人。

《老子》第七十五章说：“人之饥也，以其取食税之多也，是以饥。百姓之不治也，以其上有以为也，是以不治；民之轻死，以其上求生之厚，是以轻死。”老子在这里分析了当时人民饥饿和百姓不治的原因，就在于统治者的过分有为，即对百姓过度地剥削和压榨，从而引起人民群众的反抗。人民之所以不怕死，就在于统治者过着太富裕的生活，而人民太贫穷，人民为了生活得好，所以不怕死。因此，要解决人民的饥饿问题，治理好国家，就必须以人为本，关心人民，让人民按照自己的意愿自然而然地发展，即实行“无为而治”的治国方略。老子这里的以人为本的管理思想实质上也就是以道为本，即按照社会和人本身的规律来进行管理，要顺其自然，而不能妄加干涉、过分有为，这是他的无为而治、道法自然思想的具体运用和表现。

人是管理因素中最为重要的因素。无论是一个国家还是一家企业的管理，最关键的因素都是要处理好人的问题。以人为本是现代管理中的一个重要理念，在良好的管理中必须要坚持以人为本的理念，真正做到尊重和重视人的因素，充分调动和发挥人的积极性和创造力。

人类社会历史的发展证明，老子在两千多年前论述的管理思想是非常正确的，由于历史条件的限制，对于今天的现实生活而言，有些东西已经不尽适用，但老子的管理思想仍然具有重要的研究和参考价值。

（三）韩非子的管理思想

韩非子，战国时韩国人（今河南省新郑），为韩国公子（即国君之子），是中国古代著名的文学家、思想家、政治家，是法家的集大成者。韩非子虽不善言谈，却善于著述。他博学多能，才学超人，思维敏捷。韩非子的管理思想主要有以下几点。

1. “法”

“人性自私论”是韩非子的理论基础。韩非子认为，应针对“人性自私”制定相应的对策，把被统治者牢牢控制起来，使之“出于治，合于道”。实施这一对策的要务是建立“法”。他主张“因道全法”、“法道万能”。“道”，在这里指的是普遍法则、客观规律。“因道”，是指遵循客观规律。“全法”，是指一切依法办事。“因道全法”是一对因果关系。“因道”是因，“全法”是果。只有“因道”才有可能“全法”。“全法”只是“因道”在管理领域中的具体体现。“因道”立法，法顺应客观规律，法才有可能顺利实施，才有可能真正依法办事。“因道”立法，法才能制定得比较全面、完整，才有可能一切依法办事。因此，“因道全法”原则的根本在“因道”，这是立法所必须牢牢把握的关键。概括起来，韩非子的“法”有以下几个特性：

（1）长效性。“法者，编著之图籍”，说的就是这个意思。因此，一个企业组织的规章制度不可由管理者随心所欲，任意改动。企业的规章制度必须尽量地保持稳定不变，能够连续持久地反复适用在相同、相类的事件中，切忌朝令夕改。

（2）公开性。“法莫如显”，“布之于百姓者也”，也就是说，企业的规章制度要广泛宣传，深入人心。其目的就是避免企业员工因为不知道企业的规章制度而犯法。

（3）客观性。“一民之轨，莫如法”，“立法令者，所以废私也”，说的是企业规章制度必须始终作为一种具有严格标准的客观尺度，用来衡量和规范人们的行为，切不可“释法术而任心治”，使企业规章制度带有主观随意与偏袒私利的倾向。

（4）强制性。“信赏必罚”，“令出必行”，说的是在给予企业规章制度以观念上崇高尊严的同时，更注重将其置于组织的保护之下，确保企业规章制度的预期效力得以发挥。

（5）公平性。“刑过不避大臣，赏善不遗匹夫”，说的是只有消除凌驾于企业规章制度之上的特权，营建平等的环境，才能使企业规章制度本身得到大多数员工的遵守。在公平的前提下，人们才有可能发自内心地接受各种规章制度的约束，企业的运作才能更加流畅。

2. “势”

在强调“法”的同时，韩非子还赋予“势”以重要地位，“势者，胜众之资也”，即把“势”看成管理者相对于被管理者所拥有的优势或特权。“势”是用来统治员工、获取优势的根本。韩非子认为，管理者的权威有益于组织的稳定并保证工作效率。关于“势”的管理思想主要包括以下两方面的内容：

（1）择贤任势。韩非子强调运用“势”进行管理，却并非只要“势”，而放弃择贤任能。相反，他更加重视择贤以任势，是有效地运用“势”进行管理的关键。“夫择贤而专任势，足以为治乎？则吴未得见也。”就是说，没有贤能的人掌握权势不可能治理好一个企业。所以，“势”为贤者所用而管理企业，企业能运作良好，若为不肖者所用，则整个企业运作混乱。

（2）执权处势。形势决定了能力。势位高，能力就强；势位低，能力就弱，强弱是相对的。在管理过程中，韩非子重视管理者是否掌握实权，只有懂得掌握实权的管理者才能进行有效的管理。韩非子进一步指出，单讲“势”是不够的，“势”和“能”需要相互配合。另外，“势”是可以千变万化的，若从不同的角度去观察，会有不同的结论。头等的人才不仅善于借势，更善于造势。

3.“术”

管理者获“势”之后，如何借“势”发挥自己的影响力，有效、有力地领导属下，这就要靠韩非子所说的“术”了。韩非子的术论专篇《内储说上》又叫《七术》，本篇解释所谓七术：“一曰众端参观，二曰必罚明威，三曰信赏尽能，四曰一听责下，五曰疑诏诡使，六曰挟知而问，七曰倒言反事。此七者，主之所用也。”这就是韩非子总结的七种主要的御臣术，这七种术从内容上可分为两类：课能术和禁奸术。

（1）课能术，是选拔官吏的方法策略。“术者，因任而授官，循名而责实，操生杀之柄，课群臣之能也，此人主之所执也。”韩非子所言之术涵盖了人事任免、监督考察等多方面的内容。“因任而授官”指的是组织中职务结构的依据、原则；“因能授官”指根据能力授予官职；“循名而责实”指的是检验工作实效、明确分担责任的标准；“操生杀之权”指权力运作技巧；“课群臣之能”则指考察、判断属下的能力。“使鸡司夜，令狸执鼠，皆用其能。”管理者选拔要有法作为客观标准，不能凭管理者个人主观好恶，韩非子主张在实际事务中观察、评判官员的能力，以便决定其职位的升降进退；另外，韩非子力求建立高效的赏罚制度，希望通过厚赏重罚来敦促员工尽心尽职。

（2）禁奸术，是管理者用来同“奸邪”作斗争的方法策略。“臣有奸必知，知之必诛。是以有道之王，不求清洁之吏，而务必知之术也。”讲的是员工的工作情况是对其赏罚的依据，而赏罚的恰当与否又是调动他们积极性的关键。所以，管理者必须掌握监官术以准确了解员工执行企业规章制度的实际情况，特别是及时发现和惩处各种违法行为以保证企业规章制度的实施。

韩非子认为，“法”和“术”不能偏废。单单有“法”，没有执行，“法”是具文，是空洞的；单单有“术”，没有“法”来规定和管制，那就变成权术了。韩非子的结论是，“法”好比房子的结构，“术”则是将房子里各部门联系在一起的流程图，而“势”则是领导者掌握的形势。“法”、“势”、“术”，三者必须结合在一起，才能造就一个灵活的组织。

（四）墨子的管理思想

墨翟，世人尊称墨子，战国初期鲁国人，曾为宋大夫，是我国古代伟大的思想家和社会活动家。《论衡·案书》中说：“儒家之宗孔子也，墨家之祖墨翟也。”墨子所创建的墨家学派形成于战国初期，其活动贯穿于整个战国时代，成为当时与儒家并立、在社会上影响最大的学派之一。墨子的管理思想主要有以下几点。

1. 兼爱交利

墨家学派的学说和管理思想，集中记载在《墨子》一书当中，《墨子》一书是出于墨子及其弟子的著述。概括地说，墨子管理思想的核心内容是“兼相爱，交相利”（《兼爱上》），其他各种管理主张都围绕这一核心展开并构成一个相互关联的整体。唯兼爱交利，是以追求贤能政治，爱利万民，假天行道；唯治国安民，是以发展生产，反对奢侈，节用节俭；唯兴利除害，是以主张正义，扶弱御强，反对利己主义。可以说，墨子的管理主张，是针对时弊而发，具有明确的政治目的和较强的时代感，因而具有重要的社会意义。

“兼相爱”的“兼”，本意为一手执两禾，引申为两种以上事情同时进行之意。所谓“相”就是“交互”、“互相”之意。墨子“兼相爱”的本意，就是要社会上的人彼此相关爱。

墨子的“兼相爱”是与“交相利”相结合的。“兼爱”是墨子的基本管理准则和社会道德规范，“交利”则是“兼爱”这个观念的具体反映，是否做到了“兼相爱”，则必须看是否实行了“交相利”。可以说，实现“兼爱交利”一直是墨子所憧憬的理想境界。所谓“交”，是相互之间的意思。“交”必然体现出人与人之间的关系。墨子说的“交利”，当然不是谋取一己之私利，而是要人们去谋求社会或大众之公利。对墨子来说，“利”不仅仅是一个经济上“财利”的概念，也是一个政治道德的标准，它包含着“义”的内容。墨子是把义、利两者看作同一事物不可分割的两个方面。凡是符合“兼相爱，交相利”的行为，谓之义，否则就不是义。

墨子的“兼相爱，交相利”的管理思想，反映了当时小生产者反对以强欺弱、以富辱贫、以贵傲贱的行为，体现了人们之间互助互爱、各不相害的生存和发展要求。因为小生产者既是小私有者，又是彼此相互依存的独立劳动者。他们为了生存，总希望做到对人对己两利。这就是墨子理想的社会境界，也是他一生为之奋斗的目标。墨子的这一思想显然有他的阶级局限性，毕竟他所代表和维护的是小生产者、小私有者的利益，对于今天的我们来说，这一点应该是可以理解和接受的。

2. 崇尚集权

墨家宏观管理思想中的“尚同”与“尚贤”是不可分割的两个方面。“尚贤”要求在治国中任用贤能进行管理，是人事管理制度的内容；“尚同”也就是“上同”，要求在国家治理中，各级行政长官，包括全体人民，都要有统一的意志，并把它统一到最高统治者那里，是实行集权的行政管理原则。只有统一意志、统一思想，才能有统一的行动，天下才能大治。

“古者民始生，未有刑政之时，盖其语，人异义。是以一人则一义，二人则二义，十人则十义。其人兹众，其所谓义者亦兹众。是以人是其义，以非人之义，故交相非也。”在墨子看来，古代之乱，就在于没有统一的行政长官来实行管理，天下没有一个统一的道德标准来规范人们的行为，这就是造成天下混乱的原因。怎么解决呢？墨子提出，要“选择天下贤良圣知辨慧之人，立以为天子，使从事乎一同天下之义”。就是要选择天下最贤能的人，推举他为天子，让他主持天下的政务，从事统一天下道德标准的事。这样有了统一的意志、统一的道德规范，就能统一天下人的思想和言行，使天下人由相互攻击争斗，变成相互亲善、和睦相处，达到大治。这就是墨家主张的“一同天下之义”的基本出发点，它和尚贤一样，都是“为政之本”。

选贤人为天子，仅凭他个人的智谋和能力，还是不能解决那么多问题。怎么办？墨子从行政管理的角度出发，提出了建立各级行政长官分级管理的原则。各级长官，必须对其上级行政长官绝对服从，这样一级一级上同，直至天下人民都统一于天子，做到“天子之所是，皆是之；天子之所非，皆非之”，最终达到由天子“一同天下之义，是以天下大治”的目的。

3. 任人唯贤

墨子认为一个国家治理的好坏，关键在于管理国家的各级行政长官。行政长官贤能，则能治理得好；行政长官不贤，则治理得不好。所以墨子提出了重视贤才的方针，他说：“故国有贤良之士众，则国家之治厚；贤良之士寡，则国家之治薄。故大人之务，将在于众贤而已。”因此，国家的决策人必须认真奉行治国要务，发现和任用更多的贤能之人，这就是墨家的“众贤”方针，具有以下三个显著特点。

第一，“听其言，迹其行，察其所能”——在实践中选拔人才。墨子认为，历代贤君都是通过认真考察，在实践中选拔出贤能之人，然后委以重任，使国家得到大治。在实践中选拔，不但要对被选拔者察“其言”，还要观“其行”；考查“其得义”，还要考核“其思虑”。这样才能全面衡量出一个人是否真是贤者。贤者之德，可以“昭于天下，若天之高，若地之普”，“下施之万民，万民被其利”；贤者之道，“其为政乎天下也，兼而爱之，从而利之……爱利万民”，通过实践考察，真正选拔德义兼备的贤人来治理国家。

第二，“有能则举之，无能则下之”——能上能下，不搞终身制。在墨子的尚贤观中，还有极为可贵的反传统思想，即反对贵族世袭。“官无常贵，民无终贱，有能则举之，无能则下之。”换成我们今天的话就是，用人要按照贤能的标准和公正无私的原则，打破终身制，做到能上能下。这一思想主张虽历经重重岁月却光辉不减，是不可多得的思想珍品。

第三，“良剑期乎利，不期乎莫邪”——对人才不能过于苛求。选拔人才是为了管理国家。“举公义，避私怨”，举公正仁义之人，不计较私人怨仇，对于那些执掌权势而主持选拔人才者来说是非常重要的。而对于贤者，不能要求人人都十全十美，所谓“良剑期乎利，不期乎莫邪”，只要具备德义的基本条件，有自己的特长，就应该把他们选拔上来，在工作岗位上使用、考察。

4. 节用节俭

崇尚节俭，反对铺张浪费，是我国古代的优良传统，也是先秦各学派最普遍的主张之一。墨家是先秦各家中对节用问题论述最多的学派。节用节俭在其整个管理思想中具有突出的地位，并具有鲜明的特色。

《节用》篇一开始，就明确指出了治国安天下，要在发展生产的同时，实行节用这一管理原则的重要性：“为政一国，一国可倍也；大之为政天下，天下可倍也。其倍之，非外取地也。因其国家，去其无用之费，足以倍之。”墨子主张，国家要发展就要不断增加国民财富，而增加国民财富的手段不能向外夺取，应该依靠本国的人力、物力来创造物质财富，并通过节用的手段，达到实现财富倍增的目的。

在墨子的节用管理思想中，还有一个重要组成部分，就是“节葬”和“非乐”。当时，统治阶级在丧葬和乐舞方面的奢侈挥霍，构成了他们寄生生活的重要内容，对社会造成极大的消极影响。针对这种情况，墨子大力提倡节葬，宣扬非乐。墨子主张实行火葬。他说：“亲戚死，聚柴薪而焚之。”至于丧期，他说：“死则既已葬矣，生者必无久苦，而疾而从事。”墨子明确提出葬后不服丧，而应该赶快从事自己工作的主张。

“非乐”，是墨子节用管理思想的一个重要内容。统治阶级为了追求音乐上的享受，大量制造大钟、鸣鼓、琴、瑟等乐器，耗费大量的钱财，而这些钱财最终要分摊在老百姓的身上，加剧了老百姓和统治阶级的矛盾。并且，乐器造出来以后还要许多年轻力壮的人去弹奏，势必耗费了大量的工作时间，耽误了生产劳动，所以墨子极力提倡“非乐”。

从以上论述中，我们足以看出墨家学派管理思想的概貌。墨子管理思想的核心是“兼相爱，交相利”，其他各种管理主张，都是围绕这一核心展开并构成一个相互关联的整体。可以说，墨子的管理主张是针对当时的时代背景提出的，具有明确的政治目的和较强的时代感，具有十分重要的社会意义。

（五）孙子的管理思想

《孙子兵法》是中国也是世界上最古老的军事理论著作，共13篇，由孙武所著。孙武，字长卿，春秋末期齐国人，古代大军事家，被尊称为“武圣”、“东方兵学鼻祖”。在《孙子兵法》中，孙武用朴素的辩证法，总结了殷周以来特别是春秋时期几百次战争的决策、指挥、战略、操作技巧、伦理行为等实例和经验，并吸收了当时各国诸侯的兵家思想，构筑了一个严密的兵家管理理论体系，提出了一系列带有普遍意义的兵家管理规律，使兵家管理思想的发展产生了质的飞跃。

《孙子兵法》以其深邃的哲理和对人类社会活动规律的揭示，至今仍有强大的生命力。孙子的管理思想主要有以下几点。

1. 人才管理

“故善战者，求之于势，不责于人，故以择人而任势。”（《势篇》）孙武认为，“择人”，就是善于量才用人；“任势”，就是善于造势和利用形势。所谓“择人而任势”，就是要求军事指挥员重视选用人才，利用形势，以战胜敌人。孙武的意思是，善于指挥打仗的将帅，他的主导思想应放在依靠、运用、把握和创造有利取胜的形势上，而不是去苛求手下的将士，这样他就能从全局态势的发展变化出发，选择适于重任的人才，从而取得决定全局胜利的主动权。

孙武十分重视和强调将帅的地位和作用。他把将帅看做是决定战争胜败的“五事”之一，把“将孰有能”列入“七计”之中，认为“知兵之将，民之司命，国家安危之主也”（《作战篇》）。正因为如此，所以要更加重视将帅的选拔和使用。孙武的具体主张如下：

第一，择人任势，以德择将。从择人方面来说，兵战固然是军事实力的较量，但更重要的是人才的竞争。在战争中，谁拥有人才，谁就掌握了战争的主动权，谁就有赢得战争胜利的可能性。因此，能否挑选出优秀的将领是决定战争胜败的关键。孙武认为，将帅要具备“智、信、仁、勇、严”五个条件，要有政治头脑，有智谋，有指挥才能；要讲信用，言必信、行必果；以浓厚的感情对待下属，实行民主管理；要勇敢果断，有勇有谋；要有严格的纪律和严明的法令。以上五德具备，就可以当将帅，并且是合格的将帅。这样的将帅就将能成为“进不求名，退不避罪，唯人是保，而利合于主，国之宝也”（《地形篇》）。从“任势”方面而言，在兵战中，“任势”的根本作用是要激发和加强自身的力量，提高自己队伍的素质和士气，以增强战斗力。孙武说：“任势者，其战人也，如转木石。木石之性，安则静，危则动，方则止，圆则行。故善战人之势，如转圆石于千仞之山者，势也。”（《势篇》）这就是说，善于“任势”的指挥员，要想办法激发自己队伍高昂的士气，使之蕴涵一种一触即发的巨大冲力，就像拉满的弩、触发的机，像高山上向下滚动的圆石一样，不可阻挡。那么怎样才能达到这样的境界呢？孙武认为，先要有“道”，“令民于上同意也，故可以与之死，可以与之生，而不畏危”（《计篇》），这是非常重要的。另外还要“投之亡地然后存，陷入死地然后生”（《九地篇》），这样前者可以形成一种崇高的目标共识，万众一心，与之献身；后者则可以形成忧患意识和危机感，激发为求生存而同舟共济的拼搏精神。

第二，用人不疑。孙武反对国君对将帅的过分干涉。他认为：“将能而君不御者胜。”（《谋攻篇》）意思是说，将帅有才能，主君就要放手让他施展才华。如果不懂得军队内部事务而干预军事行政，不懂得军事行政而干预军队指挥，就会“既惑且疑”，自找失败。国君应信任主帅，孙武早就意识到要用人不疑，只有“不责于人”，才能“择人而任势”。孙武认为，将帅有能力指挥时，国君就应该不加牵制，而应该让其尽可能地施展自己的才华，这是夺取战争胜利的重要保证。

2. 战略管理

孙武是古代世界第一个形成战略思想的伟大人物。孙武说：“是故百战百胜，非善之善者也；不战而屈人之兵，善之善者也。故上兵伐谋，其次伐交，其次伐兵，其下攻城。”意思是说，百战百胜，不算是高明中最高明的；不战而使敌人屈服，才算是高明中最高明的。所以，用兵的上策是以谋略胜敌，其次是通过外交手段取胜，再次是使用武力战胜敌人，最下策是攻城。

在这里，孙武强调了战略制胜的重要性。如何制定战略？孙武认为，要“知彼知己”，即全面掌握竞争双方的各种情况，既了解对方，又了解自己。

为了进行有效的分析，按照孙武的说法，在运筹、谋划大计方针时，需要把掌握的具体内容转化成可以计量的内容，即“五事”和“七计”。所谓“五事”，就是“一曰道，二曰天，三曰地，四曰将，五曰法”，通俗地说，就是竞争双方的政治状况、天时、地利、将帅的情况和法度。所谓“七计”就是：“主孰有道？将孰有能？天地孰得？法令孰行？兵众孰强？士卒孰练？赏罚孰明。”“五事”、“七计”就是知彼知己的基本内容，对“五事”要进行分析研究，要用“七计”对比敌我双方的优劣，主要是强调要在知彼知己的基础上确定战略目标，从而作出战略决策，制订战略计划。

3. 行政管理

孙武生活的春秋时期，战争频繁，为取得战争的胜利，他提出“令之以文，齐之以武”的行政管理原则和方法。所谓“文”，就是“仁”，即反复对被管理者进行政治道义教育，包括怀柔和重赏，使之亲附；所谓“武”，就是“法”，即用法纪手段约束被管理者，包括强迫和严刑，使之畏服。管理者采用文武兼施、刑赏并重的原则治理军队，就能使“上下同欲”。但是，使用“武”的手段要有前提，在士兵没有亲附的情况下，若执行惩罚，他们不会服从，不服从就难以指挥；在士兵已经亲附的情况下，不执行纪律，他们也不能用来作战。因此，必须先文后武，文武结合，才能管理好军队。孙武重视人心向背对战争的影响，认为“修道而保法”是战争胜败的关键。这里的“道”，就是使民众与国君的意愿相一致；这里的“法”，就是建立良好的法令制度。有了这两条，民众在战争中就会为国君出生入死而不怕危险，达到“令民与上同意”（《计篇》）的要求。

孙武为了实施文武结合的原则，提出了如下三条具体做法：

第一，对士兵施以仁爱。孙武提出“视卒如婴儿”、“视卒如爱子”的管理思想，以沟通上下级之间的感情，使士兵跟随将帅赴汤蹈火，去拼死作战。

第二，严格管教士兵。孙武认为将帅平时要用政治道义教育士兵，用军纪军法严格管教士兵，士兵就能养成服从的习惯。士兵平时能贯彻执行命令，则表明将帅“与众相得”（《行军篇》）。

第三，赏罚分明。要使军队勇敢杀敌，就要激励部队；要使军队勇于夺取敌人的物资，就要赏罚士兵。先得先奖，多得多奖。孙武曾提出在车战中“得车十乘已上，赏其先得者”（《作战篇》）。

4. 经济管理

孙武认为，国家因用兵而导致贫困，也因战争而引起物价飞涨，百姓财富枯竭，国家财政发生困难。所以，他非常重视战争对一个国家经济产生的消极影响。为了应付战争又要增加赋税，搞得家家空虚，国家陷入困境，而外敌又会乘机而攻之。为解决战争对国家经济的消极影响，孙武提出三种措施：

第一，速战速决，不能久拖。他认为战争长期拖延不利于国家，“久暴师则国用不足”，“兵贵胜，不贵久”。

第二，因粮于敌。利用敌国的资财，在敌国解决军队粮食给养，“食敌一钟，当吾二十钟”，这样，既能解决远道运输造成的困难，又可减轻百姓的经济负担。

第三，节俭。孙武认为，兴兵、出征、公室开支使百姓耗费很大，如果只吝惜爵禄金钱是不仁慈的，而“主俭臣收，以御富民”才是正确的道路。其具体办法是改革田亩制，减少征收赋税，减少士官，以“厚爱其民”（银雀山汉墓竹简《孙子兵法·吴问》）。

5. 信息管理

《孙子兵法》中包含着古代朴素的信息观，揭示了信息联系的规律。按照孙武的认识和设计，运用信息主要靠“算”和“知”。

第一，“算”。孙武说：“夫未战而庙算胜者，得算多也；未战而庙算不胜者，得算少也。多算胜，少算不胜，而况于无算乎！吾以此观之，胜负见矣。”由此我们可以看出，孙武对于庙算是非常重视的。

庙算，是古代人们出战前在祖庙里举行的一种定计谋、作决策的仪式。孙武认为，要打有准备之仗，就必须对敌我双方的情况进行计算、思考和比较。这种“算”，要先算，算得早、算得及时；要多算，算得详细，经常权衡。实际上，这里的“算”就是对事物发展的趋势和结果进行的一种预测。早算与晚算，多算与少算，其结果是截然不同的。对于任何事物，只有早作预测，多作打算，才能使事物朝着既定的目标发展。

第二，“知”。孙武说：“明君贤将，所以动而胜人，成功出于众者，先知也。”“知己知彼，百战不殆；不知彼而知己，一胜一负。不知彼，不知己，每战必殆。”孙武把“知”即信息工作看做是决定战争胜负最重要的因素，这在当今其他各种组织管理活动中也有借鉴意义。“知己知彼”，突出的就是一个“知”字。

《孙子兵法》中还提供了不少去获取“知”的具体做法，主要有以下几种：①“相敌”，即直接观察法。这种方法就是根据敌方各种不同的表象，以判断敌之虚实，意图就是既能更好地保护自己，又能因敌之情、察敌之隙，找出出击的有利时机。②“动敌”，即引导观察法。孙武说：“策之而知得失之计，作之而知动静之理，形之而知死生之地，角之而知有余不足之处。”（《虚实篇》）意思就是通过认真分析，可以知道趋利避害的方法；通过挑动敌人，可以了解敌人的规律；通过佯动示形，可以掌握敌方的地形道路情况；通过实地侦察，可以了解敌人兵力部署情况。这里的“作之、形之、角之”，实际上就是告诉我们在任何正式行动之前，都要进行试探侦察。③“用间”，即隐蔽观察法。孙武归纳出五种“用间”的方法，这就是“因间”、“内间”、“反间”、“死间”和“生间”。使用间谍这种隐蔽的方法，去搜集对方的情报信息，从而可以达到掌握对方的内部机密的目的。

孙武指出，对搜集来的信息要进行分析、筛选，因为“兵者，诡道也”；“兵以诈立”。所以，对信息情报要作出正确的判断。同时，信息传递也要正确及时，要依靠恰当的媒介和载体，不能仅凭耳之闻、目之见的表面现象就草率地作出决策。例如，“言不相闻，故为金鼓；视不相见，故为旌旗”；“夜战多火鼓，昼战多旗，所以变人之耳目也”等。

6. 目标管理

目标是人类社会主体活动的特征，而目标管理就是目标的制定、实施和评价等一系列的工作。充分发挥目标的心理管理功能，明确目标管理的心理要求，是目标管理达到预期效果的心理基础。

《孙子兵法》中的“全胜而非战”的管理心理目标，是以孙武为代表的先秦兵家提出来的。当时的兵家著作对此基本上达成了共识。《孙子兵法》中写道：“凡用兵之法，全国为上，破国次之；全军为上，破军次之；旅为上，破旅次之；全卒为上，破卒次之；全伍为上，破伍次之。是故百战百胜，非善之善者也；不战而屈人之兵，善之善者也。”（《谋攻篇》）这里提出的“全国为上”，就是指在能够保全双方利益的基础上获得完全的胜利，而“不战而屈人之兵”则是对“全胜”思想的最好诠释。《孙子兵法》强调：“善用兵者，屈人之兵而非战也；拔人之城而非攻也；毁人之国而非久也。必以全争于天下，顾兵不顿而利可全，此谋攻之法也。”真正善于用兵的人，使敌人屈服，占领敌人的城池，毁灭敌人的国家，可以不必让军队长期作战而付出惨重的代价，但一定要向全胜的目标努力。所以，这样的人一定能够做到：在军队不受挫折的前提下，使目标利益能够保全。孙武的“全胜而非战”的思想，是兵家目标管理思想的最高境界，据迄今为止的研究成果来看，有关中外兵家思想的论著中还没有能胜过这一思想的。

《孙子兵法》的目标管理思想具有如下特点：一是认识到战争的最终目的是为了不战，是为了和平，反对穷兵黩武。而要实现这一最终目标，不能仅仅依靠人的智谋，也不能仅仅依靠战争，而要使两者恰当地配合，巧妙地运作，才能达到理想的境界。二是重视人谋，认识到只有首先在战略和外交上获取优势，才最为明智，而出兵攻城总是下策。正如《孙子兵法》所说：“上兵伐谋，其次伐交，其次伐兵，其下攻城。”这种主张得到了先秦及后来兵家的发扬光大。三是战略目标必须通过修仁政、建法度、富国强兵来实现。例如，《孙子兵法》中说：“善用兵者，修道而保法，顾能为胜败之政。”四是重视以最小的代价来获取最大的利益，而且在解决冲突的前提下，努力保全敌我双方的利益。《孙子兵法》中的“不战而屈人之兵”的全胜思想，充分显示出我国古代目标管理思想的高屋建瓴和先秦兵家的远见卓识。

第二节 中国古代管理思想的基本特征

中国古代管理思想的基本特征是通过对思想家的管理思想进行归纳、提炼、综合的结果。

第一，以人为管理的重心。“以人为本”的思想在中国古代管理思想中始终占主导地位，把人作为管理的重心，管理者必须以人为本，“爱人贵民”，管理的成败在于用人。

第二，推崇用计谋实现目标。重视谋划，主张以谋取胜为上策，适应环境变化，善于权变，不拘泥于既定的清规戒律。

第三，十分强调农本商末的固国思想。重农限商的思想一直在中国古代管理思想中居于主导地位，倡导以农富国。《管子》认为，农业是富国富民的本事、本业。韩非提出：“富国以农。”“仓廪之所以实者，耕农之本务也。”荀子主张：“轻田野之税，平关市之征，省商贾之数，罕兴力役，无夺农时，如是则国富矣。”商鞅主张以农固国，认为：“国不农，则与诸侯争权不能自持也，兵力不足也。”只有通过政治、经济、法律等手段把农民稳定在土地上，国家才能安稳。

第四，义与情在管理中的价值十分突出。中国古代充满着浓重的讲情讲义的管理思想，倡导“见利思义”，“义然后取”，“义，利也”，“兼相爱，交相利”，“晓之以理，动之以情”，“以德服人”等。

第五，把组织与分工作为管理的基础。强调组织与分工是管理的基础，建立层次分明的组织体系，家庭是最基本的组织形式。儒家和法家的富国富民之学都是把一家一户作为一个单位，以男耕女织的个体农业作为社会生产的基本形式，“齐家”是管理的主要方面。

第六，把中庸作为管理行为的基准。中庸思想在中国古代管理思想中始终占重要地位，把中庸作为道德标准和决策准则。

第七，把求同视为管理的重要价值。重求同是中国古代管理思想的重要特征。地大物博、自给自足的地理及经济生活特点使得中国的管理活动获得了一个天然的“隔离机制”。管理体制和思维方式一直保持着自己的特色，没有发生过大的文化断层、交融与更替现象，长期以来一直稳定地延续下来。中国的传统管理思想中凸显出求同性。孔子毕生致力于“克己复礼”；董仲舒甚至把封建统治制度——“道”与“天”联系起来，提出“道之原大与天，天不变，道亦不变”。国家的统一始终成为当政者的追求，这种思想被扩展到社会生活的各个方面。

第三节　中国近代管理思想

一、中国近代管理思想融合的历史轨迹

近代是从鸦片战争开始到抗日战争胜利的一百多年时间。其中以辛亥革命为界限，分为近代前期和近代后期。

近代前期是中国管理思想的转变过程，也是一些先进人士向西方国家寻找真理的过程。林则徐、魏源是向西方寻求救国真理的思想先驱，他们作了引进西方管理思想的最初尝试；洋务派代表人物李鸿章、张之洞提出以“自强”、“求富”为管理目标的主张；康有为、梁启超推出建立资产阶级君主立宪制国家的改革措施；孙中山、廖仲恺提出以“三民主义”为特征的政治管理思想。

近代后期主要是中华民国时期。辛亥革命推动资本主义发展，第一次世界大战为民族工商业的发展提供了机会，并形成了企业家群体。这些经营管理者们借鉴西方的企业管理理论和方法，使中国的传统经营思想与之融合，产生了独具特色的中国企业经营管理思想，其代表人物有张謇、穆藕初、刘鸿生等。

二、中国近代管理思想的特点

(1) 中西管理思想的不断融合。中国管理思想从传说时期萌芽，夏商周时期产生，秦汉至隋唐时期发展，到宋元明清时期承接，其内容实质没有什么重大的变化。例如，行政管理以中央集权为核心，经济管理的农本位等。近代时期就不同了，政治上提出了君主立宪和推翻帝制，这是西方民主政治思想传入和冲击的结果。

(2) 管理思想中新内容的出现。近代工商企业的发展，使企业经营管理的思想体系形成，充实了中国传统管理思想。在继承中国传统管理思想精华的同时，企业家引进美国泰勒制等管理思想，并使两者相融合。

(3) 对中国古代管理思想的借鉴。中国近代民族企业家注重传统文化，在经营中强调引证和运用中国古代管理思想。例如，荣德生推崇陶朱公的计然之策；陈嘉庚采用白圭的“人弃我取，人取我予”的经营之法；刘国钧以“忠信笃敬”为厂训等。

(4) 科学管理原理的中国化。穆藕初率先引进美国的科学管理理论。他在美国结识科学管理之父泰勒及其弟子，并共同讨论生产企业的科学管理问题。回国后，他翻译并

传播科学管理的著作和思想，并在实践中贯彻实施，使其逐渐中国化。

三、近代前期的管理思想

（一）林则徐的管理思想

1. 货币管理思想

林则徐从国内货币流通和币材的需要出发，提出了自铸银币、行使钱票和开采银矿的主张。首先，铸银币。银铸币比银块使用方便，应该“听从民便”，有效的办法是由政府的造币机构自铸银币以代替洋钱。林则徐的建议符合用铸造货币代替称量货币的趋势，有利于社会进步。其次，行使钱票。林则徐认为，钱票的流通可以弥补现金的不足，有利无害，可以减轻银荒。最后，开采银矿。林则徐鉴于开矿所需“资本甚巨”，不是个别商人所能独立承担，提出“招集商民，听其朋资伙办”的主张，官府发动，商民经营，“成则加奖，歇亦不追”。这里的“朋资伙办”，已具备股份公司的理念。

2. 贸易管理思想

林则徐坚决反对鸦片贸易，力主禁烟。同时，又认为一般贸易的进行有助于国家收入，增加国防经费，“制炮造船”。他从交换价值的角度认为对外贸易是有益的。

（二）魏源的管理思想

1. 对传统进行批判的管理思想

第一，魏源对传统的“重本抑末”观点进行了新的解释。魏源虽重复“重本抑末”的古训，但从现实出发，认为应缓本急标，先货后食，也就是把工商业放在农业的前面，这是一个重大突破。

第二，对传统的“黜奢崇俭”观点的新解释。魏源认为“黜奢崇俭”只适用于上层统治者和下层人民，而对较为富有的中产阶层则主张允许和鼓励他们一定程度的“奢”，以利于商品经济发展。

第三，对漕运、盐政和赋税管理的改革主张。魏源的漕运改革建议包括改河运为海运和改官运为商运。他认为，依靠国家进行漕运已行同末路，而以商运代之，势所使然，“官告竭，非商不为功也”。魏源的盐政改革建议：一是裁汰盐官盐吏，提高行政效率；二是改盐纲为盐票，废除盐纲世袭，唯凭商人纳税，取票买盐；三是打破经营割据局面，允许自由运销。魏源在赋税管理方面主张，反对重赋，培育税源。

第四，魏源主张庶人议政，这一思想较之历代重视谏官之议论更胜一筹。

2. 关于引进西方的管理思想

首先，“师夷长技”的近代工业管理思想。魏源提出要移植西方新式工业，使“西洋之长技，尽成中国之长技”。他明确提出借助外国技术人才传授以建成中国近代工业。

其次，“贸易差额”的经济管理思想。魏源主张在不损害主权的前提下，进行国际贸易，并从政治和经济两个方面论述了外贸的益处。他还论述了禁止鸦片，清除“银荒”，论述了使中国的进口货总值小于出口货总值的“贸易差额”理论。

（三）李鸿章的管理思想

1. 官督商办的管理思想

李鸿章在创办和经营新式民营企业时，主张“以官护商”。他强调，对私人投资企业听其自办，盈亏自负，政府不加干涉，只是“官为扶持”，“以助商力之不足”。所谓“官督商办”，就是商人出资，政府派员管理。

2. 自强求富的管理思想

李鸿章办洋务首先从兴办近代军事工业做起，以求自强。他将制造船炮、修筑铁路、公派留学等都视为“自强根本”，没有涉及社会制度问题，这是洋务派“自强”思想的根本特点。后来，经过实践检验，他认识到只靠发展军事工业还不能达到“自强”的目的，要发展民用工业以“求富”。先富而后强，强调“强与富相因”，强以富为基础，富以强为目的。

（四）张之洞的管理思想

1. “工商两业相因而成”的管理思想

张之洞从论述工商双方的关系出发，提出了经营管理思想，他认为，“工有成器，然后有商贩运，是工为体商为用也”，但“其精于商术者，则商先谋之，工后作之……是商为主工为使也”。“二者相益，如环无端”，而前者“易知”，后者则“罕知”。张之洞精辟地论述了工业生产和市场需求的辩证关系。

2. 利权相分离的管理思想

张之洞在对待清政权和资产阶级（商民）的关系方面，提倡利权分离，即允许商民求利，但坚决反对其政治要求。他反对民权，也反对商权，并主张以官督商办的形式控制民族资本。

3. 中体西用的管理思想

中体西用又称“旧学为体，新学为用”。旧学也称“中学”，主要指维护现存统治的意识形态，如被尊为“圣道”的儒学；新学也称“西学”，主要指西方的工业技术、自然科学以及“西政”、“西史”等知识。张之洞这一思想代表了洋务派的基本论点，也是洋务运动的基本方针。

（五）康有为的管理思想

1. 行政管理思想

康有为主张君主立宪，他认为政治改革是变法的根本，君主立宪又是政治改革的根本。他在《请定立宪法开国会折》中主张：“臣窃闻东西各国之强，皆以立宪法开国会之故。国会者，君与国民共议一国之政法也。盖自三权鼎立之说出，以国会立法，以法官司法，以政府行政，而人主总之，立定宪法，同受治焉。”康有为对官制改革的设想，主要是设议院。他在著名的“公车上书”中提出：由每十万户举一名“博古今、通中外、明事体、方正直言”的人为“议郎”。凡内外兴革大政，由“议郎”会议，“三占从二，下部施行”。

2. 经济管理思想

康有为曾多次上书给光绪帝，提出发展资本主义经济的主张，目的是“富国”和“养民”。富国之法包括钞法、铸银、铁路、机器轮舟、开矿、邮政六项纲领。养民之法包括务农、劝工、惠商、恤穷四项纲领。

3. 教育管理思想

废八股改策论，兴办近代教育是康有为关于教育管理的主张。他的建议被光绪帝批准，使得科举考试制度改革成为百日维新中最卓有成效和影响深远的一项新政。康有为兴办新式学堂的建议也被光绪帝接受，光绪帝多次下谕开办京师大学堂，命令各省府州县的大小书院改为兼学西学的中小学堂，这样就组建成大、中、小学一体的崭新的教育体系，出现了前所未有的近代教育新局面。

（六）梁启超的管理思想

1. 实业管理思想

梁启超主张以资本主义的方式振兴实业，并寄希望于资本家，他认为，发展经济“当以奖励资本家为第一义，而以保护劳动者为第二义”。为振兴实业，梁启超明确提出“以托拉斯法行之”的近代工业管理思想，并以此管理方法从事中国的丝、茶、皮货、瓷器、纺织品等重要产品的生产。同时，梁启超对当时中国股份制公司发展的不利因素进行了入木三分的剖析：一是股份公司必须在强有力的法制国家才能生存，而中国则不知法制为何物；二是股份公司有责任心强的国民才能有效地实施，而中国人则不知有对于公众的责任；三是股份公司必须有种种相辅机关，而中国则全缺此种机关；四是股份公司必须有健全的企业能力才能有效办理，而中国则太缺乏企业人才。

2. 政治变革思想

梁启超非常强调变法图强，并警告当局：“变亦变，不变亦变。”变法已为世界大势，绝非人力所能抗拒和阻挠。他的变法主张是：首先必须从“育人才”和“变官制”入手。他认为：“变法之本，在育人才；人才之兴，在开学校；学校之利，在变科举；而一切要其大成，在变官制。”他还认为，通过教育“开民智”、“重民权”，提倡西学，才能使中国由弱转强，而改变官制是变法维新的关键。

（七）孙中山的管理思想

1. 政治管理思想

孙中山的政治管理思想以民权主义为特征。这种特征在革命实践中形成并不断发展。

第一，民族革命的思想。这时的革命口号是：“驱除鞑虏，恢复中国，创立合众政府。”

第二，建立民国的思想。这时的革命目标是：“驱除鞑虏，恢复中华，建立民国，平均地权。”孙中山说：“何为民国？美国总统林肯氏有言曰：‘民之所有，民之所治，民之所享。’此之谓民国也。何谓民权？即近来瑞士国所行之制，民有选举官吏之权，民有罢免官吏之权，民有创制法案之权，民有复决法案之权，此之谓四大民权也。必具有此四大民权，方得谓纯粹之民国也。”

第三，三民主义的思想。1905年11月，孙中山在《〈民报〉发刊词》中，进一步把同盟会纲领阐发为三民主义（民族主义、民权主义和民生主义）。其中，民权主义的基本内容仍是建立民国。

第四，五四运动以后，孙中山致力于改组国民党，并重新解释了三民主义。关于民权主义，他又提出了“五权分立”的思想。

2. 经济管理思想

孙中山的经济管理思想以民生主义为特征，是为建造一个繁荣富强的中国而进行的精心设计。

首先，治贫与治不均。同时注意“贫”和“不均”两个问题，但把解决不均的问题放在首位。

其次，国家干预经济。其基本措施：一是土地国有，私人占有的土地可自行经营；二是国家对实业发展进行全面的规划和指导；三是国家对民营实业依法加以保护和扶持；四是对外实行开放主义，反对闭关锁国。

3. 人才管理思想

孙中山的人才管理思想主要体现在对人才选拔制度的思考上。

首先，他肯定我国历史上以科举为核心的人才选拔制度，即使废除科举制度，也并不是说要废除考试制度本身，只是考试的内容不好。

其次，他提出了以考试权独立为核心的文官考试的思想，并把考试权提高到与司法、立法、行政权并重的位置，设立了考试院。

最后，他在南京临时政府和广州政府任职时期，制定了文官考试的法规和法令。

（八）廖仲恺的新国家建设思想

1. 新国家建设的前提是政治独立

廖仲恺提出要同帝国主义斗争，废除不平等条约收回关税和领事裁判权，摆脱帝国主义对中国经济命脉的控制，从而发展中国的民族工商业。

2. 新国家建设的基础是平均地权

廖仲恺认为土地私有制度是中国“民穷财尽”的根源之一，因此，新国家建设必须以解决土地问题为基础，而解决土地问题的方法是平均地权，这一点与孙中山的主张是一致的。平均地权的思路是：“土地国有，核定地价，增价归公。”

3. 新国家建设的核心内容是发展铁路交通

铁路是生产力和科学技术高度发展的产物，是文明和进步的事业。廖仲恺十分拥护孙中山关于建造十万英里铁路、六个铁路网的宏伟规划，认为发展铁路交通有利于人民的移动，方便生产的调剂，也能促进思想的传播。同时，他还认为铁路不仅是开发经济的手段，也是改变社会组织结构、冲击自然经济的重要武器。

四、近代后期的管理思想

（一）蔡元培的管理思想

1. 教育管理思想

蔡元培在发表的《对于教育方针之意见》中，将清廷学部制定的“忠君、尊孔、尚公、尚武、尚实”的五项教育宗旨加以修正，删掉忠君、尊孔的内容，改为军国民教育、实利教育、公民道德教育、世界观教育、美感教育五项。他指出，这五方面教育不可偏废。“教育界所提倡之军国民主义及实利主义，固为救时之必要，而不可不以公民道德为中坚。欲养成公民道德，不可不使有一种哲学上之世界观与人生观，而涵养此等观念，不可不注重美育。”

蔡元培在任北京大学校长时，注重学术研究，整顿校风，热心教师队伍建设，聘请了陈独秀、李大钊、胡适、钱玄同、刘半农、鲁迅、杨昌济、马寅初、马叙伦等著名学者任教。为了鼓励和提倡学术研究，引导学生参加各种有益的社会活动，他还组织和支持成立各种学术团体。他提出“思想自由”、“兼容并包”的治学方针，打破文化专制主义的桎梏，为新思想新文化的发展创造有利条件。他还改革学校体制，调整科系及课程设置，扩大文理两科；设立校评议会，实行教授治校和民主管理。

2. 劳工神圣的思想

1918 年 11 月 11 日，北京大学于中央公园（现中山公园）举行庆祝第一次世界大战协约国胜利的演讲会，蔡元培作了题为《劳工神圣》的演说。他说：“我说的劳工，不但是金工、木工等，凡是用自己的劳力做成有益他人的事业，不管他用的是体力，是脑力，都是劳工。所以农是种植的工；商是转运的工；学校职员，著述家、发明家，是教育的工；我们都是劳工。”并反复陈述，“我们要自己认识劳工价值！劳工神圣！”蔡元培这种思想和口号的提出，体现了五四文人对于人民大众力量的重新认识和定位。显然，这里的“劳工”并不是后来研究者所附会的所谓专指工人阶级。

（二）蒋介石的管理思想

1. 行政管理思想

蒋介石靠军事起家，认为军权高于一切。但经过几次上台下野的沉浮，他开始注意只有取得思想领域中的领袖地位，才能巩固其集权统治，新生活运动就是这样应运而生。新生活运动由宋美龄提议发动，初衷是整顿南昌的市容，其秘书邓文仪建议用军队整理内务的术语和行政办法下达命令，怕难于持久，不如来一个新生活运动，把蒋介石的训示糅合进去，一起执行。这样，一本由蒋介石署名的《新生活运动纲要》出版。蒋介石认为，“国家民族之复兴不在武力之强大，而在国民知识道德之高超”，而“提高国民知识道德，在于一般国民衣食住行能整齐、清洁、简单、朴素，过一种合乎礼义廉耻的新生活”。

蒋介石对南京失守之后大量难民处置问题相当有远见。他把难民当作一种战争资源和抗战力量来救济疏导。在战争中，人口的数量、素质以及人心的向背，关系到兵源的补充、军队的素质和士气。难民救济使许多流亡群众免于饥寒死亡，这对于坚定人民抗战的决心，增强民族凝聚力起了积极作用，大大有利于抗战。大批难民从东部和沿海来到后方，带来了比西部地区先进的生产技术和文化思想，妥善安排难民，也促进了落后地区经济发展与区域开发。

蒋介石在二期北伐结束后，宣布“军政时期”结束，“训政时期”开始。他宣布实施孙中山的“建国大纲”，提出了“统一军政”、“实施训政”和“以党治国”的口号。所谓“训政”，实际上就是一党专政，要训练全体国民行使政权，提高国民的素质。1928 年 7 月，蒋介石在北京提出“一个主义”和“一党专政”。他认为，一个健全国家，必须“要谋中国人民思想统一”，要确定以三民主义为中国唯一的思想，还必须“以党治国”。

2. 经济管理思想

蒋介石在南京国民政府成立初期，采取了一系列有利于民族资本主义经济发展的政策和措施。南京国民政府在农村先是推行减租减息，进而制定了《土地法》，进行土地改革，制定保护国货的政策，繁荣民族经济，改革税制，废除厘金制度，进行币制改革等，促进了社会经济的发展。1935 年 8 月，蒋介石提出国民经济建设运动的八条纲要，即振兴实业、鼓励垦牧、开发矿产、提倡征工、促进工业、调节消费、流畅货物、调查金融。

3. 军事管理思想

1912 年，蒋介石第三次东渡日本，与人合作主办《军声》杂志，先后发表《〈军声〉发刊词》、《革命战后军政之经营》、《军校统一问题》、《蒙藏问题之根本解决》、《征蒙作战争议》和《巴尔干战局影响于中国现列国之外交》六篇文章。在主办《军声》杂志的过程中，蒋介石学到了不少东西，初步形成了自己的一套治国安邦的谋略，并在后来的实践中，逐步将其完整化、系统化。1914 年初夏，蒋介石奉孙中山之命，从日本回到上海，致信孙中山，提出建立江浙革命根据地的意见，受到孙中山的认同。1917 年 7 月，孙中山在广州再举“护法”大旗。蒋介石起草了一份《对北军作战计划》，这一计划书覆盖面广，考虑详备，并且环环相扣，严密无缺，赢得了孙中山的青睐，为护法运动所贯彻。

1924 年 5 月，孙中山任命蒋介石为黄埔军校校长。其教育思想体现在两个方面：一是教育目的和教育理想；二是教育方针和教育方法。其治军思想主要是：第一，改革军队的军事编制；第二，勤以训练；第三，厚以教养，亦即对军人的精神教育；第四，严以军纪；第五，指导以主义和政治观念，即以三民主义及其观念作为军队的指导思想。

4. 策略管理思想

首先，外交策略。蒋介石在外交方面充分利用了旧殖民体系中的大国矛盾，在美国把中国作为棋局中随美国共和党意志驱使的棋子，为其利益作铺垫交换的同时，蒋介石反宾为主，以同样的利害关系迫使美国自愿援助中国的抗战。政治是一个大棋局，政治家的任务是充分利用各种互动关系，努力营造双赢的局面，把自己的事同时变成别人的事，永远不要使自己处于孤军奋战的地位。蒋介石在 1927 年 5 月宣布的对外方针：一是对外不采取暴力手段；二是在适当的时候提议废除不平等条约；三是打倒帝国主义，但不是排外性质。这就给列强一个信号，虽不无权变的含义，但至少能减轻列强的敌意。其次，立身策略。蒋介石一生三次下野，又都重新复出。他的策略是：要瓦解敌人的阵营，首先让他们失去共同的敌人，然后他们就会陷入内部的争斗。

五、近代后期的经营管理思想

（一）张謇的经营管理思想

1. 生产管理

张謇认为，在成本管理方面不论从竞争还是从获利的角度，都应该降低成本。他提出降低成本的具体措施：一是成本核算；二是节约开支；三是采用先进的机器设备和生产技术。在物资供应和产品销售方面，为实现“入乃不竭，出乃不噎”的目标，张謇主张把工厂建在供销两利的市场环境中。

2. 人才管理

张謇十分重视人才，把人才放在了企业和国家发展的突出地位，他认为人才培养的根本途径是教育，所以常将实业与教育相提并论。他还提出专门技能与创业精神并重的全面人才观。在人事管理方面，他提出建立岗位责任制，实施奖惩制度和建立考工制等。

3. 资金管理

张謇就聚积国内资金提出以下设想：一是建立银行金融机构来聚积资金资源，具体措施是银行在经营储蓄的同时兼营商业。利用地方公款，政府股份来加强银行的力量；向企业和绅商吸收银行资本。二是发行股票，建立公司，建议国家对公司实行奖励政策及加强经济立法。三是借债，他说：“用己之财则己之善，用人之财则人之善，知其未必善而必期其善，是在经营之致力矣。”

（二）穆藕初的经营管理思想

1. 经营管理

穆藕初认为，经营者应尽一切努力以最少的投资获取最大的利润。为此，一要依据调查研究，选择投资方向和厂址；二要提出经营计划，解决原料供应；三要坚持质量第一的生产指导方针；四要确立以“妙应时机”为特点的销售理论。

2. 人才管理

穆藕初高度重视人才在管理中的关键作用，认为实业界适用人才有两种，即科学技术人才和经营管理人才，而尤以管理人才更为重要。穆藕初提出了选择管理人员的标准，必须具备“健全之脑力、敏锐之眼光、灵活之手腕、坚固之信用、雄厚之力量”，还必须有“妙应时机、发在机先的预见性”。

3. 企业管理体制的改革

穆藕初利用泰勒的科学管理理论，结合本国和本企业的实际情况对企业管理体制进行大胆的改革：一是，他以总经理兼工程师的身份，深入车间，了解情况，对工头提出各项技术要求，并要求他们以报表的形式汇报每天的生产进度情况；二是制定详细的厂规、厂纪，约束工人的行动，从而将工人“由工头任意招呼”的情况变成由严格的厂规厂纪来管理，改变了过去那种工人对工头的人身依附关系。

（三）刘鸿生的经营管理思想

1. 人才竞争策略

刘鸿生高度重视人才，主张要把适当的人才放在适当的位置上。他尊重专家，信任专家，不惜用高薪网罗专业人才。他还把是否能合理地利用人才看成是书本之外的学问。

2. 分散投资策略

刘鸿生经营管理思想的另一特点就是分散投资的策略。简言之，不把鸡蛋放在一个篮子里。这一分散投资策略使得刘氏实业互相支持，此消彼长，游刃有余。

3. 企业战略管理

刘鸿生经营管理思想的最大特点，是他在办企业之前重视战略决策，并有一套进行正确战略决策的方法。他在未做最后决定之前，总是先做调查研究工作，谋定而后动，决不掉以轻心。他在进行战略决策时，依据初步获得的信息，大致提出一个经营目标，然后经过艰苦的调查研究，尽可能取得充分的信息和情报资料，最后在研究分析各种资料、仔细考虑各方面条件和问题的情况下，做出战略决策。

4. 市场竞争策略

刘鸿生的市场竞争策略主要是针对外国竞争对手，其竞争策略可概括为联合制胜。具体做法：一是提倡同业合并，增强实力，一致对外；二是主张联夷制夷，拉外国企业对付外国竞争对手。

第四节　现代中国管理理论研究综述

中国管理学界对管理理论的研究各有侧重。为了方便起见，我们以学派为标志加以划分。

彼得·圣吉在他的著作《第五项修炼——思考、演练与超越》中认为：“我们近些年来也已出现了众多的学派。从其代表作看，可分为企业模式学派、管理现代化学派、质量中心学派、新管理过程学派、新经验主义学派和以机会论为核心的当代管理学派等六大学派。”郭咸纲博士将近年来的管理理论研究方面形成自己特色的研究归纳成以下五大学派。

（1）管理系统科学理论学派。这一学派主要是把自然科学中对系统理论研究的成果向管理领域移植，以取得对管理科学研究的深化。尽管我国的管理科学研究起步较晚，但是进入20世纪80年代以来，现代系统理论的建立，系统论、信息论、控制论、耗散结构、协同学、突变论、超循环理论等跨学科的科学理论的建立为管理理论研究提供了强大的思想武器和方法，从而促进了管理系统学派的发展。

（2）管理经典思想学派。这一学派在挖掘中国古代管理思想并结合当前的管理实践方面作出了贡献。这一学派只从事两方面的研究：一是从事古代兵法智谋对当今经营管理的借鉴研究；二是把中国的儒家思想和现代管理理论研究联系起来，试图将中国的传统文化和现代西方的管理思想结合起来，推动管理论的发展。

(3) 管理文化学派。20世纪80年代初，西方学者研究日本经济发展的奇迹，发现了日本企业管理中的文化优势，并发现企业文化对企业长远发展具有十分重要的作用，从此，文化对管理影响的研究逐渐成为管理理论研究的一个重要方面。西方文化对管理的影响、东方文化对管理的影响，东西方文化融合对管理的影响，这些都成为管理理论研究的重要方向，并逐渐形成重要的研究领域。

(4) 管理模式学派。管理模式是将一种或一套管理理念、管理方法或管理工具反复运用于企业，使企业在运行中自觉加以遵守的管理原则或管理方法体系。世界上没有放之四海而皆准的管理模式，只有根据企业的实际需要不断发展、不断完善、不断创新的管理模式。近年来中国管理模式研究十分活跃，比较有代表性的有"海尔OEC管理模式"、"小天鹅的末日管理法"、"邯钢经验"、"A管理模式"、"G管理模式"等，这些管理模式的诞生扩大了中国管理理论研究的视野。

(5) 管理学院派。中国MBA、EMBA教育事业的发展，为企业管理理论研究注入了新的血液，企业管理实践总结可以在大学课堂上以案例的形式进行模拟和演示，使管理理论研究更加活跃。同时，由于MBA，特别是EMBA学员普遍具有一定的实践经验，这样更加丰富了学院派研究的内涵和视野，使长期以来学院派理论研究和实践脱节的局面得到了相应的改观。

中国的管理理论研究同世界相比还有较大的差距，其原因有以下三点：

(1) 西方的管理思想是一种自由竞争式的充满学术气息的理论，管理大师们以建立各自的学派为目的，而中国始终用比较统一的思想和理论指导管理工作，这对学术本身的发展有一定影响。

(2) 世界管理理论的主流是研究市场经济中的管理，管理的主要研究对象是市场经济中的企业。中国进入市场经济的时间比较短，因此，相关管理理论研究起步也比较晚。

(3) 管理学是一门实践性很强的学科，要在实践中不断归纳总结，然后提升为理论形态，但可供研究案例的匮乏和研究经费的不足，使中国管理学研究还处在较低的阶段。中国特色的管理理论要形成，还有相当长的路要走。

中国管理理论界对建立中国特色的管理理论，做出了不懈的努力，取得了丰硕的成果，但同时也存在不足之处。一是介绍西方的理论多，而具有中国特色的理论相对少。二是没有形成独具特色的管理理论流派，在管理理论研究上基本上还是单兵种作战为主，没有形成协同作战团队，管理理论研究整体效应不高。三是学院味较浓，对实践的指导意义不足。这与中国的教育科研体制有密切的关系。四是受政治影响较大，没有把管理科学的研究、发展和政治理论分开。这样就无法形成独立性较强的学科，从而影响了整个管理科学的发展。

对于管理学的发展来说，出现管理流派纷呈的现象是管理学研究繁荣的表现，各种管理理论可以在比较中得到互补和扬弃。"丛林"是大综合和大发展的基础，是大突破大飞跃的前奏。因为管理具有两重性，管理的环境、管理的客体、管理的主体具有易变性，导致管理理论只能是有限的统一，管理理论的个性是理论发展的大趋势。对东西方管理实践的宝贵经验与管理理论的研究成果进行综合、创新、提高，是实现我国管理理论飞跃的必由之路。

第五节　日本的管理思想

一、日本早期的管理思想

在古代日本由于交通不便，国小民寡，经济十分落后。到了中国的隋唐时期，由于开通了与中国大陆的海上通道，派遣学者学习大陆文明，日本文化、社会生活受到中国巨大影响。直到中世纪，日本也未形成统一的中央政府，而是一个松散的、以地方幕府经济为主导的封建社会。日本由于资源贫乏，长期重社会、轻民众；重幕府、轻家庭。在明治维新革命之前，许多日本家庭没有姓氏，只能依附于幕府家族。不少贫困家庭中只有长子才有财产权与继承权，次子以下无财产继承权，更不用说分家另立门户了。到了 1615 年，德川幕府家族兴起，夺取了全国政权，日本进入了德川幕府封建专制时代。

（一）日本德川幕府时代的社会管理体制

（1）社会统治结构：金字塔自上而下式。德川幕府时代土地全部由封建领主占有，封建领主分为四类：德川幕府领地、大名领地、天皇公卿领地、寺院僧侣领地。德川家族称为幕府，拥有全国 1/4 以上的领土，统治全国 260 个藩；各藩的统治者成为大名，拥有全国 70% 的领土；天皇及其公卿处于虚设无权的地位，不得干预政事，但也有他们的领地；寺院僧侣是日本社会的精神支柱，也拥有一定的领地。在当时日本的社会管理结构是幕府将军—大名—武士—佃农四级统治阶层。

（2）日本封建领主一般都没有建立庄园经济，而是把土地分散地分给农民佃户耕种。在当时日本 80% 以上的农民没有自己的土地，他们只能作为佃户依附于封建领主。

（3）日本社会的等级身份制度很严格。德川幕府把居民分为四个等级：武士、农民、手工业者和商人，这种身份等级世代相传，不可改变。此外还有少量的贱民，如秽多、非人等，是没有居民身份的。

（4）实行闭关锁国的封闭政策。德川幕府家族统治日本社会二百多年，其前半期基本上是闭关锁国的，既不发展与海外的国际贸易，也不许外商在日本经营。当时的日本工商业主要由幕府垄断经营，不允许民间工商业发展，其情形与中国封建社会各级政府经营工商业牟利极为相似。由于没有市场，不允许竞争，就使日本社会陷于十分稳定而经济停滞的落后状态。

（二）日本建立市场经济体制并逐渐走向强盛

明治维新革命的成功使日本建立起市场经济体制并走向强盛。

1868 年，明治维新标志着日本进入资本主义发展阶段。德川幕府统治末期，市场经济的孕育和发展，特别是商业资本的兴起，对自然经济、等级制度和整个封建制度都起到了瓦解作用。正当日本的封建制度走向解体的时候，从 18 世纪末开始，美、英、俄、荷、法等国又先后闯入日本，以武力相威胁，迫使日本开放门户，与之缔结不平等条约，从而加剧了日本国内的经济矛盾和阶级矛盾，加剧了民族危机。

19 世纪中叶，日本出现了以农民为主力的轰轰烈烈的反帝反封建的“攘夷倒幕”运动，1854～1867 年，农民起义达 131 次之多。当时，由于资产阶级和无产阶级还未形成独立的政治力量，“攘夷倒幕”的领导权落在了政治力量和组织力量比较强、文化素质比较高，而境遇又每况愈下、与幕藩制度产生矛盾的下级武士之手，他们的代表人物伙同少数公卿，利用人民的革命要求和各藩大名对幕府统治的不满，在大阪、京都巨商富贾的财力支持下，以“尊王攘夷”、“政权归皇室”为口号，于 1868 年 1 月 3 日发动了政变。经过数月的内战，终于推翻了幕府统治，建立了新的天皇专制主义的政权。15 岁的睦仁天皇成为国家元首，改国号为“大日本帝国”，年号为“明治”。这个政权是代表地主和资产阶级利益的政权。它一方面维护封建统治阶级的既得利益；另一方面又以发达的西方资本主义列强为榜样，大力扶持和发展资本主义经济和文化，以求尽快摆脱民族危机，并建成具有强大的经济、先进的文化和技术以及军备雄厚的近代日本民族和资产阶级现代国家。因此，明治政权建立后，就提出了“富国强兵”、“殖产兴业”、“文明开化”三大国策。并以此为总方针，用十几年的时间对日本的社会经济制度进行了一系列改革，史称“明治维新”。

明治维新主要从七个方面为日本市场经济的形成奠定了基础。

（1）废除名目繁多的侵犯私人财产的“充公权”和“征集御用金权”，建立私人财产制度，为私人资产的发展从法律上提供了保障。明治宪法中明文规定：日本臣民是不能侵犯所有权的，属于公益上的必要处分，都要依据法律上的规定。从此，日本在国家根本大法上承认并保证了私有财产的不可侵犯权。

（2）改革封建等级制度，取消武士特权，为金融业的发展创造了条件。明治政府废除大名和公卿的称号，改称为华族，地位仅次于皇族；幕府直属的家臣——旗本和潘士以及一般武士改为“士和卒”；从事农工商业的农民、市民和手工业者等都改为平民。华族、士族和平民可以通婚。1671 年日本政府又废除了“秽多”、“非人”的贱民称号，允许其成为平民，但在职业和通婚等方面的歧视仍然存在。为了取消 40 多万名武士（连同家属达 200 万人）所享有的领地世袭和终身俸禄等特权，政府规定凡献出俸禄者政府发给产业资金。1874～1875 年政府共发给现金 1932 万日元，证券 1656 万日元；1876 年又发给公债券近 17 579 万日元，这就使得庞大的武士集团变成了大量现金和公债的持有者。日本采取的赎买的社会改革方式，既建立了新体制，又照顾到传统利益集团的利益，实现了平稳过渡，是比较成功的。这项改革也为金融业的迅速发展创造了重要条件。

（3）破除封建贸易关卡，实行国内外自由贸易，为开拓国际市场打下了基础。在国内，明治政府废除幕府时期的驿站制度，因为这种制度是为保持封建的分邦割据统治而设置的，它不利于资本主义市场的形成，也不利于商品经济的发展。在国际上，明治政府则打破了锁国政策的束缚，把对外贸易由国家垄断改为允许一般商人自由经营，日本人可以自由出国从事国际贸易。这十分有利于日本对国际市场的开拓。

（4）取消封建领地，废藩设县，建立中央集权的专制主义政权，为国内统一市场的形成创造条件。明治政府为了剥夺德川幕府和各藩大名的权力，首先在1868年没收了幕府在全国的领地和八个城市；继而在1869年对各藩大名实行了“奉还版籍”政策，即交出土地（版图）和人民（户籍）；1871年又发出了“废藩设县”的命令，即废除藩国制度，打破藩界，全国行政区重新划分为三府（东京、京都、大阪）和72县，由中央政府任命县知事。这样，日本结束了长期封建割据动荡的政治局面，开始成为中央集权的统一国家。为了取消各藩大名领地及其统治权力，政府发给大名俸禄，并承担各藩发行的钱币和欠下的债务，从而为他们转化为商人、高利贷者和产业投资家提供了物质条件。明治政府还自1868年始陆续取缔了各地关卡和批发行垄断组织，准许商品自由买卖；禁止各藩私铸货币，统一币制；1872年又下令取缔在生产和流通领域广泛存在的封建行会“株仲间”。这些改革措施在全国统一市场的形成过程中发挥了重要作用。

（5）创办和转卖国有企业为私人企业，特别是为特权大资产阶级的发展创造条件。为了实现“殖产兴业”的目标，明治政府于1870年成立工部省后，仿效西方国家兴建铁路，建立电报电话通信制度，普及邮政制度；建立国立银行，发行纸币；向私人企业放款；设立“创业基金”和“劝业基金”，颁发各种奖金和补助金，鼓励和资助握有俸禄公债的封建地主阶级经营工商业；举办劝业展览，设立“工业试验所”，并派专人出国考察；聘请外籍专家和技术人员，引进西方国家的先进科学技术、经营管理制度和各种近代机器设备；建立和发展国有企业，特别是军事工业，以引导、启发私营企业的发展。日本政府于明治十四年四月决定将官营企业转为民营，廉价地向三井、三菱等与政府勾结的大资本家出售国营模范工厂、矿山，扶持特权大资产阶级。

（6）对教育制度进行改革，吸收西方先进的文化和科技，为市场经济的发展培育了人才。通过对西方国家的实地考察，明治政府认识到人才和教育对国家发展的重要作用，因此把发展教育作为各项改革的根本环节。从1870年起，明治政府相继颁布了各种教育法令和规章制度，并不断增加教育经费，改善教育设施，重金聘用外籍教师，不断派人出国学习。由此，造就了适应市场经济发展需要的各种人才。

（7）承认土地私有和自由买卖权，实行地税改革，为劳动力市场的形成和发展奠定了基础。明治政府通过取消领地、“返还版籍”和“废藩设县”改革，幕府和大名的封建土地占有制已经废除。1869年又明令解除自1643年以来实行的永世不得买卖土地的禁令，同时发布了丈量土地和颁发土地执照的法令，在法律上确认有土地实际支配权的人对土地的私有权，无主土地一律收归国有。这一法令使改革前由于抵押、典当过期等对占全国耕地面积1/3的份地失去支配权的农民成了佃农。此后，政府又于1873～1881年进行了地税改革，主要内容包括：第一，由按收成征纳地租改为按地价征纳。这样使由米的丰歉所引起的变化减少，政府的财政趋于稳定；第二，全国统一按地价的3%征纳（后来减少到2.5%）地租，改变旧时各地税率不统一的状况；第三，以货币地租代替用实物（米）缴纳的旧地租形式。由于这一改革，政府的经常收入中地租的比例上升了。1868～1871年达到22.5%，1872～1875年、1875～1885年分别达到70.3%和64.4%。另外，由于需要交纳货币地租，农民对货币的需求增加，货币经济进一步向农村渗透。交不起地租的贫农放弃土地当了佃农或工厂的工人。农民脱离土地，形成了劳动力大军，为劳动力市场的形成和发展提供了条件。

（三）明治维新后市场经济的形成和发展

明治维新后日本市场经济发展起来，这主要从以下六个方面进行分析。

1. 全国范围的商品市场、劳动力市场形成

交通运输事业的发展促成了全国范围的商品市场、劳动力市场的形成。明治维新后，日本的航海业、铁路、公路运输业以及邮电事业都迅速发展，对全国统一市场的形成起了重要作用。以铁路运输系统为例，1872 年新桥—横滨间的铁路开始通车，之后得到迅速发展，如 1889 年东京—神户间的东海道本线（国铁）、1891 年上野—青森间（日本铁道）、1894 年神户—广岛间（山阳铁路）分别通车运行。铁路运输的发展，使人流、物流运送时间缩短，费用降低。表 12-1 和表 12-2 说明了铁路运输的旅行日数和旅费的变化。

表 12-1　旅行时间表

旅行区间	铁路通车以前天数	铁路开通以后时间/时、分		
		1890 年	1909 年	1912 年
东京—大阪	19（轿子）	18′52″	12′00″	11′55″
东京—仙台	5（马车）	12′18″	9′10″	8′58″

表 12-2　旅行费用表

区间	铁路通车以前费用				铁路费用/日元
	轿子费/日元	杂费/日元	住宿费/日元	合计/日元	
东京—横滨	0.68	0	0	0.68	0.32
东京—名古屋	6.53	0.09	1.16	7.79	2.76
东京—大阪	9.45	0.13	1.89	11.36	3.67

由表 12-1 和表 12-2 可以看出，从东京到大阪在铁路通车以前乘轿子需要 19 天，铁路通车后约为 19 小时（1890 年）。随着铁路性能的提高，到 1912 年又缩短为 12 小时。旅费在通车以前合计超过了 11 日元，但铁路费用只是其 1/3。

2. 信用制度的建立与快速发展

明治政府于 1871 年正式颁布新货币条例，开始实行金本位制，建立起一整套铸币制度，从而使政府发行的纸币有了基础。同时，为了改变财政紧缺状况与币值方面的混乱局面，明治政府及时移植了欧美先进的近代信用制度，包括近代纸币制度、公债制度、银行制度、株式会社制度等。为了尽快使信用制度建立起来，政府采取了许多具体措施。

一是改革和完善银行制度。①1890 年 8 月政府颁布了近代银行法规，1893 年 7 月正式实施新银行条例。②创建特殊银行，发挥银行机能。1897 年 6 月创立劝业银行，1898 年创立农工银行，1902 年创立日本兴业银行。③建立股票交易机构。这些措施的

实行使国内健全了兑换制度、中央银行制度，发挥了近代银行的机能以及股票交易所的作用。同时，作为近代信用制度不可缺少的一个侧面，株式会社制度和公债制度也建立发展起来。信用制度的建立，使资金供给能力大大增强。

二是改革和完善通货制度。政府规定：①纸币发行权完全由日本银行统一经办，改变过去发行纸币多头分发的混乱局面，从明治十八年四月开始发行近代的兑换券；②从1886年8月开始实行金本位制，废除过去币制的银本位制度。

3. 政府扶持私人企业，少数特权资本形成

1）由官营到民营，私人企业迅速发展

由于不平等条约未被废除，明治政府为摆脱沦为殖民地的危机，充分发挥政权的作用，自上而下开始了产业革命，加速资本主义经济发展。明治政府不仅通过考察西方国家经济文化、派专人学习以及聘用外国专家等方法了解西方社会经济情况，而且兴办了一大批近代工业企业。

日本政府最初建立的这批企业，实行的是官营模范工厂制度，都是由国家直接经营实行保护。政府兴办这些工业企业和事业，对于引进和推广西方国家先进技术设备、培养熟练工人队伍、增强军事和经济实力都起了重要作用。但是，由于这种官营模范工厂制度是政府出于急于改变贫困落后的困境，着眼于大量引进外国的先进技术和设备而出台的，企业的发展单纯依靠政府的拨款和保护政策，因此，官营企业在经营方面忽视盈亏等问题难以解决，造成国家负担日重，而企业产品在国际市场上也缺乏竞争力。在这种情况下，日本政府果断地放弃了官营主义这种带有封建保护性色彩的政策，开始实行“自由放任主义”的民营官助的开放政策，鼓励和扶植私人资本主义的发展。

19世纪80年代，由于明治政府的各项重要改革都已基本完成，政局趋于稳定。1880～1885年政府对货币的整顿稳定了通货，从而为大规模输入外国技术装备和促进私人投资创造了条件。这样，在国家政权的直接推动、引导和扶植下，1885年前后，日本国内出现了创办企业的高潮。

2）靠战争拓宽国内外市场

日本的农业不能为工业的发展提供足够的粮食、农业原料和广阔的工业品市场。以纺织业为主的工业实行封闭式的管理，加深了狭小的国内市场和迅速发展着的大工业之间的矛盾。另外，由于幕府统治时期日本政府与西方国家签订的不平等条约仍然有效，日本国内市场充斥着欧美商品。

由于上述情况的存在，日本资本主义的发展很快就陷入了困境。为了摆脱困境，日本政府选择了战争，于1894年8月1日发动了侵华战争——甲午中日战争，扩大了在中国大陆的市场。以甲午中日战争为起点，1894～1904年，日本的工业、交通运输业以及贸易、银行业都获得了惊人的发展。

4. 金融资本形成

日本市场经济起步虽然较晚，但其金融资本的发展则是超前的。这里所讲的金融资本是指以股债、股券或银行存款等形式转让给他人使用，从中获得间接收入的资本。

按照资本主义市场经济发展的一般规律，金融资本是在资本主义向帝国主义阶段过渡时才逐渐形成的一种资本形态。然而，在日本的情况却并不完全如此。这是因为，当

日本经过明治维新建立了资本主义政权时，世界资本主义已发展到很高阶段，日本又很快移植了西方资本主义经济组织，试图尽快赶上西方发达国家，因此需要大量资本作为与西方发达的资本主义世界经济相抗衡的经济基础。在当时的日本，无论是政府还是民间都没有储存大量资本。为此，明治政府采取了相悖于通常发展规律的措施，即在商业资本和产业资本还没有得到充分发展的情况下，把金融资本作为先驱首先保护、扶植发展起来，这样就使得日本的金融资本先于商业资本和产业资本而发展，并借金融资本之力，推动本国商业资本和产业资本的发展。

日本的金融资本不仅比商业资本和产业资本形成得早，而且增长非常迅速。这从表12-3 中可以看出。

表 12-3　日本金融资本额的发展　　单位：亿日元

年份	银行公司资本	股债	国债	地方债	银行存款	邮政储蓄	信托基金	保险资金	合计
明治十年	25	—	237	—	13	—	—	—	275
明治四十年	1 114	89	2 244	97	1 825	94	—	47	5 509
大正一年	1 757	368	2 524	307	2 034	206	—	108	7 304
大正十五	10 225	2 791	5 162	1 513	11 710	1 195	423	1 053	34 252
昭和二年	10 755	3 189	5 362	1 844	11 704	1 566	680	1 053	36 153

表 12-3 中反映的情况说明，在明治十三年之后金融资本已有了飞跃发展。到这时，可以说日本除农业之外的事业都要依靠金融资本的支持，日本资本基本达到了金融资本化。

5. 对外贸易发展迅速，与国际市场联系日趋紧密

明治初年，日本的对外贸易、国内外市场完全控制在外商手里，他们横行霸道，对日本国内外市场的发展和人民的生活带来严重损害。为了取缔外商对日本进出口贸易的垄断权，防止资金外流，夺回贸易主动权，明治政府采取了以下措施：

第一，废除德川幕府时期签订的一些不平等条约，如《日英修好通商条约》、《改税旧约》等，并采取竞争的方法，经过长期斗争收回了关税自主权；

第二，废除治外法权，并限制居留地外商的权限，由政府控制该地区的贸易，强调居留地的外国人要严格遵守日本政府的法律和政策；

第三，通过市场信息导向，发展国际贸易；

第四，政府采取奖励政策，鼓励日本政府有关部门和本国企业直接进行国外的贸易，参与竞争；

第五，政府发放信用贷款，支持工业生产和对外输出。

日本政府通过采取这些措施，经历五十多年的努力，逐渐掌握了国内外市场的主动权，并且国内的工业品出口比重也在不断增加。对外贸易的发展，使日本经济进一步融入资本主义世界经济体系之中，与国际市场的联系日趋紧密。表 12-4 说明了日本出口商品结构的变化。

表 12-4 日本出口商品结构变化情况

时间	初级产品/%	工业产品/%				
		轻工产品	纤维产品	重化工产品	其他工业品	合计
1874～1880年	47.1	21.1	19.6	7.6	4.6	52.9
1881～1890年	34.1	23.4	23.0	12.0	7.5	65.9
1891～1900年	22.1	25.7	28.0	13.1	11.1	77.9
1901～1910年	14.4	27.5	30.7	14.9	12.5	85.6
1911～1920年	9.4	28.4	32.5	19.2	10.5	90.6

6. 垄断资本主义形成并迅速发展

甲午中日战争的胜利，一方面使中国东北和朝鲜都变成了日本的原料产地和产品销售市场；另一方面使日本在1911年与西方国家的谈判中成功地解除了幕府签订的不平等条约，与各国缔结了保有关税自主权的新的通商条约，从而控制了国内市场，扩大了海外市场。所有这一切，使日本再一次出现了来势迅猛的兴办企业的高潮。1904年2月，日本与俄国不宣而战，最终以日本的胜利而告终。此时，以日俄战争为起点，日本已经进入从竞争资本主义向垄断资本主义过渡的决定性阶段。到第一次世界大战期间，即已形成以三井、三菱、住友为主的垄断资本主义分割并控制日本经济的局面。

二、工业化初期日本的企业经营思想

第一次世界大战之后，日本工业和经济迅速崛起，工业化进程加快。到了20世纪30年代，作为日本工业支柱的大企业如三井、三菱、日产、东芝、丰田、松下等公司相继建立，日本的管理思想开始现代化。日本的企业管理理念和思想是建立在封建专制的文化基础上，明治维新到第二次世界大战前，主要受欧洲管理思想的影响，第二次世界大战后，主要受美国管理思想的影响而形成的，因此是有日本特色的管理思想和理论。

（一）日本式经营的特点

把企业这个生产组织变为共同生活体是日式经营的共同基础，它体现在企业的组织和管理的实体上，并形成了日本式经营的特点。比较日本和英国工场实体，则更显示出日本式经营的特点。

1. 管理特点

第一，英国企业的管理原则重视个人在被分配的职务上发挥作用。而在日本原则上必须通过集团，与集团不同心的职员被认为是有问题的职员。厂长不仅是集团的头头，同时必须是集团中的一员。

第二，英国企业不太利用文件上所规定的各种规则。而在日本，职员轮番作为安全委员在记事本上记入每日事故。

第三，日本企业在办公室和车间到处张贴公司的基本方针和各项规则以及集团和个人对工作的内在伦理的口号，其中包括和睦、协作和清洁等集团伦理及创造性地发挥和努力的思想，而且其中渗透着的强烈儒教思想，成为管理中强有力的原则。但英国企业却完全不同。

2. 组织特点

第一，追求的利益。在英国每个管理者都有各工种和职员个人名单；而在日本企业每课只有部署的名单。因此，在日本企业很少追求个人利益，而是把个人利益融合在集团的责任当中。

第二，企业的最高经营管理机构，日本和英国企业都采取董事会制。英国40%左右的职员为非本公司的职员，他们代表大股东的利益发挥着所掌握的专业知识。而日本的职员几乎都是本公司出身，他们倾向于维护本部门的利益，对股东的关心较淡薄。

第三，对于上级的态度。在英国执行职务的方法以个人为目标，在工场的车间也尽量把工作和工资率分给个人。管理者和监督者不可能相信部下对自己忠诚。在日本企业经营中，工作由课、班和组为单位，个人不能单独进行。对非日常性业务根据审议制度，进行回执、申请，最后由企业最高决策机构来裁决。虽然没有职务权限，但一般根据职务分配的管理者的力量强弱而变动，而且晋升也通过上司的人事考核。因此，忠实地与上司合作才是晋升的基本条件。

第四，个人与职位的关系。在英国职位与个人相联系，个人的能力靠人格而非学历、年龄和上班年限。管理者变动手下的职位，不是靠组织申请，而是任意变动。在日本企业中，组织的变动必须经过董事会的审议，其职位高低则取决于学历、年功。各部、课和班长之间具有适当的年龄差距。

第五，人员结构。在英国企业里，职务的分配反映了该阶层的划分。在日本企业里，根据使用资格制度和职员制度进行职员的晋升活动。因此，组织内人员结构形成了权威的系列化。

第六，权威系列的各种设施。在英国工场形成了不仅仅局限于本公司的按权威系列的各种设施。日本在第二次世界大战以前也曾有过这种现象，但战后这种现象几乎消失。

第七，承包方法。日本的企业拥有对承包企业群下包大部分零件的组织机构。在英国则不存在这种组织机构。

3. 工会特点

日本和英国工会在其产生时间、发展过程及内容上都存在很大的区别。

第一，英国劳资间的合同文件只有全国合同和少数的工场合同。日本的劳动合同内容丰富，有综合合同、协定、警书、确认书等根据文件而定的各项合同。

第二，日本的企业经营者和企业工会之间拥有丰富的共同的信息，劳资之间较容易以企业状况出发达成一致协定。但在英国则比较复杂。因为英国的全国工会几乎不关心每个企业的命运。工场委员会只为职能工会会员服务，而不为其他工会和公司服务。并且它也不一定关心企业的各项事业，更重要的是英国的经营者们对工会没有好感。

4. 劳动条件特点

第一，教育训练。在英国包括徒弟教育的教育期限长于日本企业，而且企业对教育机构尤其对大学研究所等的依赖程度也非常高，然而徒弟教育的投资效果却不尽如人意。

第二，雇用关系。日本的企业经营采用以新毕业生为标准的例行方法和终身雇佣制。英国则把已经提供的劳动力按着工种、职位来采用，而非以事务和技术人员为大体标准。

第三，福利制度。毫无疑问，日本的企业经营比外国企业拥有多种多样的福利制度措施，福利制度形成体系化和网络化。日本企业所有职员原则上都参加福利活动，而福利制度和设施的支出和运行均需要多项费用。英国企业则优先考虑费用，然后再考虑“好的雇主”。

第四，人事管理。日本对选拔职员非常慎重。当工人发生事故时，由厂长带头探望和照顾。企业与职员的家属配合默契，并向家属传达企业经营中的各种信息，职员的全部生活与企业经营的共同生活体有着密切的联系。

第五，劳资关系。在英国的企业经营中，劳资关系极为敏感并经常发生纠纷。而且所交涉的工资率从工场到车间尽量落实到个人工资率上。因此，围绕工资率的决定和作业分配很容易引起纠纷。不仅如此，合同和协定不详细，几乎由口头决定，所以不可能使工会的车间委员会一起参加发挥作用，也无法贯彻利用就业规则和车间协定等。

第六，工资待遇。英国企业不分学历和年功，年龄、工龄不影响工资率，而且由全总的交涉工资率来决定最低标准。工场相应的追加部分经过长时间的交涉之后才得以实现。日本企业经营采取年功序列制，主要原因在于作为共同生活体考虑职员家庭生活费的周期性，而且要发挥与工资等价的劳动，必须培养和发挥其潜在的能力。然而，在英国企业工资待遇则取决于当时的平均劳动和劳动发挥程度，因此具有决定短期工资率的特点。

5. 人员特点

第一，从业人员结构。日本的企业经营中全体人员均为企业经营中的一员，并在此基础上进行组织和管理。

第二，职工的态度。日本人不喜欢极端地表现个人，而英国工人却恰恰相反，其自我表现欲极强。日本工人非常不喜欢被人训斥，企业的监督者是各队的队员，其领导意识极强。

（二）日本式企业

在现实中能够体现日本式经营特点的是企业集团。日本的企业集团从形态上具有两个性质：纵向的集团化和横向的集团化。有由旧财阀系列企业组成的企业集团和由主要民间金融机构作为轴心而组成的企业集团。它们不仅追求经济利益，而且也是日本式经营所具有的共同生活体的性质延伸到各企业的结果。

20 世纪 60 年代纵向系列企业集团的出现，使整个日本社会的组织和经营制度发生了极大的变化，即出现了官民协调制度。进入 70 年代以后，官民协调制度也逐渐出现很多问题，由于缺少要选择和实行的恰当手段，故明显地暴露出其孤立性。

三、现代日本企业的管理思想

第二次世界大战后，日本被美军占领，美国人解散了作为日本军国主义后盾的各种财阀，帮助日本建立起了现代社会制度与政治、经济、法律体系，特别是建立了现代企业制度。在此基础上，形成了日本企业界的现代管理思想。比较有代表性的企业经营管理理念和管理模式有：日本松下电器公司——松下幸之助的企业经营理念和日本本田汽车公司——本田宗一郎的本田管理模式。

（一）松下幸之助的企业经营理念

松下幸之助（Konosuke Matsushita，1894～1989）是日本著名跨国公司“松下电器”的创始人，被人称为“经营之神”。“事业部”、“终身雇佣制”、“年功序列”等日本企业的管理制度由他首创。松下电器产业株式会社于1918年由松下幸之助创业。

松下幸之助在长期的企业经营中，形成了自己独特的经营理念。概括起来，以“自来水哲学”、“玻璃式经营”和“堤坝式经营”最为重要。尤其是“自来水哲学”，被幸之助看做经营的根本理念，并以此作为他的自传书名。

1.“自来水哲学”

在“自来水哲学”诞生前，松下电器集团是一个一般的制造商。直到有一天，在幸之助的脑海中长期盘旋、苦苦思索的问题终于有了答案，他明白了企业的使命。所以，这一天应该说是松下创业的开端。在松下幸之助看来，企业的形体远远没有企业的精神重要。

所谓“自来水哲学”，是松下幸之助对企业使命的比喻。对于这一使命，最简单的表述就是，消除世界贫困，使人类走向繁荣和富裕。松下幸之助说：“企业的使命究竟是什么？一连几天我思考这个问题直至深夜，终于有了答案。简单来说，就是消除世界贫困。比方说，水管里面的水固然有其价值，然而喝路边的自来水不用付费也不会受到责备，因为水资源相对丰富。企业的责任不正是让世界物资丰富以消除一切不方便吗？”“经营的最终目的不是利益，而只是将寄托在我们肩上的大众的希望通过数字表现出来，完成我们对社会的义务。企业的责任是把大众需要的东西，变得像自来水一样便宜。”用松下幸之助的话来表达，经营就是从“无”当中制造“有”，通过生产活动给人类带来富足丰裕的生活。

从本质来看，“自来水哲学”，就是通过工业生产手段，把原来只能供少数人享受的奢侈品变成普通大众都能享受的普及品。企业经营者眼睛要盯住人们追求生活进步的欲望，而不是盯住顾客的钱袋。市场是靠价廉物美的产品创造出来的，而不是靠对经销商回扣打折算计出来的，更不是靠坑蒙拐骗、欺哄顾客推销出来的。由此，奠定了松下经营的基本方针：质量必须优先，价格必须低廉，服务必须周到。正是这种经营方针，使松下得到顾客的信赖，渡过了一个又一个难关，逐步走上壮大之路。

“自来水哲学”的诞生是松下公司此前经营经验的积累和升华。早在1927年，松下首次成立电热部，计划生产电熨斗。当时全日本电熨斗每年销量不超过十万个，每个价格在4～5元。松下幸之助则认为：“这么方便的东西，但因为价钱贵，很多想用的人都买不起。因此，只要降低价钱，就会有许多人去买。如果很多人要买，乍看起来月产一万个似乎多，但实际上是能够卖出去的；先决条件是，降低价格，使大家都能买得起。”于是松下决定，以大量生产来降低价格，每月生产一万个，销售价格 3．2 元，结果大获成功。这一案例，几乎就是美国福特 T 型车的日本翻版。所以，美国的媒体报道把松下幸之助和亨利·福特相提并论。对此，松下幸之助自己总结说：“生产大众化的产品时，不但要推出更优良的品质，售价也要便宜至少三成以上。”

自来水哲学在松下幸之助的年代具有巨大的威力，把松下公司带到规模化经营的道路上。家用电器在日本乃至全世界的迅速普及，松下公司功不可没。美国的穷人也能开汽车，归功于当年的福特；当今的乞丐也能看电视，则归功于当年的松下幸之助。

2. “玻璃式经营”

公开和透明是“玻璃式经营”的要旨。这种公开和透明，建立在对员工信任的基础之上。所有的经营状况，都像玻璃一般清澈可见，不加掩饰。

“玻璃式经营”不是松下幸之助深思熟虑的产物，也不是学究式逻辑推理的结果，而是经营实践中的“不得已”。在松下幸之助的经营思想中，“玻璃式经营”是诞生最早的。当松下还是几个人的小作坊时，生产与销售混同一起，发明、研制与制造无法区分，甚至生产与生活也融合为一体。在这种情况下，白手起家的松下幸之助，没有那种老板与雇工之间的界限，所有人可以说都是合伙人。所以，松下幸之助随时把经营情况通报给其他人，由此，形成了松下幸之助的“玻璃式”习惯。他的开诚布公，力求信息对称，是他早期创业时赖以生存的基本方式。随着业务的扩大、人员的增加，尽管老板和雇工之间的界限开始明朗化，原来亲密无间的熟人关系也开始等级化，但公开透明的“玻璃状态”却没有退隐，一直被保持下来。

这种“玻璃状态”能够持续发展，并形成一种经营思想，同松下幸之助自身的经营体验密不可分。最初是天天算账，当经营略有扩大、开始规范化时，松下幸之助把它变成每个月都结算盈亏，向所有员工公布。在松下，这是习惯和常态，而同当时的其他企业相比，则是一种特立独行。

松下幸之助很快发现，这种做法具有明显的经营优势。因为其他企业都不这样做，有的老板本人也糊里糊涂，一旦家大业大就不清楚整体的经营状况，不具备公开透明的基础。松下幸之助不一样，他对经营状况滚瓜烂熟，公开盈亏，同时总结各人的贡献情况轻而易举。这一举措，正面效应十分明显。相对于其他企业的员工，松下的员工都能清楚地看到自己的努力成果，同时也能感受到老板的诚恳和信任，由此催生出员工的主人翁意识，提高员工的士气。

随着企业的扩展，松下幸之助把“玻璃式经营”规范化。例如，定期对员工公开企业的财务状况，定期向员工说明企业的规划目标，经营当局和工会组织保持有效的沟通和协商等。对此，松下幸之助把它上升到经营理念，他说：“企业的经营者应该采取民主作风，不可以让部下存在依赖上司的心理而盲目服从。个人都应以自主的精神，在负责的前提下独立地工作。所以，企业家更有义务让公司职员了解经营上的所有实况。总之，我相信一个现代的经营者必须做到宁可让每个人都知道，不可让任何人心存依赖的认识，才能在同事之间激起一股蓬勃的朝气，推动整个业务的发展。”

3.“堤坝式经营”

“堤坝式经营”是“自来水哲学”在企业运作上的逻辑展开。1965 年 2 月，松下幸之助在关西商界讨论会上提出了这一概念，做了题为《堤坝经营和适正经营》的演讲。他说：“关于行之有效的经营方法，我想在这里提倡‘堤坝经营’的方法。为什么要修堤坝呢？是为了不让河水不创造任何价值地白白流走。如果河流的水量剧增就会变成洪水，带来巨大灾害；如果遇上干旱天气就会造成水量减少。因此，要在河流的适当位置修建堤坝，一来调整水流，二来利用水力发电。修建堤坝的目的就是珍惜老天赐予的每一滴水，并加以有效利用。这样既能够保证安全，又能够创造价值。经营公司的道理不是一样的吗？经营也需要堤坝。”“我说的‘堤坝经营’，从一开始就应该具有后备设备，有多少是多少。这样的话，即使经济发生一些变化或者需求有变化，还能保证商品供应，不会导致涨价，因为这时只要运转后备设备即可。相反，如果商品过多，就可以让设备暂停运转。这个道理就和根据需要来调整堤坝里的蓄水量一样。资金、库存和人才也同样需要‘堤坝’。”“正确认识‘堤坝经营’的意义，就能使经营变得更加稳健，获得高额利润。‘堤坝经营’能够为社会带来真正的安定和繁荣。”

“堤坝式经营”的实质，是避免经营过程中的周期性震荡，减少不确定性对企业的冲击。企业家在经营中所建造的堤坝不止一种，市场如同河流，经营如同堤坝。堤坝的功能有多种多样，蓄水、防洪、供水、发电等都少不了堤坝。对于企业来说，需要建立的堤坝主要有以下几方面。

(1) 设备堤坝。不能使设备百分之百投入运转。那种“满负荷”的设想，有可能会使企业运行的弓弦绷得太紧，环境稍有风吹草动，就会拉断弓弦。一般来说，一个企业只有在设备运行八九成的情况下依然有利可图，才能保持正常运转。产能维持一二成的剩余能力，是企业应变的基本条件。

(2) 库存堤坝。产品库存要适量。产品库存有两个作用方向，即对内作为生产线出问题时的缓冲，对外作为市场波动时的缓冲，就好像中国古代建立的“常平仓”，丰收则籴，歉收则粜，维持市场供应的大致平衡，使物价保持稳定。松下幸之助“堤坝式经营”的想法，本身就是来自于美国联合碳化物公司（Union Carbide Corporation）的电池价格启发。它的电池 30 年前卖 15 美分，现在还是卖 15 美分。松下幸之助联想到，30 年之间，原料、技术、市场肯定有着巨大变化，而这种产品能够 30 年保持价格不变，甚至不受通货膨胀率的影响，无疑是在经营机制中有着坚实的“堤坝”。

(3) 资金堤坝。新的建设项目上马，同样需要有缓冲水坝。一个十亿元的项目，需要有十一二亿元的资金准备才能动工。否则，就很有可能造成“烂尾”，不但建设者受窘，而且前期投资也很有可能打水漂。

(4) 产品堤坝。在一个产品投入生产甚至在投入生产前，后续新产品的研制就要着手展开。

(5) 心理堤坝。经济有涨有落，任何一个企业，经营过程绝不可能一帆风顺。所以，从董事长总经理到基层员工，都要对环境变化有足够的心理准备，在心理上以不变应万变，在行动上以变制变，实现经营的自主性。

“堤坝式经营”的道理很简单，无非就是把经营中的刚性变为弹性，预留出适应环境变化的余地。但是，现实中的经营者却往往做不好这一点。按照松下幸之助的说法，日本的企业一直靠贷款运行，没有走上“堤坝式经营”的道路。要建立各种堤坝，首先应当不再靠贷款经营。这一点，松下已经做到了。但是，建坝不易，护理堤坝更难。

松下幸之助认为，护理堤坝实际上仍然是一个观念问题。首先，要考虑如何运用堤坝，如果不能随机应变，即便建立了堤坝，也不会根据水量的变化进行适时调节。其次，要明确堤坝的用途，堤坝是为消费者服务的，不是为企业自身服务的。偏离了顾客导向，堤坝的作用就会适得其反。另外，还要密切注意各种信息，如果水源枯竭却毫不知情，或者溢水管涌却视而不见，堤坝就失去了意义。

松下幸之助的精神，在管理思想上无疑会影响长远，而松下幸之助本人，则属于20世纪。他的经营思想，尤其是“自来水哲学”蕴涵的企业社会责任，“堤坝式经营”蕴涵的应对不确定性策略，“玻璃式经营”蕴涵的员工自治思想，在德鲁克那里，得到了理论上的阐释和学术上的论证。他试图把松下的经营方法原封不动地移植到其他企业，延续到21世纪，若如此，则很有可能是邯郸学步，但由此而否定松下经营思想的未来价值，则肯定是买椟还珠。

（二）本田宗一郎的本田管理模式

本田宗一郎（1906～1991），是日本本田汽车的创始人、世界著名的企业家、日本实业家、工程师。他于1906年出生在日本静冈县，1922年从乡下来到东京进入汽车修理厂当学徒。他对机械技术非常热心，很快成为优秀的修理工，而且在1928年曾独立开办过汽车修理厂，经营得非常成功。1934年他关闭了修理厂成立了东海精密机械公司，并生产活塞环，产品的主要买主为丰田公司。由于宗一郎不愿永远为别人做嫁衣裳，1945年他把公司出售给丰田公司。1946年他创建本田技术研究所，并开始生产摩托车；1971年辞去董事长职务，把公司的经营权交给了河岛喜好。本田宗一郎只有小学文化，他能够在复杂的环境中，苦心经营，花费一生精力，创建出世界一流的企业，随后又毫不吝惜地把它交给与自己没有丝毫血缘关系的年轻人，自己过起恬淡的生活，这是没有胆识的人绝对做不到的。

本田宗一郎的本田管理模式是：

1. 以顾客满意第一为原则

本田宗一郎指出，独特的发明创造，如果不能及时地提供给社会，它将毫无价值。在本田，研究人员认为他们不是在研究技术，而是在研究人们的心理，在想尽一切办法，用尽一切技术满足人们的心理需求。本田历代的领导者们从来没有提出诸如“称霸世界市场”、“赶上丰田”、“超过日产”之类的口号，而是强调顾客满意第一，在使用户满意方面力争第一。

本田没有专门的市场调查研究机构，它依靠的是开发小组。开发部门的全体人员都是市场调研员，他们用自己的眼睛、耳朵探索市场动向，这比依靠市场调查部门得到的信息更有感性认识。

2. 一人一事，自由竞争

本田宗一郎的搭档藤泽认为，在企业内使每个人的能力都得到最大限度的发挥，能够专心从事研究，在传统的金字塔形的组织结构中是很难实现的。因此，采取一人一事并进行自由竞争是非常重要的。一人一事就是废除公司强迫一个人干一项他不能胜任工作的做法。保证每一个人自由选择自己的主攻方向的权利。为了达到共同的目标，每一个人、每一个小集体都要有自己的设想，并通过它来找到开发领域，把竞争机制引进公司内部。

在本田研究所，由研究员个人提出课题开始，课题一被采纳，就以提出者为中心组成项目攻关组，课题研究工作的领导、筹划、管理全部交给提出课题者个人负责。当两人以上的研究人员分别提出类似课题而被同时采纳时，研究所令他们各自组成独立项目攻关组，通过自由竞争夺取成果。因此，本田在组织结构上实现了“镇纸型组织”的横向组织。顶端就像镇纸上的提钮，有几位高级领导（他们是评审会的重要成员），在它之下的研究人员全部处于对等关系，形式上虽分为设计室、试制室等部门，但是室长级人员也都是具体工作人员而非专职管理干部。

3. 造就独创型人才

要造出风格独特的产品，企业职工就必须具备独创性的头脑。横向型组织、项目攻关制度只是一种保证，归根到底，关键还取决于人。企业中能拥有多少独创性人才是本田创业以来一直给自己设置的课题。为此，本田采取了下列一些措施：

（1）建立“新设想工作室”。本田在其国内各工厂设有名为“新设想工作室”的实验工作室，室内备有机械设备。职工一旦产生好主意就可以到实验室中把设想具体化，当然原则上是利用业余时间。

（2）引进合理化建议制度。1953 年，本田率先引进了合理化建议制度。到 20 世纪 70 年代，一年所提建议总数突破十万件，4 件中有 3 件被采纳。对于优秀的建议，本田给予免费出国旅游的奖励。

（3）举办违反常规作品的展览会。展览会的宗旨是提出自由奔放的设想并给予实施的“头脑运动会”，是彻底的群众文娱活动。这与本田“不论工作、娱乐，只要心情舒畅就干到底”的素质相吻合，在大会上能看到许多异想天开的作品。

（4）技术面前人人平等。在本田，技术面前人人平等，没有上下级的区分。当汽车发动机由空冷改为水冷时，由于本田宗一郎是空冷的绝对拥护者，久米等人采取“罢工”方式进行抗议。在看到水冷式的优点后，本田发出了“今后是年轻人的时代了”的感慨，从而决心退役。在开发集成电路过程时，同样发生过下级对本田宗一郎造反的事件。当时已经是顾问的本田宗一郎不喜欢电子技术，认为电气用眼睛看不到，技术是实实在在看得见的。但是，机器人开发小组不顾本田宗一郎的反对，完全独立地开发出第一流的焊接机器人和生产线系统，在事实面前本田宗一郎不得不低头。

4. 尊重个人，合理授权

早在经营东海精机时，本田宗一郎就能很好地与性格完全不同的人一道工作，并以此作为自己的工作信念。他认为，同类型的人固然好相处，易交往，但要把一个公司办下去必须有各种类型的人才行。在经营本田技术研究的过程中，他与藤泽武夫的配合体现了这一原则。本田宗一郎和藤泽武夫性格完全不同，他们之间分工明确。本田宗一郎负责技术和产品，而销售和经营完全由藤泽武夫负责。1971 年，他们两人同时退休。

为了保证把权力确实交给有能力的人，决定在企业中担任领导人的亲属一律不得进入公司工作。本田变成大企业后这个原则依然保留着，中途录用者占职工人数的一半，实施混血主义，以保持公司的创造力。进入公司，无论是高级干部还是一般职工均以“先生”相称，而不是以职务相称。公司董事没有个人单独的办公室，而是采取同用一个大房间的“董事同室办公制度”。本田宗一郎的语录“为自己工作”是这种尊重个人精神的高度概括。他告诫职工不要考虑向公司宣誓忠诚，而是要为自己工作。在本田这种尊重人的精神到处可见，人员安排、调动贯彻“自我申请制”是这种精神的体现之一。

本田既无官僚色彩，也不存在派系和宗派主义，职工可以轻松愉快地工作。高级干部到 50 岁就为后来的年轻人让位，最大限度地尊重年轻职员。力戒害怕失败的谨小慎微作风，按照本田的说法是不工作才不失误。在对本田职工进行的一项关于“本田精神的核心是什么”的问卷调查中，回答顺序分别是独创性、要为自己工作、人尽其才、不要怕失败。

本章小结

中国是世界四大文明古国之一，曾为人类文明的发展作出过重要贡献。中国古代劳动人民在劳动和生活中总结出许多管理经验和思想。这些管理思想可以归纳为组织、经营、用人、管物和理财等五个方面。

在古代管理思想中，儒家、道家、法家、兵家、商家等各个学派的著名思想和经典著作更是充分反映了我国古代成功的管理思想和经验。其中，孔子的管理思想主要有：①以德行政；②诚信为政；③垂范从政；④躬行勤政；⑤选拔“民服”之才；⑥宜慎行，善果敢；⑦树“尊美”、“摒恶”之政德。老子的管理思想主要有：①无为而治；②道法自然；③以人为本。韩非子的管理思想主要有：①“法”；②“势”；③“术”。墨子的管理思想主要有：①兼爱交利；②任人唯贤；③崇尚集权；④节用节俭。孙子的管理思想主要体现在：①目标管理；②战略管理；③行政管理；④经济管理；⑤信息管理；⑥人才管理等方面。

中国古代管理思想的基本特征是通过对古代思想家的管理思想进行归纳、提炼、综合，主要有七个方面：第一，以人为管理的重心；第二，推崇用计谋实现目标；第三，十分强调农本商末的固国思想；第四，把组织与分工作为管理的基础；第五，义与情在管理中的价值十分突出；第六，把中庸作为管理行为的基准；第七，把求同视为管理的重要价值。

以辛亥革命为界限，将近代中国分为近代前期和近代后期。其中，近代前期是中国管理思想的转变过程，也是一些先进人士向西方国家寻找真理的过程。林则徐、魏源是向西方寻求救国真理的思想先驱，他们做了引进西方管理思想的最初尝试；洋务派代表人物李鸿章、张之洞提出以“自强”、“求富”为管理目标的主张；康有为、梁启超推出建立资产阶级君主立宪制国家的改革措施；孙中山、廖仲恺提出以“三民主义”为特征的政治管理思想。近代后期主要是中华民国时期。中国的传统经营思想与西方的管理方法融合，产生了独具特色的企业经营管理思想，其代表人物有张謇、穆藕初、刘鸿生等。

中国管理学界对管理理论的研究各有侧重。近年来的管理理论研究归纳出五大管理理论学派：管理系统科学理论学派、管理经典思想学派、管理文化学派、管理模式学派和管理学院派。

直到中世纪，日本仍是一个松散的、以地方幕府经济为主导的封建社会。明治维新使日本进入了资本主义发展阶段。德川幕府统治末期，市场经济的孕育和发展，特别是商业资本的兴起，对自然经济、等级制度和整个封建制度都起到了瓦解作用。明治政权建立后，提出了“富国强兵”、“殖产兴业”、“文化开化”三大国策。

明治维新主要从七个方面为日本市场经济的形成奠定了基础：①取消封建领地，废藩设县，建立中央集权的专制主义政权，为国内统一市场的形成创造条件；②改革封建等级制度，取消武士特权，为金融业的发展创造了条件；③破除封建贸易关卡，实行国内外自由贸易，为开拓国际市场打下了基础；④废除名目繁多的侵犯私人财产的“充公权”和“征集御用金权”，建立私人财产制度，从法律上为私人资产的发展提供了保障；⑤创办和转卖国有企业为私人企业，特别是为特权大资产阶级的发展创造条件；⑥承认土地私有和自由买卖权，实行地税改革，为劳动力市场的形成和发展奠定了基础；⑦对教育制度进行改革，吸收西方先进的文化和科技，为市场经济的发展培育了人才。

明治维新后日本市场经济得到迅速发展，主要表现是：①全国范围的商品市场、劳动力市场形成；②信用制度的建立与快速发展；③政府扶持私人企业，少数特权资本形成；④金融资本形成；⑤垄断资本主义形成并迅速发展；⑥对外贸易发展迅速，与国际市场联系日趋紧密。

第二次世界大战后，日本企业界形成了现代管理思想。比较有代表性的企业是日本松下电器公司——松下幸之助的企业经营理念和日本本田汽车公司——本田宗一郎的本田管理模式。松下幸之助在长期的企业经营中，形成了自己独特的经营理念。概括起来，以“自来水哲学”、“玻璃式经营”和“堤坝式经营”最为重要。本田宗一郎在经营中一直遵循着以下一些原则和规定，这些原则和规定已经渗透到企业的每个角落，成为人们所说的本田管理模式：①以顾客满意第一为原则；②一人一事，自由竞争；③造就独创型人才；④尊重个人，合理授权。

➢思考讨论题

1. 试述东方管理思想的核心内容。
2. 分析近代中国思想家们提出的管理思想。
3. 讨论现代中国管理理论各学派的相同点。
4. 讨论日本明治维新对于日本经济发展的重要意义。
5. 分析日本金融资本形成的背景。
6. 日本式经营的特点是什么？
7. 我国企业能从松下幸之助的管理理念中得到哪些启示？

第十三章

东西方管理思想的融合

伴随着人类社会不同的历史发展进程，东西方文化有其各自的特色。它们之间相互影响、相互制约，促进了各自管理思想的发展。在今天全球化的大背景下，独特的文化优势将成为管理理论进一步发展的基础和前提。

第一节　西方管理思想的内在精神

“科学式”的思维模式是西方人和组织的基本哲学指导准绳。就管理思想而言，我们也看到，具有划时代意义的科学管理理论的出现，正是对这一问题的最好说明。科学管理理论之后的新理论，如行为科学理论，可以看作是对“科学式”理论的有益补充、丰富和发展，但绝不是对前者的否定。总体而言，传统的西方管理理论强调的是分工，强调的是组织中人的独立意识和非团体意识。这些都是“科学式”思维模式的延伸。

20 世纪 80 年代末，世界由两级向多极化方向发展。从宏观上看，各国政府都对自己的政治、外交、经济政策进行了调整，新的国际形势由原来的军事实力竞争转变为经济实力竞争。从微观上看，各国企业同样也面临着新的形势，经济的全球化竞争成为不可阻挡的潮流，竞争显得异常激烈，企业的生存发展尤为艰难。

在新的历史背景下，日本在短时期内的迅速崛起，使得西方企业界和管理界开始对传统的西方管理思想进行深入思考。

进入 20 世纪 80 年代后，西方新的管理思想处在不断成长和演化之中。这种演化表现出的一个比较突出的特点是，西方的现代化管理思想中融入了更多的东方管理思想的元素，明显地向人性化回归，大大加强对人的研究；另一个明显的特点是管理理论在借鉴和利用社会科学的其他理论和工具方面做得越来越好，表现在大量利用现代经济学、社会学、哲学、心理学、政治学、数学、系统工程学等方面的研究成果，尤其是电子计算机技术的发展和普及对管理理论的发展起到了有力的推动作用，拓宽了管理理论的视野，加强了管理理论的包容性，对管理思想的发展产生了重大影响。

从西方管理理论的发展和演变过程中，我们可以看到其内在的规律：

(1) 把管理的科学性（即理性方面）同管理的艺术性（即非理性方面）有机地结合起来。英国工业革命以后，直到19世纪末和20世纪初，西方国家产生了以弗雷德里克·温斯洛·泰勒、亨利·法约尔、马克斯·韦伯等人为代表的古典科学管理运动，对生产力的发展起到了重大的推动作用。这符合当时社会生产力发展状况。这次科学管理运动第一次科学地、理性地把管理纳入了科学的轨道，使得管理成为一门真正的科学。毋庸讳言，这次科学管理运动在当时收到了相当好的效果，使生产力得到了大发展，劳动生产率有了较大的提高。但是，随着社会生产力的进一步提高，社会意识、经济结构的变化，使人们发现单纯地注重管理的科学性、理性化并不能保证管理的成功和劳动生产率的持续提高。企业都是由人组成的经济组织。随着生活水平的提高，企业职工的需求结构及其内容在不断变化。企业职工不仅有理性，更重要的还有感情；不但要求获得经济、物质需求的满足，还要获得感情、社会地位和实现自我价值等方面需求的满足。这样，随着社会生产力和经济的发展行为科学理论应运而生。行为科学理论的产生和发展，对生产力的发展和劳动生产率的提高起到了重要的促进作用。但是，过于偏重非理性方面而忽略了理性方面，使得管理绩效达不到最理想的状态。要想真正使管理达到最优境界，只有把两者结合起来才是可行的。

(2) 把管理中正式组织的作用和非正式组织的作用结合起来。所谓正式组织，指的是企业中为了有效地实现其目标而规定的组织成员的正式的相互关系和组织体系，包括组织的结构、方针政策、规划方案、规章制度、运行方式、管理模式等。所谓非正式组织，是指组织中没有经过正式的上级或相关的程序建立起来的以感情联系为主要沟通方式的一种非正式的群体和体系。弗雷德里克·温斯洛·泰勒等人在古典管理理论体系中主要强调了正式组织的作用。行为科学理论则强调了非正式组织的作用。要想达到理想的管理绩效，这两者的结合是一个必然的途径。

(3) 把管理中的系统性、计划性、程序性等方面特征与灵活性、权变性、非程序化等方面特征结合起来。管理的系统性、计划性和程序化方面的作用是古典管理理论和管理科学理论所普遍强调的。行为科学和权变学派则强调，如果因为企业内外环境的变化而墨守成规，不顾客观存在的许多不确定的因素，不顾外部环境的变化，把计划、系统看得一成不变，势必会造成不应有的损失。沿着这一思想路线，管理学家们非常强调管理的灵活性、权变性和非程序化。但是，企业本身是一个系统，它要正常地运转，就必须是这两个方面的结合。因此，在西方管理理论的发展过程中，出现了科学管理理论和行为科学理论相结合的趋势。

(4) 把管理中的精确性和模糊性相结合。管理理论研究在精确性方面已逐渐成熟，如运筹学、计量学、计算机、统计学、会计学方面的发展，使管理的精确性越来越高。但是，并不是所有的问题都是可以计算出来的，因为任何管理过程都是由人来完成的。在许多情况下，发展和转化的界限是不十分清晰的。在管理过程中，还存在着大量不清晰、不确定、不完美的情况。因此，不能只注重精确性，而忽视事物发展的本质，也不能单纯用模糊的方法。在管理上，只有把两者有机地结合起来，才能够使管理活动更加可控并富有活力。

20世纪80年代，西方管理学家们在探索管理的新思想和新方法的过程中，出版了许多著作，如《寻求优势》、《Z 理论》、《企业文化》、《日本的管理艺术》等。但是，西方的管理学者们依然感觉到并没有完全找到解决现代管理问题的根本途径。特别是，日本这一以东方文化为主的国家在管理上取得巨大成功，使西方的管理学者们发现：基于东方文化背景所形成的管理思想，在管理的过程中对研究和应对不确定、不清晰、不完美情形下的管理行为有着不同凡响的功用。尤其是中国经济持续、稳定、高速增长，使中国历史悠久的传统文化优势日益凸现出来。这样，东方的管理思想在世界范围内逐渐受到重视，而且对西方管理思想产生了重大影响。

回顾东西方管理思想发展的历史，我们清楚地看到，管理思想的发展同社会文化历史环境、社会生产力发展水平，同人的观念和生产方式等因素的发展变化有着密切的联系。由于文化的区域性和民族性特征，东西方的管理思想也表现出不同的差异。应该看到，东西方的管理思想也和东西方文化一样，是可以相互交融、相互影响、相互促进的。日本根植于东方文化土壤，但借鉴西方的管理思想结合本国的实际，付诸于日本经济活动的实践，获得了长足的发展。如果不注意随环境的变化不断地调整自己的管理思想和探索新的管理模式，想在经济上有所突破是不可能的。相反，如果西方在其崇尚理性思想的基础上吸收东方的管理思想，则有可能走向新的辉煌。

第二节　东方管理思想的内在精神

20 世纪 80 年代以后，日本的崛起、国际企业中跨文化管理问题的出现、欧美企业管理中存在的弊端等，使西方世界不断向东方寻求解决问题的新的管理妙方。当然，由于东西方的管理思想及各自的基础不同，至今还没有找到很好的解决方案。

东方的管理思想来源于中国的传统文化。中国的传统文化是中华民族几千年智慧的结晶。东方管理思想的内在精神主要有以下特征。

一、以人为政治管理的中心

中国的传统文化把人当作宇宙的中心。人是万物的主宰，是天地间最为灵秀的生物，是万物之灵。强调人的重要性，首先是通过宣扬天的重要，然后用天的权威来证明人的重要，这即是天人合一。中国的哲学就是以追求人身自由、人的尊严、人的价值为命题的哲学。所有关于自然、社会规律的探讨都是围绕这一命题展开的。所以，中国文化是中国人本精神的具体体现。

对于人的研究，以及对于人如何适应统治者需要的规范，中国文化是有独到之处的。首先是要听命于天。天的代表者是天子，那就是听命于天子。为了达到这一目的，儒家提出了大量的规则和道德规范，如“克己复礼”，通过自身的修养来满足统治者的要求。从总体上说，中国的文化是奴性文化，用鲁迅的话来说是一种伺候主子的文化。但同时它也有两面性：一方面要求个人克制自己来适应统治者的需要；另一方面要求治国者具有雄才大略，有治国安邦的才能和志向。这两方面是矛盾的。在这样的矛盾中，如何使之得到完美的统一，即是这种文化的艺术之所在。用好人去伺候一个坏人，而且坏人还掌握好人的生死大权，同时道德规范了好人不能违背坏人，这对于一个好人来说是一个很难的题目。于是，好人就只有几条路走了：一是好人变成坏人；另一是坚持自己还是好人，这样得到好名声而结束自己生命；再就是既不使自己变成坏人，也不坚持自己是个好人，而且使坏人向好人转化，又让他感觉不到，同时又实现了自己治国安邦的宏伟志向。因此，中国人最好的办法是中庸。

中国人讲究中庸之道。其最基本的含义是："过犹不及"，"礼之用，和为贵"。这是有东方特色的思维方式，又是传统文化所追求的一种理想人格和合理的道德规范。孔子认为，这是一种最为高尚的美德。在某种意义上，中庸和中和的意义是相近的。这种思维方式的特点是：第一不走极端，第二就是要持久，这样就能发挥人性的平衡作用，以追求人与自然、社会的协调和统一。因此，一个人的行为，应既不偏向于此一面，也不偏向于彼一面，而是在两个极端中寻求一个高度的平衡。这种思维方式是以和谐为基础的，是一种理想化的人格。这是中国文化的特点，人与人之间可以和谐，家庭可以和谐，人与社会可以和谐。所以，中国人用平衡、协调、适应、统一来代替人与人之间、人与社会之间、家庭内部之间的冲突和矛盾。这种团体维系的思维方式有利于团体的发展。

二、以家为生活及日常活动的中心

要想了解中国人和中国文化，必须明白家庭在中国人和中国文化中的地位。在管理上，你如果不了解家庭在管理者和被管理者心中的地位，就一定不能做到良好的管理。

儒家家庭伦理源远流长，且有其曲折的发展过程和深厚的人文传统。这是一种与西方历史文化传统迥然有别的人文传统。东西方在家庭问题上观点的不同与宗教有关。西方的宗教强调个人的作用和社会团体的作用，而中国则不然。中国的社会没有严格的宗教组织，或者说中国没有严格意义上的宗教。"中国缺乏宗教，以家庭伦理生活来填补它。"所以，中国人对家庭的重视和西方人对宗教的重视是一样的。这样看来，"宗教问题实为中西方的分水岭"。

家庭在中国人的心目中是神圣的。在中国文化传统下的家庭，是人与其亲人长久共生的生命共生团体。家庭是具有生育、养育、教育、享受人间至贵的亲情温暖之社群。家庭是每一个人永恒的生命基地，家庭幸福是人生诸般价值中最高最具优越性者。人的一生，生老病死、酸甜苦辣、悲欢离合，情义生命的蕴发及个人精神的终极托付皆与时代永续、根脉相连的家庭生命团体有着难以割舍的密切关系。因此，在中华文化传统下的中国社会系以家庭为本位，以亲情的感通和满足为价值诉求。家庭是一个人的起点也是一个人的归宿。在儒家家庭团体中的成员，若遭受不幸际遇，则有家人温情脉脉的慰藉及物质条件上的通财救助之义，不易使个人感受到人情的冷漠以及生命意义的苍白、生命失根感的辛酸和痛苦。正是各种各样的关系，构成了中国特殊的社会生活画面。在中国，管理活动就是以这样一个画面为背景展开的。有情有义的儒家伦理在人我关系中较富有人性化的仁爱及情义，对比西方社会个人与他人关系之无常、不踏实、不稳定，中国文化有着丰富深厚的启发和补充价值。

家庭是那样的强有力，所以往往破坏了其他的社会关系。儒家家庭伦理非常强调亲情至上及家庭人际关系的融洽，亦即以营造吉祥和睦的温暖气氛为念。然而在知识爆炸、社会变迁快速、新事物新观念层出不穷的现实世界，家人中两代间甚至三代间的认知及价值观所造成的代沟与疏离是一大问题。孟子为维护亲情而有父子不责善说。因此，以和为贵的儒家家庭伦理，以“情”优于客观事物的争辩。然而，个体应该善用理性思考、思辨和批判的能力。判断力、批判力和创造力在道德判断和实践上是必要的，个体必须具备这些思想能力才能成为理性、成熟、尊严、有自我主张及被尊重的人。因此，以“和为贵”、“亲情至上”的儒家家庭伦理如何在人情、在我与理性我之间取得平衡，无疑是应该向西方学习的。

三、以计谋为交往的中心

无论是在正常交往还是在国家外交上，或者在军事纷争上，为了获得成功，必须大动脑筋。这样，计谋就成了中国文化的特长。

谋者，“计也议也图也谋也”。在东方管理思想中，“谋”就是人聪明才智的代名词，是智慧的象征。它是管理者或智囊团对战略目标进行预测和分析，并运用权谋和策略等智慧性技巧来达到预期目标的行为。在现代，“谋”包括计划、决策以及战略管理。

人类最初的“谋”是在与大自然作斗争的过程中产生的。人类需要生存，需要捕捉动物，就发展出一系列的谋略。“涸泽而渔”、“打草惊蛇”、“敲山震虎”等都是人类生存经验的总结。

人类社会的发展和竞争的加剧，为“谋”的发展创造了极大的空间。我国古代战争频繁，人们不断探索制胜之法，在寻求强大的军事力量的同时，更强调智慧和诡异。

我国古代人关于“谋”的思想主要体现在治国、治军中，用在企业管理中极少。但这种思想是可以拓展到企业管理中的。

对“谋”研究得最深入的是兵家学说。归纳而言，用以下几条基本原理：①知己知彼、百战不殆；②用兵之道，以计为首；③合于利而动，不合于利而止；④两利相权从其重，两害相衡趋其轻；⑤谋贵众，断贵独；⑥因利制权，诡道制胜。

总之，中国的东方智谋是世界文明史上一颗灿烂的明珠，在当今世界各种各样的竞争中仍然闪耀着光芒。

第三节　东西方管理思想的比较和融合

西方管理学从弗雷德里克·温斯洛·泰勒、亨利·法约尔开始，逐渐架构成完备的管理思想体系，又衍生出众多的流派、学派、丛林。中国古代诸子百家，虽观点各异，但都离不开理国治邦，他们的文化精髓既是人生哲学，也是管理思想。基于不同的文化，东西方思想在管理方面存在着很多差异。但是，随着全球一体化进程的不断加快和发展，东西方管理思想出现了逐渐融合的趋势。

一、西方管理思想评述

西方管理思想体系发展于封建社会，主要构建、充实并丛林化于资本主义社会，分为早期管理思想、古典管理理论、行为科学理论、现代管理理论和当代管理学说五个阶段，西方管理思想发展过程如图 13-1 所示。

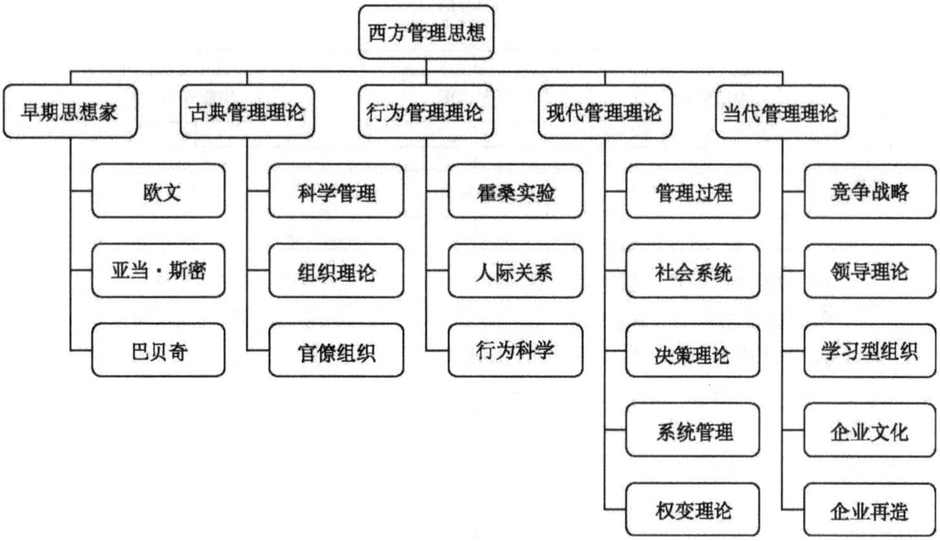

图 13-1　西方管理思想发展过程图

西方管理思想在发展中既有优点也存在缺点。它在直接为现代市场经济服务中积累出明显的优点，即善于运用科学技术的最新成果，在试验和逻辑分析的基础上进行严格的控制和管理，注意引进竞争机制，不断根据管理实践的结果来变革管理模式和创新管理理论，重视发挥个人的能力和专长，充分利用法律和契约在管理中的作用等。其缺点是：重视对管理的理性分析，忽视人的主观能动性；管理技术片面追求数学化、模型化和计算机化，无视人的心理情感因素和管理艺术的丰富性；对管理中某一要素进行深入科学地分析，总结出的某一方面的规律，却往往把局部规律看成是一个管理活动的普遍法则，产生了以偏概全、走极端的弊病；现代西方管理日益趋向复杂化，产生了新的矛盾。组织结构复杂常常使各种矩阵结构相互牵扯，扼杀了创造行为。

二、东方管理思想评述

东方管理思想体系主要发展、构建于封建社会，其来源是中国的传统文化。中国复旦大学的苏东水教授建立了东方管理的理论体系，如图 13-2 所示。

中国传统文化是一个博大精深的人类文化宝库，影响着东方以至于整个世界。主要包括儒、道、释、法、墨、农、名、兵、纵横、阴阳共十个文化流派。

东方管理思想在自身发展中有其明显的优点：

（1）以人为核心，具有浓烈的人本主义色彩；

（2）协调各种组织、群体间的关系，强调整体协同，这种协同不仅是在人与人之间，而且包括人与自然之间；

（3）注重人的自我约束、修身养性的自我管理，通过高度的自律适应自然；提倡诚

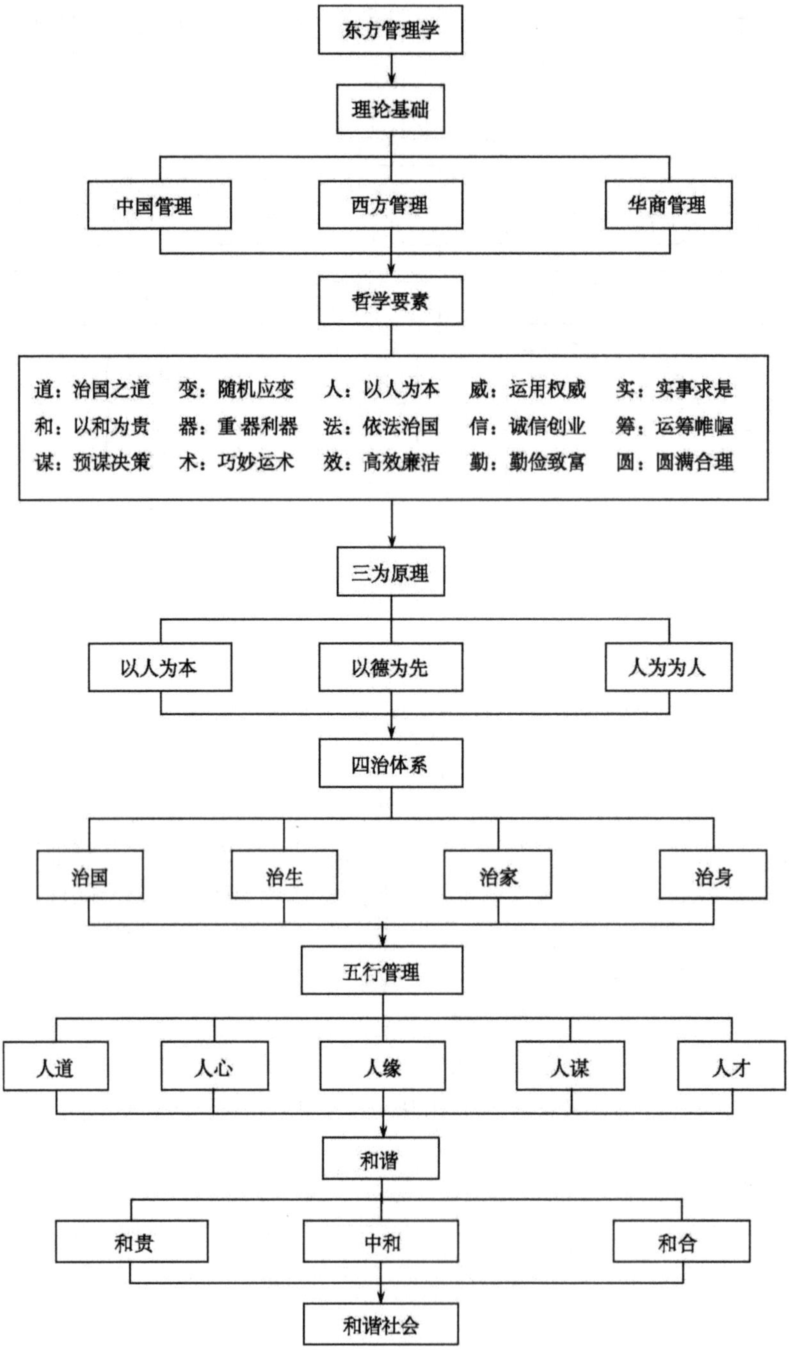

图 13-2　东方管理的理论体系

实守信、意志坚强、艰苦奋斗的精神等。

同时，东方管理思想也存在着一些缺点：

（1）管理中的感性成分较大，极端的感性管理会导致管理者无所适从、无所凭依；

（2）容易忽视个人的能力和发展，不利于引进竞争机制；
（3）创新精神不强；
（4）组织活力不够等。

三、东西方文化的比较

（一）东方文化的特点

东方文化以中国文化最为突出，它是中华民族在中国本土上创造的文化。从远古延续到今天，已经有五千年的发展历史。如果从整个世界文化发展史的角度来考察和比较，我们就可以发现，中国传统文化具有以下几方面的特点：

（1）强大的生命力和凝聚力。在四大文明古国中，印度文化因雅丽安人入侵而变得雅丽安化；埃及文化先后因亚历山大大帝占领而变得希腊化、恺撒占领而罗马化、阿拉伯人移入而伊斯兰化；两河流域的文化更是陷入各民族的纷争之中而不断异化；古希腊、古罗马文化则因日耳曼族入侵而中断。但是在中国，这种情形从未发生。这一点正是中国文化无与伦比的强大生命力和凝聚力，使其成为世界上唯一延续至今的文化类型。

（2）重实际，求稳定。中国传统文化素来推崇积极入世、求真务实的人生观。它以究天人之际为出发点，落脚点是治国、平天下，时刻关注国事民意、天下苍生，力求通过经世致用，促使“民以安，物以阜”。中华文化传统本身就具有浓厚的实用精神风格，它关注现实人生，追求现世幸福。但是，这种一味重和谐、中庸，强调“过犹不及”，久而久之，会陷入害怕矛盾、冲突和竞争的消极求“和”状态。

（3）重整体，倡协调。中国文化是典型的群体文化，在这种文化熏陶下的中国人在行动时非常重视整齐划一。在传统社会中，这种族群主义要求每一个人都“忘己”、消融于群体之中，而且并不主张平等，恰恰是要保持等级，如“三纲五常”。这种重统一、轻多样的思想也使国人的从众心理十分普遍。

（4）重道轻器。在中国古代哲学中，“道”是一个最高范畴，是先天地之生的万物本源。“形而上者谓之道，形而下者谓之器”与“道”相对的是“器”，是指各种派生的、有形的或具体的事物。重本轻末、重道轻器，这是自老子、孔子以来的一个传统。但是，正是这一传统导致了中国传统文化轻视科学技术、生产创新等弊病。

（二）西方文化的特点

西方文化是由希腊、罗马、基督教三种特点完全不同的文化传统组成的。正是这种来源的多样化，使得西方文化和中国传统文化有着截然不同的特点和基本精神。它有以下几个特点：

（1）科学性。西方文化从诞生之初，就有明显的科学性，也可以称作求真精神。这和中国传统文化中的重直觉、轻解析的思维方式有着鲜明的区别。西方文化的科学性，不仅使西方建立了全套科学体系，而且它对整个西方的文化也产生了非常重要的影响。

(2) 民主性。从西方文化被引入中国开始，首先引起国人关注的是科学，其次就是民主，这是现代中国在起步时向西方学习的两项重要内容。民主性同科学性一样，来源于古希腊文化。古希腊人很早就开始经营海上贸易，由于商业的基本原则是等价交换，而等价交换的前提则是交换双方都有自由意识。这就决定了他们的政治生活特点，即求自由、求平等、求民主。

(3) 竞争性。西方文化的另一个特点是崇尚竞争。其竞争性表现在很多方面，如在人与自然的关系上，中国的观点是“天人合一”，而西方的观点则是“天人对立”、“征服自然、战胜自然”；在民族关系问题上，中国的理想是“协和万邦”，而西方人的目的是“征服”。

(4) 法理性。中国传统文化是“以德治天下”，而西方文化是“依法治国”。在西方，法律是“神圣不可侵犯的”；而在中国，则有时“情比法大”，因为“法不责众”。在西方文化中，理性主要被看做是认知性的纯粹理性，具有某种普遍化、形式化的特点。它强调了理性与情欲的对立，由此也维护了理性的纯粹性。

四、东西方管理思想的差异

文化是造成管理现实的原因，而管理则是文化的结晶。特定的管理思想总是寓于特定的文化传统之中，并受特定文化传统的支配和影响，从而带有特定文化传统的烙印。因此，由以上对东西方文化的分析，不难推出东西方管理思想的差异。

西方文化侧重于独立个体，反映在管理领域，形成了实用主义和个人主义两个特点。西方企业追求利润，以提高企业效率为本质，讲究实用性。在这种功利的环境下，人们怀着美好的梦想，以追求自我价值和自我实现为人生动力，努力彰显个人魅力，体现了个人主义。

西方管理文化的这种特点，在管理学的发展中有所体现。

弗雷德里克·温斯洛·泰勒的科学管理理论第一次系统地把科学方法引入到管理实践活动中，将人与机器相结合，要求达到“人机协调”的最佳匹配，使人成为机器流水线的一部分。这个阶段的管理还是物本管理，并非人本管理。

弗雷德里克·温斯洛·泰勒把如何工作的决策权留给了企业家，让他们从实用的角度对生产进行控制，实现科学管理。行为科学理论开始重视和研究人的因素，人本管理开始成为管理的重要组成部分。人本管理者认为，只从实用角度注重劳动效率远远不够，人的心理、人的情感、人的交往等行为方面因素对提高生产率起的作用更大。人被进一步提升到“社会人”的地位。

社会系统学派研究管理活动中的组织。他们认为，组织是由两个以上有意识的能协调活动与合作的系统组成，并可以使其中的个体在相互作用下做到各自独立所不能完成的事情。

系统管理学派把组织当做一个系统，把内部和外部环境的各种因素看作是一个有机整体。他们认为，管理本质是用系统的观点来有效地组织和协调各种要素，使组织能够更好地运转。

经验主义学派提出了“目标管理”范畴，指出以目标作为各项管理活动的行动指南，通过目标激励调动组织成员的积极性和创造性，并用目标的完成程度评价组织成员的工作业绩和贡献。

东方文化侧重于组织。有东方特色的管理文化是在漫长的农业社会中孕育而成的。以中华优秀传统为核心、以儒家文化为背景的东亚国家和地区的管理文化，是中国传统文化精髓与管理实践相结合的产物。

中国传统文化的核心是人文精神，重视社会与人生。诸子百家的观点虽各异，但都离不开安邦治国。东方管理文化以人为核心，具有浓烈的人本主义色彩。主张协调各种组织、群体间的关系，强调整体协同。这种协同不仅是在人与人之间，而且包括在人与自然之间。

东西方管理文化不同，对管理本质的理解和认识也就不同。在西方管理思想和管理实践兴盛的时期，东方管理文化进一步吸收其精华，与其融合，形成了独特的东方管理学思想。有的学者将具有中国特色的东方管理学思想总结为 12 个字，即“以人为本、以德为先、人为为人”。其中，“以人为本”强调“以民为贵”，重视管理活动中的人和影响人的因素，从人本角度进行决策和控制；“以德为先”强调伦理道德的作用，重视道德要求；“人为为人”强调人自身行为的激励与修养。

如果对东西方管理思想进一步进行对比分析，我们会发现，东方管理学者在认识管理本质的过程中，重视发挥人在管理中的能动作用，强调整体性，忽略个性发展；强调民本，忽视人的独立人格。而西方管理者在管理活动中强调制度管理、规范管理和条例管理，追求实现管理的有序化和有效化。

东西方管理文化的差别在于西方管理突出个人主义、权力级差小；东方管理文化则体现权力级差大、风险回避，缺乏平等、民主，缺少冒险精神等。东方管理强调人的重要性，西方管理注重物的使用，这两者应该相互补充，尽量做到人物相宜，既不片面强调人的重要性，也不突出用物获得高效率，而是将人、财、物作为一个完整的系统来进行管理。

五、东西方管理思想的融合

东方管理思想强调人的主观能动性，以柔见长，努力建立和谐的人际关系，属于“软性管理”；西方管理思想突出制度、规范的作用，属于“硬性管理”。

要实现东西方管理思想的融合，就要把这些要素有机地结合起来，实现刚柔并济。一方面采取主动引导，利用柔性管理的特点来充分发挥人的创造性；另一方面，依靠硬性的制度来进行约束。

东西方管理思想的趋同过程是相互扬弃、相互融合的过程。正如威廉·大内的 Z 理论所言，管理应适应不同的文化背景，不能简单移植。因此，趋同只是一个过程，而不是结果的雷同。在当前全球经济一体化的大趋势下，注重东西方管理文化的融合，可以使组织在激烈的市场竞争中强化自己的核心竞争力。

由于文化背景和各自思想基础的不同，东西方的文化存在着差异。在组织模式方面，东方以日本为例是 J 理论；西方以美国为例是 A 理论。在东西方逐渐融合的过程中，威廉·大内（William Ouchi）创造性地综合 J 文化与 A 文化，创立了 Z 理论。Z

理论关注的是整个组织的文化，它并不看重管理者个体的态度和行为模式，而是看重将整个组织凝聚在一起并施以控制的组织文化的差异。Z 理论中的文化包括较长的雇佣期、经大家同意的决策、个人的职责、缓慢的评价和晋升、精确衡量绩效的非正式控制系统、中等专门化的职业道德、对员工生活的各方面承担义务等。

对东西方管理思想融合的必然性，管理学者们有着普遍的共识，他们认为：

(1) 东西方管理文化的融合发展具有必然性。在经济全球化思潮开始影响地球每一个角落的时候，文明的冲突、交流与合作，成为全球化进程中永恒的主题和主旋律，不同价值取向文化间的沟通对话与和谐发展，成为一种必然趋势。

(2) 不同文化之间要互相补充，吸取各自管理文化的合理内核。西方管理学需要吸收东方人本管理思想，而东方管理学更应当学习西方管理理论，使东方管理学更加科学化、客观化。

(3) 未来管理学发展的主要取向应以东方管理文化为核心，吸收西方管理文化的科学成果，以丰富管理科学的理论宝库，从而促进东西方管理文化的大融合。

本章小结

伴随着人类社会不同的历史发展进程，东西方文化有其各自的特色。它们之间相互影响、相互促进、相互制约，影响着各自管理思想的发展。

从西方管理理论的发展和演变过程中，我们可以看到以下几方面的内在规律：

(1) 把管理的科学性（即理性方面）同管理的艺术性（即非理性方面）有机地结合起来；

(2) 把管理中正式组织的作用和非正式组织的作用结合起来；

(3) 把管理中的系统性、计划性、程序性等方面特征与灵活性、权变性、非程序化等方面特征结合起来；

(4) 把管理中的精确性和模糊性相结合。

东方的管理思想来源于中国的传统文化。中国的传统文化是几千年中华民族智慧的结晶。东方管理思想的内在精神有以下特征：

(1) 以人为政治管理的中心；

(2) 以家庭为生活及日常活动的中心；

(3) 以计谋为交往的中心。

东方文化的特点：

(1) 强大的生命力和凝聚力；

(2) 重实际，求稳定；

(3) 重整体，倡协调；

(4) 重道轻器。

西方文化的特点：

(1) 科学性；

(2) 民主性；

（3）竞争性；

（4）法理性。

基于不同的文化，西方思想与东方思想在管理方面存在着很多差异。西方文化侧重于独立个体，反映在管理领域，形成了实用主义和个人主义两个特点。西方企业追求利润，以提高企业效率为本质，讲究实用性。东方文化侧重于组织，以人为核心，具有浓烈的人本主义色彩，主张协调各种组织、群体间的关系，强调整体协同。

随着全球一体化进程的不断加快和发展，东西方管理思想出现了逐渐融合的趋势，这种趋势其实是相互扬弃、相互融合的过程。威廉·大内的Z理论就是将东西方管理思想融合的著名理论。

➢思考讨论题

1. 试述西方管理理论的发展和演变过程。
2. 西方管理理论的内在规律体现在公司制度上的哪些方面？
3. 东方管理思想的内在精神体现在公司制度上的哪些方面？
4. 试述东西方管理思想的差异。
5. 分析东西方融合的未来趋势。

第八篇

管理思想演变的总趋势

第十四章

管理思想发展的总趋势

第一节　文化管理

企业文化管理，作为一种企业管理理论体系，自创建以来，一直受到各国学者和企业的高度重视，是西方管理思想在经历了“经济人”、“社会人”、“自我实现人”与“复杂人”假设之后，对组织的管理理念、管理过程与组织长期业绩关系的又一次重新审视。

20世纪80年代，企业文化的研究以探讨基本理论为主，如企业文化的概念、要素、类型以及企业文化与企业管理各方面的关系等。90年代，企业文化研究出现了四个走向：

（1）对企业文化基本理论的进一步研究；

（2）企业文化、企业效益和企业发展的应用研究；

（3）关于企业文化测量；

（4）关于企业文化的诊断和评估。

进入21世纪以来，随着经济全球化的日益加深，企业管理的国际化程度也不断加深，如何能够使管理活动与不同的文化相结合，建立一种既保留本国特色，又能吸收他国先进文化成果的管理模式，是一个需要深思的问题。例如，美国通过对日本管理模式的反思，企业的经营理念在不断变化，开始重视社会效益和人力资源的开发及员工的稳定，而日本也在强化人力资源的竞争机制，摒弃论资排辈，开始强调能力至上的观念。

总之，文化对管理和组织行为产生重大的影响。文化意识的提高有助于我们更好地相互了解，从而克服异质文化的冲突，提高企业在全球市场中的管理绩效和竞争能力。

第二节　创新管理

管理创新是创造一种全新的企业资源配置范式，并能有效地加以实施。具体包括三层含义：一是管理的创新；二是对创新活动的管理；三是创新型管理。

创新型管理的前提和结果必然是管理创新，同时这种管理的内容主要应包括对创新的管理。创新管理理论认为，管理不存在一般模式，创新管理是组织（包括企业）生产和发展的根基，它贯穿于整个管理过程，一切管理应随着技术、市场等环境的变化而变化，但它也要求整个组织及其组成人员是创新型的，把创新作为其活动的主旋律。管理创新理论的代表人物主要有熊彼特、科斯、威廉姆森以及德鲁克、彼得斯等人，他们均从不同的角度阐述了管理创新理论，其理论具有很大的参考价值。

21 世纪是多变的世纪，任何已有的和常规的管理模式最后都将被创新管理模式所取代，管理创新是管理的主旋律。当前对管理创新发展趋势的研究主要有以下几个观点：

(1) 把创新渗透于整个管理过程之中，使管理随着技术、市场等环境的变化而变化，包括战略和制度创新、组织创新、观念创新和市场创新等方面。

(2) 要求整个组织及其成员把创新作为活动的主旋律，因而组织要创造一个适合于每个人都可以创新的环境和机制。

(3) 企业要想在激烈的竞争中获得优势，打造自己的核心竞争力，就必须有自己鲜明的个性，包括独特的个性化的产品和个性化的经营管理方式。

总之，变革和创新是知识经济的核心，是管理现代化的灵魂。创新管理不仅要激发新观念、新构想的产生，而且要努力为这些新观念、新构想的付诸实施开辟道路。作为管理者，只有通过各种方法来刺激创新者，保持他们创新的动力，才能使企业在激烈的市场竞争中立于不败之地。

第三节 管理的国际化

一、管理国际化的含义

管理的国际化是 21 世纪管理研究和实践最重要的领域之一。现代管理开放性的一个表现是迅速国际化的趋势，或者说国际化是当今政治经济发展所造成的一个客观的管理环境。特别是现代交通、通信、技术等的迅速发展促成了全球经济一体化，世界市场开始生成，国界正失去原有的意义，迫使管理者不得不把自己所在管理系统的管理放置在国际大环境之中，去思考如何更好地满足顾客多样化、个性化的需要，并在此基础上获取更多的经济效益；如何培育企业核心能力，提高企业在国际市场上的竞争力；如何重构企业组织结构，以提高对环境的适应能力和应变能力；如何管理全球性企业等，从而在瞬息万变的国际环境和激烈的国际竞争中寻求组织生存的机遇。

二、管理国际化面临的主要问题

经济全球化、竞争国际化对每个企业特别是中国的企业来说都受到巨大的挑战，但同时也带来了发展的机遇，为企业发挥特殊能力提供了新的空间。这里主要涉及以下几个问题：

(1) 企业是否从国际化的角度来思考问题和制定竞争战略；

(2) 企业是否从全球范围内统筹包括资本、技术和人力等资源的合理配置；

(3) 注意国际间的技术交流，处理好技术的全球化与本土化问题，提高综合技术竞争能力；

(4) 打造世界性的品牌、全球范围的市场与营销网络；

(5) 能否处理好公司文化与本土商业实践之间的关系，注意收集并利用投资环境的公共信息。

综上所述，管理的国际化意味着企业所面临的外部环境因素比传统的国内管理所面临的要复杂得多。对于从事跨国公司管理的人员来说，不仅要学习和了解东道国的教育、经济、法律和政治等制度，特别是要具有东道国社会文化环境的知识；还必须具有与不同教育和文化背景以及价值观念的东道国员工打交道的能力；同时还必须应对各种政治、法律及经济等因素带来的难题。所以，在管理学中，管理的国际化是把环境与创新综合起来的一个全新课题。

第四节　管理思想发展的总体趋势

管理学是所有学科中最能动的学科之一。随着技术、机构和人的变化，管理思想也在演变，以便应付人类最古老的问题——分配和利用稀缺资源以满足社会多方面的需求。进入 21 世纪以来，全球政治、经济发生了巨大的变化。管理理论研究也出现了一些新观点、新思想和体系。对于管理者而言，就应该透过管理理论的“丛林”这种外在表现形式来发现现象背后的本质，找出管理理论的发展趋势。

一、主动适应新技术的发展

新技术的广泛应用彻底改变了当今企业的管理手段和模式。主要体现在以下几个方面：

一是管理组织的虚拟化。组织虚拟化是指未来的企业组织结构形式不再是一个以产权关系为基础、以资产为联系纽带、以权威为基本运作机制的由各种岗位和部门组成的实实在在的企业实体，而是以计算机和信息网络为基础和支撑、以分工合作关系为联系纽带，结合权威控制与市场等价交换原则的运作机制的一个动态企业联合体。组织虚拟化包括两个方面：单体组织的虚拟化和组织间关系的虚拟化。无论形式上如何表现，虚拟企业的基本精神在于识破企业的有形界限，延伸企业的边界，借用外部资源整合，而非内部资源选择。

二是管理手段和设施的网络化。由于网络经济具有应用互联网而产生的许多特点，在网络经济的运行中，技术的、网络的、信息的、经济的、社会的等规律交织在一起共同起作用，因此，它不但会改变经济的运行方式，而且也会在一定程度上改变经济运行规律。随着互联网络的发展与应用，企业进入了电子商务时代，企业能借此改变商务运作，提高自动化程度，加强与客户的交流以获取新的商务机会。

三是管理信息化带来的管理变革。管理信息化是指企业利用现代信息技术，通过对信息资源的深化开发和广泛利用，不断提高企业的管理、决策的效率和水平，进而提高企业经济效率和企业市场竞争力的过程。企业实施信息化管理是企业的变革，是新型技术的引入，是管理观念的创新，是人的思想的彻底改变，是提高企业竞争力和效率的根本保证。自 20 世纪 90 年代以来，管理信息化已经进入了网络化、集成化时代，将企业组织内外的各种经营管理职能、机制有机地结合起来。电子沟通成为企业进行管理工作的重要手段，大大提高了工作效率。

二、由硬管理向软管理转化

硬管理是理性的科学管理，即物本主义管理模式。继弗雷德里克·温斯洛·泰勒的科学管理原理之后，管理学研究中的科学、理性色彩日益浓厚。西方学者把计算机大量应用于管理之中，通过定量预测和决策技术，来保证决策的合理和迅捷。然而，大量的实证表明，这种程式化、机械化的管理方法在企业管理实践中的运用却并不理想，甚至造成了大量的管理失败。特别是第二次世界大战后，美国企业之所以在不少经营中败于日本企业，其重要的原因之一是美国管理过分强调技术、设备、方法、制度、组织结构、财务分析等“硬”因素；而日本比较重视目标、宗旨、信念、价值观等“软”因素。日本软管理的成功运用及其思想经验的广为传播极大地促进了人本管理的发展和完善。

一般来说，软管理是依据组织的共同价值观和文化进行人格化的管理。软管理建立在“社会人”和“复杂人”基础之上，着重考虑员工的社会需求和心理因素。软管理的重点是人，强调激发员工积极性，培育其价值观，以此来间接实现企业目标。而当员工低层需要基本满足，高层需要成为优势动机，工作标准不易量化，工作的智力因素要求较高时，尤其是对创造性的工作，就需采用软管理方式。

人本管理即软管理的兴起，说明管理的出发点和归宿都是围绕人而开展的，并且企业发展的最终目标都是落脚于满足人类的物质、文化生活的需要。因而在组织中如何更加尊重人、理解人，培养和发展人，实现人与工作的完美融合，将是未来管理者需更加关注的主题之一。

三、知识管理日益重要

知识管理是指在组织中建构一个人文与技术兼备的知识系统，让组织中的资讯和知识，通过获得、创造、分享、整合、记录、存取、更新等过程，达到知识不断创新的最终目的，并回馈到知识系统内，个人与组织的知识得以永不间断地累积，从系统的角度进行思考这将成为组织的智慧资本，有助于企业做出正确的决策，以应对市场的变迁。

知识管理具体包括发现知识、存储知识、维护知识、传递知识、应用知识、创造知识、衍生知识和分析知识等。

21 世纪是知识经济时代，企业的成功越来越依赖于企业所拥有知识的质量，利用企业所拥有的知识为企业创造竞争优势并持续竞争优势对企业来说始终是一个挑战。企业实施知识管理的原因在于：

（1）竞争加剧。市场竞争越来越激烈，创新的速度加快，所以企业必须不断获得新知识，并利用知识为企业和社会创造价值。

(2) 顾客导向。企业要为客户创造价值。

(3) 工作流动性增强。雇员的流动性加快，雇员倾向于提前退休，如果企业不能很好地管理其所获得的知识，企业有失去其知识基础的风险。

(4) 环境的不确定性加大。环境的不确定性表现在由于竞争而导致的不确定性和由于模糊性而带来的不确定性，在动态的不确定环境下，技术更新速度加快，学习已成为企业得以生存的根本保证，组织成员获取知识和使用知识的能力成为组织的核心技能，知识已成为企业获取竞争优势的基础，成为企业重要的稀缺资产。

(5) 全球化经营的影响。全球化经营要求企业具有交流沟通能力以及知识获取、知识创造与知识转换的能力。知识创造、知识获取与知识转换依赖于企业的学习能力，学习是企业加强竞争优势和核心竞争力的关键。

四、管理文化的全球化

知识经济时代市场和竞争的全球化，必然会带来管理活动的国际化。管理活动受人们的价值观、伦理道德、行为准则、社会习俗等因素的影响，当其与不同的文化相结合，就形成了不同的管理文化和管理风格，即跨文化管理。

跨文化管理是指跨文化条件下克服任何异质文化的冲突，并据以创造出企业独特的文化，从而形成卓有成效的管理过程。其目的在于在不同形态的文化氛围中设计出切实可行的组织结构和管理机制，在管理过程中寻找超越文化冲突的企业目标，以维系具有不同文化背景的员工共同的行为准则，从而最大限度地控制和利用企业的潜力与价值。全球化经营企业只有进行了成功的跨文化管理，才能使企业的经营得以顺利运转，竞争力得以增强，市场占有率得以扩大。

随着世界经济全球化进程的不断加快，市场已不再是某一个国家内部的市场，客户也不再是某一个国家内部的消费者，企业所面对的外部经营环境已经变成了世界的、超越国界的。企业只有在世界市场上取得成功，才能称得上是真正的成功。企业“走出去”，开展全球化经营已成为一个必然的发展趋势。

实行全球化经营，企业面临的是一个个与母国有着诸多差异的生产经营环境，包括经济环境、政治环境、法律环境、社会环境、文化环境等。但其中，文化环境对于企业的经营来说，其影响是全方位、全系统、全过程的。这是因为文化是社会生活的总和，它包括诸如一般行为、信仰、价值观、语言和社会成员的生活方式等要素，它也是某区域内人们的价值观、特性或行为的特征表现。在不同文化背景下的企业经营中，最重要的就是要理解消费者观念、价值观和社会需求的差异。由于企业经营本身即是为了满足客户的需求，当这个需求在很大程度上以文化为基础时，企业就应该努力去理解所要开拓的市场文化规范。由此可见，企业经营环境的跨文化差异是企业在全球化经营中必然要遇到的一大难题。因此，跨文化管理的成功与否是关系到企业全球化经营成败的关键所在。

本章小结

对未来一百年的发展趋势作出比较准确的预测是困难的。正如国外一位学者所说，现在唯一能预测或者确定的，就是未来是不确定的。因此，我们只能根据当前经济发展情况和管理理论研究中的一些新苗头，对未来一定时期管理发展的趋势作一些粗略的推测。未来一定时期世界经济发展的趋势，将是一个不断加速的信息化、知识化、全球化和人本化的过程。在这一过程中，虽然机遇和挑战并存，周期波动和各种风险仍然不可避免。甚至有时还会发生难以预测的巨大的震荡和危机，但从总体上说，变革创新、合作竞争、追求自由和可持续发展将是整个经济发展的主流。

➢思考讨论题

1. 试述管理理论发展的新趋势。
2. 试述进入 21 世纪以来文化管理面临的主要问题与对策。
3. 管理创新的发展趋势有哪些？
4. 试述管理国际化的含义。

参考文献

白献竞，高晶．2005．金字塔的叹息：正说古代埃及文明．北京：海潮出版社

保尔芒图．1997．十八世纪产业革命——英国近代大工业初期的概况．陈希秦等译．北京：商务印书馆

池丽华，伊铭．2006．现代管理学．上海：上海财经大学出版社

丹尼尔·A．雷恩．1986．管理思想的演变．孙耀君，李柱流，王永逊译．北京：中国社会科学出版社

法约尔．1998．工业管理与一般管理．北京：中国社会科学出版社

范厚明．2004．管理学基础．大连：大连海事大学出版社

方文汉．2006．西方文化概论．北京：中国人民大学出版社

方振邦．2007．管理思想百年脉络——影响世界管理进程的百名大师．北京：中国人民大学出版社

费林德斯·皮特里 W M．1924．古埃及的社会生活．伦敦：康斯特布尔有限公司

弗兰克·帕金．1987年．马克斯·韦伯．成都：四川人民出版社

龚绍方，李宝珍．2004．世界通史·古代史卷．郑州：河南大学出版社

郭咸刚．2004．西方管理思想史（第三版）．北京：经济管理出版社

黄速建，黄群慧．2007．中国管理学发展研究报告．北京：经济管理出版社

黄伟．2008．从日本的企业文化看东西方管理思想融合．现代企业文化：(12)

克劳德·小乔治．1985．管理思想史．北京：商务印书馆

孔茨．1990．管理学．上海：上海人民出版社

李春青，袁鹤平．2004．新编管理学原理．郑州：黄河水利出版社

李世安．2000．世界文明史．北京：中国发展出版社

刘宁杰，莫柏预．2005．管理学．北京：中国财政经济出版社

罗珉．2003．管理理论的新发展．成都：西南财经大学出版社

马克垚．2004．世界文明史（上）．北京：北京大学出版社

马新才．2008．孔子管理思想探析．潍坊高等职业教育：(6)

亓名杰．2008．管理思想史．北京：机械工业出版社

桑玉成．2002．管理思想史．上海：上海教育出版社

斯图尔特·克雷纳．2007．影响世界的西方管理思想．北京：中央编译出版社

苏东水．2005．东方管理学．上海：复旦大学出版社

苏勇．2007．当代西方管理学流派．上海：复旦大学出版社

孙钱章．1990．经济管理思想史简编．北京：中共中央党校出版社

汤姆·彼得斯．2009-01-23．成就"世界级质量"的药方．网易商业频道

王觉非．2001．欧洲五百年史．北京：高等教育出版社

王忠伟，初宇平，张德超．2007．中国近代管理思想的融合．鞍山科技大学学报：(4)

魏文斌．2004．现代西方管理学理论．上海：上海人民出版社

吴于廑，齐世荣．2001．世界史：古代史编（上、下）．北京：高等教育出版社

吴泽义．1987．文艺复兴时代的巨人．北京：人民出版社

徐国华等．1995．管理学．北京：清华大学出版社

阎宗临．2007．世界古代中世纪史．桂林：广西师范大学出版社

杨明东，吴吉喜，詹全友，等．2007．大学生就业创业导航．武汉：武汉出版社

张兰霞．2001．新管理理论丛林．沈阳：辽宁人民出版社

张明玉．2005．管理学．北京：科学出版社

张文昌，于维英．2007．东西方管理思想史．北京：清华大学出版社
张友伦等．2008．美国通史（第二卷）——美国的独立和初步繁荣 1775～1860．北京：人民出版社
张兆响，司千字．2004．管理学．北京：清华大学出版社
祝西莹，徐淑霞．2005．中西文化概论．北京：中国轻工业出版社